中国企业数据合规
应用及交易指引

李　昱 / 著

China Enterprise Data Compliance
Application and Trading Guidelines

法律出版社
LAW PRESS · CHINA
北京

图书在版编目(CIP)数据

中国企业数据合规应用及交易指引 / 李旻著. -- 北京 : 法律出版社, 2023
ISBN 978 -7 -5197 -8005 -0

Ⅰ. ①中… Ⅱ. ①李… Ⅲ. ①数据管理－科学技术管理法规－研究－中国 Ⅳ. ①D922.174

中国国家版本馆 CIP 数据核字(2023)第 101685 号

中国企业数据合规应用及交易指引
ZHONGGUO QIYE SHUJU HEGUI YINGYONG JI JIAOYI ZHIYIN

李 旻 著

策划编辑 肖 越
责任编辑 肖 越
装帧设计 汪奇峰

出版发行 法律出版社
编辑统筹 法商出版分社
责任校对 王晓萍 王语童
责任印制 胡晓雅
经 销 新华书店

开本 710 毫米×1000 毫米 1/16
印张 29.75 **字数** 450 千
版本 2023 年 7 月第 1 版
印次 2023 年 7 月第 1 次印刷
印刷 固安华明印业有限公司

地址:北京市丰台区莲花池西里 7 号(100073)
网址:www.lawpress.com.cn
投稿邮箱:info@lawpress.com.cn
举报盗版邮箱:jbwq@lawpress.com.cn

销售电话:010－83938349
客服电话:010－83938350
咨询电话:010－63939796

书号:ISBN 978 -7 -5197 -8005 -0 **定价**:128.00 元

凡购买本社图书,如有印装错误,我社负责退换。电话:010－83938349

本书赞誉

李旻律师的这本《中国企业数据合规应用及交易指引》从数据保护的立法起源、数据合规的典型实际案例、数据保护的基本概念、相关的法律法规的解读,最后落实到具体的企业数据全生命周期的合规实务中。李旻律师以其丰富的法律实践经验、完善的知识体系通过这本为从业者提供了全面详实的各种场景数据合规和合规体系建设的参考依据。随着我国数据基础制度的出台,在数字经济发展过程中,无论是数字化领域还是传统行业,无论是技术还是管理岗位,大家都会是数据的生产者、数据的处理者和数据的消费者,这本指引是你数据合规应用及交易的良师益友。

——上海数据交易所副总经理、上海市数商协会秘书长　卢勇

目前我国数据法律体系仍处于不断细化更新阶段,监管当局对企业数据合规的监管力度亦逐年增加,数据合规是一项长期且持续性的系统工程。李旻律师的大作《中国企业数据合规应用及交易指引》全景式展现了中国数据与信息领域的前沿法律法规政策以及相关标准,系统梳理了企业数据合规治理要点,详细介绍了企业数据交易合规制度,不仅对欧盟 GDPR 作了精准、专业的解读,还深入金融、医疗、智能汽车、网络通讯、商务营销等不同场景提出具体的数据合规建议,能够帮助读者快速了解数据合规的具体程序、步骤及落地性措施,系我国数据合规领域实用性很强的业务指南。

——上海政法学院教授　张继红

李旻律师所著的《中国企业数据合规应用及交易指引》,不仅是对我国现行数据应用合规与保护领域法律法规的重大集成,还结合企业实践应用及行业应

用场景进行了较为深入的分析与研究，给出了一定的解决方案，对企业从事数据应用合规与保护具有很强的实战指导意义。

——上海市互联网协会副秘书长 姜国

本书凝聚了作者在法律研究和实务工作中的所思所想、所见所得，深入浅出地讲解了数据保护的发展与实践，企业数据的处理流程、治理标准和体系建设，中国企业和欧盟 GDPR 的数据跨境监管等内容，全面系统地阐述了数据保护各个阶段的具体事项，内容丰富、编排合理，具有较强的专业性。本书的亮点还在于结合不同业务应用场景分析了数据要素的合规应用，方便企业掌握人工智能、劳动关系、日常监控、商务营销、网络技术与通信等方面的要点难点，为企业具体实操提供了针对性的指导。

——上海市网购商会秘书长 曹原豪

认真拜读了李旻律师的《中国企业数据合规应用及交易指引》大作，可谓内容浩瀚、气势磅礴。数据合规是数据要素市场交易的基础，是中国当前大力推进数据交易制度建设的核心内容。本书具备以下特色：第一，是当前系统化讲述数据合规的书籍；第二，是全面中西结合比较研究的力作，特别是对 GDPR 作了深度对比研究，为我国数据合规的制度建设提供了全方位的参考；第三，对国内相关法律法规作了系统性描述，包括新出台的“数据 20 条”的内容都有全面涵盖；第四，对数据保护官、跨境数据出海、人脸识别、智能汽车等热点问题和数据合规场景作了深度探讨。因此，此书适合数据工作者学习，值得数据交易制度建设者们将其作为工作参考和论证的工具，反复阅读、思考推敲，共同为中国数据要素市场建设添砖加瓦。

——上海市浦东新区电子商务行业协会秘书长 黄岳

近些年，随着“数字化”在各行业的深入推进，国家对各行业产生的数据安全问题愈来愈重视，陆续出台了数据应用、保护、交易监管等相关政策和法规。2022 年 1 月 12 日，国务院发布《“十四五”数字经济发展规划》，数字经济高质量发展的迫切要求是提高数字经济治理水平，规范健康可持续发展。企业数据合规治理的结果必须赋能实体经济,带动实体经济的持续发展,达到数据合规治理的目标,分享数字经济发展的价值。《中国企业数据合规应用及交易指引》对企业数据合规治理提供了详细的释疑。

——上海市电子商务园区创新发展联盟秘书长　顾兴

序

李旻博士的新书《中国企业数据合规应用及交易指引》即将付印，可喜可贺！他在短短五年时间已经出版了三本法律实务方面的专著，从一个专业律师角度分析当下热点法律问题，如电子商务法律问题、大数据商业应用法律实务、P2P 网贷平台法律合规等，可见他的勤奋和好学。

李旻攻读博士前已经从事律师业务多年。我对律师行业有一种偏见，认为他们埋头实务，做案子，喜欢忽悠当事人，对法学理论问题并不关心，也写不出像样的论文。后来他来华政攻读博士研究生，三年时间修完所有课程，也完成了学校对博士生毕业十分严苛的科研任务，准时毕业。我印象中有的律师攻读博士研究生熬了六年，最终知难而退。李旻能坚持下来实属不易。

作为较早从事企业数据合规治理的一批专业律师，李旻在十年前就已经开始关注电子商务、跨境电商、数据中的隐私权，以及数据合规等法律问题。他在做相关律师业务时一直关注这方面的国际国内立法和司法实践。2016 年我国《网络安全法》颁布后，他敏感地关注到中国互联网企业建立自身数据合规体系法律问题，他认为“我国数据保护立法的时代即将开启，企业的数据合规体系建设已经迫在眉睫”。他梳理了实务中积累的案例，并关注国际立法动态，思考我国企业如何健全合规体系，如何帮助企业提高自身的合规意识，如何准确解读我国数据合规方面的法律法规，这些思考形成了编写这本书的初衷。

本书有两大特点。其一，实用性强。从律师的角度思考问题，务实而不浮夸。例如，本书提出对于中国企业来说，数据治理包含内部治理和外部治理（涉及数据跨境）两个部分，其中内部治理又包括对数据安全的治理和对个人信息保护的治理，这是本书试图解决的首要问题。基于互联网全球架构已逐渐形成互相依赖和关联的趋势，数据也将被视为一种全球性的公共产品进而被各国重点关注。因此,企业在制定数据跨境流动合规治理的相关问题时应加强国际交流与合作。这部分内容有大量的实务案例作为支撑,分享了他们团队一些成功的案例。其二,信息量大。本书介绍了一些最新国外立法和司法实践,尤其是结合作者自己的一些涉外实务经验,从实务视角对欧盟 GDPR 的数据合规及跨境流动规范进行深入解读,帮助读者理解欧盟监管机构重点关注的要素和内容,以此作为国内数据合规工作的参考和借鉴。例如,在数据交易层面,本书从律师尽职调查的角度向读者展示数据交易挂牌备案工作中所关注的重点领域,让企业了解数据交易行为在哪些方面应该合规。本书还从数据应用角度,尝试通过对不同数据要素场景下的合规应用进行解读,使企业更为实际和生动地了解数据合规的场景适用性问题。

作为一名专业律师,李旻从实务中关注到当下国际国内的法律热点问题,从法律实践上升到法学理论,验证了"法律的生命不在于逻辑,而在于经验"这句话。学习法律,就是要让一个人像法律人那样去思考,从法律实践中学习法律,改变我们固有的思维方式,最终形成法律人的理性思维。李旻在法律实践中不断探索,希望他成为一个践行法律的理性人。

是为序。

林燕萍

华东政法大学原副校长

华东政法大学教授、博士生导师

二〇二三年二月十六日

前　言

早在2008年6月，我国的网民数量就已经超越了美国，一举夺得世界第一。但互联网企业蓬勃发展的滚滚车轮，似乎并没有推起中国企业建立数据合规体系的决心和信心，漠视数据安全，任由个人信息被泄露和滥用的案件比比皆是。

作为中国最早从事企业数据合规治理的一批专业律师，我们在十年前就已经开始关注和认识到上述问题的存在，并在多处重要场合一再呼吁中国企业重视自身的数据合规治理工作。无奈当时我国在数据保护领域的立法和实践几乎为零，很多企业即使有所意识，却并不知道自己该做些什么，这是那个时代的特有印记。

2016年11月7日，我国《网络安全法》正式颁布，这极大地鼓舞和刺激了中国互联网企业建立自身数据合规体系的目标。自此之后，我便不断受邀前往全国各地讲授数据合规治理的相关课程。在授课期间，我经常给学员说："我国数据保护立法的时代即将开启，企业的数据合规体系建设已经迫在眉睫。"再回首，也正是因为《网络安全法》的适用，开启了我国企业如火如荼的数据合规进程。由此可见，我们当初的预判还是非常准确的。

随着2020年全球新冠疫情的肆虐，国际带宽的使用量明显增加，人工智能技术在疫情监测和分析等诸多领域开始发挥举足轻重的作用。其中，尤以"智能服务""体温监测""大数据分析"等数据服务领域最为突出，它们在抗击疫情的不同场景下发挥了其优势效能。因此，大量中国企业的数字化转型开始逐渐提速，人工智能的产业规模也不断发展扩大。在宏观数字经济的这一趋势及大背景下，我国在《"十四五"数字经济发展规划》中响亮地提出了"到2025年，数字经济迈向全面扩展期，数字经济核心产业增加值占GDP比重达到10%"的宏伟目标。同时综观全世界,联合国也在其《2021年数字经济报告》中指出,目前全球亟须建立一套新的数据合规体系,以确保数据在国家间的自由流动。由此可见,数据跨境自由流动的全球一体化合作趋势几乎已成定局。

虽然各国在数据治理方面的相关工作正在如火如荼地开展,但达成长期的国际协作并非易事,这是由数字治理的特殊性所决定的。

第一,数字治理的模式仍不统一。在如何监管数据跨境自由流动问题上,世界各国似乎早已陷入了僵局。受大国经济的影响,主流的数据治理和监管模式大致可以分为三类,分别是以中国为首的"政府控制说"、以美国为首的"市场控制说",以及以欧盟为首的"个人控制说"。其中,尤以中国和美国的矛盾最为突出和激烈,两国在数字治理中的紧张态势使"两极化"的态势越发严重,这也极大阻碍了数据跨境的自由流动。

第二,数据治理的领域较为多元。以我国为例,由于数据的应用场景一般都会涉及国家安全、社会价值、服务贸易、个人权利等方面的内容,因此数据治理势必不能通过单一法来进行调整,这也就是为何在《网络安全法》出台之后,我国又接二连三地出台了《电子商务法》《数据安全法》《个人信息保护法》《关键信息基础设施安全保护条例》《网络安全审查办法》《数据出境安全评估办法》等一系列法律法规来对数据合规进行系统性规制。虽然数据的概念和所有权权属在学界仍存在广泛争议,但数据的应用显然有别于传统的商品和服务,我们不能简单地将"数字贸易"与"货物贸易"或"服务贸易"画上等号,也当然不能将传统的法律思维和原则一股脑地套用在数据治理体系之上。由此看来,学会正确解读和适用我国数据治理的相关法律规定是数据合规专业人士极其重要的一项工作。

第三,数据治理的效能受到限制。互联网的本质在于自由和开放,但是各国数据治理采用的不同方式显然与建立和使用互联网的初衷并不相对应。一方面,政府的干预会阻碍数据经济的自由发展,影响数据跨境的自由流动;另一方面,监管的过度放任又会导致部分企业形成数据垄断,甚至引发对数据的滥用。如何协调其中利弊,也是政府、企业和数据主体需要进一步思考的问题。

纵有上述问题存在,但非常可喜的是,近年来我国企业数据治理的需求呈现了逐年增长的趋势。其实,只要深刻理解和掌握了我国相关立法所规定的规则,揣摩立法者的本意,那么企业的数据合规体系建设就并非一件难事。由于在企业合规实务中,许多人仍然对我国数据合规法条理解和适用存在一定的误读和偏差,因此为澄清我国数据合规的规范理解和应用,我萌生了编写此书的想法。就中国企业而言,数据治理的话题无非只包含内部治理和外部治理(涉及数据跨境)两个部分,其中内部治理又包括对数据安全的治理和对个人信息保护的治理,这也是本书要解决的首要问题。此外,基于互联网全球架构已逐渐形成互相依赖和关联的趋势,数据也终将被视为一种全球性的公共品进而被各国所重点关注。因此,企业在处理数据跨境流动合规治理的相关问题时也应当不断加强国际交流与协作。本书也会结合我的一些涉外实务经验,尽可能对欧盟 GDPR 的数据合规及跨境流动规范进行解读,帮助读者朋友们试着去理解欧盟监管机构重点关注的要素和内容,以此作为国内数据合规工作的参考和借鉴。在数据交易层面,本书也将从律师尽职调查的角度向读者展示数据交易所在数据交易挂牌备案工作中所关注的重点领域,为企业数据交易行为的合规保驾护航。同时,本书还将从数据应用角度出发,尝试通过对不同数据要素场景下的合规应用进行解读,使读者能够更为实际和生动地理解数据合规的场景适用性问题。在这十年来,作为数百场法律培训课程的主讲人,我有幸能够长期与来自互联网界及其他领域的企业家朋友们进行充分交流,这也让我能够随时转换思路,更为深刻地理解各类企业发展过程中所可能面对的痛点和难点。虽然本书在撰写过程中,参考了大量中外学者的著作和文章,但书中的一些理念和观点并不敢说毫无瑕疵,还请各位海涵!我真心希望能够发挥自身在数据合规领域的专业特长,借助本书的出版向读者朋友们直白且清晰地表达中国企业在数据合规中到底该做些什么,又该怎么去达成。作为一部法律工具类的书籍,我还希望本书的出版能够帮助中国企业根据自身状况建立起符合自身需求的数据合规体系和架构。如果在遇到问题时能够第一时间想到本书,并将其奉为一本数据合规类的“圣经”,那我就更加知足了。

非常感谢我的家人和事务所同事们对本书出版的大力支持,也感谢我的博士生导师华东政法大学林燕萍教授的悉心指导,以及团队成员卓伟伟、刘曦等对本书成稿所付出的努力。我衷心希望,随着我国互联网的蓬勃发展,本书能够及时满足社会各界的需要，为广大创业者、数据合规从业者、高校学者、投资者、消费者及对数据合规领域感兴趣的各类人士打造互相交流的平台，以供业界前辈、同行进行深入学习和交流。

李昊

二〇二二年九月十八日

目　录

第 一 章

数据保护的基本介绍

第一节　中国的数据保护

我国历来都非常重视数据保护和网络安全方面的工作，并早在 2002 年就成立了国家网络与信息安全协调小组，来负责协调跨部门间的网络与信息安全工作。2018 年，习近平在全国网络安全和信息化工作会议上发表的重要讲话中更是提出："大数据、云计算、移动互联网……以新一代信息技术为代表的科技革命风起云涌，这是改变世界的力量，也是中华民族的一个重要历史机遇，我们必须牢牢抓住，决不能与难得的历史机遇失之交臂。"[①]可见，未来我国社会经济的持续发展必将与互联网等新兴技术和产业的不断升级密切相关。可以说，把握了互联网技术就把握了我国在全球数字经济与贸易上的话语权。2019 年，习近平又在主持中共中央政治局第十二次集体学习时进一步提出："没有网络安全就没有国家安全；过不了互联网这一关，就过不了长期执政这一关。"[②]由此，我国数据保护的相关立法也被逐步提上了工作日程。

---

① 《牢牢抓住网络强国建设的历史机遇》，载中国青年网，https://baijiahao.baidu.com/s?id=1598434728057830093&wfr=spider&for=pc，最后访问日期：2023 年 6 月 2 日。

② 《牢牢抓住网络强国建设的历史机遇》，载中国青年网，https://baijiahao.baidu.com/s?id=1598434728057830093&wfr=spider&for=pc，最后访问日期：2023 年 6 月 2 日。

一、中国数据保护的立法起源

虽然我国在很长一段时期内都没有启动有关数据保护方面的立法工作，但早在 2003 年 9 月，我国就有意识地发布了国家信息化领导小组《关于加强信息安全保障工作的意见》，对国家的信息安全建设提出了规范性的要求。此后在 2004 年至 2007 年的短短 4 年间，我国相关部门又相继颁布了《关于信息安全等级保护工作的实施意见》、《国家信息安全战略报告》、国家网络与信息安全协调小组《关于开展信息安全风险评估工作的意见》、《信息产业十一五规划》等战略性文件，强调了数据保护这一领域的重要意义。2011 年国家互联网信息办公室（以下简称国家网信办）成立之后，我国明显加快了针对企业的数据保护监管工作，对企业的数据安全进行了大量质询和核查，效果显著。

2013 年，斯诺登爆料的"棱镜门"事件更是揭露了美国政府利用大数据通过全球通信和互联网对各国首脑进行实时秘密监控的丑恶行径。该事件一经报道，迅速引发了国际社会的热议和关注，并直接推动了世界各国在数据保护方面的工作。另外，"棱镜门"事件的发酵也进一步表明了"数据加密"及"假名化"技术的重要意义。基于此，我国也逐渐加快了国内数据保护立法的步伐。随后，我国工业和信息化部（以下简称工信部）立即颁布了《信息安全技术个人信息保护指南（征求意见稿）》，在其第 3 条中明确了个人信息保护的八大基本原则，而后《消费者权益保护法》[①]也进一步明确了消费者的个人信息受到法律保护。由此，我国数据保护专项立法工作的号角正式吹响。

2014 年 2 月 27 日，中央网络安全和信息化领导小组宣告成立，其主要负责加强互联网上信息内容的管理，以及对违法违规网站进行处罚。

2015 年 7 月 1 日，《国家安全法》正式出台并生效，这部法律对包括"科技安全"在内的 11 个领域进行了规定，明确了数据保护对国家安全的重要意义。《国家安全法》的实施，证明了我国法律体系制度完全有能力时刻应对国际形势的变化而作出及时调整。

---

① 我国《消费者权益保护法》第 14 条规定："消费者在购买、使用商品和接受服务时，享有人格尊严、民族风俗习惯得到尊重的权利，享有个人信息依法得到保护的权利。"

2016 年 11 月 7 日，我国《网络安全法》由全国人大常委会审议通过。在短暂的过渡期后，该法最终于 2017 年 6 月 1 日正式施行。这部《网络安全法》是集“网络风险监测预警”“关键信息基础设施保护”“网络数据安全保护”“新技术和新业务安全保护”“政府监管”等内容为一体的综合性立法，其明确了网络运营者、网络用户以及政府之间的权利义务关系，更是确立了如“网络空间主权”“重要数据强制本地存储”“境外数据传输审查评估”“个人信息保护与流通”“网络用户实名认证”等重要原则，是我国顺利、有序开展网络数据安全保护工作的坚强基础和后盾。《网络安全法》的出台，填补了我国数据保护立法的空白，在网络运营者的头上悬挂了一把“达摩克利斯之剑”，标志着我国数据保护的立法自此步入快车道。

2018 年，中央网络安全和信息化领导小组被改制为中央网络安全和信息化委员会，进一步强化了党中央对数据保护监管工作的领导，提高了网络安全保障的职能。

二、中国数据保护的立法兴起与发展

随着《国家安全法》和《网络安全法》这两部与数据保护相关的基本法的出台，我国企业对于数据合规的需求也越发明显。因此，在 2019—2022 年这短短四年间，立法部门相继出台了《电子商务法》《数据安全法》《个人信息保护法》这三部重量级法律。同时，还配套出台了包括《关键信息基础设施安全保护条例》《网络安全审查办法》《数据出境安全评估办法》在内的若干行政法规及部门规章。此外，为确保数据合规的技术落实，《信息安全技术 个人信息安全规范》（GB/T 35273 - 2020）作为国家标准也被撰写完成并公布，甚至各地网商协会等行业组织也联合知名企业启动了一系列自律性文件的编纂和修订工作，进而号召中国企业依法、依规开展数据治理工作。可见，上述法律、法规及规范性文件均极大补充和完善了我国数据保护的相关制度，为企业数据的有序治理指明了前进方向。

从立法兴起与发展中可以很明显地看出，我国数据合规治理的立法规范大体上可以分成四个位阶。

(一)两大“龙头”

《民法典》和《国家安全法》是位于第一位阶的两部基础性法律。《国家安全法》主要是基于确保国家安全的公法基础,而《民法典》主要是基于调整以私法为核心的各类民事法律关系。只有在一公一私这两部法律的规范作用下,才能确保数据合规治理的有效性,因此这两部法律是中国企业数据合规治理的重要基石,起到了“龙头”的作用。

(二)四大支柱

《网络安全法》《电子商务法》《数据安全法》《个人信息保护法》是位于第二位阶的支柱性法律,企业数据合规治理的指导工作大多仰仗这四部法律,其已然成为我国数据合规体系建设中的重要工具,其中:

《网络安全法》侧重于“网络安全”,规定了包括“网络信息安全”“网络运行安全”“数据本地化存储”“跨境数据流动规范”等方面的内容。

《电子商务法》侧重于“交易安全”,规定了包括电商经营者的“合法经营义务”“反不正当竞争义务”“消费者个人权利保护义务”等方面的内容。

《数据安全法》侧重于“数据安全”,规定了包括“数据分级分类”“数据安全评估”“特殊类型数据”等方面的内容。

《个人信息保护法》侧重于“信息安全”,规定了包括“个人信息”“敏感个人信息”“个人信息的跨境”等方面的内容。

(三)三大细则

企业的数据合规治理应根据其自身所处行业来予以判断。有些行业领域不仅要求其在处理数据时符合法律规定,同时还会对涉及网络设施设备的“硬件”提出一定要求,如金融、医疗健康领域等。因此,以《关键信息基础设施安全保护条例》《网络安全审查办法》《数据出境安全评估办法》为首的一系列行政法规和部门规章应处于第三位阶,其大体为实操类文件,且相对于前述法律规定而言更为细化和具体,在实务中应与前述法律一同配套适用为宜。

(四)N个标准

所谓“N个标准”,指的是具有一定指导意义的国家、地方以及行业标准。这些标准一般由国家政府机关牵头或行业自律组织自发撰写及发布,其在实务中具有一定的参考价值，如中国电子技术标准化研究院、中国信息通信研究院等单位共同起草的《信息安全技术 个人信息安全规范》（GB/T 35273－2020）就属于这一类型。由于现实生活中存在大量基于法律而制定的国家或地方标准，因此其可以被视为第四位阶的规范性文件。

中国企业数据合规的重要法律架构如表1－1所示：

表1－1　中国企业数据合规的重要法律架构

位阶	规范性文件	
第一位阶	《国家安全法》	《民法典》
第二位阶	《网络安全法》 《数据安全法》	《电子商务法》 《个人信息保护法》
第三位阶	《关键信息基础设施安全保护条例》 《网络安全审查办法》 《数据出境安全评估办法》等	
第四位阶	《信息安全技术 网络安全等级保护实施指南》（GB/T 25058－2019） 《信息安全技术 个人信息安全规范》（GB/T 35273－2020） 《网络安全标准实践指南——移动互联网应用程序（App）个人信息保护常见问题及处置指南》（TC260－PG－20203A） 《金融数据安全 数据安全分级指南》（JR/T 0197－2020）等	

第二节　数据保护的主要参与者和基本法律关系

企业数据合规领域的主要参与者需要根据其所适用的法律来予以区分和界定。对于公司业务在中国境内的企业而言，根据我国《个人信息保护法》和《数据安全法》等法律的规定，“数据处理者”作为一项统称，负责数据处理活动中的全部事宜。倘若再往下细分，则其还涵盖了“个人信息处理者”“重要数据处理者”“其他数据处理者”等主体身份。但当企业设立在欧盟区域或者其公司业务针对欧盟公民时，则根据欧盟《通用数据保护条例》（General Data Protection Regulation，GDPR）的规定，企业将根据其自身职能被定义为“数据控制者”和“数据处理者”两类。由此可见，我国的立法选择将企业在数据合规中的身份定义为“数据处理者”，而欧盟的立法则更突出企业的职能，通过将企业定义为“数据控制者”和“数据处理者”来对其进行权利和义务上的划定，这也是我国立法和欧盟 GDPR 立法之间就主要参与者而言最大的差别。

一、数据保护的主要参与者

（一）中国法下的主要参与者

1. 数据处理者

（1）《数据安全法》

我国《数据安全法》第 27 条第 2 款规定："……重要数据的处理者应当明确数据安全负责人和管理机构，落实数据安全保护责任。"

我国《数据安全法》第 30 条第 1 款规定："重要数据的处理者应当按照规定对其数据处理活动定期开展风险评估，并向有关主管部门报送风险评估报告。"

我国《数据安全法》第 31 条规定："……其他数据处理者在中华人民共和国境内运营中收集和产生的重要数据的出境安全管理办法，由国家网信部门会同国务院有关部门制定。"

可见，我国《数据安全法》将数据处理主体基于数据的重要性，定义为"重要数据的处理者"和"其他数据处理者"，并对二者之间的权利义务进行了细化。

（2）《个人信息保护法》

除《数据安全法》外，《个人信息保护法》几乎通篇都对"个人信息处理者"的权利和义务作出了规定，其甚至还在条款中设置了专门的章节来予以约束，其重要性可见一斑。此外，根据该法第 73 条的规定，"个人信息处理者，是指在个人信息处理活动中自主决定处理目的、处理方式的组织、个人"。因此，《个人信息保护法》中的个人信息处理者，其可以自主决定数据处理的目的和方式，几乎囊括了数据处理活动中的所有行为。

（3）《数据出境安全评估办法》

《数据出境安全评估办法》是国家网信办颁布的一部规范我国数据出境的部门规章。该办法第 2 条规定："数据处理者向境外提供在中华人民共和国境内运营中收集和产生的重要数据和个人信息的安全评估，适用本办法。法律、行政法规另有规定的，依照其规定。"

综上所述，我国系通过立法的形式将参与数据处理活动的企业归纳为"数据处理者”来予以规范和管理。此外,针对一些特殊类型的数据,则以“重要数据的处理者”“其他数据处理者”等身份进行区分。但无论如何,我国“数据处理者”的优势在于其可以自行决定数据的处理目的和方式,这也将极大地有利于政府对企业数据合规与安全的把控和监管。

2. 数据主体

数据处理活动中的另一大主体系“数据主体”,所谓“数据主体”,指的是一切能够产生数据的自然人、法人和其他组织。针对不同的数据主体,我国均有相对应的立法确保其权益不受侵害。数据处理者处理的数据,即源于数据主体的授权以及基于一些法定因素而取得。

3. 监管机构

在数据合规领域,我国并没有建立独立的监管机构进行核查和监督。相反,基于政府职能专业化的考量,施行的是“条块化”的部门管理模式,即由各政府部门在其职责范围内,就违法和违规问题进行核查和监管,以确保企业的数据合规和安全。例如:公安部负责涉及刑事犯罪类的事宜;工信部负责管理通信行业,并推进信息化的建设;国家安全部(以下简称国安部)负责协调和维护国家的信息和数据安全;国家网信办负责加强互联网信息内容管理,依法查处违法违规网站;中国消费者权益保护协会(以下简称消保委)负责消费者的权益保护等。这些行政机关构成了我国“立体式”的监管体系,全面且有效地杜绝了由于数据不合规而带来的各类风险。

(二)欧盟法下的主要参与者

除传统意义上的数据主体和监管机构外,欧盟 GDPR 在其第 4 条中还对“数据控制者”“数据处理者”“数据接收者”等数据保护的参与者进行了定义。

1. 数据控制者

欧盟 GDPR 第 4 条第 7 款规定:“‘数据控制者’指的是能单独或联合决定个人数据处理目的与方式的自然人或法人、公共机构、规制机构或其他实体组织;如果此类处理的方式是由欧盟或成员国的法律决定的,那么对控制者的定义或确定控制者的标准应当由欧盟或成员国的法律来规定。”由此可见,欧盟法下的数据控制者具备单独或共同决定数据处理目的和方式的权利,该职能与我国的数据处理者相当。但从相关定义来看,由于其在实践中一般会委托第三方进行数据的处理，进而缺乏直接处理数据的行为，故而其权利义务仍不及我国法律制度下的数据处理者这般全面。

2. 数据处理者

欧盟 GDPR 第 4 条第 8 款规定："'数据处理者'指的是能代表数据控制者而处理个人数据的自然人或法人、公共机构、规制机构或其他实体组织。"从该定义能够看出，欧盟的数据处理者仅需按照数据控制者的指示处理相关数据，其无权对数据处理的目的自行作出决定，这也是其与中国法下数据处理者之间最大的区别。

3. 数据接收者

欧盟 GDPR 第 4 条第 9 款规定："'数据接收者'指的是接收数据的自然人、法人、公共机构、办事机构或其他组织，不论其是否为第三方。然而，公共机构基于欧盟或成员国法律的某项特定调查框架而接收个人数据，则不应当被视为接收者；公共机构对此类数据的处理，应当根据处理目的遵循可适用的数据保护规则。"由于在实践中，数据接收者往往是作为被传输方的角色加入，因此欧盟 GDPR 将更多对接收数据的合法性进行审查。此外，本条款还明确了公共机构基于欧盟成员国法律而接收数据的情形，因其适用的是其他数据保护的立法规则，故不属于欧盟 GDPR 中"数据接收者"的范畴。

4. 数据主体

欧盟 GDPR 中的数据主体与我国立法中的数据主体相比范围明显较小，其仅指"已识别或可识别的自然人"，只要该自然人与数据的处理活动有关，而不论其国际或居住地是否在欧盟境内，皆可被数据主体的范围所囊括。

5. 监管机构

为了保护自然人在数据处理过程中的基本权利与自由，以及促进欧盟内部的个人数据的自由流动，欧盟 GDPR 强制性要求各成员国在其境内设立至少一家独立的监管机构负责条例的实施。此外，每个监管机构都应当尽可能确保条例在欧盟适用的一致性，且有互助的相关义务。因此，针对数据保护工作设立独立的监管机构，是欧盟 GDPR 与我国立法的另一大不同。

二、数据保护的基本法律关系

(一)数据处理者和数据主体之间的法律关系

1. 合同关系

数据处理者和数据主体之间最常见的一种法律关系是合同关系。通常来说,数据主体会在入驻平台前与数据处理者签订《注册协议》,并进而形成网络服务合同关系。通过合同的达成来对账号的注册和使用规则,以及后续数据处理者收集、存储、使用、加工、传输、提供、公开相关数据等数据处理活动的范围进行约定,以防止争议的发生。此外,针对一些特殊行业的数据处理者,在需要大量数据进行研究和建模时,其还可能会需要事先获得数据主体的授权,此时双方之间就形成了委托合同关系。

2. 侵权关系

当发生基于数据处理者的过错而导致的数据泄露或是数据处理者故意侵害数据主体权益,对数据进行滥用时,双方之间则形成了侵权关系。数据主体可以根据《民法典》的相关规定,主张相应的民事赔偿责任,并同时要求监管机构介入,对数据处理者的违法行为进行查处。

(二)数据处理者和监管机构之间的法律关系

监管机构负责数据处理者经营活动的日常监管,确保其依法依规地经营。数据处理者未尽到数据保护职责导致违法行为发生的,监管机构可以对其依照相应法律规定作出行政处罚,该处罚行为的作出意味着双方之间形成了行政法律关系。因此,数据处理者和监管机构之间属于监管和被监管的关系。

(三)数据处理者和数据处理者之间的法律关系

数据处理者和数据处理者也会经常就数据处理活动进行合作,因此其双方之间可能会形成合同关系。

《个人信息保护法》第20条规定:“两个以上的个人信息处理者共同决定个人信息的处理目的和处理方式的,应当约定各自的权利和义务。但是,该约定不影响个人向其中任何一个个人信息处理者要求行使本法规定的权利。个人信息处理者共同处理个人信息,侵害个人信息权益造成损害的,应当依法承担连带责任。”在一些情况下,数据处理者可能需要共同决定数据的处理目的和方式,由于两者的法律地位相同,因此其一般会签订合作协议,就数据处理活动中双方的权利义务进行约定,以确保数据保护的合规。例如,旅行社将客人的预定信息发给酒店和航空公司,如果在依次分开发送后,酒店和航空公司基于不同数据处理目的进行处理,则并不属于共同决定。但如果三家企业共建了统一的数据库,并在此基础上进行整合营销,则它们的行为可能会被认定为共同处理。

《个人信息保护法》第21条规定:“个人信息处理者委托处理个人信息的,应当与受托人约定委托处理的目的、期限、处理方式、个人信息的种类、保护措施以及双方的权利和义务等,并对受托人的个人信息处理活动进行监督。受托人应当按照约定处理个人信息,不得超出约定的处理目的、处理方式等处理个人信息;委托合同不生效、无效、被撤销或者终止的,受托人应当将个人信息返还个人信息处理者或者予以删除,不得保留。未经个人信息处理者同意,受托人不得转委托他人处理个人信息。”在此情形下,由于数据处理者之间形成的是委托合同关系,即受托方数据处理者需要根据委托方数据处理者的指示,在委托范围内进行数据处理活动,因此其也并不直接与数据主体发生直接的法律关系。

第三节 中国企业数据合规治理的典型案例

随着《网络安全法》《数据安全法》《个人信息保护法》等法律的相继出台,我国已将企业数据的合规治理提升到了一个崭新的高度。中国企业在强监管下的数据合规治理问题,对企业的发展将起到至关重要的作用。倘若企业的数据合规治理存在问题,则可能会承担相应的民事、刑事和行政责任,甚至影响该企业的融资以及挂牌上市的资格。

一、中国企业数据合规对海外 IPO 的影响

自2020年瑞幸咖啡发生财务造假事件后,在美上市中概股的合规问题就

开始不断备受质疑。美国政府在此后迅速出台了《外国公司问责法案》,明确相关中概股如果连续三年未能遵守美国上市公司会计监督委员会的审计要求,将禁止该公司的证券在美国的所有证券交易所上市。但众所周知,要想通过会计监督委员会的审计要求,就必须向其提供美国政府所需的公司业务底稿和关键性数据,这对于部分拟上市企业而言实则将面临两难的境地。因为美国的这一规定与我国的《证券法》存在法律适用上的冲突。我国《证券法》第177条规定:“国务院证券监督管理机构可以和其他国家或者地区的证券监督管理机构建立监督管理合作机制,实施跨境监督管理。境外证券监督管理机构不得在中华人民共和国境内直接进行调查取证等活动。未经国务院证券监督管理机构和国务院有关主管部门同意,任何单位和个人不得擅自向境外提供与证券业务活动有关的文件和资料。”可见,向境外政府提供与证券业务有关的文件和资料需要“经国务院证券监督管理机构和国务院有关主管部门同意”这一前置程序。

滴滴公司作为一家掌握大量中国公民个人信息及国家核心数据的网约车平台,其在境外上市失败的经典案例,足以为中概股数据合规治理问题敲响警钟。基于滴滴公司上市采用的是VIE架构,即上市主体注册地在境外而非中国境内,这也规避了其向证券监督管理委员会(以下简称证监会)启动境内前置审批程序的申请。滴滴公司实际上也正是利用了缺乏前置审批程序这一缺口,避开了其关键信息基础设施提供者的身份,进而快速地于2021年6月11日正式向美国证券交易委员会提交首次公开募股申请书,并仅耗时20天即于6月30日在纽约证券交易所闪电上市。虽然滴滴公司并没有高调地召开新闻发布会和举办敲钟仪式,但国家网信办还是很快找上了门,并根据《数据安全法》等相关法律法规的规定,于2021年7月2日对滴滴公司启动了网络安全审查程序。最后经深入核查后发现,“滴滴企业版”旗下等25款App产品存在严重违法违规收集使用个人信息的问题,“滴滴出行App”也随即被网信办宣告下架。在其下架后的首个美股交易日,同时也是滴滴在纽约证券交易所上市后的第四个交易日,“滴滴出行App”即以12.49美元的价格破发,并直接导致其市值缩水超947亿美元。无奈之下,滴滴在其仅上市156天后,于2021年12月3日宣布启动退市程序,并计划重新启动其在香港的上市工作。在此前的招股说明书中,滴滴曾用60多页的篇幅介绍了公司各项业务所可能面临的风险,并对公众披露了公司业务有可能会受到法律和监管的影响。甚至其还单独列举了一项标题为“在中国做生意的风险”的风险提示，对中国经济、政治、社会状况或政府政策变化等可能会对公司业务、财务状况和经营成果产生重大不利因素进行了释明。但即便如此，基于滴滴的退市风波以及其App被网信办下架的处理决定，美国股东权益律师事务所（Labaton Sucharow LLP）和罗森律师事务所（Rosen Law Firm）仍旧宣布将正式代表潜在股东启动调查和证券索赔的集体诉讼程序，以挽回给投资者所造成的损失。2022年7月21日，国家网信办更是依据《网络安全法》《数据安全法》《个人信息保护法》《行政处罚法》等法律法规，对滴滴全球股份有限公司处人民币80.26亿元罚款，对滴滴全球股份有限公司董事长兼CEO程维、总裁柳青各处人民币100万元罚款。

其实，自2021年7月国家网信办对滴滴启动网络安全审查程序之后，“BOSS直聘”“运满满”“货车帮”也先后被启动了审查程序。中共中央办公厅、国务院办公厅更是进一步公开发布了《关于依法从严打击证券违法活动的意见》，明确将继续加强对中概股监管，并持续完善数据安全等相关法律法规的立法建设和落实。从这些电商企业被处罚的经历来分析，不难从中总结出它们的共同特点。首先，这些企业均为互联网平台企业，从事电商各领域的经营活动，特别是与公共基础设施以及关键信息基础设施建设有关联，大都属于我国重点核查的领域。其次，其均掌握了大量中国公民个人信息及国家核心数据。以“滴滴出行”为例，其注册用户已超5亿，日订单超4000余万，这些平台均呈现极高的用户活跃度。再次，这些企业均计划在境外上市，需要面对境外政府部门的严格核查和审计。这些海量数据的出境，对于企业的数据合规治理乃至我国的国家安全都起到了关键性影响。最后，这些企业均在数据合规治理层面存在诸多问题，特别是在其态度上均往往比较轻视，导致最终没有严格落实我国的法律法规。从这些案例中可以看出，对我国数据安全和合规相关法律的遵守程度，将成为企业未来在境外是否能够成功上市的决定性因素，也势必成为企业内部合规的一项重要工作。

二、中国企业数据合规对境内IPO的影响

2019年10月11日，证监会发布了一份审核结果公告，将北京墨迹风云科技股份有限公司（以下简称墨迹公司）的IPO申请予以否决，使其成为当日四家

上会企业中唯一未通过的企业。根据公开的《招股说明书》,墨迹公司的产品"墨迹天气 App"主要为用户提供免费的综合气象服务,以及为广告客户提供互联网广告信息服务。同时,墨迹公司未来将逐步规划集中运营期间积累的用户数据,并探索和开展企业级业务,利用气象技术和个人用户端数据为各行业企业提供基于气象情况的精准运营服务,从而实现向互联网综合气象服务提供商的转型。基于相关专业核查,发行审核委员会(以下简称发审委)主要给墨迹公司提出了四项问题,包括"墨迹天气 App"存在未经许可违规发布互联网新闻信息、通过违规方式自主收集及第三方途径获取用户数据、互联网信息服务收入占营业收入比过大,以及直接或间接股权关系客户贡献收入占比较大等。虽然在上市前,墨迹公司曾被要求就其收集和使用个人信息中存在的问题进行整改,但其在申请上市时,显然并未完全按照法律规定和要求对数据合规进行整改。因此,相对于发审委提出的其他问题而言,"墨迹天气 App"在数据合规领域的问题仍显得较为突出。证监会还同时指出,发行人通过自主收集及第三方途径获取用户数据及标签,并利用数据进行商业化变现,发行人于 2019 年 7 月 16 日收到 App 专项治理工作组发出的《关于 App 收集使用个人信息相关问题的通知》,App 专项治理工作组要求发行人就收集使用个人信息中存在的问题进行整改。可见,"墨迹天气 App"并未在上市前就数据合规做好充分的准备工作,无论在用户数据的收集、使用、标签获取方面,还是在内控制度建设以及面对行业监管的整改方面均未予以重视,最终也不得不面临 IPO 被否的窘境,这是非常可惜的。

自 2017 年以来,除"墨迹天气 App"外,累计已有 40 余家企业在中国境内申请 IPO 时被证监会征询有关数据合规建设方面的问题。2019 年 7 月,包括"墨迹天气""安居客""Wi-Fi 万能钥匙""悟空理财"等在内的 40 款 App 也基于数据合规的各类问题被网信办等多部门点名要求整改。"墨迹天气 App"事件的发生为中国拟上市互联网企业敲响了警钟。当前,企业数据合规建设的重要性在我国现行立法制度下显然已经不容小觑,甚至将直接影响企业在境内申请 IPO 的进度,且此类事件在近年来也呈现逐步增长的趋势,确实需要引起企业的足够重视。

三、中国企业数据合规治理的民事责任

实践中,基于企业与不同市场主体之间形成的不同法律关系,在企业数据合规的治理过程中也必然会构成各种民事责任,而这些民事责任往往又都与数据的收集、保存和处理有关,涉及数据收集的合法性、数据泄露、盗用账户、未经同意发送侵害个人权益的信息、违法披露数据等。

(一)合同纠纷

1. 全国首例"人脸识别"案①

2019 年 4 月,郭某以人民币 1360 元的价格购买了某野生动物世界的双人年卡套餐,并确定以指纹识别的方式自由入园。随后,在未经其个人同意的情况下,该野生动物世界将年卡客户的入园方式从指纹识别单方面调整为人脸识别,并同时进行了公告。

2019 年 7—10 月,该野生动物世界曾向郭某发送了两条短信,通知更换入园识别方式的相关事宜,并要求其前往园区激活人脸识别系统,以及拒绝激活系统将导致无法正常入园的法律后果。此后,在郭某与某野生动物世界就入园方式及退卡等事宜协商未果的情形下,郭某随即提起司法诉讼,要求确认野生动物世界公告及短信通知内容无效,并以野生动物世界违约且存在欺诈行为为由要求其赔偿年卡套餐费用、交通费用,并及时删除个人信息。

杭州市富阳区人民法院经审理后认为,本案系当事人双方因购买游园年卡套餐而形成的服务合同关系,后因入园方式发生变更进而引发诉讼。本案的争议焦点实为经营者处理消费者个人信息,尤其是指纹和人脸等个人生物识别信息行为的评价和规范问题。双方在办理年卡套餐时,约定所采用的是以指纹识别的方式入园,某野生动物世界通知采集郭某及其妻子照片等信息,超出了法律意义上的必要原则要求,故该措施不具有正当性。综上,一审法院判决某野生动物世界赔偿郭某合同利益损失及交通费共计 1038 元,并要求某野生动物世界立即删除郭某办理指纹年卡套餐时所提交的所有面部特征信息等材料。

---

① 参见郭某与某野生动物世界有限公司合同纠纷案,浙江省杭州市富阳区人民法院(2019)浙 0111 民初 6971 号民事判决书。

该起案件是我国首例基于“人脸识别”所引发的案件,“人脸识别”作为个人敏感信息以及特殊类别的个人数据,原则上应当被加以较高的要求,甚至是被禁止使用,更何况该野生动物世界并未事先征询郭某的同意,在此基础上园区单方作出的以“人脸识别”方式入园的决定显然违反了我国法律的规定,也没有满足收集数据的必要性要求。基于该行为属于单方违约行为,法院据此作出的裁判符合公平正义,也与我国法律精神相一致。此外,该案的现实意义还在于让社会各界认清了数据合规的重要性。同时,其还对科技进步所产生的新的法律问题进行了原则性和方向性上的界定,为日后的同类案件奠定了一定的裁判规则。需要指出的是,目前就“人脸识别”技术的使用范围和条件仍在实务和法理层面存在一定的争议。2019 年,美国旧金山监督委员会甚至还通过了一项《反监控法案》,该法案禁止其工作人员使用和购买“人脸识别”技术,也使旧金山成为美国首个禁止政府成员使用该技术的城市。立法者作出该决定的原因是他们普遍认为,“人脸识别”技术的使用弊大于利,且可能会造成种族矛盾,并给个人生活带来不必要的麻烦。

2. 全国首例平台诉“刷手”案①

2016 年 7 月,淘宝网发现李某账号下的多笔交易存在刷单行为。因此,根据用户注册淘宝会员时所签署的《淘宝服务协议》的规定:“用户不得从事刷单等虚假交易行为,一旦违反则构成违约”,淘宝网对李某的账号作出了限制登录的处理决定。李某不服,与淘宝网协商未果后便将案件提交到杭州市余杭区人民法院进行诉讼,要求对其账号进行解封并赔偿相应损失。法院经审理后认为,根据交易订单的快照、日志等信息,李某在支付其账号下 24 笔订单的相应款项后,陆续收到卖家退回的货款,但对此无法作出合理解释,遂最终支持了淘宝网的诉求,判决李某赔偿淘宝经济损失 1 元。

虽然李某的刷单行为在客观上严重损害了淘宝网的市场声誉和竞争力,但从淘宝网要求赔偿 1 元的诉讼请求来看,其起诉“刷手”的行为显然并非为了赔偿,而是希望借此案件告知社会公众刷单行为的违法性,并对该违法行为进行教育和警示。此外,淘宝网向其提起诉讼的行为还表明了企业具有纠正平台错

---

① 参见李某与浙江淘宝网络有限公司网络服务合同纠纷案,浙江省杭州市余杭区人民法院(2017)浙 0110 民初 7704 号民事判决书。

误数据,维护平台内商户公平竞争的责任和义务。同时,其还有义务积极采取措施防止损失的进一步扩大,这对于企业数据合规体系的建设显然提出了更高标准和要求。

3. 杨某一诉淘宝删除评价案①

2018 年 7 月 20 日,原告杨某一在淘宝购买了一条价值 69 元的羽绒棉裤,同月 25 日确认收货后给予好评。后因其认为涉案商品存在质量问题,杨某一在淘宝平台上追评了差评。卖家多次联系杨某一让其撤销差评,但均未能达成一致。

2018 年 8 月 15 日,卖家以“不合理评价前台场景—同行竞争者交易后给负面评价”为由向被告淘宝公司平台投诉原告杨某一。淘宝公司于当天将该条评价投放大众评审评定,大众评审最终判定投诉成立。淘宝公司依据大众评审的判定对原告杨某一以“滥用会员权利—订单评价删除”进行处罚,并向原告发送了短信进行通知。2019 年 3 月 29 日,淘宝公司对原告撤销了涉案的处罚措施。因原告杨某一对被告的处置意见不服,其随后向杭州互联网法院提起了诉讼,要求淘宝公司对其公开道歉,并就平台规则进行完善和整改。

一审法院经审理后认为,淘宝公司依据《淘宝规则》及《淘宝网评价规范》等对原告作出处罚。同时,淘宝公司以普通人的日常经验,从维护平台秩序的考量,介入涉案交易双方间的纠纷,依约作出相应调处决定,并履行相应调处决定,并未违反平台客观中立作出判断的基本原则,亦无证据证明淘宝公司存在故意或重大过失,淘宝公司也已于 2019 年 3 月 29 日撤销了对原告的处罚,恢复了其会员权利。因此,基于淘宝公司的上诉做法并无不当,法院作出了驳回原告全部诉讼请求的判决。

可见,虽然根据《电子商务法》第 39 条的规定,“电子商务平台经营者应当建立健全信用评价制度,公示信用评价规则,为消费者提供对平台内销售的商品或者提供的服务进行评价的途径。电子商务平台经营者不得删除消费者对其平台内销售的商品或者提供的服务的评价”,但是企业在经营活动中仍需要就违反平台规则所作出的恶意评价及时进行处理,包括删除和限制相关数据的

---

① 参见杨某一与浙江淘宝网络有限公司等网络服务合同纠纷案,杭州互联网法院(2019)浙 0192 民初 1202 号民事判决书。

公示。需要注意的是,在涉及此类数据处理的过程中,需要严格遵循平台规则,并依照"中立原则"行事,以尽可能减少涉诉风险。

(二)侵犯人身权

任某某系国家高级人力资源师,2015 年其向北京市海淀区人民法院提起诉讼,称其在百度网站上搜索其名字后发现,网站页面显示"陶氏教育任某某""无锡陶氏教育任某某"等信息内容。任某某诉称自己仅在陶氏教育短暂任职过 4 个月,后因陶氏教育的名声问题而与其解除了聘用合同,上述搜索结果的存在导致自己在其行业内的评价和名誉都有所受损,进而影响了其进一步的就业。因此,任某某在多次联系百度公司协商无果的情形下,请求法院判令百度公司停止侵犯其姓名权、名誉权及被遗忘权,删除网络上的有关关键词,并要求赔礼道歉、消除影响。一审法院经审理后认为,我国法律并未规定公民具有行使被遗忘权的权利,因此判决驳回了任某某的全部诉讼请求。一审判决后,任某某不服进而向二审法院提出了上诉。最终,二审法院维持了原判。

被遗忘权,顾名思义指的是容易被人遗忘的权利,其规定的是数据主体享有的要求数据控制者删除其控制的相关个人信息的权利。实务中,数据控制者一经收到数据主体的相关请求就负有对该数据进行删除的责任,以确保数据主体个人人身权的实现。虽然被遗忘权是欧盟 GDPR 新增的一项人格权,但我国法律并未对该权利进行规定。

本案系我国公民行使"被遗忘权"的首例案件①,虽然法院最终没有支持任某某的诉讼请求,但是从中也可以看出我国公民在数据合规领域行使自身权利的迫切愿望和需求。从另一个角度来分析,该案也意味着我国涉外企业建立境内外两套数据合规体系的重要意义。换言之,如果本案中的公民系欧盟公民,抑或公司业务涉及欧盟或其他境外区域,则案件结果可能会发生质的改变,这不禁有必要引起中国企业的重视。

(三)侵犯信息网络传播权

2019—2020 年,阿里巴巴文化传媒有限公司对腾讯科技(深圳)有限公司

① 参见任某某诉北京百度网讯科技公司侵犯名誉权、姓名权、一般人格权纠纷案,北京市第一中级人民法院(2015)一中民终字第 09558 号民事判决书。

(以下简称腾讯科技公司)、深圳市腾讯计算机系统有限公司(以下简称腾讯计算机公司)、腾讯音乐娱乐(深圳)有限公司等公司向广东省深圳前海合作区人民法院提起了一系列的司法诉讼[①],诉称腾讯未经其授权许可,通过分开合作的方式擅自利用涉案产品"腾讯叮当智能视听屏"及"腾讯叮当"软件向公众提供涉案录音制品的网络传播服务,侵害了自己作品的信息网络传播权。

一审法院经审理后认为,原告系经过滚石国际音乐股份有限公司授权,对涉案31首录音制品在授权期限内享有独占性的信息网络传播权及相应的维权权利,有权以自己的名义提起本系列案诉讼。在未经著作权人许可的情况下,"腾讯叮当智能视听屏"及"腾讯叮当"软件可在线播放涉案的录音制品,使用户可以在个人选定的时间和地点播放相关录音制品,侵犯了著作权人享有的信息网络传播权。因此,被告腾讯科技公司、腾讯计算机公司基于共同合作目的,在共同意思联络的基础上,通过不同分工,共同直接侵犯了原告对涉案录音制品享有的信息网络传播权,应当共同承担相应的侵权责任。因此,原告主张被告腾讯科技公司、腾讯计算机公司共同侵权,于法有据,应予支持。最终,法院作出了被告公司应向原告进行赔偿的判决。

综上所述,基于互联网的特殊性,企业在网络上的商务合作不仅要对合作模式进行可行性分析,同时还要对合规要求进行验证和审查,以保证日常经营的风险可控。本案就是典型的基于数据应用不合规而对第三方公司的信息网络转播权造成损害的典型案例。实践中,一旦据此被提起司法诉讼,涉及的将可能是数十起乃至上百起案件,这对于侵权企业而言,无疑将是不堪重负的,甚至可能还会对其造成毁灭性的打击。

(四)不正当竞争纠纷

1. 全国首例"大数据产品"不正当竞争纠纷[②]

"生意参谋"系经用户同意后,记录和采集用户在淘宝电商平台上的浏览、

① 详见(2020)粤0391民初6371号、6372号、6373号、6374号、6375号、6376号、6377号、6378号、6379号、6380号、6381号、6382号、6383号、6384号、6385号、6386号、6387号、6388号、6389号、6390号、6391号、6392号、6393号、6394号、6395号、6396号、6397号、6398号、6399号、6400号、6402号民事判决书等。

② 参见淘宝(中国)软件有限公司与安徽美景信息科技有限公司不正当竞争纠纷案,杭州铁路运输法院(2017)浙8601民初4034号民事判决书。

搜索、收藏、交易等活动所留下的痕迹，通过二次加工、处理、分析和整合，采用脱敏的方式就海量数据进行分析，进而形成衍生数据供客户在其商业活动中使用的数据产品。

原告淘宝公司系“生意参谋”零售电商数据产品的开发者和运营者，被告美景公司系“咕咕互助平台”软件、“咕咕生意参谋众筹”网站的开发者和运营者。原告认为，美景公司以“咕咕互助平台”实质性替代了“生意参谋”数据产品，通过提供远程登录“生意参谋”的电脑账户等技术服务，截取了原本属于淘宝公司的客户，导致淘宝公司的交易机会严重流失，构成不正当竞争行为，故而诉诸法院。

法院经审理后认为，淘宝公司将“生意参谋”数据产品推向市场后，已拥有数量众多的用户，通过“生意参谋”数据产品的运营，淘宝公司不仅获取了较大的商业利益，同时积累了在互联网行业中的竞争优势，“生意参谋”数据产品的运营已成为淘宝公司获取市场收益的主要商业模式及核心竞争力。美景公司的行为破坏了淘宝公司的商业模式，削弱了其市场竞争优势及数据产品的核心竞争力，因此构成不正当竞争行为，需停止该侵权行为并赔偿淘宝公司经济损失及合理费用共计 200 万元。

2. 大众点评诉百度案①

2013 年 4 月 16 日，有网友在微博上提问道：“百度地图的美食部分大量直接引用大众点评网评论和介绍，但仅允许用百度账号登录进行评论。怎么回事？”对此，“百度地图”的官方微博回复称：“亲，我们现在是合作关系呀。”

汉涛公司认为，由于双方并不存在合作关系，该回复已构成虚假宣传。此外，百度公司存在未经许可在“百度地图”“百度知道”中大量抄袭、复制大众点评网用户的点评信息，并直接替代大众点评网向用户提供相关内容，该行为使其得以迅速获得了大众点评网的用户和流量，也给汉涛公司造成了巨大的经济损失，已经构成不正当竞争。另外，百度公司的网站还使用了大众点评网的图文标识，使得社会公众对服务来源产生了误解，属于擅自使用知名服务特有名称的不正当竞争行为。

---

① 参见北京百度网讯科技有限公司与上海汉涛信息咨询有限公司其他不正当竞争纠纷案，上海知识产权法院(2016)沪 73 民终 242 号民事判决书。

2016 年 4 月 11 日,上海市浦东新区人民法院对该案进行了公开开庭审理。法院经审理后认为,市场经济鼓励自由竞争,但应充分尊重竞争对手在信息的生产、搜集和使用过程中的辛勤付出。本案大众点评网的用户点评信息是汉涛公司的核心竞争资源之一,能给汉涛公司带来竞争优势,具有商业价值。汉涛公司为运营大众点评网付出了巨大的经济成本,通过法律的形式维护点评信息使用市场的正当竞争秩序,有利于鼓励经营者创新自身业务模式,改善消费者的体验。百度公司大量使用涉案点评信息,实质性地替代了大众点评网向用户提供信息,其行为违反了公认的商业道德和诚实信用原则,具有不正当性,构成不正当竞争。

四、中国企业数据合规治理的行政责任

中国企业的数据合规治理除常见的民事责任外,还可能会基于数据治理的违法和违规而导致相应的行政责任。自《网络安全法》《电子商务法》《个人信息保护法》《数据安全法》等法律出台后,我国主管机关在数据合规领域的清查和约谈就从未有所懈怠,正是伴随政府负有责任感和成效性的大力监管,企业数据合规的自我意识也在不断提升,才造就了当下我国企业数据合规体系建设如火如荼的大好局面。

(一)约谈

1. 工信部就加强用户个人信息隐私保护进行约谈

(1)约谈时间:2018 年 1 月

(2)约谈对象:百度、今日头条、支付宝等

(3)处理结果:工信部信息通信管理局指出,对照《网络安全法》、全国人民代表大会常务委员会《关于加强网络信息保护的决定》、《电信和互联网用户个人信息保护规定》(工业和信息化部令第 24 号)有关规定,3 家企业均存在用户个人信息收集使用规则、使用目的告知不充分的情况,要求 3 家企业本着充分保障用户知情权和选择权的原则立即进行整改。

2. 公安部就 Wi-Fi 分享类应用企业进行约谈

(1)约谈时间:2018 年 5 月

(2)约谈对象:境内119家Wi-Fi分享类网络应用服务企业

(3)处理结果:公安部网络安全保卫局提出以下5项指导性措施:在官网公开分享服务、隐私保护和数据安全条款,接受社会和用户监督;通过官方网站、App客户端提供Wi-Fi网络分享信息的查询和投诉渠道;建立健全用户信息保护和鉴别、防范假冒Wi-Fi网络的安全管理措施;未经本人或单位授权或同意的个人用户Wi-Fi网络及非公开Wi-Fi网络,停止分享服务并清除相关信息;无法确认属于公共服务Wi-Fi网络的,暂停分享服务。

3. 工信部就骚扰电话问题整改进行约谈

(1)约谈时间:2019年5月

(2)约谈对象:小米、红豆集团、民生通讯、阿里云计算等30家企业

(3)处理结果:工信部要求被约谈企业完成骚扰电话问题的整改任务,落实相关责任人追责问责制度,确保短期内见到实效,被约谈企业在整改完成前不得开通相关业务或申请新的码号资源。

4. 工信部就5.38亿微博用户绑定手机号数据泄露问题进行约谈

(1)约谈时间:2020年3月

(2)约谈对象:新浪微博

(3)处理结果:工信部要求新浪微博尽快完善隐私政策,规范对用户个人信息收集的使用行为;加强用户信息分类分级保护,强化用户查询接口风险控制等安全保护策略;加强企业内部数据安全管理,定期及在新业务上线前开展数据安全合规性自评估,及时防范数据安全风险;在发生重大数据安全事件时,及时告知用户并向主管部门报告。

(二)测评

消保委点名对地图类手机App进行测评,具体内容如下:

(1)测评时间:2018年7月

(2)测评对象:搜狗地图、高德地图、腾讯地图、百度地图等

(3)测评结果:申请的敏感权限与实际功能不完全对应,以及缺少让消费者"一次性授权"的选项等问题。

(4)处理结果:要求所属App进行整改,正在运营的企业通过紧急下线、取消获取、功能优化、版本更新等形式进行整改。

（三）规范核查

消保委对 18 类手机 App 进行规范核查，具体内容如下：

（1）核查时间：2018 年 8—10 月

（2）核查对象：优酷、爱奇艺、腾讯视频、QQ 浏览器、搜狗输入法等

（3）核查结果：主要问题集中在部分应用所申请的敏感权限存在无实际对应功能，《隐私权保护政策》内容不充分，未充分告知用户信息收集的目的、用途等。

（四）点名通报

1. 工信部点名通报 12 家公司存在个人信息保护问题

（1）通报时间：2018 年 11 月

（2）通报对象：苏宁易购、猎豹移动、神州优车集团等

（3）抽查问题：苏宁云商和猎豹移动均存在未告知具体查询更正渠道，且猎豹移动没有提供注销服务。神州优车和首约科技的产品未公示用户个人信息收集、使用规则。

（4）处理结果：发现问题后已督促整改。

2. App 专项治理工作组点名通报 61 款 App 存在收集使用个人信息问题

（1）通报时间：2019 年 12 月

（2）通报对象：现金巴士、小米贷款、度小满理财、360 贷款、链家等

（3）抽查问题：主要问题集中在部分应用 App 在首次运行时未通过弹窗等显著方式提示用户阅读《隐私政策》，未在《隐私政策》中逐一列出嵌入的第三方 SDK 收集使用个人信息的目的、类型等。

（4）处理结果：App 专项治理工作组建议相关 App 运营者对存在的问题进行整改，并在 1 个月内向工作组反馈整改情况。1 个月后工作组将对整改情况予以核验，并将核验结果提交相关部门，建议依法予以处置。

3. 国家计算机病毒应急处理中心点名通报 25 款应用"涉嫌隐私不合规"

（1）通报时间：2020 年 1 月

（2）通报对象：民生银行、兴业银行、海峡银行等

（3）抽查问题：主要问题集中在部分应用《隐私政策》未向用户明示申请的全部隐私权限，涉嫌隐私不合规。

(4)处理结果:兴业银行表示,其已经在第一时间与国家计算机病毒应急处理中心取得联系,并在其指导下修订和完善了用户隐私政策,对手机银行客户端 App 也进行了优化。民生银行则表示,经第一时间沟通排查,确认是手机银行(5.1 版)存在部分隐私条款有待补充和完善之处。手机银行最新版本(5.2 版)更新了隐私政策,进一步完善了摄像头、位置等客户信息相关内容,明确了设备权限使用场景以及获取客户信息的范围和使用目的。

4. 工信部点名通报三批存在问题的应用软件名单

(1)通报时间:2020 年 5 月、7 月

(2)通报对象:宾果消消消、当当网、惠租车、tutorabc、e 代驾、纳米盒等

(3)抽查问题:许多 App 存在私自收集个人信息、超范围收集个人信息、私自共享给第三方等侵害用户权益的行为。

(4)处理结果:工信部要求名单内的 App 应在指定日期前完成整改落实工作,逾期不整改的,工信部将依法依规组织开展相关处置工作。

5. 工信部点名通报 101 款存在侵害用户权益行为的 App

(1)通报时间:2020 年 8 月

(2)通报对象:黄油相机、蛋壳公寓、新氧、UNIQLO、快狗打车等

(3)抽查问题:主要问题集中在部分应用《隐私政策》内容不完整,存在私自收集个人信息、私自共享给第三方、强制用户使用定向推送功能、过度索取权限等侵害用户权益的行为。

(4)处理结果:工信部要求名单内的 App 应在指定日期前完成整改落实工作,逾期不整改的,工信部将依法依规组织开展相关处置工作。

6. 工信部点名通报 157 款侵权应用

(1)通报时间:2021 年 1 月

(2)通报对象:360 清理大师、芒果 TV、MiHome、学习通、腾讯应用宝、小米应用商店、豌豆荚等

(3)抽查问题:工信部通报了 2021 年第 1 批(总第 10 批)侵害用户权益行为的 App。截至通报时,尚有 157 款 App 未完成整改,其中存在欺骗误导用户下载 App、违规收集个人信息等问题。此外,腾讯应用宝、小米应用商店、豌豆荚、OPPO 软件商店、华为应用市场等存在平台管理主体责任落实不到位问题。

(4)处理结果:工信部要求名单内的 App 应在指定日期前完成整改落实工

作,逾期不整改的,工信部将依法依规组织开展相关处置工作。

7. 国家网信办点名通报135款存在问题的App名单

(1)通报时间:2022年11月

(2)通报对象:超凡清理管家、手机极速清理专家、私人加密锁、钥匙帮、泰剧迷等

(3)抽查问题:存在强制索要非必要权限、未经单独同意向第三方共享精确位置信息、无隐私政策、超范围收集上传通讯录等问题。

(4)处理结果:依照《个人信息保护法》《App违法违规收集使用个人信息行为认定办法》等法律法规的规定,依法予以下架处置。

8. 国家网信办点名通报80款存在问题的App名单

(1)通报时间:2022年11月

(2)通报对象:东方头条、TF家族 – Fanclub、扭蛋俱乐部、造桥大作战、手机加速清理管家等

(3)抽查问题:存在频繁索要非必要权限、首次启动未提示隐私政策、未告知相关个人信息处理规则、默认勾选隐私政策、无法或难以注销账号等问题。

(4)处理结果:依照《个人信息保护法》等法律法规的规定,依法责令限期1个月完成整改,逾期未完成整改的,依法予以下架处置。

五、中国企业数据合规治理的刑事责任

除民事和行政责任外,数据合规治理不当也可能会触犯相应刑事责任。根据我国《刑法》的规定,如"侵犯公民个人信息罪""非法获取计算机信息系统数据罪""非法控制计算机信息系统罪""破坏计算机信息系统罪""非国家工作人员受贿罪"等罪名均有被触发的风险,需要时刻保持警惕。

(一)非国家工作人员受贿案[①]

被告人朱某杭系淘宝公司客户满意中心售中维权主管。2010年10月,被告人崔某从网上获知可以利用删除淘宝店铺的中差评而获利,遂和被告人朱某

---

① 参见朱某杭、崔某非国家工作人员受贿案,浙江省杭州市西湖区人民法院(2011)杭西刑初字第703号刑事判决书。

杭商议,由被告人崔某负责在网上接单,被告人朱某杭则利用其职务之便负责删除中差评,被告人崔某收到钱款后,将一部分钱款送给被告人朱某杭作为酬劳。2010 年 10 月至 2011 年 3 月,被告人朱某杭在公司使用其本人“寒松”的用户名及盗用其他公司员工“如珍”“淑玲”的用户名登录公司的客户管理平台,根据被告人崔某预先发送的名单,共计删除了中差评记录 492 条。为此,被告人朱某杭、崔某共计收受他人款项 127, 900 元,其中被告人朱某杭分得 62, 900 元,被告人崔某分得 65, 000 元。

法院经审理后认为,被告人朱某杭身为淘宝公司工作人员,与被告人崔某共同利用其职务便利,非法收受他人财物,为他人谋利,其行为均构成非国家工作人员受贿罪。最终,被告人朱某杭和崔某均被判处有期徒刑 5 年,并处没收财产 5000 元以及全部违法所得。

本案的现实意义在于让企业了解到,数据合规体系的建设不仅要制定符合法律规定的业务模型,同时还要注重对员工的内部管理,两者缺一不可。倘若对员工的工作放任不顾,则可能会因为员工的个人行为而使企业受到追责。

(二)非法获取计算机信息系统数据案①

2013 年 5 月,邢某(另案处理)在北京成立被告单位北京瑞智华胜科技股份有限公司(以下简称瑞智公司)。瑞智公司通过邢某成立的其他关联公司与运营商签订精准广告营销协议,获取运营商服务器登录许可,并通过部署 SD 程序,从运营商服务器抓取采集网络用户的登录数据,并将上述数据保存在运营商 redis 数据库中,利用研发的爬虫软件、加粉软件,远程访问 redis 数据库中的数据,非法登录网络用户的淘宝、微博等账号,进行强制加粉、订单爬取等行为,从中牟利。案发前,瑞智公司发现淘宝公司在调查订单被爬的情况,遂将服务器数据删除。经鉴定,SD 程序运行后可以实现对指定网卡网络传输流量数据包进行获取并解析的功能;淘宝爬虫程序运行后可以绕过系统保护措施,提取出淘宝订单信息;淘宝加粉程序运行后可以实现绕过系统保护措施获取用户信息,并对指定淘宝账号添加好友。

被告人周某林系瑞智公司的法定代表人,负责公司运维部的各项工作;被

① 参见北京瑞智华胜科技股份有限公司、周某林、黄某等违法运用资金案,浙江省绍兴市越城区人民法院(2019)浙 0602 刑初 636 号刑事判决书。

告人黄某系瑞智公司股东，负责关联公司与运营商签订营销协议，获取运营商登录权限；被告人梁某军、石某瑞系瑞智公司运维部员工，主要负责SD程序、爬虫程序、加粉程序的部署；被告人袭某、王某一、王某二系瑞智公司研发部员工，被告人袭某负责淘宝加粉程序的研发、维护，被告人王某一负责SD程序的研发、维护，被告人王某二负责爬虫程序的维护、优化更新。

2018年4月17日至18日，瑞智公司通过被告人黄某租用的116.63段IP地址，爬取包括居住在绍兴市越城区的被害人李某在内的淘宝订单共计220,552条。瑞智公司向指定加粉淘宝账号恶意加淘宝好友共计137,093个。

法院经审理认为，被告单位瑞智公司违反国家规定，采用技术手段获取国家事务、国防建设、尖端科学技术领域以外的计算机信息系统中存储、传输、处理的数据，情节特别严重，被告人周某林、黄某、梁某军、石某瑞、袭某、王某一、王某二系被告单位直接负责上述行为的主管人员或直接责任人员，其行为均已构成非法获取计算机信息系统数据罪，且系共同犯罪。最终，瑞智公司被判处罚金1000万元。被告人周某林、黄某、梁某军、石某瑞、袭某、王某一、王某二分别被判处相对应的有期徒刑，并处罚金。

在"流量为王"的时代，获取目标客户群进行定向推广似乎已经成为销售环节中的核心问题，瑞智公司在未经用户同意的情况下，对用户账号进行非法操控，该行为已经严重侵害到了公民的个人信息和隐私。基于本案窃取数据之多，牵涉面之广，因而本案也被称为"史上最大规模数据窃取案"。

第二章

数据保护的关键词

第一节　个人信息和敏感个人信息

“个人信息”和“敏感个人信息”是数据保护规则中的核心内容,可以说整个数据保护的体系都是围绕着数据展开的讨论。《数据安全法》第3条第1款规定:“本法所称数据,是指任何以电子或者其他方式对信息的记录。”因此,无论是“个人信息”还是“敏感个人信息”显然都应被归类为数据。基于它们为数据中适用范围最广、影响较为深远的核心内容,掌握“个人信息”和“敏感个人信息”的定义以及适用范围就显得格外重要。

一、个人信息的理解与适用

基于文化和经济水平的差异,世界各国对“个人信息”都有各自的理解和认识。例如,《德国联邦数据保护法》就言简意赅地认为“个人信息”指的就是已识别或可识别的个人的客观情况的信息。[①] 而类似欧盟等判例法系国家和组织则由于已经形成了许多判例而规定得更为详尽。例如,经济合作与发展组织(以下简称经合组织)颁布的《关于隐私保护与个人数据跨境流动的指南》中就规定了“个人信息”指的是“任何与已识别或可识别的数据主体有关的信息”。还有加拿大、冰岛等国家,将对“个人信息”的保护范围拓展到了已经死亡的自

① 参见《德国联邦数据保护法》第3条。

然人。此外,1998 年《英国数据保护法案》则认为“个人信息”应当具备三个特征:“与一个生命体相关之数据”;“这些数据可以通过信息本身或可能被数据控制者加以识别和使用”;“识别和使用后的结果将直接影响到该数据主体”。[①]需要注意的是,英国上议院认为如果对数据进行的处理使相关信息被匿名化,则这些信息不再会被视为“个人信息”。此处的“被匿名化”所达到的程度是数据的不可识别性,即通过对原始数据的二次加工形成数据模型,以达到第三方难以对“被匿名化”后的数据进行识别的作用。另外,结合一些司法实践对“个人信息”的认定以及说明可以得出[②],对数据信息的可识别程度乃是认定该数据是否属于“个人信息”的重要判断标准。

具体到我国而言,“个人信息”作为一种法律术语,最早可以追溯到 2002 年深圳经济特区颁布的《深圳经济特区人才市场条例》[③],但直至《网络安全法》的颁布,以及我国《民法典》以“隐私权和个人信息保护”作为第四编第六章的标题来予以命名时,才正式确立了其法律地位。随着经济社会的发展和立法的变革,我国对个人信息的立法也在逐步演化,大体上总共有六部法律、法规及司法解释对“个人信息”的定义进行了规定,具体如表 2-1 所示:

表 2-1　我国个人信息保护的立法对照

次序	名称	生效时间	主要条文
第一次	《电信和互联网用户个人信息保护规定》	2013 年 9 月 1 日	第 4 条:“本规定所称用户个人信息,是指电信业务经营者和互联网信息服务提供者在提供服务的过程中收集的用户姓名、出生日期、身份证件号码、住址、电话号码、账号和密码等能够单独或者与其他信息结合识别用户的信息以及用户使用服务的时间、地点等信息。”

① 参见 1998 年《英国数据保护法案》第 1 条。

② See Jonathan v. Medical Defense Alliance, EWHC 347(2004).

③ 《深圳经济特区人才市场条例》第 9 条规定:“用人单位在招聘活动中应当遵守下列规定:(一)不得有民族、地域、性别、宗教信仰等歧视性的规定;(二)不得向应聘人才收取押金、培训费、集资款、保证金等费用,或者以其他方式利用招聘活动牟取非法利益;(三)不得强制应聘人才提供与招聘职位无关的个人信息;(四)未经应聘人才本人同意,不得擅自公开其求职资料和个人信息,但法律法规另有规定的除外。”

续表

次序	名称	生效时间	主要条文
第二次	《网络安全法》	2017 年 6 月 1 日	第 76 条第 5 项:“个人信息,是指以电子或者其他方式记录的能够单独或者与其他信息结合识别自然人个人身份的各种信息,包括但不限于自然人的姓名、出生日期、身份证件号码、个人生物识别信息、住址、电话号码等。”
第三次	最高人民法院、最高人民检察院《关于办理侵犯公民个人信息刑事案件适用法律若干问题的解释》	2017 年 6 月 1 日	第 1 条:“刑法第二百五十三条之一规定的‘公民个人信息’,是指以电子或者其他方式记录的能够单独或者与其他信息结合识别特定自然人身份或者反映特定自然人活动情况的各种信息,包括姓名、身份证件号码、通信通讯联系方式、住址、账号密码、财产状况、行踪轨迹等。”
第四次	《检察机关办理侵犯公民个人信息案件指引》	2018 年 11 月 9 日	第 2 条第 1 款:“公民个人信息是指以电子或者其他方式记录的能够单独或者与其他信息结合识别特定自然人身份或者反映特定自然人活动情况的各种信息,包括姓名、身份证件号码、通信通讯联系方式、住址、账号密码、财产状况、行踪轨迹等。经过处理无法识别特定自然人且不能复原的信息,虽然也可能反映自然人活动情况,但与特定自然人无直接关联,不属于公民个人信息的范畴。”
第五次	《民法典》	2021 年 1 月 1 日	第 1034 条第 2 款:“个人信息是以电子或者其他方式记录的能够单独或者与其他信息结合识别特定自然人的各种信息,包括自然人的姓名、出生日期、身份证件号码、生物识别信息、住址、电话号码、电子邮箱、健康信息、行踪信息等。”
第六次	《个人信息保护法》	2021 年 11 月 1 日	第 4 条第 1 款:“个人信息是以电子或者其他方式记录的与已识别或者可识别的自然人有关的各种信息,不包括匿名化处理后的信息。”

从表 2－1 可以看出,虽然相关定义间仍略有差异,但无论是在刑事还是民事方面,它们都对“个人信息”的定义基本保持了一致。需要明确的是,就法律适用的效力而言,根据“新法优于旧法”“特别法优于普通法”的原则,“个人信息”的定义应当遵从《个人信息保护法》的规定,该定义也与大多数国家相一致。由此可见,我国对数据保护的重视程度其实丝毫不亚于世界其他国家,目前也

正朝着规范化、制度化、技术化的目标不断细化发展。

此外,根据《网络安全法》第76条第4项“网络数据,是指通过网络收集、存储、传输、处理和产生的各种电子数据”的规定,结合“个人信息”的定义,“个人网络信息”也应被视为“个人信息”的组成部分。虽然有学者将其定义为“与个人有关,并能加以识别的全部个人数据信息”①,但相较于该表述,GDPR给出明确的定义似乎更为完整与合理,其认为“个人网络信息”是“与已识别或可识别的自然人相关的任何网络数据信息”。由此可见,“个人网络信息”的概念与“个人信息”相类似,其实际上是“个人信息”在网络空间的延伸,也是“个人信息”的组成部分。随着大数据和人工智能时代的到来,企业对“个人网络信息”的收集和使用也必然会愈加深入。因而,“个人网络信息”的保护也势必将成为未来世界各国数据保护的重点工作。

根据2020年10月1日实施的《信息安全技术 个人信息安全规范》(GB/T 35273－2020)附录A的规定,“判定某项信息是否属于个人信息,应考虑以下两条路径:一是识别,即从信息到个人,由信息本身的特殊性识别出特定自然人,个人信息应有助于识别出特定个人。二是关联,即从个人到信息,如已知特定自然人,由该特定自然人在其活动中产生的信息(如个人位置信息、个人通话记录、个人浏览记录等)即为个人信息。符合上述两种情形之一的信息,均应判定为个人信息”。

另外,为便于理解“个人信息”的类型,《信息安全技术 个人信息安全规范》(GB/T 35273－2020)对“个人信息”还进行了详细举例②,具体如表2－2所示:

表2－2 个人信息示例

类别	信息
个人基本资料	个人姓名、生日、性别、民族、国籍、家庭关系、住址、个人电话号码、电子邮件地址等
个人身份信息	身份证、军官证、护照、驾驶证、工作证、出入证、社保卡、居住证等
个人生物识别信息	个人基因、指纹、声纹、掌纹、耳廓、虹膜、面部识别特征等

① 汤啸天:《网络空间的个人数据与隐私权保护》,载《政法论坛》2000年第1期。

② 参见《信息安全技术 个人信息安全规范》(GB/T 35273－2020)附录A。

续表

类别	信息
网络身份标识信息	个人信息主体账号、IP 地址、个人数字证书等
个人健康生理信息	个人因生病医治等产生的相关记录,如病症、住院志、医嘱单、检验报告、手术及麻醉记录、护理记录、用药记录、药物食物过敏信息、生育信息、以往病史、诊治情况、家族病史、现病史、传染病史等,以及与个人身体健康状况相关的信息,如体重、身高、肺活量等
个人教育工作信息	个人职业、职位、工作单位、学历、学位、教育经历、工作经历、培训记录、成绩单等
个人财产信息	银行账户、鉴别信息(口令)、存款信息(包括资金数量、支付收款记录等)、房产信息、信贷记录、征信信息、交易和消费记录、流水记录等,以及虚拟货币、虚拟交易、游戏类兑换码等虚拟财产信息
个人通信信息	通信记录和内容、短信、彩信、电子邮件,以及描述个人通信的数据(通常称为元数据)等
联系人信息	通讯录、好友列表、群列表、电子邮件地址列表等
个人上网记录	指通过日志储存的个人信息主体操作记录,包括网站浏览记录、软件使用记录、点击记录、收藏列表等
个人常用设备信息	指包括硬件序列号、设备 MAC 地址、软件列表、唯一设备识别码(如 IMEI/Android ID/IDFA/OpenUDID/GUID/SIM 卡 IMSI 信息等)等在内的描述个人常用设备基本情况的信息
个人位置信息	包括行踪轨迹、精准定位信息、住宿信息、经纬度等
其他信息	婚史、宗教信仰、性取向、未公开的违法犯罪记录等

综上所述,根据《个人信息保护法》和《信息安全技术 个人信息安全规范》(GB/T 35273 - 2020)中关于“个人信息”的定义来看,要判断某项数据是否构成“个人信息”,则需要对以下四个要素进行分析:

(一)各种信息

1. 信息的性质

从性质上来分析,任何有关自然人个体的描述,无论这种描述是客观描述还是主观描述,都可以被视为“个人信息”。需要注意的是,这些描述并不一定需要是真实的情况下才能够被视为“个人信息”。

2. 信息的内容

“个人信息”的内容并不限定于个人的生活隐私等狭义范围,其还应当包括该自然人所从事的任何活动中所涉的任何类型的信息。这种活动可能与专业项目或公共领域内的活动有关,也可能与私人生活有关。例如,个人的用户名、IP 地址、Cookie 或射频识别标签等信息,这些信息实际上完全可以用来创建一个自然人的个人画像并对该个体进行识别。因此,其也可以用以判断是否构成"个人信息"。

3. 信息的形式

"个人信息"可以以电子及其他任何形式进行传播。同时,该数据可以通过自动化的方式处理,也可以通过手动化的方式处理。

(二)有关的

"个人信息",顾名思义,信息必须是有关个人的。但在实务中,判断有些信息是否与个人有关可能并不明显。因为这些信息可能与对象、过程或与一些事件相关,且从表面上来看也并不直接与处理目的产生关联,如税务机关利用自然人所拥有的车辆价值的信息来核查其税款缴纳基数等。

综上所述,判断信息是否与个人相关,可以基于该信息所呈现出的"内容"、"目的"或"结果"来予以分析:如果"内容"能够直接与自然人产生联系,则就能够确认其与自然人相关;如果分析"目的"后发现该信息被处理后完全可以评估一个个体,则也可以确认其与自然人相关;如果发现信息被处理后对个人权益产生了实质性的影响,则是以"结果"为导向确认该信息与自然人相关。

需要注意的是,上述三要素并不是充分且必要的关系。虽然大多数情况下只要满足其中一项即可确认具备关联性的特征,但有时如果同一条信息能够关联到不同个体的不同元素,则该信息也可能不是个人信息。例如,为了安全起见,在商店门口架设视频进行监控录像,虽然该录像视频能够显示不同个体的信息,但如果无法识别到具体的个体身份,则该监控录像仍不是个人信息。

(三)已识别或者可识别的

信息还应具备已识别或可识别的特征,进而能够将该自然人与其他人区分开来。实践中具体的识别形式一般可以是直接识别,也可以是基于一些碎片信息的拼凑和结合来进行间接识别。需要注意的是,信息识别的过程需要考虑成本、可用技术等所有客观因素。如果根据合理性的原则判断,最终不可能、不需要或对该信息进行识别的可能性微乎其微,则该信息应该被视为不可识别,也不能被认定为"个人信息"。例如,在监控录像这一"数据集"中,如果不可能识别所拍摄到的自然人,则不属于“个人信息”。但如果监控设置的目的就是要在需要时识别到个人,且基于某些元素的结合一旦与可识别的自然人产生关联性,则可能成为“个人信息”。此外,动态 IP 地址在某些情况下也可以构成“个人信息”,因为在与互联网服务提供商(Internet Service Provider,ISP)进行数据合并的情况下,基于网络用户 IP 地址的访问时间和相关网址也能间接识别个人数据。

(四)自然人

自然人是“个人信息”的创造者,《个人信息保护法》所保护的主要法益也是自然人所享有的隐私权,且该自然人只要在我国境内活动就应当得到保护,不应限于该自然人的国籍和居住地。需要注意的是,对于已经离世的自然人,我国法律和欧盟 GDPR 却作出了两种截然不同的规定。欧盟 GDPR 认为由于死者已经丧失了人格权,因而即便是在其生前产生的数据信息也不应被视为“个人信息”予以保护和管理。但根据我国《民法典》的规定①,当死者的人格利益受到侵害后,其配偶、子女、父母仍有权基于死者人格利益的保护依法要求行为人承担相应的民事赔偿责任。此外,我国《个人信息保护法》第 49 条规定:“自然人死亡的,其近亲属为了自身的合法、正当利益,可以对死者的相关个人信息行使本章规定的查阅、复制、更正、删除等权利;死者生前另有安排的除外”。可见,我国立法的态度是最大限度保护死者生前的“个人信息”,不因其人格权的丧失而导致相关权益的灭失。

二、敏感个人信息的理解与适用

“敏感个人信息”是“个人信息”中比较特殊的一类信息。《个人信息保护法》第 28 条规定:“敏感个人信息是一旦泄露或者非法使用,容易导致自然人的人格尊严受到侵害或者人身、财产安全受到危害的个人信息,包括生物识别、宗教信仰、特定身份、医疗健康、金融账户、行踪轨迹等信息,以及不满十四周岁未成年人的个人信息。只有在具有特定的目的和充分的必要性,并采取严格保护

① 我国《民法典》第 994 条规定:“死者的姓名、肖像、名誉、荣誉、隐私、遗体等受到侵害的,其配偶、子女、父母有权依法请求行为人承担民事责任;死者没有配偶、子女且父母已经死亡的,其他近亲属有权依法请求行为人承担民事责任。”

措施的情形下,个人信息处理者方可处理敏感个人信息。”可见,区分“个人信息”和“敏感个人信息”的原因是对“敏感个人信息”的处理可能会对个人的基本权利和自由造成重大影响。因此,对“敏感个人信息”的特别保护就显得尤为重要。另外,在具体操作上,根据《信息安全技术 个人信息安全规范》(GB/T 35273 - 2020)附录 B 的规定,“个人敏感信息是指一旦泄露、非法提供或滥用可能危害人身和财产安全,极易导致个人名誉、身心健康受到损害或歧视性待遇等的个人信息。通常情形下,14 岁以下(含)儿童的个人信息和涉及自然人隐私的信息属于个人敏感信息”。

此外,对“敏感个人信息”的处理也是实务中的一大难点。以个人健康生理信息为例,其应当包括过去、现在或未来的身心健康状况,一般应涵盖以下内容:(1)注册或提供健康服务的与自然人有关的信息;(2)用于健康目的,即识别自然人分配给自然人的唯一数字或符号;(3)来自身体或生理检查的自然人信息;(4)关于自然人的疾病、残疾、疾病风险、病史、临床治疗或数据来源的生理或生物医学状态的任何信息。

综上所述,实务中处理“敏感个人信息”是一个极其复杂的问题。比如,对个人照片的处理一般不应该直接认为构成“敏感个人信息”,但该照片如果能够揭示一个自然人的种族、宗教信仰或某些身体残疾的情况,那就有可能因为其有关个人健康状况的信息而被视为“敏感个人信息”。

因此,为了便于理解“敏感个人信息”的类型,《信息安全技术 个人信息安全规范》(GB/T 35273 - 2020)对“敏感个人信息”进行了详细举例①,具体如表 2 - 3 所示:

表 2 - 3 敏感个人信息示例

类别	信息
个人财产信息	银行账户、鉴别信息(口令)、存款信息(包括资金数量、支付收款记录等)、房产信息、信贷记录、征信信息、交易和消费记录、流水记录等,以及虚拟货币、虚拟交易、游戏类兑换码等虚拟财产信息
个人健康生理信息	个人因生病医治等产生的相关记录,如病症、住院志、医嘱单、检验报告、手术及麻醉记录、护理记录、用药记录、药物食物过敏信息、生育信息、以往病史、诊治情况、家族病史、现病史、传染病史等

① 参见《信息安全技术 个人信息安全规范》(GB/T 35273 - 2020)附录 B。

续表

类别	信息
个人生物识别信息	个人基因、指纹、声纹、掌纹、耳廓、虹膜、面部识别特征等
个人身份信息	身份证、军官证、护照、驾驶证、工作证、社保卡、居住证等
其他信息	性取向、婚史、宗教信仰、未公开的违法犯罪记录、通信记录和内容、通讯录、好友列表、群组列表、行踪轨迹、网页浏览记录、住宿信息、精准定位信息等

“数据”“重要数据”“个人信息”“敏感个人信息”等关系见图2－1。需要注意的是，针对“敏感个人信息”的定义而言，欧盟GDPR采用了列举的形式予以规范。欧盟GDPR第9条规定，“对于揭示种族或民族、政治观念、宗教或哲学信仰或工会成员的个人数据、基因数据、为了特定识别自然人的生物性识别数据以及和自然人健康、性生活或性取向相关的数据，应被禁止处理”。由此可见，我国《个人信息保护法》相较于欧盟GDPR显然更为系统和完善，其几乎涵盖了全部与自然人有关的各类敏感信息，能够在最大限度上确保对该类信息处理的规范性。

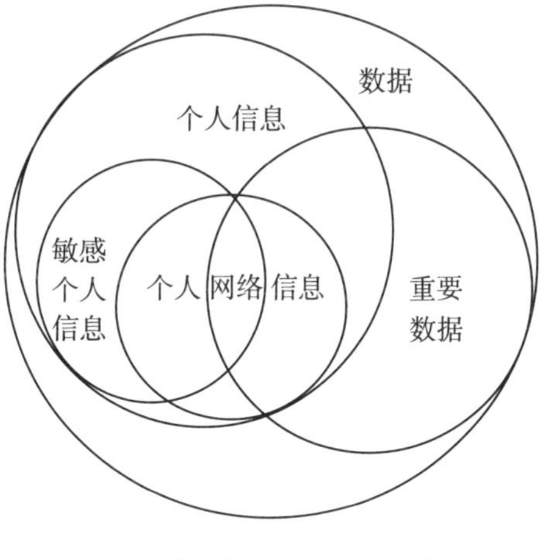

图2－1　“数据”“重要数据”“个人信息”“敏感个人信息”等的关系

第二节　数据和重要数据

数据是数据合规工作的核心，对数据理解的深刻程度也是数据合规治理中的关键因素。自《网络安全法》施行后,我国便不再根据数据的获取源头来对数据加以区分,而是根据数据的内容简化了其归类的方式,将数据中的“重要数据”作为重点来予以规范。这也就意味着无论是“个人数据”还是“企业数据”抑或“国家数据”都可能被归类为重要数据的范畴。《数据出境安全评估办法》第 19 条规定:“本办法所称重要数据,是指一旦遭到篡改、破坏、泄露或者非法获取、非法利用等,可能危害国家安全、经济运行、社会稳定、公共健康和安全等的数据。”可见,设置“重要数据”的目的是保护国家安全和公共利益不受他国的侵害。因此,根据互联网行业的实践发展现状,进一步细化“重要数据”和“敏感个人信息”等方面的内容,并对“个人信息”、“重要数据”与“国家安全”和“公共利益”之间的交叉地带予以重点提示和区分,将为数据保护与公法适用的适度平衡问题起到关键性作用。

一、数据的理解与适用

《数据安全法》第 3 条第 1 款规定:“本法所称数据,是指任何以电子或者其他方式对信息的记录。”由此可见,数据在我们日常生活中的涵盖范围非常广,不同行业领域或场景下所产生的数据可能都有不同的合规治理要求。从理论上来说,任何事务和自然人所产生的信息都有可能被“数据化”。因此,我国企业的数据合规建设不应单纯围绕某个领域的数据展开,而应当根据自身业务情况及所需处理的数据来进行灵活调整。虽然《数据安全法》并未就“其他方式”进一步予以解释,但总体而言,数据的管理和使用可以基于以下几个因素进行分类。

(一)公民个人

根据数据与自然人的关联度,可以将数据分为“个人信息”和“非个人信息”,其中“个人信息”包括“敏感个人信息”等。企业在处理公民个人信息时,应当确保自然人隐私权、人格权等合法权益不受侵害,并且须符合《个人信息保护法》的相关规定。

(二)公共管理

根据公共管理的区域,可以将数据分为“国家核心数据”、“公共数据”和

“社会数据”三类。所谓“国家核心数据”，指的是关系国家安全、国民经济命脉、重要民生、重大公共利益等数据。[①] 所谓“公共数据”，指的是具有公共管理事务职能的组织以及供水、供电、供气、公共交通等公共服务运营单位，在依法履行职责或者提供公共服务过程中收集、产生的数据，如行政许可、法院诉讼活动等所带来的信息。公共数据从主体、获取、客体等角度又有不同的阐述：从主体方面来看，公共数据的采集主体、控制主体主要是行政机关、履行公共职能的事业单位、公用事业企业。从公共数据获取方面来看，公共数据是公共管理和服务机构依法履行职责中采集或者掌握的数据。然而，“社会数据”往往指代非公共职能机构在提供服务过程中收集和产生的数据，该类数据的使用人多为商业机构及企业。

(三)行业领域

数据还可以根据不同的行业领域进行分类管理，如根据《国民经济行业分类》(GB/T 4754－2017)的规定，数据可以基于行业领域被分为“工业数据”“农业数据”“科技数据”“电信数据”“交通数据”等。

(四)生产活动

根据企业自身经营管理和生产活动的情况，为了规范企业内部数据的使用和处理规则，数据一类可以被分为“用户数据”“业务数据”“经营管理数据”“系统运行数据”“系统安全数据”等；另一类是企业自主对外公开的数据，包括公司注册登记地、法定代表人、股东情况、产品信息、企业形象展示信息等。

(五)传播区域

根据传播区域的不同，数据可以被分为“公共传播信息”和“非公共传播信息”，以此来对传播区域内的信息进行管理和优化，确保数据的真实和准确，避免发生由于不实信息和谣言的传播而给社会带来的不良影响。

此外，在“数据”的演变过程中，“大数据”逐步映入人们眼帘。根据麦肯锡公司 2011 年 5 月发布的《大数据：下一个创新、竞争和生产力的前沿》的内容，“大数据是指超过典型数据库软件的收集、存储、管理和分析能力的大小数据

① 《数据安全法》第 21 条第 2 款规定：“关系国家安全、国民经济命脉、重要民生、重大公共利益等数据属于国家核心数据，实行更加严格的管理制度。”

集”。由此可见,“大数据”就是“数据”的集合,其是基于数据交流和碰撞之后所形成的综合性判断,系信息化时代的产物。“大数据”的社会价值在于其有效摒弃了信息的不对等,并能够将数字化经济所带来的数据产业驱动推向时代之巅,进而在金融、科学、社会等各个场景下绽放光彩。

二、重要数据的理解与适用

“重要数据”是具有中国特色的一项制度性规定。不可否认,包括欧盟在内的世界各国和国际组织目前均未对其形成统一有效的认识,现实中也鲜有在本地存储制度中狭义适用“重要数据”的情形出现,我国却是个例外情况。此外,我国《网络安全法》规定了“个人信息”和“重要数据”在数据跨境流转时需要经过有关单位事先进行安全评估,符合条件的才能够被予以放行。因此,有必要进一步明确“重要数据”的涵盖范围。

为此,国家网信办于 2017 年 4 月 11 日颁布了《个人信息和重要数据出境安全评估办法(征求意见稿)》,其中第 17 条规定:“重要数据,是指与国家安全、经济发展,以及社会公共利益密切相关的数据,具体范围参照国家有关标准和重要数据识别指南。”

此外,我国《数据安全法》第 21 条还规定:“国家建立数据分类分级保护制度,根据数据在经济社会发展中的重要程度,以及一旦遭到篡改、破坏、泄露或者非法获取、非法利用,对国家安全、公共利益或者个人、组织合法权益造成的危害程度,对数据实行分类分级保护。国家数据安全工作协调机制统筹协调有关部门制定重要数据目录,加强对重要数据的保护。”

《上海市数据条例》第 80 条也规定:“本市按照国家要求,建立健全数据分类分级保护制度,推动本地区数据安全治理工作。本市建立重要数据目录管理机制,对列入目录的数据进行重点保护。重要数据的具体目录由市政府办公厅会同市网信等部门编制,并按照规定报送国家有关部门。”

从上述几部立法文件可以看出国家对“重要数据”的重视程度,提出了制定重要数据识别指南、对数据进行分类分级保护、建立重要数据目录管理机制等工作。但从客观上来分析,我国关于“重要数据”的保护工作目前仍存在一定的真空期。同与其他国家签订的国际条约和双边协定一样,我国在《网络安全法》

和《数据出境安全评估办法》中均就“重要数据”的跨境进行了相关强制性的规定，且即便我国于2022年1月出台了《信息安全技术 重要数据识别指南（征求意见稿）》，其第4条和第5条对重要数据识别的基本原则和因素进行了明确，但由于其并非最终的生效版本，因此这将直接导致我国目前仍然面临相关法律规范缺失的状态，也意味着我国在适用本地存储制度等“强制性规则”时将极有可能出现无以为继的局面，使得相关规则在跨境电子商务领域中的具体适用产生问题，加之如果出现数据处理者对其网络用户的隐私数据保护不当，这就极有可能被他国的不法分子利用，进而对我国“国家安全”和“公共利益”造成重大危害。

考虑到以上问题，我国立法部门已通过法律拟制的方式对“重要数据”的适用范围进一步予以明确。例如，2022年9月1日施行的《数据出境安全评估办法》即通过列举的形式明确了我国数据跨境流转的安全评估要求。[①] 从内容上来分析，其将原本被归类为“个人信息”的“累计向境外提供10万人个人信息”或“1万人敏感个人信息”作为“重要数据”予以看待，并要求在数据跨境流动前落实必要的安全评估和本地存储要求，以防止“国家安全”和“公共利益”的受损。由此可见，“重要数据”与“个人网络数据”在满足一定条件下也存在相互重合之处。需要注意的是，“重要数据”是以保护“国家安全”和“公共利益”为立法目的加以确立的概念，对于网络运营者自身在开展主营业务过程中所积累的知识产权、商业秘密等数据产生的侵权行为，应当仍旧作为一般的民商事法律关系进行处理，不应过多将其优先处理，以保证侵权冲突法的平等适用。除非该跨境电商所拥有的知识产权或商业秘密存在损害“国家安全”和“公共利益”的可能性。

需要注意的是，重要数据在其适用过程中往往还会与核心数据、国家秘密有所交叉和混淆，因此有必要对它们之间的关系进行梳理并加以区分。

---

① 《数据出境安全评估办法》第4条规定：“数据处理者向境外提供数据，有下列情形之一的，应当通过所在地省级网信部门向国家网信部门申报数据出境安全评估：（一）数据处理者向境外提供重要数据；（二）关键信息基础设施运营者和处理100万人以上个人信息的数据处理者向境外提供个人信息；（三）自上年1月1日起累计向境外提供10万人个人信息或者1万人敏感个人信息的数据处理者向境外提供个人信息；（四）国家网信部门规定的其他需要申报数据出境安全评估的情形。”

（一）重要数据和核心数据

根据《数据安全法》《网络数据安全管理条例（征求意见稿）》《工业和信息化领域数据安全管理办法（试行）》等法律法规的规定，核心数据指的是一旦被泄露或篡改、损毁，可能严重危害国家安全、经济运行、社会稳定、公共健康和安全的，涉及特定领域、特定群体、特定区域或达到较高精度和较大规模的数据。可见，重要数据的可交易范围显然大于核心数据，而对于一般数据而言，其可交易范围也显著大于重要数据。

（二）重要数据与国家秘密

根据《保守国家秘密法》第 9 条的规定，国家秘密主要指的是国家事务重大决策、国防建设、外交、国民经济和社会发展、科学技术、国家安全和追查刑事犯罪等事项中的秘密事项。可见，国家秘密和重要数据所覆盖的范围具有一定的交叉性。因此，与国家秘密交叉范围外的重要数据可以在符合法定的条件下进行交易。至于如何判断国家秘密及重要数据的交叉范围，这就需要国家保密部门与行业主管部门，结合数据重要性及数据特点，制定不同行业的重要数据和核心数据具体目录，并保持动态更新，以保障重要数据市场交易的有序进行。

第三节　匿名化和去标识化

匿名化和去标识化是数据合规领域常用的两种重要技术手段，使用该类技术的目的是保证数据的不可复原或者不通过其他额外信息无法复原，以确保企业对数据的安全可控。在实务中，如果对匿名化和去标识化存在一定的理解和适用偏差，则将不利于企业数据合规的体系建设，且对两种技术的混淆也可能会导致违法、违规行为的发生，因此有必要对该类技术进行解读和梳理。

一、匿名化的理解与适用

（一）匿名化的理解

目前，我国共有两部立法对数据匿名化进行了解释。

《信息安全技术 个人信息安全规范》(GB/T 35273－2020)第3.14条规定，匿名化指的是“通过对个人信息的技术处理，使得个人信息主体无法被识别或者关联，且处理后的信息不能被复原的过程”。

《个人信息保护法》第73条第4项规定：“匿名化，是指个人信息经过处理无法识别特定自然人且不能复原的过程。”

虽然两部立法对“匿名化”的解释用词并不完全相同，但其几乎都涵盖了三个关键词，即“技术处理”、“无法识别或者关联”以及“不能复原”。可见，通过匿名化手段处理的数据，其已经从根本上无法复原出其源数据。由于无法识别和关联到具体自然人，因此企业在合规治理过程中也应当关注到，该类数据实际上已经不属于个人信息的范畴，也就当然不受我国《个人信息保护法》和欧盟GDPR的约束和调整。

(二)匿名化的适用

虽然《信息安全技术 个人信息去标识化指南》(GB/T 37964－2019)对个人信息去标识化的目标和原则以及去标识化过程和管理措施进行了阐述，但目前我国尚未对个人信息匿名化制定相关指引。综观世界各国的法律规范和实践经验，仍有一定的参考价值。

2022年3月31日，新加坡个人数据保护委员会(Personal Data Protection Commission，PDPC)发布了《基础匿名化指南》，为企业执行数据匿名化与去标识化提供指引。

《基础匿名化指南》概述了基本的数据匿名化与去标识化概念，并提出数据匿名化的五步指引：

1. 识别数据。将所控制数据划分为直接标识符、间接标识符与目标变量。

2. 对数据进行去标识化。删除数据中的所有直接标识符，或为直接标识符分配唯一假名，以假名替换直接标识符。

3. 应用匿名化技术。对数据中的间接标识符应用匿名化技术，可采用技术如删除数据行或数据属性、增加干扰因素修改原数据等。

4. 评估匿名化效果。评估、计算匿名数据面临重识别的风险，并重复第三步与第四步，直到达到最佳数据匿名化效果。

5. 管理数据重识别与披露风险。采取数据加密、访问权限控制等技术、流程控制措施与签署数据处理协议等第三方管理措施,管理数据使用中的重识别与披露风险。

二、去标识化的理解与适用

(一)去标识化的理解

《信息安全技术 个人信息安全规范》(GB/T 35273 - 2020)第3.15条规定,去标识化指的是"通过对个人信息的技术处理,使其在不借助额外信息的情况下,无法识别或者关联个人信息主体的过程"。

《个人信息保护法》第73条第3项规定:"去标识化,是指个人信息经过处理,使其在不借助额外信息的情况下无法识别特定自然人的过程。"

由此可见,相较于《信息安全技术 个人信息安全规范》(GB/T 35273 - 2020),《个人信息保护法》中的去标识化与匿名化的要求较低,排除了关联自然人的情况。通过上述定义可以看出,去标识化与匿名化的最大区别在于,去标识化后的信息在借助其他信息后能够产生识别特定自然人的效果,而匿名化后的信息则不能具备此效果,处理后的信息无法识别特定自然人也不能复原。同时,上述定义也与《个人信息保护法》第4条相呼应,即去标识化处理后的个人信息仍然属于个人信息,要受个人信息处理规则的限制,而匿名化处理后的个人信息则不再属于个人信息,可以作为数据进行流通交易。

(二)去标识化的适用

由于在实践中做到完全的数据匿名化非常困难,且数据一旦匿名化就往往会失去其所存在的价值,因此企业一般并不会通过数据匿名化的方式来实现对数据合规的追求。在这种情况下,去标识化作为一种技术上的缓冲地带就很好地解决了上述问题。去标识化实际上是建立在个体基础之上的,其保留了个体颗粒度,并采用了假名、加密、哈希函数等技术手段替代对个人信息的标识。对于使用去标识化技术对数据进行加密的企业而言,基于其与受到技术约束的附加信息互相结合后可能会识别和关联到数据主体,因此我们一般会建议对该类数据进行单独保存。需要注意的是,去标识化是数据合规中企业较为常用的做法,因而无论是我国《个人信息保护法》还是欧盟 GDPR 均未对数据处理者删除去标识化数据进行强制性规定,只要在数据的分类分级上满足了一定的技术要求,就可以将相应法律风险降至最低,企业也可以自由使用去标识化的数据。此外,即便是去标识化的数据也应当始终保持小心谨慎的态度,因为在数据样本量足够小的情况下,还是可能基于数据收集的目的和背景存在识别出个人信息的情形,而弱化去标识化技术适用的意义和目的。

此外,在去标识化的适用问题上,《信息安全技术 个人信息去标识化指南》(GB/T 37964－2019)还规定了以下几个步骤:确定目标、识别标识、处理标识以及验证审批(见图2－2)。

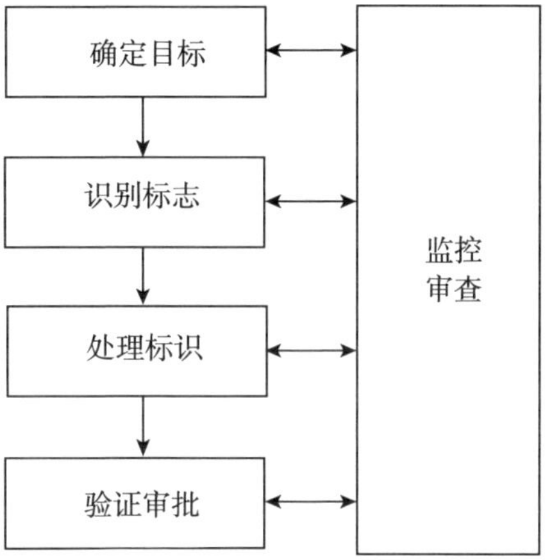

图2－2　去标识化的适用步骤

资料来源:《信息安全技术 个人信息去标识化指南》(GB/T 37964－2019)。

1.确定目标

(1)确定去标识化对象。确定需要去标识化的数据集范围,根据法规标准、组织策略、数据来源、业务背景、数据用途、关联情况等要素确定去标识化对象。

(2)建立去标识化目标。确定重标识风险不可接受程度以及数据有用性最低要求。

(3)制订工作计划。制订个人信息去标识化的实施计划,包括去标识化的目的和目标、数据对象、共享方式、实施团队、实施方案、利益相关方、应急措施以及进度安排等,形成去标识化实施计划书。

2.识别标识

识别标识符的方法包括查表识别法、规则判定法和人工分析法。(1)查表识别法指预先建立元数据表格,存储标识符信息,在识别标识数据时,将待识别数据的各个属性名称或字段名称,逐个与元数据表中记录进行比对,以此识别出标识数据。(2)规则判定法是指通过建立软件程序,分析数据集规律,从中自动发现标识数据。(3)人工分析法是通过人工发现和确定数据集中的直接标识符和准标识符。

3. 处理标识

处理标识分为预处理、选择模型技术、实施去标识化三个阶段工作。(1)预处理是对数据集正式实施去标识化前的准备过程。(2)选择模型技术指的是不同类型的数据需要采用不同的去标识化技术,所以在去标识化的早期阶段,重要的一步是确定数据的类型和业务特性,考虑去标识化的影响,选择合适的去标识化模型和技术,在可接受的重标识风险范围内满足数据有用性的最低要求。(3)实施去标识化,即根据选择的去标识化模型和技术,对数据集实施去标识化。其主要工作包括根据数据特点和业务特性设定去标识化的顺序、选择相应的工具或程序、设置工具或程序的属性和参数、依次执行去标识化工具或程序以获得结果数据集等。

4. 验证审批

验证审批包括对个人信息安全、数据有用性的验证以及对去标识化工作的审批。

(1)验证个人信息安全。通过对去标识化数据的验证以确保符合个人信息安全方面的要求,包括检查已生成的数据文件;评估去标识化软件及参数配置;进行入侵者测试等,通过组织风险评估工作大大简化对去标识化数据的个人信息安全验证工作。

(2)验证数据有用性。由于去标识化降低了数据的可用性,因此需要确保去标识化后的数据仍然是可用的。

(3)去标识化工作的审批。在完成上述验证工作后,管理层应当就去标识化的相关工作进行审批。

第四节 数据控制者和数据处理者

正如本书第一章所述,我国的数据合规法律体系中仅包括了“数据处理者”而未包括“数据控制者”这一概念。欧盟 GDPR 则规定了“数据控制者”这一概念,这也是我国《个人信息保护法》与欧盟 GDPR 在主体身份上的最大区别。但从这两部法律所规定的“数据控制者”和“数据处理者”职能上来看,两者又极其近似。因而有必要对其加以识别和区分,使企业得以在不同法律制度和框架下有能力自由转换身份,并在深入了解自身权利义务的基础上,更好地应对法律规定所提出的合规性要求。

一、数据控制者的理解与适用

(一)数据控制者概述

“数据控制者”这一概念最早系由欧盟《数据保护指令》(95/46/EC)(以下简称《95 指令》)[①]所创立,欧盟 GDPR 基本对此进行了保留,之所以创立“数据控制者”和“数据处理者”,是因为在现实生活中,基于 IT 系统服务外包的集中化及互联网业务环境的发展,欧盟的立法者认为有必要就数据的处理者基于其职能来进行细分,以此更好地对数据合规的相关权利义务进行分配,进而更好地保护个人信息。

一般来说,“数据控制者”与我国法律规定的“个人信息处理者”相当,两者均有权在个人信息处理活动中决定处理个人信息的目的和方式。因此,数据控制者相对于数据处理者而言,承担了大多数的监管责任和义务。其包括有责任确保数据处理具有合法依据;尊重数据主体的权利;在发生高风险处理活动的情况下进行数据保护影响评估,并确定在出现违规行为时是否需要向监管机构或数据主体发出通知等。因而,在大多数情况下,数据控制者也是监管机构执法行动的第一个目标。虽然在整个数据处理的过程中,特别是在数据跨境流动

---

① Data Protection Directive(95/46/EC).

时,数据处理者有确保符合欧盟 GDPR 规定的义务,保证处理的适当性和安全性,并在发生数据泄露时及时通知数据控制者,但对于数据控制者而言,其仍然位于相对次要的法律地位。基于数据处理者与数据控制者之间存在合同义务,数据处理者往往仅根据数据控制者的书面指示来处理相关信息,因此数据控制者仍保留了欧盟 GDPR 下的大部分责任。

综上所述,数据控制者完全有能力按照欧盟 GDPR 的规定自主决定正在收集、存储、使用、更改和披露的个人信息的目的。相比之下,数据处理者仅是依据数据控制者的书面指示,代表其处理个人数据的主体而已,并无对数据处理目的的自主决策权。

(二)数据控制者的构成要件

因为数据控制者的首要任务就是进行责任的分配,而数据处理活动的双方往往一方为数据控制者,另一方为数据处理者,所以确定数据控制者的身份对于分配数据保护的法律责任和义务就显得至关重要。

根据本书第一章所引用的欧盟 GDPR 第 4 条第 7 款关于"数据控制者"的定义可知,数据控制者共有三大构成要件:

1. 自然人或法人、公共机关、机构或任何其他机构

尽管欧盟 GDPR 对"数据控制者"所作的定义非常广泛,但从实践中基于数据主体权利行使的便捷性角度出发,一般应优先考虑将公司法人或机构作为数据控制者则更为可靠。需要注意的是,如果一个法人组织任命某个自然人参与到数据处理活动中来,则该自然人并不会被视为数据控制者,因为该自然人自始都在其受托范围内代表该法人实体处理数据。但是,如果该自然人无权处理或越权处理相应数据,则因该自然人自主决定了数据处理的目的,其或有可能被视为数据控制者。

2. 单独或与他人共同联合

实务中,不同的组织、机构甚至是自然人都可能构成同一组个人信息的"联合数据控制者",但这并不意味着它们将永远保持这种关系,这与数据在它们之间的传递方式有关。例如,因业务需要,母公司向其子公司提供集中的 IT 服务,包括向其提供记录员工或客户信息的集中数据库。该数据库由子公司日常控制,由母公司独立操作。如果将该集中数据库用以比较整个集团的员工流动

率,则母公司可能与子公司成为“联合数据控制者”。此外,联合处理并不一定需要同时或者同比例进行,且控制权也可能会随着时间的推移而进行演变。因此,有必要在数据处理之初就具备遵守数据保护规则的意识,并明确欧盟GDPR下的各方责任,包括对可能造成的数据泄露责任进行分配,以保证联合控制权尽可能不发生变化。需要指出的是,欧盟GDPR规定了“联合数据控制者”必须向数据主体提供它们之间的法律关系,以确保数据主体可以根据欧盟GDPR的规定行使其个人权利。

3. 决定处理个人数据的目的和方法

数据控制者系有权决定处理个人数据的目的和方法的主体。例如,一家公司需要对客户的信息进行储存进而聘请云服务提供商为其提供相关服务,因其有能力决定数据的存储主体,该公司应当然被视为数据控制者,而云服务数据库提供商则应被视为数据处理者。此外,数据处理者在符合相关条件时也可能会转变成为数据控制者。例如,如果一个数据处理者违反欧盟GDPR的规定以及其与数据控制者签订的合同,自行决定了数据处理的目的和方法,则该数据处理者无疑将被视为数据控制者。由此可知,实务中并不能基于数据控制者和数据处理者之间所签订的合同径行对两者之间的身份关系加以判别,合同约定的当事人的角色和身份地位并不一定能起到决定性的作用,还是要根据合同主体所行使的具体职能来分配相应的法律责任为宜。

二、数据处理者的理解与适用

根据欧盟GDPR的规定,数据处理者与数据控制者系两类不同的主体,且两者之间就是相互合作和协调的关系。但在中国法的法律框架下,数据处理者却是一个较为广义的概念。因此,关于数据处理者的理解与适用问题需要基于不同的法律视角来加以判断。

(一)数据处理者的概述

在中国法下,根据《个人信息保护法》《数据安全法》等法律的规定,数据处理者包含了个人信息处理者、重要数据处理者、其他数据处理者等主体身份。因此,“数据处理者”只是一项统称,实践中需要根据具体的法律关系对主体的身份进行确认。

在欧盟法下,数据处理者是数据控制者的合作方,同时也是代表控制者处理个人数据的自然人或法人、公共机关、机构或其他机构。[①] 欧盟 GDPR 要求数据处理者只能根据数据控制者的书面指示处理个人数据,并必须以具有法律行为约束力的书面合同的形式规定其两者之间的关系。由于数据控制者在具体的数据处理过程中,可以将处理数据的方法委托给数据处理者,因此数据处理者在如何履行其职责方面有着非常广泛的自由裁量权,且相对于数据控制者而言,其能够更为密切地参与个人数据的处理活动。虽然在某些情况下,数据处理的方法也可能完全由服务提供者自行决定,但只要数据处理的总体目的仍然由数据控制者决定,则数据处理者的角色不会因此而改变。此外,欧盟 GDPR 还增加了数据处理者在数据处理活动中的潜在责任,即如果数据处理者超出授权,自行决定处理的目的或基本方法,则其应被视为数据控制者。另外,数据处理的分包在现实生活中也是一个极其常见的问题,数据控制者在数据处理活动中可能将部分工作分包给一个或多个数据处理者,而数据处理者也可能再将部分工作分包给分包商完成。基于此,欧盟 GDPR 也规定了未经数据控制者事先授权,数据处理者不得单方面与其他数据处理者合作。通常情况下,数据控制者的授权可以是一般授权,也可以是特别授权。如果是一般授权,则要求数据处理者向数据控制者提供反对添加或更换其他数据处理者的权利。需要注意的是,即便获得了数据控制者的授权,负责发包的数据处理者与其分包商之间的合同也必须包括欧盟 GDPR 规定的一些强制性内容,并且在分包之后,发包方和分包方都需要向数据控制者就数据处理的履行情况承担全部的连带责任。

(二)数据处理者的认定

"数据处理者"在中国法下的认定较为简单,即按照处理数据的类别进行分类。倘若涉及交叉类别的数据,则需要根据不同数据类别的法定要求进行定向处理,如《数据安全法》对于重要数据处理者提出的"定期开展风险评估"的要求,以及《个人信息保护法》对于个人信息处理者提出的"个人信息保护影响评

---

① 参见欧盟 GDPR 第 4 条第 8 款。

估”的义务等。

欧盟的数据处理者通常需要按照数据控制者给出的指令行使其职责。因此，数据控制者往往都会对数据处理者的工作进行实时管控。由于两者之间比较容易产生混淆，因而在实务中，人们一般习惯于根据数据处理“目的和方法”的介入程度来对其加以区分和判断。

第一，数据处理者在一般情况下应当按照数据控制者确定的主要目的对数据进行处理，而无须再做其他进一步的动作。只有在数据处理者单方面确定数据处理的目的的情况下，才会触发数据控制者的资格认定。

第二，数据处理者并非对数据的处理完全没有自由裁量权，其在数据控制者将某些技术（如硬件的采购）和组织决策的相关内容委托给数据处理者时，仍有权自主决定数据处理所采用的技术方式、处理数据的范围、第三方的访问范围、删除数据的时间、所需要的软件等方面的内容。

第三，达成委托后，数据控制者应当全程参与并知晓数据处理者处理数据的使用方法，且数据控制者不得将“处理的合法性”等与数据处理相关的实质性内容委托给数据处理者，并有义务确保数据处理目的或方法的最终决定权掌握在自己手中。

（三）数据处理者的义务

就中国法而言，数据处理者无论是在数据的收集、存储方面还是在合规制度建设层面都有不少的义务需要遵守。目前，我国调整数据处理者相关行为的法律规定主要来自《数据安全法》和《个人信息保护法》。《数据安全法》主要围绕数据处理活动中的安全问题展开，而《个人信息保护法》则侧重于数据处理活动中对个人信息的保护问题，并提出了“内部管理制度和操作规程”“数据分类管理”“安全技术措施”“安全教育和培训”“应急预案”“个人信息保护影响评估”“个人信息泄露响应”等诸多要求。两部法律都有各自的侧重点，因此也为数据处理者的合规建设提出了较高要求。我国数据处理者的主要法定义务如表 2－4 所示：

表 2－4　我国数据处理者的主要法定义务

法定义务	具体内容	法条
重要数据处理者和其他数据处理者		
明确数据安全负责人	重要数据的处理者应当明确数据安全负责人和管理机构，落实数据安全保护责任	《数据安全法》第27条
定期开展风险评估	重要数据的处理者应当按照规定对其数据处理活动定期开展风险评估，并向有关主管部门报送风险评估报告	《数据安全法》第30条
严格落实数据出境的相关规定	关键信息基础设施的运营者在中华人民共和国境内运营中收集和产生的重要数据的出境安全管理，适用《中华人民共和国网络安全法》的规定；其他数据处理者在中华人民共和国境内运营中收集和产生的重要数据的出境安全管理办法，由国家网信部门会同国务院有关部门制定	《数据安全法》第31条
数据系统的安全保护措施	网络运营者开展经营和服务活动，必须遵守法律、行政法规，尊重社会公德，遵守商业道德，诚实信用，履行网络安全保护义务，接受政府和社会的监督，承担社会责任	《网络安全法》第9条
个人信息处理者		
收集数据的合法性	处理个人信息应当具有明确、合理的目的，并应当与处理目的直接相关，采取对个人权益影响最小的方式。收集个人信息，应当限于实现处理目的的最小范围，不得过度收集个人信息	《个人信息保护法》第6条
个人信息的安全保障义务	个人信息处理者应当根据个人信息的处理目的、处理方式、个人信息的种类以及对个人权益的影响、可能存在的安全风险等，采取下列措施确保个人信息处理活动符合法律、行政法规的规定，并防止未经授权的访问以及个人信息泄露、篡改、丢失：(一)制定内部管理制度和操作规程；(二)对个人信息实行分类管理；(三)采取相应的加密、去标识化等安全技术措施；(四)合理确定个人信息处理的操作权限，并定期对从业人员进行安全教育和培训；(五)制定并组织实施个人信息安全事件应急预案；(六)法律、行政法规规定的其他措施	《个人信息保护法》第51条
境内处理者需明确个人信息保护负责人	处理个人信息达到国家网信部门规定数量的个人信息处理者应当指定个人信息保护负责人，负责对个人信息处理活动以及采取的保护措施等进行监督	《个人信息保护法》第52条

续表

法定义务	具体内容	法条
境外处理者需设立专门机构或者指定代表	本法第三条第二款规定的中华人民共和国境外的个人信息处理者，应当在中华人民共和国境内设立专门机构或者指定代表，负责处理个人信息保护相关事务，并将有关机构的名称或者代表的姓名、联系方式等报送履行个人信息保护职责的部门	《个人信息保护法》第53条
合规审计	个人信息处理者应当定期对其处理个人信息遵守法律、行政法规的情况进行合规审计	《个人信息保护法》第54条
个人信息保护影响评估	有下列情形之一的，个人信息处理者应当事前进行个人信息保护影响评估，并对处理情况进行记录：（一）处理敏感个人信息；（二）利用个人信息进行自动化决策；（三）委托处理个人信息、向其他个人信息处理者提供个人信息、公开个人信息；（四）向境外提供个人信息；（五）其他对个人权益有重大影响的个人信息处理活动	《个人信息保护法》第55条
报告数据泄露事件，采取补救措施	发生或者可能发生个人信息泄露、篡改、丢失的，个人信息处理者应当立即采取补救措施，并通知履行个人信息保护职责的部门和个人	《个人信息保护法》第57条
合规制度建设，成立独立监管机构，定期发布社会责任报告	提供重要互联网平台服务、用户数量巨大、业务类型复杂的个人信息处理者，应当履行下列义务：（一）按照国家规定建立健全个人信息保护合规制度体系，成立主要由外部成员组成的独立机构对个人信息保护情况进行监督……（四）定期发布个人信息保护社会责任报告，接受社会监督	《个人信息保护法》第58条

另外，就欧盟GDPR的规定来看，虽然数据处理者一般仅需要根据数据控制者的书面指示对个人数据进行处理，但其仍有相当多的义务需要遵守，包括人员履行的适当保密义务、确保处理安全义务、协助数据控制者向数据主体履行权利请求的回应义务、根据数据控制者的指示在提供数据处理服务结束后删除或将所有个人数据归还的义务，以及向数据控制者提供必要的信息并接受审计员审计的义务等。欧盟GDPR规定的数据处理者的主要法定义务如表2-5所示：

表 2-5　欧盟 GDPR 规定的数据处理者的主要法定义务

法定义务	具体内容	法条
数据系统保护和默认保护	数据控制者和处理者应当采取适当的技术、组织措施（如匿名化等）确保数据处理符合欧盟 GDPR 要求的同时又保护数据主体的权利。此外，在默认情形下，该技术和组织措施应保证对个人数据的处理应在最小必要的原则下进行且不得被不特定自然人访问	第 25 条
记录数据处理活动	数据控制者和处理者应当保存由其负责的数据处理活动的记录，该记录应当采取书面形式，必要时向监管机构提供	第 30 条
报告数据泄露事件	数据处理者应自发现个人数据泄露事件之时立刻向数据控制者进行通报，确保其能够在 72 小时内向监管机构报告，报告中应阐明泄露数据的种类、数量、可能导致的后果以及建议采取的处理措施等	第 33 条
数据保护影响评估	数据控制者和处理者进行数据处理行为前，应当考虑处理行为的性质、范围、内容和目的以及可能对数据主体权利和自由产生的风险，并完成一份设想的处理行为给个人数据保护带来的影响的评估	第 35 条
事先咨询	若根据第 35 条制定的数据保护影响评估显示数据控制者和处理者的处理行为将导致高风险而缺乏有效风控措施，控制者应当在处理前向监管机构进行咨询，监管机构应在规定期限内提供书面建议，而数据处理者应当予以协助	第 36 条

第五节　数据的处理

由于数据的处理过程需要考虑数据处理的合法性、目的性、正当性、必要性等一系列问题，因此数据处理的规范化问题仍是数据合规体系中最为关键的一环。此外，基于国家安全、公共利益以及公民个人权益保护的考量，法律可能会基于不同的处理活动作出不同的规定。数据处理也需要根据处理对象的不同以及相应的法律规定及时进行调整。因而，理解数据处理的概念和范围对企业数据合规体系的搭建无疑将起到至关重要的作用。

一、数据处理的概念

我国《数据安全法》第 3 条第 2 款规定："数据处理，包括数据的收集、存储、使用、加工、传输、提供、公开等。"

欧盟 GDPR 第 4 条第 2 款规定："'处理'是指任何一项或多项针对单一个人数据或系列个人数据所进行的活动行为，不论该活动行为是否采取收集、记录、组织、架构、存储、调整、修改、检索、咨询、使用、公开披露、传播或以其他方式对他人排列或组合、限制、删除或销毁等自动化方式。"

很明显，我国和欧盟均对数据的处理采用了广义的解释方法，即一般都会将对数据的使用理解成一种数据的处理行为，且该类数据的处理行为包含了手动处理和自动处理两种方式。由此可见，企业在经营活动中对数据进行的任何行动，几乎都会被视为一种数据处理行为。倘若是一家业务领域涉及欧盟区域的跨国公司，则其甚至负有遵守多国法律规定的义务，进而面临国家立法冲突的可能，这对于企业的数据合规治理而言显然并非易事，但又不得不做。

二、数据处理的理解与适用

（一）收集

数据的收集是数据处理的前提条件，没有数据的收集就不可能有数据的处理活动。实务中，收集的方式不限于电子化的形式，还可以通过书面的方式采集，既包括了企业在经营活动中主动收集的行为，又包括了基于主动收集的场景下被动接收的一些数据，如通过职业和消费习惯的信息收集到数据主体的薪酬信息等。因此，在数据合规体系建设中需要根据收集数据的情况来决定所应采取的措施。例如，《个人信息保护法》第 28 条第 2 款规定："只有在具有特定的目的和充分的必要性，并采取严格保护措施的情形下，个人信息处理者方可处理敏感个人信息。"可见，不是所有的数据都能够被收集，相关数据处理者需要加强数据收集的合规意识，对于禁止收集的数据及时予以删除。此外，收集数据时还需要注意对合法性、正当性和必要性的掌握，并保证数据主体获得信息的透明度，确保数据处理从源头上的合法与合规。

(二)存储

在合法完成数据收集工作的前提下,将相关数据存储在数据处理者可控范围内也是一项重要工作。根据我国法律的规定,数据的存储需要根据其重要程度进行分级和分类。根据欧盟 GDPR 的相关规定①,去标识化的数据有必要进行单独存储。因此,如何存储数据确保数据的安全并对其进行访问权限的管理是数据存储中的合规重点。

(三)使用

数据的使用目的是通过对数据的直接利用,为数据处理者提供经营所需的具备商业价值的内容,其一般不需要改变数据的形态,而是直接使用已经合法收集而来的数据,如数据画像等。

(四)加工

数据的加工有别于数据的直接使用,其一般具有基于数据处理者合法收集的数据进行二次加工的含义,包括对数据进行拆分、合并、综合分析、提取重要信息等,是一个将数据价值进行扩大和提升的过程。需要注意的是,经过二次加工的数据一般在实务中也会被认为是数据处理者的知识产权,任何第三方未经数据处理者的同意,不得擅自进行使用,违者可能会承担相应的侵权责任。此外,如果二次加工所产生的数据仍可对个人身份进行识别,则该类数据依旧属于个人信息的范畴,从而应当遵守《个人信息保护法》的相关规定。

(五)传输

数据的传输是一种比较复杂的处理活动的过程,其包括境内传输和境外传输两个部分。从形式上来讲,数据的传输就是将其通过一个数据端口传送到另一个数据端口进行储存的活动,传输前后的数据状态并不会因为传输行为而受到变化。为了确保数据传输的便捷和高效,欧盟 GDPR 就境内数据的传输行为赋予了数据主体"可携权"②,即其可以要求数据处理者之间按照经整理、普遍适用和机器可读的要求无障碍地进行传输,这对数据处理者提出了很高的要求,致使实践中就"可携权"的实现产生了争议。此外,就境外数据传输而言,无

① 参见欧盟 GDPR 第 4 条第 5 款。

② 参见欧盟 GDPR 第 20 条。

论是我国还是欧盟，均对数据的跨境流动提出了充分性保护以及个人信息保护影响评估的要求，在确保数据自由流动和国家安全、公共利益之间寻求平衡点。因此，数据处理者一般需要同时满足输入国和输出国的法律规定，就数据流动的出入境规定进行严格审查，以免遭到监管机构的处罚。

（六）提供

数据的提供一般分为对公和对私两部分。就对公部分而言，其指的是基于法律规定或者公共利益的需要将数据直接提供给政府部门或司法机构。需要注意的是，该类提供行为无须事先经过数据主体的同意。就对私部分而言，其指的是基于商务合作以及实现数据价值充分利用的需要，就数据的二次处理成果或者数据本身进行共享和传输的活动，该类数据的提供一般需要事先以“透明度原则”为前提，提前获得数据主体的同意，并就数据提供的范围和方式以及提供数据的目的进行充分告知。需要注意的是，并不是所有的数据都可以无限制地对外提供，特别是针对保密类的数据更应进行严格管理，未经法定程序不得擅自对外提供，违者将承担相应的法律责任。

（七）公开

数据的公开也是数据处理者常用的一种数据处理方式，其在实践中分为多种形式。根据《政府信息公开条例》的相关规定①，行政机关应当及时、准确地公开政府信息。此外，公开的方式分为“主动公开”和“依申请公开”两类。对于涉及公众利益调整、需要公众广泛知晓或者需要公众参与决策的政府信息，行政机关应当主动公开，而对于除此之外的政府信息，公民、法人或者其他组织可以依申请公开。因此，政府类的信息一般都应当予以公开，而对于其他类别的数据则需要经相关数据所有权人的同意方可公开。

---

① 《政府信息公开条例》第2条规定：“本条例所称政府信息，是指行政机关在履行行政管理职能过程中制作或者获取的，以一定形式记录、保存的信息。”第6条规定：“行政机关应当及时、准确地公开政府信息。行政机关发现影响或者可能影响社会稳定、扰乱社会和经济管理秩序的虚假或者不完整信息的，应当发布准确的政府信息予以澄清。”第19条规定：“对涉及公众利益调整、需要公众广泛知晓或者需要公众参与决策的政府信息，行政机关应当主动公开。”第27条规定：“除行政机关主动公开的政府信息外，公民、法人或者其他组织可以向地方各级人民政府、对外以自己名义履行行政管理职能的县级以上人民政府部门（含本条例第十条第二款规定的派出机构、内设机构）申请获取相关政府信息。”

第六节 数据主体

数据主体在不同国家的法系背景下可能会存在不同的含义,因此理解数据主体的概念和范围,将提高个人信息保护法在不同国家适用的准确性,也将有助于企业和其他个体进一步确定它们在整个商务交易活动中所扮演的角色,从而更好地履行其法定义务。

一、数据主体的概念

"数据主体"的概念在中国法和欧盟法下存在显著的差异。在中国法的体系下,数据主体指的是一切能够产生数据的自然人、法人和其他组织。然而根据欧盟 GDPR 的规定[①],数据主体仅指"已识别或可识别的自然人",只要该自然人与数据的处理活动有关,无论其国际或居住地是否在欧盟境内,皆可被数据主体的范围所囊括。

二、数据主体的权利

(一)自然人

我国《个人信息保护法》和欧盟 GDPR 等法律法规都对自然人作为数据主体所能行使的权利作出了详细规定,但其二者之间仍存在一定的区别,在不同的法律背景中准确把握和识别数据主体的权利,并对数据主体的权利适用予以熟练掌握,是企业数据合规建设的必要工作。因此,企业应在数据处理活动中对所处理的数据类别进行识别。如果处理与自然人有关的数据,则需要在适用"透明度原则"之下确保该自然人权利的顺利行使。例如,欧盟 GDPR 规定当数据主体行使其权利时,数据控制者应当在 1 个月内予以响应。[②] 需要指出的是,

---

① 参见欧盟 GDPR 第 4 条第 1 款。

② 参见欧盟 GDPR 序言第 59 条。

"透明度原则"是数据主体行使权利的前提条件,实务中如果无法全面告知数据主体关于数据处理的目的及其他内容,则无法确保数据主体权利的有效行使。此外,企业应当采取一切措施确保数据主体权利的行使。例如,数据控制者和处理者若以电子方式接收到数据主体提出的请求,则其也应当以电子方式进行响应与回复,这些都是确保数据主体能够顺利行使其自身权利的必备要素。

1. 自决权

数据主体的自决权指的是数据主体有权根据自身的想法和需求决定如何处理以及处理自身数据的主体。虽然该权利并未被规定在我国《个人信息保护法》以及欧盟 GDPR 中,但自决权显然是民主社会的一项重要权利。因此,国家法律不应禁止人们自由地决定自己的政治地位,并追求合法业务的正当开展。

2. 知情权

数据主体的知情权,与欧盟 GDPR 规定的"透明度原则"实则是一回事。欧盟 GDPR 所规定的"透明度原则"源于其第 12 条第 1 款的规定,该规定要求任何信息都必须以"简洁、透明、易懂和容易取得的形式,以清晰和平白的语言"提供。无独有偶,我国《个人信息保护法》第 14 条第 1 款也规定:"基于个人同意处理个人信息的,该同意应当由个人在充分知情的前提下自愿、明确作出。法律、行政法规规定处理个人信息应当取得个人单独同意或者书面同意的,从其规定。"此外,类似的规定还在我国《网络安全法》中也能够找到与之相对应的条款①。可见,数据主体的知情权是行使其个人权利的保证和前提,倘若无法确保数据主体具备足够的知情权,则即便数据主体在后续作出了同意收集的意思表示,该意思表示仍可能被法院最终认定为无效。需要注意的是,在取得相应知情权后,我国《个人信息保护法》还赋予数据主体随时撤回同意的权利,且数据处理者有义务保证撤回权行使的便捷性,包括但不限于采取在首页显著位置等方式降低数据主体撤回的难度。

3. 信息权

数据主体的信息权是欧盟 GDPR 明确规定的一种权利。欧盟 GDPR 第 13

① 《网络安全法》第 41 条规定:"网络运营者收集、使用个人信息,应当遵循合法、正当、必要的原则,公开收集、使用规则,明示收集、使用信息的目的、方式和范围,并经被收集者同意。网络运营者不得收集与其提供的服务无关的个人信息,不得违反法律、行政法规的规定和双方的约定收集、使用个人信息,并应当依照法律、行政法规的规定和与用户的约定,处理其保存的个人信息。"

条规定，数据主体有权获得描述其与控制者关系的某些信息。这包括控制者的身份和联系方式、处理其个人数据的原因或目的、处理的法律依据、数据的接收者，以及确保数据的公平和透明处理所必需的其他相关信息。需要注意的是，数据主体的信息权一般是由数据控制者主动提供的，当然如果在数据控制者不主动作出的情况下，数据主体也有权要求其提供。此外，如果数据控制者是通过第三方途径，即数据实则是通过间接收集的方式取得的，则其必须向数据主体提供数据来源，以确保数据主体信息权的顺利行使。

4. 解释权

虽然我国《个人信息保护法》并未直接规定关于信息权方面的内容，但其规定的解释权①仍与信息权存在一定的共同点，属于较为近似的两种权益。基于技术服务的难点和数据处理规则的复杂特征，解释权的确立旨在赋予数据主体具备要求数据处理者对个人信息处理规则进行解释的权利。在实践中，解释权的行使更多是数据主体向数据处理者主动提出的一种权利。

5. 访问权/查阅、复制权

数据主体的访问权源于欧盟 GDPR 第 15 条规定："数据主体应当有权从控制者那里得知其个人数据是否正在被处理，如果正在被处理的话，其应当有权访问个人数据和获知如下信息……"然而，根据我国《个人信息保护法》第 45 条的规定，"个人请求查阅、复制其个人信息的，个人信息处理者应当及时提供"。由此可见，欧盟 GDPR 的访问权和我国《个人信息保护法》中查阅、复制权所要保护的自然人法益几乎类似，但两者之间的范围却大有不同。欧盟 GDPR 偏重于数据处理的目的、类型、主体及个人权利等内容的自由访问，而我国《个人信息保护法》则更偏重于数据主体对个人信息的查阅和复制。另外，欧盟 GDPR 关于数据主体对访问权的行使相对于信息权而言显然更为主动。需要注意的是，当数据主体行使访问权时，如果数据控制者和处理者对提出请求的数据主体身份存在合理怀疑，则应该暂停程序的进行，并要求数据主体提供必要信息来核实其真实身份，确保其不会基于访问权的行使而导致对他人隐私权的侵害。对于信息披露时可能包含他人信息的这类情况，也有义务在披露前对数据

① 《个人信息保护法》第 48 条规定："个人有权要求个人信息处理者对其个人信息处理规则进行解释说明。"

进行编辑，倘若数据无法编辑，则应在访问权行使前征得该相关个人的同意，以使第三方的权益得到充分性保护。对于儿童行使访问权的情况，则应当评估儿童的年龄以判断其成熟程度是否符合法定要求，如果有明确证据证明儿童能够理解他们的权利并作出与之行为能力相匹配的请求，则应当直接就其请求作出回应。即便如此，实务中我们仍然建议数据控制者和处理者能够尽可能获得该儿童监护人的同意，此类做法显然更合乎常理，且风险可控。此外，基于访问权的行使并无人身隶属性质，我们认为该项权利可以经数据主体委托他人后代为行使，即任何律师、会计师等都可以通过一般授权或特别授权的形式受托，甚至通过口头的形式进行授权。最后，如果数据主体存在过度行使访问权的情形，欧盟 GDPR 则规定了数据控制者既可以直接拒绝又可以选择要求数据主体支付合理的费用两种途径履行自身责任。当然，过度行使访问权的举证责任仍在数据控制者一方，其需要对此进行全面记录以面对监管机构的监督，这一点在我国《个人信息保护法》中则并未予以体现。

6. 更正权

我国《个人信息保护法》第 46 条规定："个人发现其个人信息不准确或者不完整的，有权请求个人信息处理者更正、补充。个人请求更正、补充其个人信息的，个人信息处理者应当对其个人信息予以核实，并及时更正、补充。"该条所述内容所表达的就是数据主体所享有的更正权，类似的条款在欧盟 GDPR 中也有所规定①。就欧盟 GDPR 关于更正权的行使而论，当数据主体提出更正数据的请求时，数据控制者和处理者只有在很少的情形下才可以拒绝，且在验证数据的准确性前，应尽可能地限制对相关数据的处理。倘若数据控制者和处理者决定拒绝数据主体更正请求，则必须向数据主体告知其有向监管机构进行申诉和司法救济的权利，并有义务进行全程记录，以作为潜在的司法裁判的证据予以保留。此外，如果在行使更正权后发现数据控制者和处理者曾向第三方披露了更正前的相关个人数据，则数据控制者和处理者有义务与这些披露对象取得联系，并通知其数据更正的情况，但该通知如果被证明根本不可能完成或者虽然有可能完成但需付出极大代价的情况除外，在此情形下，数据控制者和处理者需要对此进行举证以应对司法诉讼和行政监管的可能。

---

① 参见欧盟 GDPR 第 16 条。

7. 删除权/被遗忘权

虽然删除权和被遗忘权分属两种不同的权益，但由于其较为类似，因此实务中数据主体的删除权也被人们习惯性地称为被遗忘权，即当达到某些条件时，数据主体有权要求数据控制者和处理者对与之相关的数据进行永久删除，旨在确保自身权利不受侵害。虽然在实务中适用删除权的情形各有不同，但我国《个人信息保护法》第 47 条和欧盟 GDPR 第 17 条中都对数据主体的删除权进行了明确规定。需要注意的是，数据主体通常可以以口头或书面的形式行使删除权，如果数据已被公开，并正在被第三方处理，则数据控制者和处理者一般都必须向该第三方发出通知，告知数据主体已经行使了删除权的行为，并要求该第三方履行删除相关数据的义务，但该通知如果被证明根本不可能完成或者虽然有可能完成但需付出极大代价的情况除外。同时，也无须向数据主体披露有关该第三方的具体信息。此外，在删除相关数据时，不仅要对数据控制者和处理者所掌控的实时系统进行删除，还需要注意对数据的档案及副本进行永久性的删除处理，以确保在系统内不留下任何痕迹。然而，删除权的行使和其他权利一样也都存在例外情形。根据我国《个人信息保护法》第 47 条的规定，在"法律、行政法规规定的保存期限未届满，或者删除个人信息从技术上难以实现"的情况下，个人信息处理者应当停止除存储和采取必要的安全保护措施以外的处理。与之相对应的是欧盟 GDPR 第 17 条第 3 款的规定，只有在"行使言论和信息自由、遵守欧盟或成员国法定义务或为执行公共利益任务，以及为了确立、行使或抗辩法律诉求"的情况下，数据控制者和处理者才能对数据主体提出的删除权予以拒绝，并豁免其责任。由此可见，相较于我国《个人信息保护法》的规定，欧盟 GDPR 的豁免范围显然更为宽泛。

8. 限制处理权

限制处理权是欧盟 GDPR 明确规定的数据主体的权利之一。根据欧盟 GDPR 序言第 67 条的规定，数据主体可以通过"将选取的数据临时转移到其他处理系统，使得个人数据被屏蔽进而无法被他人取得，或将已发布的数据临时从网站上删除"来实现限制处理权的行使。欧盟 GDPR 创设这一数据主体权利的目的是在一些特殊情形下，能够确保数据不会被处理。例如：当数据的准确性受到质疑时；数据被非法处理；控制者不再需要基于原始目的而使用数据，但仍需保留以维护自身合法权利等情形。数据主体行使的限制处理权通常只是一种暂时性的措施,其并不像删除权一样会使数据永久消失,而仅是冻结数据的处理和使用功能。在数据主体行使其限制处理权时,数据控制者和处理者应当进行完整的记录,以应对由此可能带来的司法诉讼和行政风险。相比较而言,我国《个人信息保护法》虽然并未规定“限制处理权”这一权利的适用方式,但该法第 44 条也明确规定了个人对其个人信息的处理有权予以限制的权利,相信其立法本意与欧盟 GDPR 序言第 67 条的规定也是相一致的。

9. 可携权

关于数据主体行使的可携权问题,在国内外一直都有着非常激烈的争论。从传统意义上来讲,许多平台基于数据的垄断因素,通常不会也不愿配合数据主体行使其可携权。立法者创设“可携权”这一权利的目的实则是帮助数据主体提升和促进数据移动的能力,便于其传输和复制到另一个新环境中去,进而减少数据主体在数据提供层面所消耗的时间和精力。虽然我国《个人信息保护法》第 45 条和欧盟 GDPR 第 20 条都对数据主体的可携权进行了规定,但是数据主体的可携权在实务中的适用难度仍然非常高。具体而言,由于数据主体在行权时需要多方主体予以配合,且转移的数据类型基于平台所经营的方向不同也可能有所不同,如个人数据画像、信用评价机制等信息的转移可能并不能在平台之间进行完美的匹配,因此即便法律规定了数据主体享有可携权,其在现实生活中的适用仍困难重重。此外,欧盟 GDPR 还对数据在数据控制者和处理者之间的转移提出了形式上的要求,即以“结构化”、“常用”和“机器可读”的方式对数据进行传输,因市场中各数据控制者和处理者的数据存储形式不可能完全一致,这无疑加大了可携权的适用难度。即便如此,并不是所有行业的数据控制者和处理者都反对数据主体可携权的适用。比如,金融和保险市场这类依赖用户数据的行业则比较关注可携权的突破性进展,因为一旦数据主体顺利行使可携权落地,则意味着数据价值将进一步提升,金融和保险的市场红利将再次到来。需要注意的是,数据主体行使的可携权和其他权利一样,仍然允许一些例外情形的发生。例如,当数据主体行使的可携权可能会对第三方的权利和自由产生不利影响时,数据控制者和处理者有权予以拒绝。在此情形下,其有义务做好相应的解释和记录工作,以作为其将来面对司法和行政审查的合法依据。

10. 反对权

数据主体的反对权是具有欧盟 GDPR 特色的一项权利,一般仅适用于数据控制者基于合法利益、公共利益进行的数据处理。但欧盟 GDPR 并没有对反对权提出任何形式效力上的要求，且允许数据主体通过口头的方式提出，这种行权上的自由也在客观上给数据控制者带来了一些实际问题。通常来说，当数据主体行使其反对权时，数据控制者便不能再被允许处理数据主体的个人数据，除非其掌握令人信服且合法的处理理由并能为之证明。这些理由必须足够有力，甚至能够推翻数据主体的利益、权利和自由，如建立、行使或履行法律抗辩权。需要注意的是，数据控制者在处理数据前还需对数据主体所具有的反对权履行通知和提示义务，且该通知的形式必须是明确、清晰和独立的。

11. 不受自动决策约束的权利

自动化决策是企业常用的一种数据分析手段，其可以通过大数据分析某个自然人在不同场景下的决策方式进而形成该自然人的数据画像，并基于该数据画像对其定向提供商品和服务，以起到提升营销转化率的效果。由于自动化决策会增加有害分析风险，因此欧盟 GDPR 通常规定除法定以及为履行合同所必需或在数据主体同意且在数据控制者采取足够的保障措施的情况之外，禁止其他情况的自动化决策。因此，数据主体一般不必正式提出反对自动化决策的权利，只有该决策完全基于自动化处理并对数据主体产生重大影响时才有权反对。为了规避上述规定，许多数据控制者通过人为参与来减轻相应风险。此外，还有一些数据处理者会通过捏造人为参与来避免自动化决策一般禁止的后果。在此情形下，应当仍然将其视为一种基于自动处理的决定而被纳入自动化决策的监管范畴。

（二）法人和其他组织

根据《数据安全法》第 7 条[①]的规定，“法人和其他组织”作为中国法下的数据主体也像自然人一样有着相应权利。虽然法人相较于自然人来说不存在个人隐私保护的问题，但在数据处理的过程中仍需保证其财产权和名誉权，并关注可能存在的保密义务。因此，通常意义上要处理法人所产生的数据，都需要经过其事先同意。双方可以通过签署合作协议的形式，对数据处理的目的、范围、方式等进行明确约定，并对数据处理后的成果归属进行规范，以减少双方争

① 《数据安全法》第 7 条规定：“国家保护个人、组织与数据有关的权益，鼓励数据依法合理有效利用，保障数据依法有序自由流动，促进以数据为关键要素的数字经济发展。”

议的发生。此外，对于部分涉密数据，应严格禁止和限制处理。需要注意的是，法人之间如果存在跨境的数据流动，则还需要关注该数据流动是否会对我国国家安全和公共利益造成重大影响，以及是否符合我国《个人信息保护法》等法律法规的规定，以确保数据流动的合法和有效，以避免数据跨境流动的违法。

三、数据主体的理解与适用

从比较法的角度来分析，自然人、法人都可以成为中国法体系下的数据的创造者，即数据处理者所处理的数据由数据主体的授权以及其他法定因素取得。然而，欧盟数据主体的角色定义显然更为狭义，其仅指自然人个体，而不包括法人，即基于法人设立企业而产生的数据处理活动并不适用欧盟 GDPR。此外，欧盟的数据主体也不包括死者。因此，在处理数据和适用欧盟 GDPR 的过程中，只需要考虑对自然人的权益保护即可，而无须像中国法一样需要考虑政府行政监管及商业秘密等方面的其他事项。因此，考虑到不同数据主体的认定在不同法系下的差异，有必要在识别法律适用的基础上再对数据主体的权利进行界别，进而对数据的处理加以分析，达到降低风险的目的。基于此，考虑到识别这些数据主体权利与数据控制者和处理者商业模式之间的潜在的影响，从事数据合规的专业人士有义务让企业理解和关注这些权利的识别和适用问题，并在数据主体权利和企业数据使用价值上达到一种平衡。这既保证了数据的处理价值，又能确保企业在数据处理经营活动中的合规，从而为我国数字经济的发展奠定基础。

第三章

中国企业的数据合规治理

第一节 法律概述

我国关于企业数据的合规治理问题依靠法律、法规进行调整。自《网络安全法》颁布后，考虑到数据处理不当可能引发的国家安全问题，我国开始逐步关注企业数据合规的相关问题。近年来，多部相关法律的出台也意味着数据合规治理领域的要求变得更为系统和科学。在对比了不同法律关于数据合规的规定之后，不难发现中国企业的数据合规治理问题实则只包含了“数据处理活动的规范化”、“数据出境流动的合法化”和“管理架构和制度建设的体系化”三方面内容。其中，数据处理活动的规范化是企业数据合规的核心，其目的主要是确保数据收集、存储、使用、传输、删除等处理活动符合《个人信息保护法》《数据安全法》等法律的规定，并满足相关程序性和实体性的要求。此外，数据出境流动的合法化提出了事先审批、风险评估、年度报告等诸多要求，其主要依据的是《国家安全法》《网络安全审查办法》《数据出境安全评估办法》等法律法规，旨在确保数据的出境不会对我国的国家安全和公共利益造成不利影响。管理架构和制度建设的体系化也是企业内部管理的一项重要工作，只有企业内部的管理架构和制度建设更为科学，数据合规治理工作才能具有一定的可持续性。

一、《网络安全法》

相较于欧盟而言，我国虽然暂时没有能够建立起一套完善的国家安全审查制度,也没有采用类似欧盟“预先评估制度”的严格做法来保障个人网络数据流通的安全性,但我国早在2011年2月就出台了《信息安全技术 个人信息保护指南(征求意见稿)》,就个人信息处理的原则及个人信息主体的实体权利在一定范围内给出了指导性意见。[①] 随后颁布的《网络安全法》更可谓对互联网行业的规范意义重大。我国《网络安全法》是第一部针对网络空间安全的基础性且具有里程碑意义的一部法律,其包含了7章共计79条的法律条款。《网络安全法》于2016年11月7日被审议通过,历经半年的缓冲期后,于2017年6月1日正式施行。

《网络安全法》的立法本意是要在我国领域内推广“安全可控”的产品和服务。“安全可控”包含三方面的意思:一是“产品的安全可控”,即禁止网络服务提供者通过网络非法控制和操纵用户设备,损害用户对设备和系统的控制权。通俗点讲就如“永恒之蓝”勒索病毒,其利用网络技术,非法控制了其他国家的机器设备,变相剥夺了用户对设备和系统的控制权。二是“数据的自主可控”,即禁止网络服务提供者利用提供产品或服务的便利条件非法获取用户重要数据,损害用户对自己数据的控制权。再如“永恒之蓝”勒索病毒,其非法控制了其他国家的机器设备后,通过技术手段窃取计算机保有的用户数据,损害了用户对自己数据的控制权。三是“用户的选择可控”,即禁止服务提供者利用用户对其产品和服务的依赖性,限制用户选择使用其他产品和服务,损害用户的网络安全和利益。此外,整部《网络安全法》也从无到有地开创了许多突破性的规则和亮点,为后续数据合规的立法奠定了相当良好的基础。具体而言,《网络安全法》首次将网络空间上升到了国家主权层面,认为网络空间主权是我国国家主权在网络空间的自然延伸和表现。[②] 在个人网络数据的技术保护方面,虽然其仍与欧盟的相关规定存在一定差距,但是其构建的5个级别的网络安全等级保护制度也足以满足我国当下现实需求。[③] 除技术层面外,《网络安全法》还从监管规范上着手,要求跨境电商建立个人信息的保护和流通制度,针对目前个人信息泄露及非法买卖和分享等社会乱象打出了一记重拳,既杜绝了个人网络

---

① 参见《信息安全技术 个人信息保护指南(征求意见稿)》第4条。

② 参见《网络安全法》第1条。

③ 参见《网络安全法》第21条。

数据被非法滥用,又使政府监管不过度干预跨境电商的营商环境。[①]

(一)网络空间主权原则制度

《网络安全法》前所未有地提出了"网络空间主权"概念,丰富了我国享有的主权范围,其将网络空间主权视为我国国家主权在网络空间的自然延伸和表现。将网络空间的概念上升为国家主权,更有利于保障我国合法网络权益不受他国或国外组织的侵害。因此,一切在我国网络空间领域内非法入侵、窃取、破坏计算机及其他服务设备或提供相关技术的行为,都将被视作侵害我国国家主权的行为。

(二)网络安全等级保护制度

《网络安全法》确立的网络安全等级保护制度将网络安全分为5个等级,随着级别的增高,国家信息安全监管部门介入的强度越大,以此对信息系统安全保护起到监督和检查的作用。

(三)实名认证制度

《网络安全法》规定了网络服务经营者、提供者及其他主体在与用户签订协议或者确认提供服务时应当采取实名认证制度,包括但不限于网络接入、域名注册、入网手续办理,以及为用户提供信息发布、即时通信等服务。实务中,这一制度灵活性及可操作性较强,可采取前台匿名、后台实名的方式进行。但是,实名认证的工作必须落实到位,若不实行网络实名制,则最高可对平台处以50万元的罚款。

(四)关键信息基础设施运营者采购网络产品、服务的安全审查制度

《网络安全法》对提高我国关键信息基础设施安全可控水平提出了相关法律要求,并配套出台了《网络产品和服务安全审查办法(试行)》,明确了关系国家安全的网络和信息系统采购的重要网络产品和服务,对网络产品和服务的安全性、可控性应当经过网络安全审查。涉及国家安全、军事领域等产品及服务的采购,若可能影响国家安全的,也应当经过国家安全审查。

(五)安全认证检测制度

针对网络关键设备和网络安全专用产品,《网络安全法》规定应当按照相关

---

① 参见《网络安全法》第12条。

国家标准的强制性要求,由具备资格的机构安全认证合格或者安全检测符合要求后,方可销售或者提供。

(六)重要数据强制本地存储制度

该制度主要调整的是关键信息基础设施运营者在搜集个人信息重要数据时的合法性问题,明确了其需要强制在本地进行数据存储的法定义务。

(七)境外数据传输审查评估制度

本地存储的数据若确属需要数据转移出境的,需要同时满足以下条件:(1)经过安全评估认为不会危害国家安全和社会公共利益的;(2)经个人信息主体同意的。

另外,该制度还规定了一些法律拟制的情况,如拨打国际电话、发送国际电子邮件、通过互联网跨境购物以及其他个人主动行为,均可视为已经取得了个人信息主体同意。

(八)个人信息保护制度

《网络安全法》在"如何更好地对个人信息进行保护"这一问题上有了相当大的突破。它确立了网络运营者在收集、使用个人信息过程中的合法、正当、必要原则。形式上,则进一步要求通过公开收集、使用规则,明示收集、使用信息的目的、方式和范围,经被收集者同意后方可收集和使用数据。《网络安全法》还加大了对网络诈骗等不法行为的打击力度,特别是对网络诈骗严厉打击的相关内容,切中了个人信息泄露乱象的要害,充分体现了保护公民合法权益的立法原则。

(九)个人信息流通制度

针对我国目前个人信息非法买卖、非法分享的社会乱象,《网络安全法》打出了一记重拳。其规定了未经被收集者同意,网络运营者不得泄露、篡改、毁损其收集的个人信息的义务。但是,经过处理无法识别特定个人且不能复原的不在此列。这样的规定既杜绝了个人信息数据被非法滥用,又不影响网络经营者及管理者基于其自身企业发展需要所面临的大数据分析问题。

(十)网络通信管制制度

网络通信管制制度的确立目的是在发生重大事件的情况下,通过赋予政府行政介入的权力,相对性地牺牲部分通信自由权,来维护国家安全和社会公共秩序。该做法是国际通行做法,如在发生暴恐事件中,可切断不法分子的通联渠道,避免事态进一步恶化,保障用户的合法权益,维护社会稳定。但是,这种管制影响通常还是比较大的。因此,《网络安全法》严谨地规定实施临时网络管制,需要经过国务院决定或者批准。一般来说,网络通信管制制度的实施是短时性的,一旦事件处置结束,政府会立即恢复正常通信,使对个人通信带来的不便最小化。

二、《电子商务法》

我国《电子商务法》是一部促进电子商务市场秩序、规范电商经营者商务行为的法律,其于2018年8月31日被审议通过,后于2019年1月1日正式施行。虽然其是一部以规范电子商务行为为主的法律,但是其在数据安全和合规建设以及个人隐私保护方面也作出了相应规定。

(一)禁止大数据杀熟

在个人隐私权和企业经营权平衡这一问题上最典型的就是《电子商务法》①就滥用用户数据进行"大数据杀熟"作出的禁止性规定。当时我国电商行业正在如火如荼地发展,不少知名平台被相继曝出"大数据杀熟"的行为。《电子商务法》是首部通过立法条文的形式确认该行为违法性的法律,足见国家在企业数据合规发展的早期就已经认识到数据的违法处理可能会带来的危害,因此即通过立法的形式明确予以制止。

(二)数据处理的合法化

《电子商务法》第23条规定:"电子商务经营者收集、使用其用户的个人信息,应当遵守法律、行政法规有关个人信息保护的规定。"需要注意的是,从《电子商务法》出台的时间来看,此处的"法律、行政法规有关个人信息保护的规定"

---

① 《电子商务法》第18条第1款规定:"电子商务经营者根据消费者的兴趣爱好、消费习惯等特征向其提供商品或者服务的搜索结果的,应当同时向该消费者提供不针对其个人特征的选项,尊重和平等保护消费者合法权益。"

主要指的就是《网络安全法》的相关规定[①]。此外,《电子商务法》还规定了用户信息的查询、更正、删除权,并明确了用户知情权的重要作用。[②]

（三）数据信息安全的保密

《电子商务法》第25条规定:“有关主管部门依照法律、行政法规的规定要求电子商务经营者提供有关电子商务数据信息的,电子商务经营者应当提供。有关主管部门应当采取必要措施保护电子商务经营者提供的数据信息的安全,并对其中的个人信息、隐私和商业秘密严格保密,不得泄露、出售或者非法向他人提供。”可见,法律明确将“个人信息”和“隐私和商业秘密”列为同等地位,要求对其进行保密以确保数据信息的安全。

（四）建立信用评价机制

《电子商务法》第39条规定:“电子商务平台经营者应当建立健全信用评价制度,公示信用评价规则,为消费者提供对平台内销售的商品或者提供的服务进行评价的途径。电子商务平台经营者不得删除消费者对其平台内销售的商品或者提供的服务的评价。”可见,《电子商务法》在立法过程中也已经意识到了评价数据在商务中的重要意义和作用。因此,对于数据主体作出的评价类数据,未经其事先同意或者其他法定因素不得单方面进行删除。

三、《关键信息基础设施安全保护条例》

《关键信息基础设施安全保护条例》是在《网络安全法》明确“关键信息基础设施”概念后配套适用的一部专门性立法,其主要就关键信息基础设施的保护原则和要求提出了规范性的指导意见。该条例于2021年4月27日通过,后于2021年9月1日正式施行,共计6章51条。

---

① 《网络安全法》第41条第1款规定:“网络运营者收集、使用个人信息,应当遵循合法、正当、必要的原则,公开收集、使用规则,明示收集、使用信息的目的、方式和范围,并经被收集者同意。”

② 《电子商务法》第24条规定:“电子商务经营者应当明示用户信息查询、更正、删除以及用户注销的方式、程序,不得对用户信息查询、更正、删除以及用户注销设置不合理条件。电子商务经营者收到用户信息查询或者更正、删除的申请的,应当在核实身份后及时提供查询或者更正、删除用户信息。用户注销的,电子商务经营者应当立即删除该用户的信息;依照法律、行政法规的规定或者双方约定保存的,依照其规定。”

(一)关键信息基础设施

《关键信息基础设施安全保护条例》第 2 条规定:“本条例所称关键信息基础设施,是指公共通信和信息服务、能源、交通、水利、金融、公共服务、电子政务、国防科技工业等重要行业和领域的,以及其他一旦遭到破坏、丧失功能或者数据泄露,可能严重危害国家安全、国计民生、公共利益的重要网络设施、信息系统等。”从该定义来看,关键信息基础设施均源于我国重要领域和行业,故而若对其产生的数据使用不当,则可能会对国家安全和公共利益造成危害。因此,《关键信息基础设施安全保护条例》主要以“大保护”为原则,从信息安全、硬件安全、功能安全等方面综合对关键信息基础设施的安全保护问题予以筹划和考虑,其重要程度可见一斑。此外,需要注意的是,《关键信息基础设施安全保护条例》对于关键信息基础设施的认定标准也有明确规定。其第 9 条第 2 款规定:“制定认定规则应当主要考虑下列因素:(一)网络设施、信息系统等对于本行业、本领域关键核心业务的重要程度;(二)网络设施、信息系统等一旦遭到破坏、丧失功能或者数据泄露可能带来的危害程度;(三)对其他行业和领域的关联性影响。”

可见,关键信息基础设施需要基于行业领域对国家的重要程度,并根据数据泄露后的危害后果来进行认定,这是一个以综合性认定为导向的识别过程。

(二)数据的完整性、保密性和可用性

《关键信息基础设施安全保护条例》第 6 条规定:“运营者依照本条例和有关法律、行政法规的规定以及国家标准的强制性要求,在网络安全等级保护的基础上,采取技术保护措施和其他必要措施,应对网络安全事件,防范网络攻击和违法犯罪活动,保障关键信息基础设施安全稳定运行,维护数据的完整性、保密性和可用性。”因此,关键信息基础设施有义务满足《网络安全法》中的网络安全等级保护要求,并确保数据的完整性、保密性和可用性。需要注意的是,上述数据处理的安全要求与欧盟 GDPR 第 32 条的规定相类似。完整性指的是数据内容不能有所缺失;保密性指的是数据内容需要符合法定和当事人的保密要求,禁止对外泄露;可用性指的是数据内容需要具备一定的使用价值。实践中往往可以通过去标识化的形式保护其合法权益,而应当慎用匿名化的技术要求。

(三)建立专门安全管理机构

根据《关键信息基础设施安全保护条例》第 15 条的规定,专门安全管理机构具体负责本单位的关键信息基础设施安全保护工作,履行下列职责:

1. 建立健全网络安全管理、评价考核制度,拟订关键信息基础设施安全保护计划;

2. 组织推动网络安全防护能力建设,开展网络安全监测、检测和风险评估;

3. 按照国家及行业网络安全事件应急预案,制订本单位应急预案,定期开展应急演练,处置网络安全事件;

4. 认定网络安全关键岗位,组织开展网络安全工作考核,提出奖励和惩处建议;

5. 组织网络安全教育、培训;

6. 履行个人信息和数据安全保护责任,建立健全个人信息和数据安全保护制度;

7. 对关键信息基础设施设计、建设、运行、维护等服务实施安全管理;

8. 按照规定报告网络安全事件和重要事项。

综上所述,《关键信息基础设施安全保护条例》对关键信息基础设施运营者提出了建立专门安全管理机构的义务,该机构将负责企业网络安全保护的制度建设、关键人员的安全背景审查、安全教育培训以及数据处理全周期的数据安全管理等工作。可见,相较于一般数据运营者而言,国家对关键信息基础设施运营者在数据合规领域的要求显然更为严苛。

四、《数据安全法》

《数据安全法》是我国第一部调整数据处理活动的基础性法律。其立法目的是保障数据安全,促进数据开发利用,保护个人、组织的合法权益,维护国家主权、安全和发展利益。[①] 整部法律共计 7 章 55 条,以“属地原则”和“保护原则”为管辖基础,规范了我国互联网行业数据合规治理的各项工作,为数据处理

---

① 《数据安全法》第 1 条规定:“为了规范数据处理活动,保障数据安全,促进数据开发利用,保护个人、组织的合法权益,维护国家主权、安全和发展利益,制定本法。”

活动的合法化奠定了基础并指明了前进的方向。该法于2021年6月10日被审议通过,后于2021年9月1日正式施行。

(一)数据分类分级保护制度

《数据安全法》第21条第1款规定:"国家建立数据分类分级保护制度,根据数据在经济社会发展中的重要程度,以及一旦遭到篡改、破坏、泄露或者非法获取、非法利用,对国家安全、公共利益或者个人、组织合法权益造成的危害程度,对数据实行分类分级保护。国家数据安全工作协调机制统筹协调有关部门制定重要数据目录,加强对重要数据的保护。"虽然数据分类分级的方式还有待进一步的立法明确,但是针对重要数据的管理和制定权限问题,《数据安全法》第21条第3款赋予各地区、各部门自行就相关行业和领域制定重要数据具体目录的权力,并进一步提出了重点保护的要求。

(二)数据安全风险评估与认证制度

《数据安全法》第18条规定:"国家促进数据安全检测评估、认证等服务的发展,支持数据安全检测评估、认证等专业机构依法开展服务活动。国家支持有关部门、行业组织、企业、教育和科研机构、有关专业机构等在数据安全风险评估、防范、处置等方面开展协作。"可见,其提出了数据安全检测评估与认证的要求。当前,我国在数据合规管理领域已经正式出台的国家标准是《数据管理能力成熟度评估模型》(GB/T 36073 - 2018)(Data Management Capability Maturity Assessment Model,DCMM),在数据安全检测评估、认证领域的标准有《数据安全能力成熟度模型》(GB/T 37988 - 2019)(Data Security Capability Maturity Mode,DSMM)和团体标准《数据安全治理能力评估方法》(T/ISC - 0011 - 2021)。此外,我国还在移动互联网领域颁布了《移动互联网应用程序(App)安全认证实施细则》,为移动互联网的安全认证提供了可资参考的标准。需要注意的是,这些标准同时还可以成为各行业、企业开展数据合规治理、数据安全风险评估的参考标准,以便于其自身促进和完善有关数据安全的风险评估与认证制度,切实保障数据主体的各项权益。

(三)数据安全风险评估监测预警机制

《数据安全法》第22条规定:"国家建立集中统一、高效权威的数据安全风险评估、报告、信息共享、监测预警机制。国家数据安全工作协调机制统筹协调有关部门加强数据安全风险信息的获取、分析、研判、预警工作。”因此，基于对数据全要素的动态长效管理以及安全监督的考量，该条实则规定的是数据安全风险评估的监测预警机制，用以提升企业数据安全的整体管理水平。例如，针对 App 隐私合规的相关评估，就需要对 App 权限申请和使用情况、个人信息采集相关风险、与第三方交互情况等数据风险进行评估。此外，在数据出境安全风险评估时，就需要对数据出境中涉及的数据类型、数据量级、是否存在向境外提供重要数据等内容进行风险评估，而对于敏感个人信息的风险评估，则需要通过专门的技术手段和工具，满足数据全生命周期中各阶段数据处理活动风险所需的评估需求。

（四）数据安全应急处置机制

《数据安全法》第 23 条规定："国家建立数据安全应急处置机制。发生数据安全事件，有关主管部门应当依法启动应急预案，采取相应的应急处置措施，防止危害扩大，消除安全隐患，并及时向社会发布与公众有关的警示信息。”实践中比较常见的“数据安全事件”如票务公司对与用户有关的信用卡等支付信息的泄露，银行信息库遭黑客攻击而泄露用户身份信息等情形，这类情形一般会导致持卡人姓名、身份证号、银行卡号、账户密码等被窃取的不良后果。因此，《数据安全法》也规定了在应急事件发生时，应当及时启动应急预案，避免相关损失的扩大。国家网络安全事件应急预案架构如图 3－1 所示：

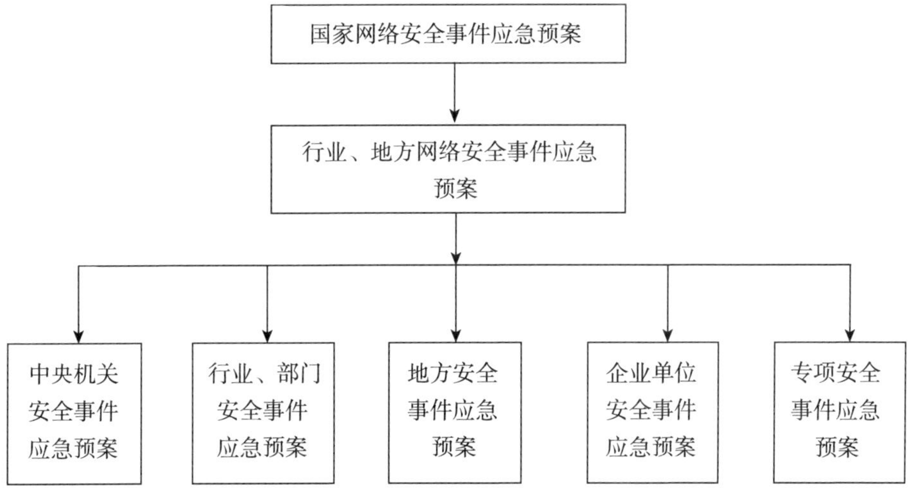

图 3－1　国家网络安全事件应急预案架构

（五）数据安全审查制度

《数据安全法》第 24 条规定："国家建立数据安全审查制度，对影响或者可能影响国家安全的数据处理活动进行国家安全审查。依法作出的安全审查决定为最终决定。"之所以《数据安全法》对数据安全审查制度有所规定，是基于 2021 年 7 月 10 日，国家网信办发布了《关于〈网络安全审查办法（修订草案征求意见稿）〉公开征求意见的通知》，并新增了有关数据安全审查的内容。需要注意的是，《网络安全审查办法》已于 2022 年 2 月 15 日在我国正式施行。由此可见，我国已形成了以《国家安全法》为龙头，以《网络安全法》《数据安全法》为网络数据安全的上位法，以《网络安全审查办法》为实际操作下位法的数据安全审查法律体系。其既是《数据安全法》落地的支撑，又丰富了我国企业的数据安全观，进一步减少我国国家安全和公共利益所受数据跨境流动的影响。

（六）管制物项数据出口管制制度

《数据安全法》第 25 条规定："国家对与维护国家安全和利益、履行国际义务相关的属于管制物项的数据依法实施出口管制。"本条是一个兜底条款，其规定了管制物项数据出口管制制度，属于间接性的管制条款。所谓间接条款，是指虽然没有通过立法的形式明确表示要对数据出口进行管制，但法律适用后的实质效果与出口管制相似。目前，全球有超过 30 个国家通过间接条款的形式对数据出口管制问题进行了规范，如美国的受控非密信息管理制度等。

（七）数据安全国际对等机制

《数据安全法》第 26 条规定："任何国家或者地区在与数据和数据开发利用技术等有关的投资、贸易等方面对中华人民共和国采取歧视性的禁止、限制或者其他类似措施的，中华人民共和国可以根据实际情况对该国家或者地区对等采取措施。"本条是国际法上"对等原则"的适用，体现了国家间互相尊重、相互平等、互利共赢的理念。非但《数据安全法》中有类似的规定，在《网络安全审查办法》和《关于依法严厉打击证券违法活动的意见》中也均有此"国际对等"的相关内容。

五、《个人信息保护法》

长期以来，我国虽然陆续出台了个人信息保护的相关立法文件，但从没有一部法律、法规能够如此系统及全面地对个人信息保护相关问题进行专门性立法。从现有颁布的法律来看，《民法典》、《刑法》、《电子商务法》、《网络安全法》、《消费者权益保护法》以及《广告法》等虽有部分内容与个人信息保护的话题相契合，但在社会实践中，这些法律的适用大多被规定得较为原则，并不能满足人民群众对个人信息保护的各类迫切需求。此外，综观其他法规及规范性文件，如《全国人民代表大会常务委员会关于加强网络信息保护的决定》、《电信和互联网用户个人信息保护规定》、《信息安全技术 个人信息安全规范》(GB/T 35273－2020)等，虽然在实务中有着极强的合规参考价值，但其同时也存在一定的滞后性，并不能够适应各类互联网企业的合规需要。在我国个人信息保护立法长期并不完善的大背景下，近年来，个人信息滥用的案例不断涌现，这给司法及行政部门的监督工作也带来了较大挑战。

2020 年 10 月 21 日，全国人大常委会法制工作委员会(以下简称法工委)发布了《个人信息保护法(草案)》，就个人信息保护有关的立法问题向社会公开征求意见。2021 年 8 月 20 日，第十三届全国人大常委会第三十次会议表决通过《个人信息保护法》，自 2021 年 11 月 1 日起施行。作为我国首部针对个人信息保护的专门性立法，该法构建了完整的个人信息保护框架。《个人信息保护法》全文涵盖了 8 章共计 74 条的内容，分别为总则、个人信息处理规则、个人信息跨境提供的规则、个人在个人信息处理活动中的权利、个人信息处理者的义务、履行个人信息保护职责的部门、法律责任和附则。在这些看似枯燥的法条中，其实蕴含着立法者对人脸识别、人肉搜索、数据跨境传输、自动化决策、信息脱敏等热点问题的对策及解答，也进一步明确了我国个人信息处理全周期的基本规则。此外，《个人信息保护法》还对行政监管和个人信息保护之间的原则及边界问题进行了规定。总体来说，我国《个人信息保护法》显然汲取了来自世界各国和地区的先进经验。与此同时，其也结合了我国国情及长期以来所面对的各类发展困境，在自然人个体、互联网企业、国家安全和公共利益、跨境传输技术要求以及国际惯例之间达到了一定的平衡。可以说《个人信息保护法》的出台,一方面对我国国内互联网企业的合规提出了新的期待,另一方面也对我国政府监管提出了更高要求。

(一)采取一般个人信息与敏感个人信息分类保护

基于一般个人信息与敏感个人信息的差异,对其有必要进行分类分级保护。根据《个人信息保护法》第14条的规定,“基于个人同意处理个人信息的,该同意应当由个人在充分知情的前提下自愿、明确作出。法律、行政法规规定处理个人信息应当取得个人单独同意或者书面同意的,从其规定”。然而,针对敏感个人信息的处理需要同时满足“充分必要性的告知义务”、“采取严格保护措施”和“取得用户单独同意”这三个条件①,其要求相对于一般个人信息的“告知且同意原则”显然更高。需要注意的是,一般个人信息的“告知”需要满足《个人信息保护法》第18条的规定,就告知时间、语言要求、内容要求、变更告知要求等进行合规治理。此外,“同意”的作出也需要符合《个人信息保护法》第14条的规定。从实践角度出发,对于需要用户同意才能处理用户个人信息的情形,需要以《隐私权政策》等个人信息授权文本的形式,向用户充分说明个人信息的处理规则,并通过由用户手动点击“确认”、勾选“同意”等自主同意的方式获得用户的同意。同时,《个人信息保护法》还对单独同意、监护人同意、重新取得同意以及撤销同意等进行了规定,并明确禁止了“捆绑同意”的行为。

(二)个人信息保存期限最小化的要求

《个人信息保护法》第19条规定:“除法律、行政法规另有规定外,个人信息的保存期限应当为实现处理目的所必要的最短时间。”本条系明确了个人信息保存期限最小化的要求和例外情形。在通常情况下,应当以实现处理目的所必要的最短时间作为保存个人信息的时间,但法律、行政法规另有规定的除外。例如,《反洗钱法》第19条第3款规定:“客户身份资料在业务关系结束后、客户交易信息在交易结束后,应当至少保存五年。”因此,金融机构需要将该等信息

---

① 《个人信息保护法》第28条规定:“敏感个人信息是一旦泄露或者非法使用,容易导致自然人的人格尊严受到侵害或者人身、财产安全受到危害的个人信息,包括生物识别、宗教信仰、特定身份、医疗健康、金融账户、行踪轨迹等信息,以及不满十四周岁未成年人的个人信息。只有在具有特定的目的和充分的必要性,并采取严格保护措施的情形下,个人信息处理者方可处理敏感个人信息。”第29条规定:“处理敏感个人信息应当取得个人的单独同意;法律、行政法规规定处理敏感个人信息应当取得书面同意的,从其规定。”

至少保存 5 年，以符合法律的强制性规定。

（三）用户的数据画像

《个人信息保护法》第 24 条规定："个人信息处理者利用个人信息进行自动化决策，应当保证决策的透明度和结果公平、公正，不得对个人在交易价格等交易条件上实行不合理的差别待遇。通过自动化决策方式向个人进行信息推送、商业营销，应当同时提供不针对其个人特征的选项，或者向个人提供便捷的拒绝方式。通过自动化决策方式作出对个人权益有重大影响的决定，个人有权要求个人信息处理者予以说明，并有权拒绝个人信息处理者仅通过自动化决策的方式作出决定。"本条明确了利用个人信息进行自动化决策的要求，即确立了用户数据画像的使用规则。根据该条的描述，个人信息处理者既需要保证决策的透明度和处理结果的公平合理，同时就自动化决策的方式又应当提供不针对其个人特征的选项。例如，在金融借贷场景下，借款人有权要求个人信息处理者就其系统自动决定个人贷款额度的数据模型作出说明，并有权拒绝仅以该数据模型进行自动决策的方式作出决定。在个人提出异议的情况下，个人信息处理者需要对个人的贷款额度进行人工审核，以降低差别待遇的可能性。

（四）公共场所的图像采集

《个人信息保护法》第 26 条规定："在公共场所安装图像采集、个人身份识别设备，应当为维护公共安全所必需，遵守国家有关规定，并设置显著的提示标识。所收集的个人图像、身份识别信息只能用于维护公共安全的目的，不得用于其他目的；取得个人单独同意的除外。"本条是个人信息处理过程中所涉"公共安全"的相关规定，基于该需要可以对个人进行身份识别，但仍应遵守《个人信息保护法》第 26 条的规定，即一般不得将所获个人信息进行公开或者向第三方提供。需要注意的是，此处并未将安装图像采集的主体限定为国家机关，因此只要是以维护"公共安全"为目的的主体，均可就个人身份进行识别，但需符合相应的保密规定。

（五）人肉搜索

《个人信息保护法》第 27 条规定："个人信息处理者可以在合理的范围内处理个人自行公开或者其他已经合法公开的个人信息；个人明确拒绝的除外。个人信息处理者处理已公开的个人信息，对个人权益有重大影响的，应当依照本法规定取得个人同意。”本条是对已公开个人信息用途的规范。相较于《民法典》第1036条第2项所规定的“合理处理该自然人自行公开的或者其他已经合法公开的信息,但是该自然人明确拒绝或者处理该信息侵害其重大利益的除外”,本条看似更为宽泛,但实则是在《民法典》的基础上进行了有效补充,两者在法律适用上其实并不存在任何障碍。因此,只要个人信息是行为人自行公开的,当个人信息处理者满足其公开时的用途,即可直接使用该公开的个人信息。此外,超出原始用途合理范围内的,则需要重新履行“告知和同意原则”,而未经许可的“人肉搜索”也自此被认定为违法行为而被予以重点打击。

(六)明确个人信息查阅权、复制权和可携权

《个人信息保护法》第45条规定:“个人有权向个人信息处理者查阅、复制其个人信息;有本法第十八条第一款、第三十五条规定情形的除外。个人请求查阅、复制其个人信息的,个人信息处理者应当及时提供。个人请求将个人信息转移至其指定的个人信息处理者,符合国家网信部门规定条件的,个人信息处理者应当提供转移的途径。”本条明确了个人在其个人信息处理后所享有的查阅和复制权,其也是《民法典》第1037条①的延续。此外,数据可携权也是数据访问权的重要补充。数据可携权的特征之一在于它为数据主体提供了一种简便的途径,使其能够自我管理和重复使用个人数据,提升平台对个人信息的利用效率。需要注意的是,数据主体所获取的个人数据形态,建议和欧盟GDPR所规定的一致,即均应是“结构化的、通用的和机器可读的”。

六、《关于构建数据基础制度更好发挥数据要素作用的意见》

2022年12月,中共中央、国务院发布了《关于构建数据基础制度更好发挥数据要素作用的意见》。该意见从数据产权、流通交易、收益分配、安全治理等四个方面,提出了20条重要的政策举措,为数据要素流通交易和适用起到了举旗定向的作用。此外,其还在数据产权、流通、交易、使用、分配、治理、安全等领

---

① 《民法典》第1037条规定:“自然人可以依法向信息处理者查阅或者复制其个人信息;发现信息有错误的,有权提出异议并请求及时采取更正等必要措施。自然人发现信息处理者违反法律、行政法规的规定或者双方的约定处理其个人信息的,有权请求信息处理者及时删除。”

域提出了原则性及方向性的要求,包括对构建四大制度的要求也进一步促进了数据要素市场体系的建设。因此,该意见也被称为"数据二十条"。

（一）建立保障权益、合规使用的数据产权制度

1. 探索数据产权结构性分置制度

提出了需要建立公共数据、个人及企业数据的分类分级确权授权制度,并创造性地提出了数据资源持有权、数据加工使用权、数据产品经营权等机制,通过对持有权、使用权、经营权的机制完善弱化了数据所有权的学术争端。此外,其还根据数据来源和数据特征明确了数据生产、流通、使用全周期中各主体所应享有的合法权益,并提出了数据产权登记新方式的要求。

2. 推进实施公共数据确权授权机制

明确了公共数据的范围,加强了政府、企事业单位依法履职或提供公共服务过程中产生的公共数据的开放和使用。以统筹授权使用和管理为思路,推动用于公共治理、公益事业的公共数据有条件无偿使用,探索用于产业发展、行业发展的公共数据有条件有偿使用。

3. 推动建立企业数据确权授权机制

明确了企业数据的范围,即在生产经营活动中采集的不涉及公共利益和个人信息的数据,并鼓励国企和行业龙头企业、互联网平台企业带头通过合规流通途径,为市场高质量地提供数据。需要注意的是,基于政府部门依法依规履职过程中所需的数据具有一定的公共管理属性,因此可以不按照市场化的机制执行。

4. 建立健全个人信息数据确权授权机制

提出了授权使用、依法保护的基本方法,并引入受托人的概念,推进了个人信息信托机制的构成。此外,对涉及国家安全的特殊个人信息数据,可依法依规授权相关单位使用。

5. 建立健全数据要素各参与方合法权益保护制度

根据数据来源和其特征,明确了数据生产、流通、使用过程中各参与方所享有的合法权利,并以数据来源者和数据处理者作为不同权益主体进行区分,反映了数据要素价值过程中主体多元性的特点。

（二）建立合规高效、场内外结合的数据要素流通和交易制度

1. 完善数据全流程合规与监管规则体系

提出了 6 项基本要求，包括建立数据流通准入标准规则、强化市场主体数据全流程合规治理、建立数据分类分级授权使用规范、探索开展数据质量标准化体系建设、加强企业数据合规体系建设和监管，以及明确公共数据按政府指导价，企业和个人信息数据按市场自主定价进行有偿使用的原则。

2. 统筹构建规范高效的数据交易场所

强调了国家数据交易所、地区性交易机构、行业性交易机构以及场外交易机构的多层次数据要素市场建设，并提出鼓励场外交易商进入场内交易。国家需要进一步加快构建集约高效的数据流通基础设施，为场内集中交易和场外分散交易提供低成本、高效率、可信赖的流通环境。

3. 培育数据要素流通和交易服务生态

要求加快培育包括数据商和第三方专业服务机构在内的交易服务的生态体系，同时明确了数据商的定义，并对第三方专业服务机构通过列举的形式进行了归纳和总结。

4. 构建数据安全合规有序跨境流通机制

明确了防范数据出境安全风险和维护我国数据主权的要求，并提出了针对不同应用场景探索安全规范的数据跨境流动方式的要求，对影响或可能影响国家安全的活动依法依规进行国家安全审查，构建多部门的体系化监管机制。

（三）建立体现效率、促进公平的数据要素收益分配制度

1. 健全数据要素由市场评价贡献、按贡献决定报酬机制

体现了按劳分配的原则，将劳动者的贡献值交由市场来进行评价，通过分红、提成等多种收益分享的方式来取得相关利益，体现了数据要素报酬机制的公平性。

2. 更好发挥政府在数据要素收益分配中的引导调节作用

鼓励并允许企业依法依规参与公共数据的公益服务工作，强化了对弱势群体的帮扶，明确提出禁止资本在数据领域无序扩张的垄断行为，并要求开展数据的知识普及和教育培训工作等。

（四）建立安全可控、弹性包容的数据要素治理制度

1. 创新政府数据治理机制

强化了跨行业的协同监管，提出制定数据流通和交易负面清单，并在落实网络安全等级保护制度的基础上，进一步要求全面加强数据安全保护工作。

2. 压实企业的数据治理责任

鼓励企业积极参与数据要素市场建设并树立责任意识，提出了建立健全数据要素登记及披露机制的要求。

3. 充分发挥社会力量多方参与的协同治理作用

鼓励行业协会等社会力量参与数据要素市场的建设，建立健全信用体系进而加强社会监督，尽可能推动各部门和各行业完善相关的标准体系建设工作。

第二节　中国企业的数据处理活动

《数据安全法》第 3 条第 2 款规定："数据处理，包括数据的收集、存储、使用、加工、传输、提供、公开等。"因此，有必要在明确相关内容之后统一进行一番梳理，以待形成一套可供执行的操作规则，进而对企业数据合规体系的建立给予相应指导和帮助。

一、数据的收集

数据的收集，顾名思义，就是从他人处取得数据的过程。由于我国立法将个人数据分为了"个人信息"和"敏感个人信息"两类，同时也对这两类数据收集的合法性提出了一定要求，倘若数据处理者在数据收集层面就产生了问题，则会从根本上导致数据处理的整个周期被认定为违法。因此，在数据收集前，数据处理者一般都会制定相应的收集方案。在方案实施的具体过程中，还要确保数据来源的可溯性，即需要对收集行为进行全程的记录。同时，对于数据主体而言，其也有必要在仔细阅读数据处理者提供的《隐私权政策》或者《注册协议》之后，就个人信息的收集和使用范围等进行授权，以保证数据来源和处理的

合法与合规。

在实践中,针对个人信息的收集需要在遵循合法、公平、必要以及透明度原则的基础上进行。然而,由于对“敏感个人信息”的保护相较于“个人信息”更为重要,因此当数据处理者收集“敏感个人信息”时则应更为严格。以“自然人脸部数据”为例,根据最高人民法院《关于审理使用人脸识别技术处理个人信息相关民事案件适用法律若干问题的规定》,其将“自然人脸部数据”视为“生物识别信息”进行了规范,考虑到处理“生物识别信息”是高风险的一类处理活动,因此数据处理者在处理前往往都需要对其进行个人信息保护影响评估,该评估应当以满足身份验证为目的,对处理活动的必要性,以及收集的信息必要性应考虑适用最小化原则。此外,数据处理者在收集敏感个人信息时必须发出通知,以确保透明度原则的适用,并在此基础上通过单独同意的形式获得数据主体的授权,且该授权必须通过书面或电子形式予以保留,以作为数据处理者处理数据的合法授权证明。在数据处理的后续活动中,数据处理者还有义务将其处理的数据进行全程记录,以应对监管部门的核查。另外,最高人民法院《关于审理使用人脸识别技术处理个人信息相关民事案件适用法律若干问题的规定》还进一步明确了在未经数据主体同意的情况下的免责情形,包括“为应对突发公共卫生事件,或者紧急情况下为保护自然人的生命健康和财产安全所必需而处理人脸信息的”“为维护公共安全,依据国家有关规定在公共场所使用人脸识别技术的”“为公共利益实施新闻报道、舆论监督等行为在合理的范围内处理人脸信息的”“在自然人或者其监护人同意的范围内合理处理人脸信息的”等。这些规定在《个人信息保护法》中也均有相应体现,如《个人信息保护法》第 26 条规定:“在公共场所安装图像采集、个人身份识别设备,应当为维护公共安全所必需,遵守国家有关规定,并设置显著的提示标识。所收集的个人图像、身份识别信息只能用于维护公共安全的目的,不得用于其他目的;取得个人单独同意的除外。”

综上所述,除法定的例外情形外,只有在数据主体单独同意且数据处理者履行了适当和必要的保障措施之后,才能对敏感个人信息进行收集和处理。因而,实务中处理敏感个人信息的标准显然比个人信息更为严格。

二、数据的存储

数据的存储作为数据处理者在收集数据后必经的处理活动之一,具有重大的合规意义。首先,数据的存储并不会像数据的加工和使用一般可能会改变数据的自身形态或数据处理者的控制方式,常见的终端设备存储的方式包括但不限于计算机、移动硬盘、U 盘、网盘等。其次,数据处理者需要确保“安全原则”的适用,提高数据存储后防泄露的能力,并通过加密、去标识化、备份及恢复技术确保存储的稳定和流畅,特别是针对“去标识化”的数据而言,更需要通过单独存储的形式将其与可识别个人的信息进行物理隔离,以排除其识别个人的可能性。此外,自从《网络安全法》确立“本地存储制度”以来,考虑对公民隐私权和国家利益的保护,本地存储的要求适用于越来越多的场景之下,数据处理者在存储个人信息时,必须深刻掌握和理解其适用情形。对于特殊情况必须存储至他国服务器的情况下,也应当在进行安全评估后,获得国家相关部门的批准才能够放行。如此才能避免在合法收集后由于存储的不当行为,而致使数据处理被认定为违法,进而承担非必要的法律责任。

(一)国家机关处理及委托他人处理个人信息

《个人信息保护法》第 36 条规定:“国家机关处理的个人信息应当在中华人民共和国境内存储;确需向境外提供的,应当进行安全评估。安全评估可以要求有关部门提供支持与协助。”

《数据安全法》第 40 条规定:“国家机关委托他人建设、维护电子政务系统,存储、加工政务数据,应当经过严格的批准程序,并应当监督受托方履行相应的数据安全保护义务。受托方应当依照法律、法规的规定和合同约定履行数据安全保护义务,不得擅自留存、使用、泄露或者向他人提供政务数据。”

可见,我国法律对于国家机关处理和委托他人处理个人信息的行为有着强制本地存储的规定,这也是考虑到国家机关处理个人数据往往与履行其公共职能有关。因此,倘若对该类数据不加以管控,可能会致使相应数据流入他国或地区,进而对国家安全和公共利益造成重大影响。

(二)关键信息基础设施运营者

《个人信息保护法》第 40 条规定:“关键信息基础设施运营者和处理个人信

息达到国家网信部门规定数量的个人信息处理者，应当将在中华人民共和国境内收集和产生的个人信息存储在境内。确需向境外提供的，应当通过国家网信部门组织的安全评估；法律、行政法规和国家网信部门规定可以不进行安全评估的，从其规定。”

《网络安全法》第 37 条规定：“关键信息基础设施的运营者在中华人民共和国境内运营中收集和产生的个人信息和重要数据应当在境内存储。因业务需要，确需向境外提供的，应当按照国家网信部门会同国务院有关部门制定的办法进行安全评估；法律、行政法规另有规定的，依照其规定。”

综上可知，基于关键信息基础设施运营者的特殊身份，其处理的个人信息一般也必须履行本地存储的义务，本质上与国家机关处理和委托他人处理个人信息基本一致。

（三）国家秘密信息

《网络安全法》第 77 条规定：“存储、处理涉及国家秘密信息的网络的运行安全保护，除应当遵守本法外，还应当遵守保密法律、行政法规的规定。”因此，考虑到保护国家秘密的需要，存储该类信息除应遵守本地化存储的规定之外，还应当遵守其他法律、法规对于数据保密性的要求。

（四）法定的存储期限

《个人信息保护法》第 19 条规定：“除法律、行政法规另有规定外，个人信息的保存期限应当为实现处理目的所必要的最短时间。”可见，未实现处理目的的所必需的最短时间应当作为数据处理者存储相应数据时的标准。此外，在法律有明文规定的情况下，还需要注意数据保存的法定期限。例如，《电子商务法》第 31 条规定：“电子商务平台经营者应当记录、保存平台上发布的商品和服务信息、交易信息，并确保信息的完整性、保密性、可用性。商品和服务信息、交易信息保存时间自交易完成之日起不少于三年；法律、行政法规另有规定的，依照其规定。”因此，数据处理者在存储数据时有必要对该数据的法定存储期限有所了解，防止由于适用法律的错误而导致非必要损害后果的发生。

三、数据的使用

数据的使用一般仅包括对数据的直接使用，即在数据处理者合法收集相关数据后，对该类数据所显示的客观内容基于法定或约定的内容进行直接利用的过程。因此，数据的使用行为通常并不会产生新的数据。但在实践中，对一组或多组数据集的使用往往会比单个或数个数据的使用更具实际价值。

《个人信息保护法》第 10 条规定："任何组织、个人不得非法收集、使用、加工、传输他人个人信息，不得非法买卖、提供或者公开他人个人信息；不得从事危害国家安全、公共利益的个人信息处理活动。"

《数据安全法》第 32 条第 2 款规定："法律、行政法规对收集、使用数据的目的、范围有规定的，应当在法律、行政法规规定的目的和范围内收集、使用数据。"

因此，在数据的使用过程中，需要注意对"最小必要"的适用，即数据处理者只能使用与提供的商品或服务有关的必要数据，以确保其合法性。另外，如果是国家机关为了履行职责使用的数据，还需要履行法定的条件和程序以及相应的保密义务。[①] 同时，未经合法程序，国家机关委托的电子政务系统的建设方和维护方也应当履行保密义务，不得擅自使用该政务数据。[②]

四、数据的加工

数据的加工指的是通过对数据的合并、拆分、编辑等形式，开发并取得其潜在价值的过程。需要注意的是，数据资产、数据要素等内容都是在数据加工或使用后所提出的概念。此外，数据的加工通常并不会产生新的数据，但在一些有特殊使用目的的情况下，如通过导航中的车行流量形成实时路面数据，就是一种数据再生产的过程。可见，加工后的数据通常都会比加工前的数据更具商业价值，但也需要结合数据处理者的经营范围予以分析，即经过加工后的数据并不必然对每家数据处理者都具有吸引力。

---

① 《数据安全法》第 38 条规定："国家机关为履行法定职责的需要收集、使用数据，应当在其履行法定职责的范围内依照法律、行政法规规定的条件和程序进行；对在履行职责中知悉的个人隐私、个人信息、商业秘密、保密商务信息等数据应当依法予以保密，不得泄露或者非法向他人提供。"

② 《数据安全法》第 40 条规定："国家机关委托他人建设、维护电子政务系统，存储、加工政务数据，应当经过严格的批准程序，并应当监督受托方履行相应的数据安全保护义务。受托方应当依照法律、法规的规定和合同约定履行数据安全保护义务，不得擅自留存、使用、泄露或者向他人提供政务数据。"

五、数据的传输

根据传输对象的地理位置不同,可以将数据传输分为境内传输和跨境传输两种情形。在实践中,数据处理者一般会在身份认证的基础上采取数据加密的形式进行传输,以防止数据泄露的发生。通常情况下,数据的传输需要及时告知数据主体关于传输对象的具体信息,并在提前经过数据主体的授权同意后方可实施。此外,即便数据处理者发生合并、分立、解散、被宣告破产等情况,其也应当对数据主体尽到上述告知义务,以确保信息的透明和公开。[①] 需要注意的是,稳定性对于数据的传输也极为重要,当数据处理者面对网络攻击的影响时,如果其不能很好地解决稳定性问题,则可能会导致数据不能正常传输的风险,这种对数据传输造成不稳定的状态,也会使数据处理者据此承担相应的不利后果。

在跨境传输情形下,数据处理者不仅需要关注所在国关于数据跨境流动的监管要求,还应当同时关注数据输入国的法律规定。其原因在于数据跨境流动从理论上来说应该是自由的,但是输出国在数据流动前一般都会审查该输出行为是否会对国家安全和公共利益造成影响;此外,还会权衡输入国的国家在数据保护领域的立法和监管体系是否完善,以确保本国公民和企业的数据不会因为他国数据保护合规体系不完善而受到潜在影响。只有在评估后认为两国在数据保护领域的技术水平和法律体系均达到较高或对等水平时,才可能会允许相关数据在该两国间自由流动;反之,则可能会对数据的跨境传输造成阻碍。因此,跨境传输往往会面临两国或多国间法律的双重或多重适用问题,这也是跨境传输在实务中的最大难点所在。此外,倘若国家间的立法存在冲突,还可能使数据处理者的跨境传输难以为继,导致企业数据合规体系建设的破产。因此,如果忽视了任何一个国家的法律规定,轻者可能会承担巨额罚款,重则或可基于严重后果而承担相应的刑事责任。我国法律关于

---

① 《个人信息保护法》第 22 条规定:“个人信息处理者因合并、分立、解散、被宣告破产等原因需要转移个人信息的,应当向个人告知接收方的名称或者姓名和联系方式。接收方应当继续履行个人信息处理者的义务。接收方变更原先的处理目的、处理方式的,应当依照本法规定重新取得个人同意。”

数据传输的规定如表3-1所示：

表3-1　数据传输的法律规定

法律	适用主体	数据类型	境内传输	跨境传输
《网络安全法》	关键信息基础设施运营者	个人信息 重要数据	本地化存储	安全评估
《数据安全法》	数据处理者	重要数据	本地化存储	网络安全审查
	其他数据处理者	外国司法或者执法机构关于提供数据的请求	—	主管机关批准
《个人信息保护法》	个人信息处理者	个人信息	本地化存储	安全评估、个人信息保护认证、标准合同、国际条约
	国家机关	政务数据	建立健全数据安全管理制度	安全评估

六、数据的提供

所谓数据的提供，一般指的是基于商业和其他目的，由数据处理者将相关数据向其他数据处理者传输的过程。相比于数据的传输，数据的提供一般更具有主动性的特征，且其所指的范围相较于传输而言更大，方式也更为多样。

（一）一般告知义务

《个人信息保护法》第23条规定："个人信息处理者向其他个人信息处理者提供其处理的个人信息的，应当向个人告知接收方的名称或者姓名、联系方式、处理目的、处理方式和个人信息的种类，并取得个人的单独同意。接收方应当在上述处理目的、处理方式和个人信息的种类等范围内处理个人信息。接收方变更原先的处理目的、处理方式的，应当依照本法规定重新取得个人同意。"

《个人信息保护法》第39条规定："个人信息处理者向中华人民共和国境外提供个人信息的，应当向个人告知境外接收方的名称或者姓名、联系方式、处理目的、处理方式、个人信息的种类以及个人向境外接收方行使本法规定权利的方式和程序等事项，并取得个人的单独同意。"

可见，为了保证数据主体能够顺利行使其合法权益，知晓数据提供后的法律后果及处理目的，无论是向境内还是境外数据处理者提供信息，《个人信息保护法》均明确规定了数据提供前的告知义务。

（二）国际条约、协定的履行需提前审批

《数据安全法》第 36 条规定："中华人民共和国主管机关根据有关法律和中华人民共和国缔结或者参加的国际条约、协定，或者按照平等互惠原则，处理外国司法或者执法机构关于提供数据的请求。非经中华人民共和国主管机关批准，境内的组织、个人不得向外国司法或者执法机构提供存储于中华人民共和国境内的数据。"

可见，即便基于国际条约或协定，当外国司法或执法机构要求我国的组织或个人向其提供存储在我国境内的数据时，需要事先向我国主管机关寻求批准后方可实施。

（三）向境外提供数据

《个人信息保护法》第 38 条规定了安全评估、个人信息保护认证、标准合同三种形式，对向境外提供数据进行了规范。其中，关键信息基础设施运营者和处理个人信息达到国家网信部门规定数量的个人信息处理者需向境外提供的，应当通过国家网信部门组织的安全评估。① 此外，对于向境外提供个人信息的情况，数据处理者还有义务进行个人信息保护影响评估，以避免数据处理后可能带来的风险。②

七、数据的公开

数据的公开指的是将数据的相关内容向不特定社会公众展示和披露的一

---

① 《个人信息保护法》第 40 条规定："关键信息基础设施运营者和处理个人信息达到国家网信部门规定数量的个人信息处理者，应当将在中华人民共和国境内收集和产生的个人信息存储在境内。确需向境外提供的，应当通过国家网信部门组织的安全评估；法律、行政法规和国家网信部门规定可以不进行安全评估的，从其规定。"

② 《个人信息保护法》第 55 条规定："有下列情形之一的，个人信息处理者应当事前进行个人信息保护影响评估，并对处理情况进行记录：（一）处理敏感个人信息；（二）利用个人信息进行自动化决策；（三）委托处理个人信息、向其他个人信息处理者提供个人信息、公开个人信息；（四）向境外提供个人信息；（五）其他对个人权益有重大影响的个人信息处理活动。"

种数据处理活动。

《个人信息保护法》第 25 条规定："个人信息处理者不得公开其处理的个人信息，取得个人单独同意的除外。"

《个人信息保护法》第 27 条规定："个人信息处理者可以在合理的范围内处理个人自行公开或者其他已经合法公开的个人信息；个人明确拒绝的除外。个人信息处理者处理已公开的个人信息，对个人权益有重大影响的，应当依照本法规定取得个人同意。"

可见，个人信息"以不公开为原则，以公开为例外"。因此，数据处理者如需公开其处理的个人信息，原则上必须经过数据主体的同意，即便是针对数据主体自行公开的数据，也需要在合理的范围内进行使用，如果超出合理范围并且可能会对数据主体权益造成重大影响，则仍需要取得其同意。需要注意的是，当数据处理者委托其他数据处理者公开个人信息时，除满足数据主体事先同意之外，还需要在公开前进行个人信息保护影响评估，并对处理情况进行记录，以减少风险发生。此外，对于政务数据而言，《数据安全法》规定了国家机关公开的及时性和准确性，但依法不予公开的除外。因此，除了涉及个人信息、商业秘密、保密数据等数据，其他符合条件的均应根据《政府信息公开条例》对政务进行公开，政府也可以依职权主动公开或者通过依申请的形式予以公开。

八、数据的删除

根据《数据安全法》和《个人信息保护法》等法律的规定，数据的删除包括"数据主体行使的删除权"和"数据处理者履行删除义务"这两个概念。所谓数据主体行使的删除权，其权利源于《个人信息保护法》第 47 条的规定，即在处理目的不再必要、保存期限届满、个人撤回同意和违反法律或约定处理等法定情形下，如果数据处理者没有履行删除义务，数据主体可以行使其删除权，要求数据处理者对相关数据进行删除。此外，《个人信息保护法》第 49 条还规定："自然人死亡的，其近亲属为了自身的合法、正当利益，可以对死者的相关个人信息行使本章规定的查阅、复制、更正、删除等权利；死者生前另有安排的除外。"另外，在委托处理的情况下，如果委托合同被认定为不生效、无效、被撤销或终止，则受托人应当将个人信息返还给委托人，并及时将相关保存在其服务器内的数据进行删除,不得予以保留。需要注意的是,数据处理者在履行其删除义务时应当遵守法律的规定,对各类系统内的源文件和复制数据进行全盘清理,并全程进行记录。此外,还需建立相关制度对整个删除过程进行监督,以确保数据被删除后不能够再被他人访问。如果面临技术上难以实现彻底删除的情况,数据处理者应当确保对相关数据的暂停使用,并就数据主体行使删除权一事及时告知其他数据接收者。

九、数据的委托处理

数据的委托处理实则是一种技术外包行为,系数据处理者委托他人按照约定的目的和方式开展的数据处理活动。虽然欧盟 GDPR 并没有对数据的委托处理进行规定,但是其在我国《个人信息保护法》中却有所体现。出现这一情况的原因在于,欧盟 GDPR 中的数据处理者扮演了数据控制者受托人的角色,欧盟 GDPR 通过对数据处理者提出如专业技术、安全可靠等各类要求,明确了其与数据控制者之间的责任边界,即数据处理者有权在数据控制者的书面指示下代为处理数据。然而,由于我国法律只规定了“数据处理者”这一单一主体,也就必须要对其委托他人处理数据的行为加以管控。数据的委托处理在实践中比较常见,如调研、撞库、营销、识别认证等场景下都会存在数据处理的委托关系,一般委托人和受托人均会对委托的范围进行事先约定,并在数据处理前取得数据主体的同意。

(一)安全保障义务

《个人信息保护法》第 9 条规定:“个人信息处理者应当对其个人信息处理活动负责,并采取必要措施保障所处理的个人信息的安全。”

《个人信息保护法》第 59 条规定:“接受委托处理个人信息的受托人,应当依照本法和有关法律、行政法规的规定,采取必要措施保障所处理的个人信息的安全,并协助个人信息处理者履行本法规定的义务。”

可见,安全保障是数据委托处理活动中的首要任务。无论是数据处理者还是其委托的处理者,均有义务采取必要措施保障个人信息的安全,且《个人信息保护法》还规定了委托人的监督义务。

（二）委托的范围

《个人信息保护法》第 73 条第 1 项规定："个人信息处理者，是指在个人信息处理活动中自主决定处理目的、处理方式的组织、个人。"

《个人信息保护法》第 21 条第 1 款规定："个人信息处理者委托处理个人信息的，应当与受托人约定委托处理的目的、期限、处理方式、个人信息的种类、保护措施以及双方的权利和义务等，并对受托人的个人信息处理活动进行监督。"

可见，我国的数据处理者不仅有权自主决定数据处理的目的和方式，还可以与其他数据处理者就委托处理的目的、期限、处理方式和个人信息种类等内容进行约定。需要注意的是，受托人仍然有权与委托的数据处理者之间就数据处理的目的等内容达成委托协议。因此，我国的数据处理者是一个统称，其更类似于欧盟 GDPR 中数据控制者和数据处理者的结合体。此外，如果受托人超出约定的目的和方式处理数据，则委托数据处理者有权要求其承担相应违约责任。同时，未经数据处理者同意，受托人也不得对数据处理的行为擅自进行保留或转委托，即出于数据保护和安全的需要，数据的委托行为具有一定的专属性。此外，虽然委托方在实践中一般会通过签订《隐私权政策》的形式获取数据主体的授权，如在协议中体现"我们的服务供应商可能会处理您的相关个人数据"的类似表述，但由于该类表述属于数据处理转委托层面的内容，而一旦允许转委托则可能会使数据主体脱离对其数据的掌控，该做法也与《个人信息保护法》的立法精神相悖。据此，为了确保委托数据处理的有效性，仍建议受托人在数据处理前能够重新取得数据主体的同意，以保证数据主体的合法权益免受不法侵害。

（三）数据的类型

在委托进行数据处理时，还需要将数据的类型纳入考量范围，即充分掌握法律对国家核心数据、秘密数据、重要数据等数据的限制性要求，避免处理禁止或限制性处理的数据从而遭受不必要的处罚。

1. 国家秘密数据

《保守国家秘密法》第 2 条规定："国家秘密是关系国家安全和利益，依照法定程序确定，在一定时间内只限一定范围的人员知悉的事项。"国家秘密数据有特别法进行保护，因此《保守国家秘密法》仅调整国家秘密数据的处理规范问题。此外,《保守国家秘密法》第 34 条规定:“从事国家秘密载体制作、复制、维修、销毁,涉密信息系统集成,或者武器装备科研生产等涉及国家秘密业务的企业事业单位,应当经过保密审查,具体办法由国务院规定。机关、单位委托企业事业单位从事前款规定的业务,应当与其签订保密协议,提出保密要求,采取保密措施。”可见,如果要对国家秘密数据进行委托处理,也需要对受托人进行保密审查,并签订保密协议,采取相应保密措施。

2. 国家核心数据和重要数据

除国家秘密数据外,《数据安全法》一般仅涉及对国家核心数据和重要数据进行规范。此外,《网络数据安全管理条例(征求意见稿)》第 12 条也对数据处理者委托处理重要数据提出了“透明度”“留存审批、日志记录至少 5 年”等要求,并对定期的数据安全评估进行了强制性要求。需要注意的是,委托处理重要数据的,还应当征得设区的市级以上主管部门的同意,主管部门不明确的,应当征得设区的市级以上网信部门同意。

3. 个人信息

委托处理个人信息时,需要符合《个人信息保护法》第 55 条的规定,即应当进行个人信息保护影响评估,对个人信息处理的目的、方式、安全风险、保护措施与风险的适应性进行评定,且该个人信息保护影响评估报告和处理情况记录应当至少保存 3 年。

4. 政务数据

基于政务数据可能会牵涉部分商业秘密数据和敏感个人数据,《数据安全法》第 40 条规定了委托第三方处理政务数据,应经过严格的审批程序,并应对受托方履行数据安全保护的义务进行监督。

(四)责任的承担

由于我国《个人信息保护法》并未就数据处理者及其受托人之间的责任承担问题进行规定,因此就委托人和受托人对外造成损失后的责任承担问题在学界仍未有定论。

从欧盟 GDPR 的规定来看,数据控制者和数据处理者需要为数据主体遭受的损失承担连带赔偿责任,其主要是从保护数据主体权益的角度出发进行的规定。此外,之所以要承担连带赔偿责任还因为数据处理者仅能根据数据控制者的书面指示处理数据,其本身无权对数据处理的目的进行自主决定。因此,从数据主体的角度出发,数据控制者和数据处理者本身对其数据的处理行为可以被视为具有同一性,连带赔偿责任的承担具有一定的现实意义。

然而,我国仅规定了“数据处理者”这一个处理数据的主体,同时受托人有权在接受委托前就数据处理的目的和方式等问题进行协商。可见,其并不如欧盟 GDPR 下数据控制者和数据处理者之间的依附关系。基于其二者之间存在的委托合同关系,如果数据处理问题对数据主体的权益造成损害,则委托人和受托人均应就该损害承担与之行为相应的赔偿责任,即如果委托人和受托人并无共同侵权的意思表示,则数据主体只能根据侵权之诉来起诉受托人,或根据合同之诉来起诉委托人(基于数据主体与数据处理者之间签订的《注册协议》或《隐私权政策》)。但倘若委托人和受托人在委托数据处理前就有共同侵权的合意,则数据主体可以视情况要求其二者承担连带赔偿责任。

需要注意的是,虽然《个人信息保护法》并没有对委托人和受托人对数据主体承担连带责任进行明确,但我国《民法典》就委托人和受托人之间内部的责任承担问题有相应规定。《民法典》第 932 条规定:“两个以上的受托人共同处理委托事务的,对委托人承担连带责任。”可见,如果委托人委托了两家以上受托人共同处理数据,则受托人的行为对委托人造成损失的,需要对委托人承担连带赔偿责任。此外,《民法典》第 929 条规定:“有偿的委托合同,因受托人的过错造成委托人损失的,委托人可以请求赔偿损失……受托人超越权限造成委托人损失的,应当赔偿损失。”综上所述,这些法律规定对于委托人和受托人内部的责任分配均起到了至关重要的作用。

十、数据的共同处理

《个人信息保护法》第 20 条规定:“两个以上的个人信息处理者共同决定个人信息的处理目的和处理方式的,应当约定各自的权利和义务。但是,该约定不影响个人向其中任何一个个人信息处理者要求行使本法规定的权利。个人信息处理者共同处理个人信息,侵害个人信息权益造成损害的,应当依法承担连带责任。”从该条法律规定不难看出,数据的共同处理与委托处理的关键区别在于任何一名共同处理者均有权对数据的处理目的进行决策,即在共同处理的关系中并没有受托人这一角色，其类似于欧盟 GDPR 中多个数据控制者的概念，这些数据共同处理者均对外承担相应的连带赔偿责任，而其内部的权利义务则根据合同进行约定。

需要注意的是，所谓对数据处理目的的共同决策，指的就是数据处理活动中的必要决策，该决策应与正常商业活动中的互利行为相区分。举例而言，如果是旅行社、酒店和交通运输公司为了自身业务需要，为了各自的目的而对同一组数据进行处理，则该处理行为并不能被归类为共同处理行为；而如果是基于某个共同目的，抑或为了作出某项决定而进行的不可分割的必要补充，如旅行社、酒店和交通运输公司合资成立了在线旅游平台，该在线旅游平台基于其业务需要和营销目的进而对数据主体的旅行数据进行处理，即在能够切实决定数据处理目的的情况下，才能构成数据的共同处理。

第三节　中国企业的数据合规治理标准

虽然我国目前数据合规的相关立法已初成体系，但若缺乏专业人士的指导，企业在适用法律的过程中仍不乏会出现各种问题，归根结底还是在对法律的理解以及协调不同立法之间的适用关系上存在偏差所致。中国企业应在业务发展初期就认识到数据合规治理的重要意义，深刻理解数据处理的各项要求，并积极寻求和落实符合法律规定的治理标准，将数据处理活动的全周期都纳入数据合规治理体系建设中去，从企业的顶层设计出发，调整相应的公司架构体系并建立必需的合规制度，这些工作对于互联网企业而言都尤为重要。

一、数据处理的原则

（一）合法、公平、透明度原则

所谓合法、公平、透明度原则，指的是只有在法定以及在充分满足公平和透明度的情形下对个人数据进行收集和使用，才能进行进一步的数据处理活动。《数据安全法》第 32 条规定："任何组织、个人收集数据，应当采取合法、正当的方式，不得窃取或者以其他非法方式获取数据。法律、行政法规对收集、使用数据的目的、范围有规定的,应当在法律、行政法规规定的目的和范围内收集、使用数据。”此外,《个人信息保护法》第5条规定:“处理个人信息应当遵循合法、正当、必要和诚信原则,不得通过误导、欺诈、胁迫等方式处理个人信息。”可见,合法性、正当性和必要性是我国法律关于处理数据所要求遵循的首要规则,而透明度原则又是一切数据处理行为的基础。需要注意的是,数据处理者的数据处理行为还需要同时符合《民法典》《网络安全法》《反不正当竞争法》等法律的规定。另外,为规范数据的处理行为,《信息安全技术 个人信息安全规范》(GB/T 35273-2020)还特意提出了“权责一致”“目的明确”“选择同意”“最小必要”“公开透明”“确保安全”“主体参与”七大基本原则,进一步明确了数据的处理规则,与《个人信息保护法》形成了一定的呼应(见表3-2)。

表3-2 《个人信息保护法》与《信息安全技术 个人信息安全规范》的七大基本原则

《个人信息保护法》	《信息安全技术 个人信息安全规范》
第9条	权责一致
第6条第1款	目的明确
第13条	选择同意
第6条第2款	最小必要
第7条	公开透明
第9条	确保安全
第44~50条	主体参与

1. 合法原则

数据处理的合法性意味着数据处理者不得以欺诈、胁迫和引人误解的方式收集个人信息;同时,应当保证透明度原则的适用,以确保向数据主体告知法定的信息。此外,它也意味着数据收集的渠道必须合法,不得通过非法途径收集个人信息。依据合法原则,只有当数据处理者有处理数据的合法理由时,才能处理相关个人数据,即符合《个人信息保护法》第13条规定的7种情形:(1)取得个人的同意;(2)为订立、履行个人作为一方当事人的合同所必需,或者按照依法制定的劳动规章制度和依法签订的集体合同实施人力资源管理所必需;(3)为履行法定职责或者法定义务所必需;(4)为应对突发公共卫生事件,或者紧急情况下为保护自然人的生命健康和财产安全所必需;(5)为公共利益实施新闻报道、舆论监督等行为,在合理的范围内处理个人信息;(6)依照《个人信息保护法》规定在合理的范围内处理个人自行公开或者其他已经合法公开的个人信息;(7)法律、行政法规规定的其他情形。

2. 公平原则

公平原则在数据处理活动中的表现形式从本质上看就是要让数据主体必须能够意识到他们的个人数据将被处理,包括如何收集、储存和使用数据,并让他们在知情的情况下作出是否同意处理的决定,以确保他们能够行使数据保护的权利。需要注意的是,当数据处理是基于法律授权作出的时候,则无论数据主体的偏好如何,都将被认为是公平的,如税务机关为了查税需要,向雇主索要员工的薪酬信息等。另外,公平原则的适用还包括基于数据处理行为对数据主体的影响程度进行评估,如果处理会对个人产生负面影响,且这种损害还是不合理的,如旅行社利用 Cookie 技术跟踪个人浏览互联网页面情况,进而对意向酒店提高定价,则该数据处理将被认为是不公平的。但相反,如果处理行为会对个人产生负面影响,而这类负面影响却是合理的,如警察基于行为人有多起超速罚单而加大处罚力度,则该类处理将被认为是公平的。

综上所述,为了确保数据处理的公平性,数据处理者需要全面考虑个案中的所有情况,并通过提供足够的信息和实施适当的机制来时刻保持透明度。

3. 透明度原则

透明度原则的适用与公平原则有一定的联系,指的是数据处理者在处理个人数据时必须向数据主体及时且以清晰易懂的形式告知如何处理、处理的目的以及处理的方式等相关信息,同时数据主体必须能够再次获取上述信息。通常情况下,当数据处理者直接从数据主体处获得个人信息时,必须在收集时提供上述信息。此外,为了提供清晰和容易获取的信息,数据处理者必须考虑使用最为便捷的工具或方法来提供这些信息,如果数据主体已在信息被收集时通过某些途径知晓了全部信息,则数据处理者一般可以免除上述义务。需要注意的是,对"清晰易懂"这一要求的把握在实践中需要结合个案来予以分析。例如,当处理涉及儿童的个人信息时,数据处理者需要起草更为简单易懂以及儿童能够理解的文本进行交流。另外,在处理体检获得的信息时,医生则必须用简单的语言告知患者,而非使用除医生等专业人士外可能无法理解的科学或医学术语。再如,在数字环境中,应当用简短和临时的《隐私权政策》来代替较长版本的文本链接。因此,在技术层面上,建议数据处理者可以考虑使用标准化图标和符号的形式清晰表达所需告知的法定内容。

(二)目的限制原则

目的限制原则指的是数据处理者只有在达到指定、明确且合法目的时才能收集和处理个人数据。《个人信息保护法》第 6 条第 1 款规定:“处理个人信息应当具有明确、合理的目的,并应当与处理目的直接相关,采取对个人权益影响最小的方式。”可见,二次处理只有在被认为与最初收集个人数据的原始目的相容时,才能合法地进行处理。数据处理者在处理数据前必须先确定收集个人数据的具体目的。在进行二次处理时,数据处理者必须验证与收集个人数据的原始目的是否相兼容。如果相兼容,则不需要单独的法律依据。如果数据的处理行为被认为与原始目的相悖,则数据处理者需要在履行适当的通知义务后,另行获得数据主体的单独同意作为处理数据的法律依据,或满足其他可用的法律标准,以证明处理行为是合法且合理的。一般来说,将个人数据用于统计、科学或历史研究等以公共利益为目的的事项将被认为是具备兼容性特征的,反之则是不兼容的。例如,为了提高某健身 App 的功能,以满足用户更好的体验感,该健身 App 为向用户推荐一种个性化的健身习惯而处理用户的个人信息,由于该类行为符合用户的合理预期,因而应当被归类为可兼容。然而,健康康复机构收集病人数据后,如果将该类数据提供给保险公司,抑或医院将高血压患者的血压测试数据提供给人体血压仪生产公司从事商业目的,这些行为都显然与原始目的是不相兼容的,基于上述目的处理的个人信息显然也不符合目的限制的要求。

综上所述,数据处理者在满足《数据安全法》《个人信息保护法》等合法性要求的同时,还应综合考虑以下因素来判断二次处理的兼容性问题:(1)原处理与二次处理之间的目的联系。(2)基于收集个人数据的背景以及数据主体与数据处理者的关系对数据处理活动的合理预期进行判断。(3)数据主体的性质及数据的类别。(4)二次处理后对数据主体的预期后果。(5)是否存在适当的保障措施。

(三)数据最小化原则

《个人信息保护法》第 6 条第 2 款规定:“收集个人信息,应当限于实现处理目的的最小范围,不得过度收集个人信息。”数据最小化原则要求数据处理者必须只收集与处理和处理目的相关且必要的个人信息。因此,该原则最重要的两个概念就是审查数据处理活动的“必要性”和“相称性”。许多企业在实践中往往会误以为只要经过数据主体授权同意就能够存储和处理任何与该自然人有关的信息,这显然是对数据最小化原则的误读,也是对数据处理活动权利来源认识不到位的体现。

1. 必要性

数据处理的必要性指的是对相关数据的处理必须是数据处理者开展业务所必需的数据,即如果无法获取相关信息,则会对数据处理者的经营带来阻碍,致使其无法向数据主体提供商品或服务。因此,在实践中,数据处理者应当掌握数据处理的范围,通过“定量”和“定性”两个标准判断是否超出了必要性,保证在处理最小数量数据的同时,又能保证数据处理的低频。因此,数据处理活动中的“必要性”是审查是否符合数据最小化原则的一个要素。如果收集的数据主体的个人信息是处理目的所必需的,则将被认为是适当的。另外,虽然对匿名数据的处理可能并不常见,但不可否认,在能够使用匿名数据来实现特定目的的情况下,数据最小化原则的适用将基本不会构成任何问题。因此,数据处理者在收集个人信息前需要对其是否可以通过去除 ID 的匿名数据来实现目的进行评估。

2. 相称性

数据处理活动中的“相称性”是审查是否符合数据最小化原则的另一重要因素。如果个人信息的性质或数量与数据处理目的相称,则将被认为是适当的。可见,数据处理者在收集个人信息前还应当考虑收集的数据量,以确保不会在“相称性”这一问题上犯错误。

(四)准确性原则

准确性原则指的是数据处理者必须采取合理措施,确保数据准确,并维持最新的状态。《个人信息保护法》第 8 条规定:“处理个人信息应当保证个人信息的质量,避免因个人信息不准确、不完整对个人权益造成不利影响。”因此,数据处理者有义务采取合理措施,评估他们收集信息的来源的可靠性,以防止在数据收集过程中和正在进行的数据处理过程中出现偏差。需要注意的是,数据处理者还需要将纠正的错误记录进行保留，且更新的信息可能会依据不同的处理目的有所变化。因此，当数据主体要求行使更正权时，数据处理者也必须对此及时作出回应。

(五)存储限制原则

存储限制原则，是指个人信息的保存时间不得超过处理个人信息所需的时间。换句话说，个人信息储存的期限应严格限制在最低限度，一旦数据处理者不再需要这些信息时，就应当及时且安全地进行删除。《个人信息保护法》第19条规定："除法律、行政法规另有规定外，个人信息的保存期限应当为实现处理目的所必要的最短时间。"因此，数据处理者应当根据数据的类型核实其是否存在法定的数据保留期。例如，《电子商务法》第31条就规定了电子商务平台经营者应当记录、保存平台上发布的商品和服务信息、交易信息，并确保信息的完整性、保密性、可用性，且保存时间自交易完成之日起不少于3年。再如，当用人单位与员工解除劳动关系时，为了符合法定的保留数据的要求而对员工的个人信息进行审查等。需要注意的是，针对完全匿名且不可识别的数据，由于处理该类数据不会对数据主体的人身权造成侵害，其也不属于个人信息的范畴，因此一般都允许数据处理者无限期对该类数据进行保留。此外，对于以公共利益、科学或历史研究或统计为目的处理个人数据的情况，该类个人数据一般也会被允许长期存储。

(六)完整性和保密性原则

为了确保数据的完整性和保密性，数据处理者在经营活动中一般会配备足够充足的资金和资源用于系统的开发和运营工作，以实现公司内部安全信息架构的建立，即通过利用适当的技术和组织措施来防止未经授权或非法处理的行为发生，进而避免数据的意外丢失或损坏。因此，实务中企业都比较习惯运用加密和去标识化的技术手段来确保数据的完整性和保密性。

二、数据处理的权利来源

《个人信息保护法》第13条就数据处理的权利来源有着明确的立法规定，因此数据处理者有义务对处理个人数据时所依据的合法标准进行记录，同时将这些标准传达给数据主体,以举证证明数据处理活动符合相关法律规定。

（一）取得个人的同意

所谓取得数据主体的同意,指的是在知情的前提条件下,由数据主体作出的自由、具体且明确的意思表示。由于立法并没有要求同意必须以书面的形式作出,因此在实践中,一般也可以通过个人单方声明或依照其采取的明确的民事行为来表示同意,但数据处理者仍对此负有相应的举证义务。从上述定义可以看出,如果企业通过“不同意就退出”的欺诈、胁迫或强迫等手段获得用户的同意,则该授权应当被认定为无效。此外,《个人信息保护法》第16条规定:“个人信息处理者不得以个人不同意处理其个人信息或者撤回同意为由,拒绝提供产品或者服务;处理个人信息属于提供产品或者服务所必需的除外。”由此可见,“捆绑同意”或者“隐藏同意”的形式也是不合法的。另外,“同意”与“选择退出”也是两个不同的概念,数据主体的“同意”要求具备一定的主动性特征,而“选择退出”意味着只要数据主体不表达反对即可,两者之间存在较大的差异,并不能完全画上等号。需要注意的是,数据处理者应当针对未满14周岁未成年人的同意建立相关标准来对其提供额外的保护,如果是监护人代为作出同意的情况,数据处理者也必须采取合理措施(如人脸识别等)去核实该监护人作出同意的真实性,且必须在处理数据主体的数据之前获得该类同意。此外,根据《个人信息保护法》第14条第2款①的规定,在数据处理活动发生变更之后,原始同意便不再有效,必须基于新的处理目的取得新的同意。除上述内容外,同意的作出还需要同时满足《个人信息保护法》第14条、第28条、第29条等相关规定。另外,当数据处理者通过间接收集的形式获得数据时,虽然说无法与数据主体直接取得联系,但其仍有义务要求数据供应方说明信息来源,并要求其就数据主体授权同意的范围进行披露,如其后续开展的数据处理活动超过原始授权范围,应当再次获得数据主体的同意。只有在数据处理者的处理活动为“履行法定义务”“涉及国家安全和国防安全”“涉及重大公共利益”“刑事案件侦查及审判活动”“维护个人生命财产和重大合法权益”时方能有所例外。

---

① 《个人信息保护法》第14条第2款规定:“个人信息的处理目的、处理方式和处理的个人信息种类发生变更的,应当重新取得个人同意。”

1. 自由

同意的作出首先必须是自由的，因为自由是数据主体行使权利的保证，意味着其有作出、拒绝及撤回同意的能力。《个人信息保护法》第 15 条规定："基于个人同意处理个人信息的，个人有权撤回其同意。个人信息处理者应当提供便捷的撤回同意的方式。个人撤回同意，不影响撤回前基于个人同意已进行的个人信息处理活动的效力。"因此，同意应当是数据主体自主作出的肯定性的意思表示，如果利用的是捆绑同意的方式，则不能代表数据主体的自由意志。同时，当数据主体决定关闭数据处理者所提供的特定业务功能后，相关数据处理者应当立即暂停相关服务，不得再频繁征求数据主体是否重新进行授权，也不得据此降低服务质量或者暂停与之无关的服务内容。此外，同意必须以明显区别于其他事项的方式提出。需要注意的是，如果数据主体和数据处理者之间存在明显的不公平关系，如政府机关处理公民数据、企业处理员工数据等，则慎重起见，仍不应仅仅依赖同意的作出作为数据处理的权利来源，一般只有在数据主体确实不可能受到损害或者主体之间地位完全平等的情况下作出的同意才能够减少争议的发生。

2. 具体

数据处理者应能够事先清楚地向数据主体就数据使用的方式和内容作出解释，以确定数据主体所给予的同意是针对该特定处理的同意。这也意味着数据主体有权自由选择他们所接受的内容，而不是仅通过一个同意进而覆盖一系列数据处理内容。因此，在数据处理活动发生变化的情况下，数据处理者还需要再次从数据主体处获得新的同意，方能视为合规。

3. 明确

明确同意即要求数据主体必须毫无疑问地表明其同意的意愿。实践中，如果数据主体积极勾选选项框，则该行为很可能被认为是明确的同意；反之，若通过预先勾选和默认标记选项框的形式获取同意，则这一行为显然没有满足明确同意的要求。因此，在数据处理活动中，如需对数据主体的个人信息进行持续处理，可以采取与其持续互动而非默认勾选的形式获得同意。

4. 知情

《个人信息保护法》第 14 条第 1 款规定："基于个人同意处理个人信息的，该同意应当由个人在充分知情的前提下自愿、明确作出。法律、行政法规规定处理个人信息应当取得个人单独同意或者书面同意的,从其规定。”数据主体的“知情”实则是透明度原则的体现,也是处理数据的前提条件之一。其主要指的是数据处理者需要向数据主体披露法定信息,通过使用他们能够理解的语言和形式获得数据处理活动的所有必要细节,以便数据主体能够理解数据的处理可能会对他们造成的潜在影响,进而有能力对数据的处理自由地作出同意或拒绝的意思表示。因此,数据处理者有责任证明数据主体的同意是在已经充分告知确切的信息的基础上所作出的,仅在《注册协议》或《隐私权政策》处安插“同意”的按钮并不能完全证明数据处理者履行了法定的告知义务。

(二)为订立、履行个人作为一方当事人的合同所必需

所谓为订立、履行合同所“必需”,指的是数据的处理和目的之间需要具有紧密而实质性的联系,这种联系并不取决于数据处理者主观上的认识,而是一种客观状态,因此数据处理者必须仔细审查数据处理的目的与合同订立和履行的必要性要求,以符合必要性的认定标准。只有当数据主体从数据处理者处购买产品或服务时,对个人数据进行处理才符合“为订立、履行合同所必需”。实务中,员工与公司建立劳动关系时需要签订劳动合同,为了识别员工身份,公司要求员工提供姓名、身份证号,这就属于《个人信息保护法》第 13 条第 1 款第 2 项所规定的订立和履行劳动合同需要收集个人信息的情形。因此,如果想要单独适用该项规定来处理个人信息,往往需要有合同关系支撑而且要有充分的依据来论证数据处理的“必需”性。而在缺少相关依据或者依据不充分的情况下,意图通过该种情形作为处理个人信息的合法性基础则建议慎重而为,并有必要考虑将来可能面临的行政调查或者遭受个人起诉时的抗辩理由。

(三)为履行法定职责或者法定义务所必需

《个人信息保护法》第 13 条第 1 款第 3 项“为履行法定职责或者法定义务所必需”,指的是处理个人信息需要有明确的法律依据进行支撑。例如,《反洗钱法》第三章规定了金融机构的反洗钱义务,该法第 16 条第 2 款规定:“金融机构在与客户建立业务关系或者为客户提供规定金额以上的现金汇款、现钞兑换、票据兑付等一次性金融服务时,应当要求客户出示真实有效的身份证件或者其他身份证明文件,进行核对并登记”。基于此,在该等场景下,金融机构要求用户提供身份证件信息就满足本项的规定,属于“履行法定职责或者法定义

务所必需”。

（四）为应对突发公共卫生事件，或者紧急情况下为保护自然人的生命健康和财产安全所必需

“保护自然人的生命健康和财产安全所必需”一般指的是生与死或者重大财产面临侵害的情况，这一标准应当控制在极少数紧急情况下才能适用。本项的立法背景也与新冠疫情的暴发有一定的关联。在应对新冠疫情中，大数据应用为政府的联防联控提供了有力支持，特别是在进行流行病学调查和查找密切接触者时需要收集、使用和分析大量的个人信息。需要注意的是，适用“紧急情况下为保护自然人的生命健康和财产安全所必需”的情形处理个人信息时，例如，若数据主体是无意识的，则可能需要处理个人数据以提供紧急医疗护理，虽然个人信息处理者可以不经个人同意处理个人信息，但仍须遵守《个人信息保护法》第 18 条第 2 款规定的向个人履行相应的告知义务。

（五）为公共利益实施新闻报道、舆论监督等行为在合理的范围内处理个人信息

虽然本项是个人信息处理的权利来源之一，但是其适用还是存在一定的限制。设置本项是“为公共利益”，系基于“实施新闻报道、舆论监督等行为”处理数据，并且要求是限定在“合理的范围内”，需要同时把握这三个要素。例如，为了宣扬扫黑除恶的斗争精神，弘扬社会公众的正能量，进而收集相关案例并通过新闻报道的形式向社会公众进行宣传，这一行为符合本项的三个要素。但如果在报道案例细节时对违法犯罪分子的姓名、住址等进行了“人肉搜索”，则一般会被认定为超出必要的限度。此外，适用本项处理数据时，数据处理者还有义务提供证据证明符合相关标准，特别是在数据主体提出异议并反对处理时，数据处理者更需要证明其所保护的法益即公共利益显著优于数据主体个人权益才能够据此进行处理。因此，对于本项的适用规则实则是在公共利益和数据主体个人权益之间寻求平衡点，在考虑数据处理者所追求的所谓公共利益是否超过数据主体的利益、权利或自由时，也应当对数据主体的合理预期有所考量。

（六）依照本法规定在合理的范围内处理个人自行公开或者其他已经合法公开的个人信息

本款规定了对于个人自行公开或已经公开的个人信息，可以在合理的范围

内进行使用。此处的合理范围指的是与个人自行公开目的相一致或在一定程度上类似,倘若超出原始公开目的,则可能会被认定为数据来源和处理违法。

(七)法律、行政法规规定的其他情形

本项作为一条兜底条款为将来的合理适用留下了空间。当然,如果要适用本项的兜底规定,则必须要有明确的法律或行政法规的规定作为依据。

三、数据处理的透明度要求

《个人信息保护法》第 7 条规定:"处理个人信息应当遵循公开、透明度原则,公开个人信息处理规则,明示处理的目的、方式和范围。"可见,本条旨在确保数据主体能够清楚地了解到他们的个人数据已被收集和处理,以及充分知晓自身的权利,包括与该处理有关的风险、规则和保障措施。如果数据处理的权利源于数据主体的同意,则数据处理者必须确保透明度的要求,且其提供的信息必须是准确和完整的,并需要遵守法律的其他规定。之所以要确立透明度的要求,原因在于它既是对数据主体的权益保护,也是对数据处理者顺利处理数据进行背书。因此,当数据处理者为了某个目的收集个人数据并进行处理时,如果数据主体得到了关于如何处理其个人数据的明确信息,且该处理行为又在合理的预期之内,则一旦数据主体作出同意的意思表示,显然能够进一步证明数据处理者处理数据的合法性。反之,则数据的处理行为可能会被认定为违法。

(一)向数据主体提供的信息

无论数据主体是直接向数据处理者提供个人数据还是由第三方提供,其均有权从数据处理者那里接收法定信息。反之,数据处理者也必须主动根据法律规定向数据主体提供相应信息。由此可见,为了提供有效的同意,数据主体必须至少知道数据处理者的身份和处理个人数据的目的。根据《个人信息保护法》第 17 条的规定,个人信息处理者在处理个人信息前,应当以显著方式、清晰易懂的语言真实、准确、完整地向个人告知下列事项:(1)个人信息处理者的名称或者姓名和联系方式;(2)个人信息的处理目的、处理方式,处理的个人信息种类、保存期限;(3)个人行使《个人信息保护法》规定权利的方式和程序;

(4)法律、行政法规规定应当告知的其他事项。前述规定事项发生变更的,应当将变更部分告知个人。个人信息处理者通过制定个人信息处理规则的方式告知前述规定事项的,处理规则应当公开,并且便于查阅和保存。

综上所述,我国《个人信息保护法》通过立法的形式对一些基本的告知事项进行了明确,以保证数据主体的知情权,同时降低可能存在的数据处理风险。但相比较而言,欧盟 GDPR 规定的则更为细化。欧盟 GDPR 第 13 条将告知的范围根据“直接收集”(直接从数据主体处收集个人数据)和“间接收集”(从第三人处收集数据主体的个人数据)进行了区分,除我国《个人信息保护法》规定的事项外,还规定了告知“向监管机构申诉的权利”“自动化决策的逻辑”“数据保护官的联系方式”等内容。但不可否认的是,虽然欧盟 GDPR 规定得较为完善,但从其生效后的适用情况来看,欧洲的数据控制者在数据主体的告知义务问题上也并非能够做到尽善尽美。实际上,监管方面也不太可能就“直接收集”和“间接收集”进行区分,最后也只能将该条款同时并列适用来予以解决。这也无疑加重了数据处理者的义务,不利于企业数据标准化的合规体系建立,也加大了其数据经营成本。

(二)向数据主体提供信息的时间

虽然我国《个人信息保护法》规定了“在处理个人信息前”这个时间节点,但是在实务中仍会出现一些适用问题。例如,在个人信息是通过间接取得的情况下,由于可能无法在第一时间获得数据主体的个人信息而导致无法及时通知。因此,在实践中,如果数据是用于通信目的的,则一般应当在与数据主体第一次通信时提供上述信息。如果数据是用于披露目的的,则最迟也应当在个人数据首次披露时提供上述信息。此外,如果个人数据的处理目的与最初收集或获得数据的目的不同,数据处理者则必须在新的处理开始之前向数据主体提供所需的必要法定信息。需要注意的是,数据主体行使的反对权也应严格按照上述时间的规定。当然,如果没能及时行使反对权导致个人数据已被处理,则数据主体也可以行使撤回权将同意进行自由撤回。

(三)向数据主体提供信息的方式

根据《个人信息保护法》的规定,应当以简洁、透明、易懂且易于访问的形式向数据主体提供信息,所使用的语言也应当尽可能清晰和平和。可见,数据处理者的义务不仅是简单地提供信息,而是基于数据处理的性质、环境、范围和背景,决定如何向数据主体传达信息。在实务中,数据处理者应本着真实、开放和诚实的态度向数据主体提供信息,不能对相关信息加以误导。因此,应当对所提供的信息进行定期核查,以保证数据的准确性。此外,为儿童提供的信息要使用易于儿童理解的语言才能够充分保障其权益。一般来说,信息都是以电子邮件等书面方式提供,因而使用与收集个人数据相同的方法来提供信息可能更为合理。另外,由于法律并未禁止通过口头的方式进行通知,如果数据主体要求以口头方式提供,数据处理者必须在先行通过其他方式确认数据主体的身份后,方可通过该方式提供。需要注意的是,如果采用口头方式提供,则数据处理者可以先提供最重要的要素,再通过电子邮件等其他方式提供剩余信息,以便于数据主体能够充分理解。

在实践中,对《个人信息保护法》第 17 条的理解应该更为宽泛,即数据处理者需要具备一定的主动性,即便是在数据主体没有要求的情况下,其也应当积极向数据主体提供信息。为提高数据处理者的告知效率,其也可以运用机器可读的可视化或标准化图标的电子形式呈现相关内容,但需要注意与其他事项进行明显区分,以获取数据主体的同意。通常来说,数据处理者会采取以下几种信息通知的方式:

1. 分层通知

分层通知是在初始通知中将最重要的信息通过最为简短的方式予以呈现的一种方式。一般来说,第一层应当主要让数据主体理解处理信息的范围和使用规则,即应包含处理的目的、数据处理者的联络信息,以及可能对数据主体产生的影响等。如果在此基础上有进一步想要了解的内容,数据主体可以点开下一层的页面自行获取更为详尽的信息。因此,分层通知的顶层往往会包含一些原则性的内容,如"本公司将确保个人数据在传输过程中的安全等"。中层则会包含实施《隐私权政策》的具体文件,如"本公司所有的电脑都将通过完全加密的技术来进行保护等"。最底层一般会包含具有可操作性的流程和规则,包括处理数据的目的、内容和方式,如"我公司已将全部电脑进行编号并登记入册,一旦电脑被注册使用相关个人数据后,我公司将安装加密软件,严格对个人数据进行全程测试和保护等"。需要注意的是,分层通知主要是在涉及线上和离线互相频繁切换处理时所常用的一种通知手段,因为此种方式在离线收集个人数据的情况下,仍然可以进行分层,进而为数据主体提供所需的详细信息,如数据处理者的联系地址和电话等。此外,由于第一层往往展示的是比较核心的重要数据,这些数据一目了然更容易让数据主体知晓和理解,而如果换成冗长堆砌的文字,这将使数据主体的阅读效率大打折扣,不利于信息的有效传导。

综上所述,采取分层通知的数据处理者应当注意将重要信息和普通信息进行区分,并通过线上和线下相结合的形式向数据主体传送法定信息,以确保其对数据处理活动的知情权。

2. 即时通知

即时通知是一种被广泛提倡的通知方式,指的是在特定的数据收集点提供的有关数据处理的相关信息,其一般适用于数据要素场景化的各种应用程序中,如商场入场前的登记或者使用某项服务前的特殊事项告知。即时通知可以根据数据主体的要求,提供他们特别关注的信息,以帮助他们迅速管理和筛选出自身所需的有效信息。在实践中,通过"在线表单"等形式向数据主体提供与处理活动有关的某项或数项特别信息等都属于即时通知的范畴。

3. 隐私仪表盘通知

隐私仪表盘是一种将法定信息与电子虚拟仪表盘连接起来的通知形式,是数据主体能够根据自身意识自由控制个人数据处理的一种方式。其一般适用于用户在多个设备场景下进行访问时,隐私仪表盘将会发挥最大利用价值,特别是当其被合并到服务本身的体系结构中时,这种信息的通知方式则会更为直观,数据主体往往可以根据自身喜好随时进入隐私仪表盘中进行相应操作。

4. 可视化通知

可视化是近年来比较流行的一种通知形式,其一般包括"标准化图标""动画"等内容,即通过比较亲民的卡通或标识形象更为直观地体现数据处理者所要通知的内容,使数据主体能够有效接收这些信息,并迅速知晓和理解相关内容。需要注意的是,数据处理者应该尽可能保证法定信息通知的完整性,不能人为地将信息进行分层,以便感兴趣的数据主体可以直接通过搜索的形式浏览和参考相关信息,而不需要进一步点击网页进行获取。在一些特殊情况下,数据处理者也可以通过不同的渠道(如数据处理者提供的下载和拷贝等)进行查看。

5. 物联网通知

随着科技的发展,基于对商品和服务的联动性,以物联网为形式的法定通知方式也逐渐被人们采纳和接受，比较常见的如“无人机”“可穿戴技术”等。一般来说，数据处理者会结合通知多样性的特征，在设备上嵌入一个二维码，供用户在使用前进行扫码，或通过发送短信及电子邮件的形式以使其获取相应的隐私信息。例如，使用“可穿戴 VR 眼镜”时，数据处理者会在特定区域张贴相关标志和信息表，并可能会利用社交媒体、官网、报纸、传单和海报等方式，告知使用“可穿戴 VR 眼镜”的数据主体过去及未来使用设备的情况。最后，在使用该设备时，也会采取亮灯、震动、蜂鸣器等方式确保设备的可见和安全。

（四）向数据主体提供信息的例外

《个人信息保护法》第 18 条规定：“个人信息处理者处理个人信息，有法律、行政法规规定应当保密或者不需要告知的情形的，可以不向个人告知前条第一款规定的事项。紧急情况下为保护自然人的生命健康和财产安全无法及时向个人告知的，个人信息处理者应当在紧急情况消除后及时告知。”可见，我国法律只规定了“保密”和“紧急情况”这两种作为数据主体提供信息的例外事项。相比较而言，欧盟 GDPR 则规定只有在数据控制者能够证明根本不可能完成信息提供或者虽然有可能完成但需付出极大代价或不成比例的工作量时才可以作为例外情况予以处理。特别是当数据控制者从数据主体以外的来源收集与个人直接相关的数据时，由于在这种情况下根本不可能向数据主体提供信息，因此也就自然成为提供信息的例外。所谓“不成比例的工作量”，是根据数据主体的年龄、个人数据的数量和类型、采用的适当保护措施进行记录和评估后所得出的结论，但该例外情况一般不应被数据控制者所依赖。企业必须熟练掌握向数据主体提供信息的方式、时间及例外，如果未能按照相关法律规定提供信息，则可能会导致数据处理违反公平原则而被认定为无效，进而被监管机构问责。

综上所述，向数据主体提供相关信息是数据处理者的一项法定职责，在实务中往往涉及的并不仅仅是“履行通知义务”这一单独要求，数据处理者需要根据自身业务情况将通知义务上升到企业整个数据保护框架中去，以确立其重要地位，因为其是数据处理者取得数据处理权的合法权利来源，在数据合规治理体系中发挥着举足轻重的作用。

四、数据处理的安全保障措施

基于个人数据安全和网络安全之间的密切关系，数据处理者的安全保障义务的履行不仅涉及自身数据合规的体系建设，还可能会对国家安全和公共利益造成影响，因此糟糕的安全保障措施与其他违规行为相比，其损害后果更为严重。《个人信息保护法》第9条规定："个人信息处理者应当对其个人信息处理活动负责，并采取必要措施保障所处理的个人信息的安全。"可见，数据处理者应确保个人数据的安全，并采取合理的技术手段和措施，避免数据未经授权即非法处理，避免数据发生意外毁损或灭失，以保证数据的完整性和保密性。需要注意的是，数据处理者需要为上述行为进行举证，并保存相应的数据处理记录。

（一）数据处理的安全性

数据处理者有义务采取实际措施以防止恶意软件的攻击及其他危害系统的违法犯罪行为的发生。此外，其还有义务加强内部管理，防范员工故意或误操作带来的损害。《个人信息保护法》中关于采取必要措施中的"必要"一词并非要求数据处理者确保处理系统的绝对安全，如果有证据证明在数据处理者没有任何违法及违规行为的情况下仍遭受了安全泄露问题，则不能据此认定企业存在违反法律规定的运营情况。此外，数据处理者在采取"必要措施"前必须进行评估，就处理数据的性质、可能存在的漏洞威胁以及采取措施的成本进行综合考量。但即便如此，企业仍应在控制成本的情况下尽可能对标行业的最高标准，通过数据加密、去标识化等技术手段确保数据的保密、完整、可用性，并提升在发生物理或技术事件时及时恢复个人数据的可用性和重新访问的能力，以展现信息安全行业的价值观。一般来说，数据处理的安全性分为以下三个阶段：

1. 预防性安全

在预防性安全阶段，数据处理者应当尽可能采取措施以避免数据安全问题的发生。首先，基于公司聘用的员工自身所带来的风险通常被称为公司的"内部威胁"，数据处理者有必要形成可落地的日常管理规则进而制定强有力的管理政策，提醒员工处理个人数据时应履行的相应责任及严格按照数据处理者的授权行事,并提供定期培训,以明确违反政策的后果。此外,数据处理者还应要求所有能够接触到个人数据的员工履行保密义务,对于为了自身及他人利益滥用个人数据的行为进行严肃处理。其次,数据处理者应严格选定具有丰富数据合规经验的技术服务供应商,同时在商务合同中对双方的权利义务进行明确。因为数据处理者有义务证明其数据处理行为的合法性,这就需要技术服务供应商在提供服务过程中基于"安全原则"谨慎行事,并能够服从数据处理者的指示和管理,协助其降低各类风险。因此,在必要时,数据处理者可以通过第三方评估的方式对供应商进行选拔,经选拔后发现不合格的,则应制定强制退出机制。最后,数据处理者还有义务定期对数据处理系统的有效性进行测试、评估和记录,以确保整个数据处理过程的有序和安全。

2. 事件响应机制

《个人信息保护法》第 57 条①规定了数据处理者在发生数据泄露后的法定责任。所谓个人数据泄露,指的是在传输、存储或以其他方式处理个人数据的过程中被意外或非法破坏,造成数据丢失、变更、未经授权披露或访问等后果的安全泄露问题。另外,个人数据泄露必须与安全漏洞紧密联系,如果单纯是安全漏洞的风险问题,由于其并不一定会造成数据泄露的后果,因此不应当被当然视为个人数据的泄露。当发现可能存在数据泄露的情况时,数据处理者需要在第一时间对可能产生的安全故障进行检测并采取补救措施,以排除相关问题。此外,根据《个人信息保护法》的规定,数据处理者只要监测到个人数据泄露事件或在意识到可能存在风险之后就应当向数据主体和监管机构发出通知。由此可见,虽然通知并不需要发生实质性的损害,但如果数据处理者对系统风险缺乏定期的监测措施,则其可能因为违反"安全原则"而面临行政处罚或者其他法律风险。需要指出的是,当数据处理者向监管机构履行通知义务时,其并不需要任何阈值限制,即只要存在一定的数据泄露风险可能,就必须向监管机

① 《个人信息保护法》第 57 条规定:"发生或者可能发生个人信息泄露、篡改、丢失的,个人信息处理者应当立即采取补救措施,并通知履行个人信息保护职责的部门和个人。通知应当包括下列事项:(一)发生或者可能发生个人信息泄露、篡改、丢失的信息种类、原因和可能造成的危害;(二)个人信息处理者采取的补救措施和个人可以采取的减轻危害的措施;(三)个人信息处理者的联系方式。个人信息处理者采取措施能够有效避免信息泄露、篡改、丢失造成危害的,个人信息处理者可以不通知个人;履行个人信息保护职责的部门认为可能造成危害的,有权要求个人信息处理者通知个人。"

构履行通知义务。但当向数据主体履行通知义务时,如果其采取了如数据加密技术等必要措施,并据此证明可以避免相应损害后果,则可以免除相应通知义务。实践中较为常见的高风险事件有网络攻击、加密勒索软件等。因此,在实务中,数据处理者需要提前设定一个事件响应机制,以期在短时间内对数据处理系统进行监测和分类。该事件响应机制一般会包含事件响应计划、脚本、人员安排等一系列内容。

3. 安全补救

数据处理者为了应对安全风险和突发事件的发生,应采取措施来持续提高数据处理活动的安全性,已经对他人造成损害的,应当及时进行补救,以防止损失的进一步扩大。

(二)安全保障的具体措施

由于《个人信息保护法》规定了数据处理者的安全保障义务,因此有效的安全管理是企业履行该法定义务的关键。一方面,其应当制订强有力的安全管理计划,从系统隐私设计的初期到最终问责的全流程都通过风险评估的方式进行;另一方面,应在遵守数据保护立法的基础上,将公司的财务、运营、法务等各部门作为系统组织管理流程的一部分,即通过"标准化管理"将公司业务与安全保障措施联系起来,确保数据保护从业者能够与组织内的安全专家随时保持联系,以获得必要建议。实务中,在数据处理活动中需要构建安全保障措施的原因有许多,如从无意为之的事故到故意的人为破坏。因此,数据处理者在选用安全保障措施的相应方案时,应重点关注以下问题:

1. 安全管理

为了确保安全保障措施的顺利执行,数据处理者有必要将法定要求转化为企业内部文化,要求技术服务供应商采取实际行动并按照其指示行事,甚至要求其在与第三方达成协议前先行进行尽调、评估和审计,以了解服务外包可能带来的潜在威胁和挑战。此外,数据处理者有义务强化自身制度建设,要求其员工以及与数据处理有关的供应商就遵守安全计划、定期进行系统测试、危害行为评估、分包业务规范以及违约赔偿责任等方面的内容达成共识。同时,数据处理者还有权对供应商提供的数据处理活动进行持续的监督和检查。可见,数据处理者有义务选择符合法定标准和要求的可靠合作对象,并对整个数据处理活动的质量和合规负责。

2. 人为因素

数据处理者必须加强员工的自我修养和安全意识，健全风险意识文化，以防止安全问题从企业的内部攻破。因此，数据处理者应当首先了解员工可能会带来的潜在风险，并完善相应的招聘流程，制定隐私框架政策文件，让每个求职者都能够感受到公司对数据安全和保密的重视。此外，还可以考虑在《劳动合同》中嵌入公司文化，并在员工入职时给予必要的岗前培训，将安全责任与员工的绩效机制挂钩。对于严重违反公司安全管理规则的员工，数据处理者应该严格执行各项纪律措施，甚至采取解除劳动合同关系的方式对员工进行惩戒。需要注意的是，在此情形下，员工应当及时归还公司所配备的电脑等物品，确保终止其账户在公司系统上的访问权限。

3. 物理环境

无论是在闭路电视上还是在线下的数据处理活动中，数据处理者都应当控制数据处理活动的物理环境，以使其尽可能保持稳定。这将有利于数据的标准化处理，也将避免由于物理环境的变化而导致安全问题的发生。

4. 网络和技术环境

数据处理者需要时刻关注网络和技术环境变化给数据处理活动带来的影响，因此需要积极采用防病毒、反垃圾邮件、防火墙、数据丢失防护等技术手段确保系统的稳健运行。此外，数据处理者还可以定期对系统进行侵入测试，以监测其应对突发事件的能力。

5. 政策性合规框架

政策性合规框架的制定是数据处理者的一项核心工作。同时，基于政策的监管远比基于企业运营的监管更容易发现问题且成本更低。由此，对企业合规框架的制定也自然成了监管机构在日常核查中关注的重中之重。倘若数据处理者政策制定得并不规范，则极有可能造成不良的社会影响，甚至在数据泄露后成为监管机构认定违规、违法行为的动因。因此，实现操作安全的第一步就是要建立健全合法且合规的文书工作，结合定期培训等方式，进而将数据的合规及安全融入日常数据处理中。制作政策性合规框架等文书可以采用类似“分层通知”的方法，起到强化可操作性的作用。

6. 事件监测和响应

在发生事故时能够采取必要措施及时进行监测和响应是数据处理者履行“安全原则”的一大基本责任。一般而言,从事件的发生到数据处理者进行响应会存在一定的连续性,因而从前期的监测活动到发生事故后的处理安排,都需要提前制订事件响应计划,并根据该计划所拟定的步骤严格执行。一份好的事件响应计划应当对标市场同行业的最高标准,其首先必须得到公司领导的批准和支持,究其内容而言,还需要对事件响应的预期有所区分和判断,确立异常事件强制报告制度,并明确相应的处理和决策原则以及事件响应团队中各角色的定位和功能,做到绩效指标与员工的奖惩制度相挂钩。其次,在日常数据处理活动中加强定期的培训和演练也极为重要。需要注意的是,当数据处理者面对事件响应的决策时,最好能够提前总结过去成功的经验和失败的教训,并结合事件响应团队的能力,以期积极缩短与响应计划之间的目标差距。在一些必要的情况下,数据处理者也可以考虑将事件的响应工作前移,通过事先的定期监测来判断系统是否已被入侵和攻破,并确保数据的分级和分类,以根据企业自身情况对最有可能出现的风险进行预测,进而创建可供执行的脚本。在具体的响应落实层面,数据处理者还应当考虑履行法定的告知义务,并对媒体公众、监管机构、数据主体、保险公司甚至是供应商等负责,进而避免可能产生的司法诉讼。

第四章

中国企业的数据跨境监管

第一节 法律概述

数据跨境是一个全球性的问题,任何一家企业在数据跨境时都会面临数据输出国和数据输入国的双重监管。我国企业的数据跨境监管早在《国家安全法》颁布时就有所体现。随着互联网发展的不断深入,近年来我国又陆续出台了包括《个人信息保护法》《网络安全审查办法》《数据出境安全评估办法》等多部法律法规,使得企业数据跨境的合规实操更加落地,也更为扎实。因此,深刻了解中国企业数据跨境监管的法律规定是确保数据跨境自由流动的基础,也是数据能够顺利走出国门的前提条件。

一、《国家安全法》

我国的《国家安全法》系一部综合性、全局性、基础性的法律,全文共计 7 章 84 条,自 2015 年 7 月 1 日起施行。《国家安全法》提出了维护国家经济、文化、网络空间主权安全等一系列概念,为后续数据跨境的各项立法工作提供了必要的支撑。

《国家安全法》第 25 条规定:“国家建设网络与信息安全保障体系,提升网络与信息安全保护能力,加强网络和信息技术的创新研究和开发应用,实现网络和信息核心技术、关键基础设施和重要领域信息系统及数据的安全可控;加强网络管理,防范、制止和依法惩治网络攻击、网络入侵、网络窃密、散布违法有害信息等网络违法犯罪行为，维护国家网络空间主权、安全和发展利益。"可见，对于国家核心数据、关键基础设施和重要数据，需要确保安全可控以维护国家安全和发展。在《国家安全法》所确立的相关规则的引导下，我国数据跨境的合规问题相继被多部法律、法规加以细化。

二、《个人信息保护法》

在数据出境的合法性要求方面，《个人信息保护法》规定了三种我国数据出境的常用路径，包括安全评估、个人信息保护认证和标准合同。需要注意的是，数据处理者仍有义务采取必要措施，确保境外接收方在处理个人信息活动时也能达到我国的标准。这既是对我国公民个人信息安全的保证，也是国家对等原则的体现。反之，如果境外国家对我国采取了歧视性的禁止、限制或者其他类似措施，则我国也有权采取相应对等的反制措施。

另外，根据《个人信息保护法》第 39 条的规定，向境外提供个人信息的，应当向数据主体告知境外数据接收方的相关信息以及数据处理的目的和方式等内容，并在此背景下取得个人的单独同意，且该境外接收方并未被网信部门列入限制或禁止个人信息提供的清单。从该条内容也可以很明显地看出，即使在数据跨境流动阶段，透明度原则的适用也是一项不容忽视的工作。

根据《个人信息保护法》第 41 条的规定，基于我国签订的国际条约、协定或按照平等互惠原则，当外国司法或执法机构向我国发出关于提供存储于我国境内个人信息的请求时，应当经我国主管机关的批准。由此可见，即便是在我国签订了国际条约和协定的情况下，针对数据跨境流动的事项也需要一事一议，以确保将国家安全放在首要位置。

三、《网络安全审查办法》

《数据安全法》第 24 条规定："国家建立数据安全审查制度，对影响或者可能影响国家安全的数据处理活动进行国家安全审查。依法作出的安全审查决定为最终决定。"因此，为了确保关键信息基础设施供应链安全，保障网络安全和数据安全，维护国家安全，国家网信办等多部委于 2021 年 11 月 16 日审议通过了《网络安全审查办法》,并自 2022 年 2 月 15 日起施行。这部《网络安全审查办法》正式将《数据安全法》项下的数据安全审查制度纳入立法框架内,形成以《国家安全法》为龙头,以《网络安全法》《数据安全法》为网络数据安全的上位法,以《网络安全审查办法》实现网络与数据安全审查可操作性的法律体系。

(一)监管对象

为了规范国家的网络安全审查行为,《网络安全审查办法》将监管对象从征求意见稿中的关键信息基础设施运营者扩大到了关键信息基础设施运营者和网络运营者,并通过 13 部委的联席审查工作机制确保各项工作的顺利完成。

(二)审查的方法

1. 定量

《网络安全审查办法》第 7 条规定:"掌握超过 100 万用户个人信息的网络平台运营者赴国外上市,必须向网络安全审查办公室申报网络安全审查。"可见,超过 100 万用户个人信息的平台要想赴国外上市,就必须经过网络安全审查,滴滴出行也正是因为没有经过监管部门的事先同意,意图通过 VIE 架构绕开监管,以避开其关键信息基础设施的敏感身份,最终只能宣布从美股退市。

2. 定性

《网络安全审查办法》第 10 条规定:"网络安全审查重点评估相关对象或者情形的以下国家安全风险因素:……(五)核心数据、重要数据或者大量个人信息被窃取、泄露、毁损以及非法利用、非法出境的风险……"因此,只要涉及的核心数据、重要数据或者大量个人信息有非法出境风险时,就需要接受国家网络安全的审查。

综上所述,持有 100 万以上用户个人信息、涉及核心数据以及重要数据的关键信息基础设施运营者或网络运营者在其数据出境之前,均需要符合法定要求并接受国家网络安全的审查。

(三)审查机制的启动

《网络安全审查办法》采取的是主动申报与强制申报双层审查启动机制。对于掌握超过 100 万用户个人信息的运营者赴国外上市的情况,其必须向网络安全审查办公室申报网络安全审查。而强制申报适用于当网络安全审查工作机制成员单位认为数据的处理活动存在影响或者可能影响国家安全的网络产品和服务时,则由网络安全审查办公室按程序报中央网络安全和信息化委员会批准后,依职权进行审查。

四、《数据出境安全评估办法》

为了规范数据出境活动,保护个人信息权益,维护国家安全和社会公共利益,促进数据跨境安全、自由流动,国家网信办于 2022 年 7 月 7 日颁布了《数据出境安全评估办法》,该办法共计 20 条,自 2022 年 9 月 1 日起施行。考虑到开展数据出境活动是一项长期且持续性的工作,该办法设置了半年的过渡期,即对于在该办法施行前已经开展的数据出境活动,不符合该办法规定的,应当自该办法施行之日起 6 个月内完成整改。

由于《数据出境安全评估办法》主要调整的是数据处理者向境外提供在中华人民共和国境内运营中收集和产生的重要数据和个人信息的安全评估问题,因此整部法规均是围绕《个人信息保护法》中规定的安全评估的准备、申请、复审等内容展开的,具有很强的可操作性。

首先,《数据出境安全评估办法》第 4 条就安全评估的适用条件进行了规定。需要注意的是,安全评估仅仅是数据出境的充分非必要条件,在完成安全评估相关工作后,数据处理者仍需接受国家主管部门的持续监督,以确保数据的有序流动。

其次,作为安全评估的前提条件,《数据出境安全评估办法》第 5 条规定了数据出境风险自评估的开展要求,为企业的跨境数据合规治理指明了前进方向。

再次,《数据出境安全评估办法》第 8 ~ 9 条还对安全评估的标准以及与境外接收方订立的法律文件的要求作出了明确规定。

最后,对于申请安全评估的受理时间、所需材料、异议复评、重新申报以及有效期等内容,《数据出境安全评估办法》在其他条款中均作出了明确规定。

第二节　数据出境的主要路径

《个人信息保护法》第 38 条就数据出境的主要路径进行了明确规定，即包括安全评估、个人信息保护认证和标准合同三类。又由于在实务中，不同的出境路径适用于不同的数据类型和数据处理者，同时这些路径的操作规范也大多依据不同的规范性文件，因此有必要对此进行区分，以确保企业在数据跨境时适用法律的准确性。

一、安全评估

根据《个人信息保护法》第 40 条的规定，关键信息基础设施运营者和处理 100 万人以上个人信息的数据处理者应当履行本地化存储制度，将在中国境内收集和产生的数据存储在中国境内。对于需要向境外提供的，则需要通过国家网信部门组织的安全评估。

此外，《数据出境安全评估办法》第 4 条还规定了四类需要进行数据出境安全评估的情况。其包括数据处理者向境外提供重要数据；关键信息基础设施运营者和处理 100 万人以上个人信息的数据处理者向境外提供个人信息；自上年 1 月 1 日起累计向境外提供 10 万人个人信息或者 1 万人敏感个人信息的数据处理者向境外提供个人信息；国家网信部门规定的其他需要申报数据出境安全评估的情形等。

二、个人信息保护认证

根据《个人信息保护法》第 38 条第 1 款第 2 项的规定，经专业机构进行个人信息保护认证后可以构成个人信息跨境提供的条件之一。

为落实《个人信息保护法》中关于建立个人信息保护认证制度的相关要求，指导个人信息处理者规范开展个人信息跨境处理活动。2022 年 6 月，全国信息安全标准化技术委员会颁布了《网络安全标准实践指南——个人信息跨境处理活动安全认证规范》,提出了个人信息跨境处理活动安全的基本原则,规定了个人信息跨境处理活动的基本要求和个人信息主体权益保障要求。《网络安全标准实践指南——个人信息跨境处理活动安全认证规范》是我国制定的首个在个人信息保护认证方面的标准,具有重大的现实意义和参考价值。此外,国家网信办等依据《认证认可条例》,制定并于 2022 年 6 月 5 日颁布了《数据安全管理认证实施规则》,该实施规则与国家网信办等于 2022 年 11 月 18 日颁布的《个人信息保护认证实施规则》一同构建了我国个人信息保护的认证体系,明确了个人信息保护采用“技术验证 + 现场审核 + 获证后监督”的认证模式。同时,《数据安全管理认证实施规则》还对数据认证程序、证书、标志和时限等问题进行了规定。如同欧盟 GDPR 一样,随着数据跨境数量的不断增加,个人信息保护认证机制能够成为大型跨国集团公司常用的一种合法路径,为数据的跨境流动提供更具安全性的支持。

三、标准合同

《个人信息保护法》第 38 条第 1 款第 3 项对数据跨境合规中最为常用的标准合同的适用进行了规定。此后,国家网信办于 2023 年 2 月 22 日发布了《个人信息出境标准合同办法》明确了以下四种情形可以作为标准合同的适用对象:非关键信息基础设施运营者;处理个人信息不满 100 万人的;自上年 1 月 1 日起累计向境外提供未达到 10 万人个人信息的;自上年 1 月 1 日起累计向境外提供未达到 1 万人敏感个人信息的。与此同时,数据处理者还需要在跨境提供个人信息前开展个人信息保护影响评估工作,并在标准合同生效之日起 10 个工作日内,向所在地省级网信部门备案。可以说,标准合同的适用相较于数据出境的安全评估制度显然更为高效和便捷。但需要注意的是,在标准合同签署之后,如果发生可能影响个人权益的重大变化事由,则应当在重新签署新的标准合同后再次向省级网信部门进行备案。倘若监管部门发现数据处理者在履行标准合同的过程中存在违法、违规行为,亦有权决定终止该数据处理者的数据出境活动。

我国与欧盟个人信息跨境的主要路径对比如表 4 - 1 所示:

表4-1 我国与欧盟个人信息跨境的主要路径对比

中国《个人信息保护法》		欧盟 GDPR	
内容	法条	内容	法条
安全评估+必要措施	第38条第1款第1项、第3款	充分性保护国家	第45条
个人信息保护认证+必要措施	第38条第1款第2项、第3款	公共机构或实体之间签订的具有法律约束力和可执行性的文件+适当保障措施	第46条第2款(a)项
标准合同+必要措施	第38条第1款第3项、第3款	有约束力的公司规则(BCRs)+适当保障措施	第46条第2款(b)项
其他条件+必要措施	第38条第1款第4项、第3款	欧盟委员会批准和制定的标准合同条款+适当保障措施	第46条第2款(c)项、(d)项
国际条约、协定	第38条第2款、第3款	行为准则+执行承诺+适当保障措施	第46条第2款(e)项
—		认证机制+执行承诺+适当保障措施	第46条第2款(f)项

第三节 数据的本地化存储

数据的本地化存储是数据跨境流动前的一项基础性工作,除国家安全审查制度外,本地存储制度也是世界各国在互联网领域使用较为广泛的另一类特殊规则。该规则实际上起源于2013年的斯诺登事件,在斯诺登事件被爆出后,各国纷纷开始制定相应规则,进而对网络数据的跨境流动进行必要管控,其背后实则隐含着各国政府对数据处理者控制各类数据的担忧,以及对国家网络空间主权的维护。

一、本地存储制度的理解与适用

所谓本地存储制度,指的是一国要求本国网络用户在互联网上产生的网络数据均需储存在本国境内的强制性规定。另外,也有学者将本地存储制度定义为数据所在地法律要求其国家公民收集、处理及存储数据都需要在该国境内完成。[①] 需要注意的是,各国在建立和适用本地存储制度方面,主要存在适用主体和适用方式两大方面的区别。

在适用主体方面,如俄罗斯于 2014 年颁布了《澄清电信和电信网络中的个人数据处理程序的修正案》,规定包括跨境电商在内所有在互联网上形成的网络数据都必须强制存储在其境内,并同时适用安全认证措施作为数据跨境流动的前提条件[②];而根据《网络安全法》第 37 条和《个人信息保护法》第 36 条、第 40 条的规定,我国仅将本地存储制度落实主体限定在了"关键信息基础设施运营者"、"国家机关"和"处理个人信息达到国家网信部门规定数量的个人信息处理者"之中。之所以立法有此考量,原因在于各国对网络安全的态度有所不同。相较于俄罗斯而言,虽然我国的《网络安全法》和《个人信息保护法》均采用了较为宽松的政策,给本地存储制度在境内的适用预留了一定空间,但这并不意味着我国不重视对国家网络空间主权的维护。相反,基于对我国战略发展的通盘考量,我国采取了与美日跨太平洋伙伴协定(Trans-Pacific Strategic Economic Partnership Agreement,TPP)的对外政策相类似的方式,即意图通过对数据本地化的限制来加强贸易自由化的推进。可见,较为宽松的本地存储制度的确更符合当下国内经济发展的自然规律,在确保能维护国家网络空间主权的同时,更能兼顾数据跨境流动的自由度和便捷度,进而提升互联网等新兴产业在我国的发展。

在具体适用方式方面,由于本地存储制度的主要创设目的在于对数据主体隐私权和国家安全的保护,因此各国往往会根据自身经济情况和技术对本地存储制度的适用方式予以调节。具体而言,注重互联网经济发展的国家一般会采用数据备份制的方式对跨境数据进行监管,而我国等一些发展中国家往往会通过制定强行法来要求与国家安全和公共利益相关联的特定类别的网络数据强制存储在立法国境内。

---

① 参见胡凌:《隐私的终结——大数据时代的个体生活危机》,载 https://blog. csdn. net/weixin_34258078/article/details/90507902,最后访问日期:2020 年 6 月 4 日。

② See Anupam Chande, *Data Nationalism*, Emory L. J., Vol. 64, 2015.

数据安全的重点问题并不单纯在于数据存储在哪里，实际上光靠本地存储也难以完全抵御来自境外有损国家安全的间谍或监控行为。美国的司法机关也认为无论数据存储在何处，其均对案件具有相应的管辖权。[①] 因此，从表面上来看，严格落实本地存储制度是弊大于利的举措，其既不利于国家短期内的经济发展，也与当下国际社会的发展相违背。但不可否认的是，从长远方向来看，如果过于弱化或限定本地存储制度的适用，则会面临更为严峻的国家安全和公共利益问题，甚至还可能会无端加剧国家间法律冲突的发生。随着近年来以美国为首的贸易保护主义出现抬头的态势，包括本地存储制度在内的国家安全审查制度作为一种国际私法中的强制性规则，势必将在世界各国中发挥重要作用，并进而成为维护国家安全和公共利益的重要手段。因此可以预计，本地存储制度的适用将使互联网新兴产业在世界经济中的占比趋于稳定后变得更为严苛。

二、本地存储制度的改革措施

本地存储制度是国家安全审查制度体系的一部分而非全部，其既应当包括对数据安全评估制度的建立，也应当涵盖对数据存储技术规范的建立，两者缺一不可。具体而言，虽然《数据出境安全评估办法》对数据安全评估作出了相应规定，但我国仍需要通过立法的形式对数据存储技术规范作出更为细致的规定，明确包括数据备份、数据留存、特定数据留存以及数据留存在一国的自有服务器中等各类情形的技术要求，以弥补和填补法律上的滞后和空白，防止网络中可能出现的侵害数据主体权益的行为，并更好地协调与他国在国家安全审查制度适用过程中的关系。

此外，虽然《网络安全法》《个人信息保护法》等法律已就本地存储制度作出了包括数据出口管制[②]在内的一系列规定，但相较于短暂的经济增长，我国更应当重视互联网对国家安全和公共利益的潜在冲击和影响。与此同时，也更应

---

① See JenniferDaskal, *Law Enforcement Access to Data Across Borders: TheEvolving Security and Rights Issues*, Journal of National Security Law & Policy, 2016.

② 《数据安全法》第 25 条规定：“国家对与维护国家安全和利益、履行国际义务相关的属于管制物项的数据依法实施出口管制。”

当关注到国际社会对我国跨境数据流动立法及政策的解读,有必要通过立法和政策的深化和改革制定出更具现实指导作用和可操作性的本地存储制度规范,进而提高隐私保护的整体水平,对外以展现大国应有之风范。因此,在制定法律的过程中,需要结合互联网全球化和本地化的经营和管理特点,对商业模式和技术要求等内容进行一定程度的优化。考虑到网络安全构建的必要性,纵然在一定程度上会存在阻碍互联网行业发展的不良影响,我国仍应当以国家安全为重,在全网领域系统性地严格贯彻和执行国家安全审查制度和本地化存储制度,进而将其扩展至在中国领域内建设、运营、维护、使用和监督网络全部主体,包括网络运营者,网络关键设备和网络安全专用产品经营者和生产者,提供安全认证、安全监测服务的机构,信息采集和使用者以及关键信息基础设施运营者等,而非在部分重点零星领域施行。

第四节　数据出境的事先审批

一、事先审批的适用范围

《个人信息保护法》第 41 条规定:"中华人民共和国主管机关根据有关法律和中华人民共和国缔结或者参加的国际条约、协定,或者按照平等互惠原则,处理外国司法或者执法机构关于提供存储于境内个人信息的请求。非经中华人民共和国主管机关批准,个人信息处理者不得向外国司法或者执法机构提供存储于中华人民共和国境内的个人信息。"

《数据安全法》第 36 条规定:"中华人民共和国主管机关根据有关法律和中华人民共和国缔结或者参加的国际条约、协定,或者按照平等互惠原则,处理外国司法或者执法机构关于提供数据的请求。非经中华人民共和国主管机关批准,境内的组织、个人不得向外国司法或者执法机构提供存储于中华人民共和国境内的数据。"

虽然《个人信息保护法》与《数据安全法》所调整的对象有所不同,但是在面对数据出境的事先审批问题时,它们却有着相同的规定,即任何境内的组织、个人在未经我国主管机关批准的前提条件下,均不得向外国司法或执法机构提供存储在我国境内的数据。需要注意的是,即使依据的是我国签署的国际条约或协定,只要是储存在我国境内的数据,无论该数据是个人数据还是重要数据、商业数据等,因擅自提供可能会导致国家安全和公共利益遭受不良影响,所以一律禁止向外国司法或执法机构提供。

二、处罚标准

《数据安全法》第 48 条第 2 款规定:“违反本法第三十六条规定,未经主管机关批准向外国司法或者执法机构提供数据的,由有关主管部门给予警告,可以并处十万元以上一百万元以下罚款,对直接负责的主管人员和其他直接责任人员可以处一万元以上十万元以下罚款;造成严重后果的,处一百万元以上五百万元以下罚款,并可以责令暂停相关业务、停业整顿、吊销相关业务许可证或者吊销营业执照,对直接负责的主管人员和其他直接责任人员处五万元以上五十万元以下罚款。”

可见,倘若违反《数据安全法》第 36 条的规定,监管机构最高可对数据处理者处以 500 万元罚款,并对直接负责人处以 50 万元罚款。需要注意的是,欧盟 GDPR 的处罚标准要远超于我国《数据安全法》的标准。根据欧盟 GDPR 第 83 条的规定,如果违反欧盟 GDPR 的规定,监管机构可以视数据处理者违法行为的严重程度以及被罚款实体组织的客观状态等因素来决定相应的罚款数额。如果数据处理者是非法人组织,可在 1000 万～2000 万欧元进行处罚。如果数据处理者是法人组织,最高可处相当于其上一年全球总营业额 4% 的金额或 2000 万欧元的罚款,以高者计。

第五节　数据出境的安全评估

一、安全评估的适用范围

安全评估是《个人信息保护法》第 38 条规定的数据出境的主要路径之一。根据《数据出境安全评估办法》第 4 条的规定,数据处理者向境外提供数据,有下列情形之一的，应当通过所在地省级网信部门向国家网信部门申报数据出境安全评估：(1)数据处理者向境外提供重要数据；(2)关键信息基础设施运营者和处理100万人以上个人信息的数据处理者向境外提供个人信息；(3)自上年1月1日起累计向境外提供10万人个人信息或者1万人敏感个人信息的数据处理者向境外提供个人信息；(4)国家网信部门规定的其他需要申报数据出境安全评估的情形。

综上所述，除落实本地化存储的要求外，《数据出境安全评估办法》作为《个人信息保护法》的配套立法文件，明确了数据安全评估的适用范围，即从主体(关键信息基础设施运营者)、客体(重要数据)、跨境数量(100万人以上个人信息)以及累计跨境数量(自上年1月1日起累计向境外提供10万人个人信息或者1万人敏感个人信息)四个方面规定了需要落实安全评估工作的情况，中国企业在数据跨境的实践活动中必须逐一从严把握。需要注意的是，安全评估仅仅是数据出境的充分非必要条件，在完成安全评估相关工作后，数据处理者仍需接受国家主管部门的持续监督，以确保数据的有序流动。

二、风险自评估

《数据出境安全评估办法》第5条规定："数据处理者在申报数据出境安全评估前，应当开展数据出境风险自评估，重点评估以下事项：(一)数据出境和境外接收方处理数据的目的、范围、方式等的合法性、正当性、必要性；(二)出境数据的规模、范围、种类、敏感程度，数据出境可能对国家安全、公共利益、个人或者组织合法权益带来的风险；(三)境外接收方承诺承担的责任义务，以及履行责任义务的管理和技术措施、能力等能否保障出境数据的安全；(四)数据出境中和出境后遭到篡改、破坏、泄露、丢失、转移或者被非法获取、非法利用等的风险，个人信息权益维护的渠道是否通畅等；(五)与境外接收方拟订立的数据出境相关合同或者其他具有法律效力的文件等(以下统称法律文件)是否充分约定了数据安全保护责任义务；(六)其他可能影响数据出境安全的事项。"

从该条文可以看出，数据出境风险自评估是开展安全评估的前提条件，只有通过了风险自评估才能够进入下一阶段的工作。风险自评估所要评价的内容较为完善，其主要围绕国家安全问题就数据的来源、处理目的、方式、安全技术措施乃至与境外接收方拟订的合同进行审查。一般来说,在数据跨境流动前,相关数据处理者就会委托具有丰富实务经验的律师事务所对数据合规架构进行调整,以满足我国法律、法规的要求。在完成整改后,律师事务所将根据《数据出境安全评估办法》的要求出具《风险自评估报告》供数据处理者办理并申报安全评估工作。

三、安全评估的重点

《数据出境安全评估办法》第 8 条规定:“数据出境安全评估重点评估数据出境活动可能对国家安全、公共利益、个人或者组织合法权益带来的风险,主要包括以下事项:(一)数据出境的目的、范围、方式等的合法性、正当性、必要性;(二)境外接收方所在国家或者地区的数据安全保护政策法规和网络安全环境对出境数据安全的影响;境外接收方的数据保护水平是否达到中华人民共和国法律、行政法规的规定和强制性国家标准的要求;(三)出境数据的规模、范围、种类、敏感程度,出境中和出境后遭到篡改、破坏、泄露、丢失、转移或者被非法获取、非法利用等的风险;(四)数据安全和个人信息权益是否能够得到充分有效保障;(五)数据处理者与境外接收方拟订立的法律文件中是否充分约定了数据安全保护责任义务;(六)遵守中国法律、行政法规、部门规章情况;(七)国家网信部门认为需要评估的其他事项。”

结合《数据出境安全评估办法》第 5 条的数据出境风险自评估内容来看,第 8 条除第 2 项、第 4 项之外,其他均几乎一致。

《数据出境安全评估办法》第 8 条第 2 项主要是从“面”上进行评估。其前半部分所指的是国家网信部门将重点对境外接收方的立法及网络安全环境进行审查。从实际情况来看,其一般包括对外国法的查明,同时可能会对其监管部门的设立以及职能履行情况进行调查,以判断该国是否有充分的立法及司法保障,确保我国数据主体的可救济性。其后半部分主要指的是对该国数据技术保护的水平和能力进行审查,以避免数据从我国流动至具有较低保护水平的国家,进而对我国数据主体造成潜在影响和侵害。

《数据出境安全评估办法》第 8 条第 4 项则主要是从“块”上进行评估。其所指的是数据在出境后,就其存储、使用、加工等数据处理全周期活动是否能够得到境外接收方充分且有效的保障,包括核查资金、技术、监督等方面的投入,以判断该境外接方者是否具备中国法意义下的数据处理能力。

需要注意的是,《数据出境安全评估办法》第 8 条第 2 项和第 4 项的规定类似于欧盟 GDPR 中的"充分性保护水平"的概念,即当欧盟委员会作出认定,认为相关的第三国或第三国中的某区域或一个或多个特殊行业或国际组织具有充分性保护,可以将个人数据转移到第三国或国际组织。此类转移不需要特别授权。相较而言,"充分性保护水平"是国家和区域间数据保护能力的评定,而我国《数据出境安全评估办法》中规定的安全评估是国务院有关部门、省级网信部门、专门机构等对数据安全有效保障性审查的个案分析和评估,该监管要求显然比欧盟 GDPR 更为严格。

此外,《数据出境安全评估办法》第 8 条第 5 项所规定的内容在第 9 条中也有更进一步的规定,该条明确了数据处理者应当在与境外接收方订立的法律文件中明确约定数据安全保护责任义务,特别是对于数据处理的目的和方式、保存地点和期限、对境外的约束性要求、安全措施以及争议解决等内容均提出了较为严格的要求。数据处理者在与境外接收方签订协议时,必须按照《数据出境安全评估办法》的规定,对合同条款进行充分且明确的约定,才能确保数据跨境流动的合法化并通过国家组织的安全评估。由于签署的一般均是涉外合同,因此在合同订立过程中还应做好专业的解释和沟通工作,以获得境外接收方的理解。

四、安全评估的申报

(一)申报材料

《数据出境安全评估办法》第 6 条规定:"申报数据出境安全评估,应当提交以下材料:(一)申报书;(二)数据出境风险自评估报告;(三)数据处理者与境外接收方拟订立的法律文件;(四)安全评估工作需要的其他材料。"

需要注意的是,《数据出境安全评估办法》第 6 条第 4 项规定的其他材料指的就是与第 8 条相关的材料,即能够证明数据出境的合法性、正当性和必要性,并且相关材料中应当尽可能确保拟采取的充分性保障措施能够有效防止及避免数据出境后的风险,甚至还应当提交与境外接收方签订的合同以及能够体现其所在国家数据保护政策及其保护水平等方面的材料。

(二)受理时间

《数据出境安全评估办法》第7条规定:“省级网信部门应当自收到申报材料之日起5个工作日内完成完备性查验。申报材料齐全的,将申报材料报送国家网信部门;申报材料不齐全的,应当退回数据处理者并一次性告知需要补充的材料。国家网信部门应当自收到申报材料之日起7个工作日内,确定是否受理并书面通知数据处理者。”

从该条规定可以看出,安全评估的申报先由省级网信部门负责初审,如果数据处理者申报的材料不齐全,则省级网信部门应当一次性告知需要补充的材料。因此,如果存在告知不完全或者分次告知的情况,数据处理者有权要求国家网信部门对其进行监督。

在材料完备的情况下省级网信部门方可将其递交至国家网信部门,由其在7个工作日内作出是否受理的通知。需要注意的是,根据《数据出境安全评估办法》第11条的规定,倘若在安全评估过程中发现数据处理者申报的材料不符合要求,则国家网信部门仍可要求其限时作出补充或者更正,数据处理者不得拒绝,否则国家网信部门有权终止安全评估。

(三)异议复评

根据《数据出境安全评估办法》第12条的规定,国家网信部门应当自向数据处理者发出书面受理通知书之日起45个工作日内完成数据出境安全评估;情况复杂或者需要补充材料的,可以适当延长安全评估作出的时间。倘若数据处理者对安全评估结果有异议,可以在收到评估结果15个工作日内向国家网信部门申请复评,复评结果为最终结论。

(四)重新申报

安全评估的有效期为2年,但是如果在有效期内,出现数据处理目的、方式发生变更等可能影响出境数据安全的因素时,数据处理者应当主动重新申报安全评估。此外,根据《数据出境安全评估办法》第17条的规定,国家网信部门发现已经通过评估的数据出境活动在实际处理过程中不再符合数据出境安全管理要求的,应当书面通知数据处理者终止数据出境活动。数据处理者需要继续开展数据出境活动的,应当按照要求整改,整改完成后重新申报评估。

综上所述,安全评估的重新申报分为“依职权”和“依申请”两种情况,如果数据处理环境发生变化而数据处理者又未及时重新申请安全评估,则可能会对数据处理者及相关负责人作出相应的行政或刑事处罚。

第六节 个人信息保护影响评估

一、个人信息保护影响评估的适用范围

《个人信息保护法》第 55 条规定:“有下列情形之一的,个人信息处理者应当事前进行个人信息保护影响评估,并对处理情况进行记录:(一)处理敏感个人信息;(二)利用个人信息进行自动化决策;(三)委托处理个人信息、向其他个人信息处理者提供个人信息、公开个人信息;(四)向境外提供个人信息;(五)其他对个人权益有重大影响的个人信息处理活动。”

基于个人信息保护影响评估是判断个人信息处理活动是否会对国家安全、公共利益或数据主体的权益造成风险,以及数据处理者所采取措施是否有效的识别过程,因此在开展个人信息保护影响评估前需要对数据处理者进行全面的尽职调查,并根据所形成的数据安全核查清单(见表 4 - 2)和映射图进行梳理和评估,进而对数据处理的风险等级及相应建议形成最终报告。此外,由于《个人信息保护法》第 55 条所罗列的情形均是具备高风险因素的数据处理活动,因此《个人信息保护法》规定了在处理前必须经过个人信息保护影响评估,并全程做好记录和保存工作,保存时间应不少于 3 年。

需要注意的是,《个人信息保护法》第 55 条第 4 项规定了“向境外提供个人信息”前需要进行个人信息保护影响评估。结合《个人信息保护法》第 38 条规定的三条数据出境路径分析可得,无论数据出境最终选择适用哪一条路径,个人信息保护影响评估都是一项绕不开的工作。可见,个人信息保护影响评估也是数据处理者从事数据跨境相关经营活动的合规关键,是需要加以梳理和规范的。

表4-2 数据安全核查清单

数据类型	收集部门	收集目的	收集方式	数据存储	数据传输	安全措施	负责人
账号ID	—	—	—	—	—	—	—
身份信息	—	—	—	—	—	—	—
联系方式	—	—	—	—	—	—	—
Cookie	—	—	—	—	—	—	—
元数据	—	—	—	—	—	—	—
流量数据	—	—	—	—	—	—	—
位置信息	—	—	—	—	—	—	—

二、个人信息保护影响评估的主要内容

《个人信息保护法》第56条第1款规定："个人信息保护影响评估应当包括下列内容：(一)个人信息的处理目的、处理方式等是否合法、正当、必要；(二)对个人权益的影响及安全风险；(三)所采取的保护措施是否合法、有效并与风险程度相适应。"

从该条款可以看出，个人信息保护影响评估主要是围绕数据处理目的和方法的合法性、正当性和必要性展开的。在此基础上，数据处理者还需要对个人权益的影响和风险进行梳理，并就所采取措施与风险之间的适应性进行分析，最终形成相应的报告。因此，所有的数据跨境活动均应当由数据处理者组织开展个人信息保护影响评估工作。需要注意的是，虽然数据出境安全评估的要求和标准要远超个人信息保护影响评估，但在《数据出境安全评估办法》第4条规定的需要国家网信部门对数据出境进行安全评估情形下，数据处理者仍不能忽视和擅自跳过个人信息保护影响评估工作，违者可能会承担相应的法律责任。

此外，《数据安全法》第30条规定："重要数据的处理者应当按照规定对其数据处理活动定期开展风险评估，并向有关主管部门报送风险评估报告。风险评估报告应当包括处理的重要数据的种类、数量，开展数据处理活动的情况，面

临的数据安全风险及其应对措施等。”可见,重要数据的处理者开展定期风险评估的内容也与个人信息保护影响评估的要求相类似。这也就意味着无论数据是否需要跨境,只要数据处理者处理了重要数据,其就有义务定期向主管部门报送相关风险评估报告,以作为其数据合规治理的工作内容。

第五章

欧盟 GDPR 的数据跨境监管

第一节　欧洲的数据保护

人权是欧洲数据保护法的基础，欧洲的数据保护立法也是在国际人权法的基础上，围绕《世界人权宣言》和《欧洲人权公约》这两个国际文件进而逐步修订完成的。特别是自 20 世纪 70 年代计算机普及至今，欧洲各国对数据保护的立法工作就从未停止，加之货物及服务贸易数量的逐年上升，这些客观因素均极大刺激和推动了欧洲企业及国家间数据及信息的共享，从而也不可避免地给个人隐私带来了一定的风险和影响。基于经济发展的需要，欧洲在数据保护方面的立法向来是聚焦于"国家对公民数据保护和自由贸易之间的平衡"这一问题上。即便欧洲大陆已有统一的数据保护法案，但由于各成员国国内的立法机制、法律的实施方法、结构和内容往往都有所差异，这些因素均极大阻碍了欧洲数据保护立法体系一体化建设的步伐，各成员国监管机构对相关法案的解释和执行差异的问题仍然存在。

一、欧洲数据保护的立法起源

基于互联网等新兴技术的兴起，欧洲数据保护的立法起源于 20 世纪 60 年代至 80 年代。在这一时期，欧洲各国逐渐意识到《欧洲人权公约》第 8 条所规定的"隐私权"已经随着科技的发展出现了适用障碍的问题。因此，各国开始对政府和企业控制的个人信息和相关数据进行立法规范，以确保对相关数据的充分保护。

(一)"73/22 号决议"和"74/29 号决议"

1968 年,欧盟理事会发布了《关于人权和现代科学技术发展的建议(509 号)》[①],意在为各国的立法工作制定标准。但由于各国后续的相关立法工作推进得并不顺利,甚至在一些敏感问题上还产生了较大分歧,于是,欧盟理事会又于 1973 年和 1974 年分别形成了"73/22 号决议"[②]和"74/29 号决议"[③],两份决议制定了私人和公共领域自动化处理个人数据的保护原则,意图通过颁布具有约束力的国际文件来加强各国国内的立法建设。

(二)《关于保护隐私和个人数据跨境流动指南》

1980 年,经合组织制定并颁布了《关于隐私保护和个人数据跨境流动的指南》[④](以下简称《指南》),通过明确个人数据保护和跨境流动的基本原则来对各国的立法协调工作指明前进方向。特别需要指出的是,虽然《指南》并不具有强制执行力,但其确立的"收集限制原则"(collection limitation principle)、"数据质量原则"(data quality principle)、"目的明确原则"(purpose specification principle)、"使用限制原则"(use limitation principle)、"安全保障原则"(security safeguards principle)、"开放原则"(openness principle)、"个人参与原则"(individual participation principle)以及"责任原则"(accountability principle)等八大原则为欧洲日后的数据保护奠定了非常重要的立法基础。此外,《指南》还首创了数据处理行为的"问责制",且规定了各成员国不得为保护个人隐私采取较高限度的立法来限制数据跨境流动,并引入了国家及地区间数据跨境流动需具备"同等保护"等概念。

步入 21 世纪,《指南》的部分规定已逐渐在其适用性上出现了一定的滞后性,因而经合组织于 2010 年开启了立法修订工作,并最终于 2013 年 7 月 11 日颁布了针对《指南》适用的建议稿,明确了数据控制者的"隐私管理计划"和"数

---

① Recommendation 509, Human rights and modern scientific and technological development.

② Resolutions 73/22, Resolution 22 on the protection of privacy of individuals vis-à-vis electronic data banks in the private sector.

③ Resolutions 74/29, Resolution 29 on the protection of individuals vis-à-vis electronic data banks in the public sector.

④ The OECD Guidelines on the Protection of Privacy and Transborder Flows of Personal Data.

据泄露通知”等义务来对数据合规进行规范。经合组织颁布的《指南》为欧洲乃至全球范围内的数据保护提供了指导,时至今日仍意义深远。

(三)《关于个人数据自动化处理的保护公约》

由于欧洲各国均未能及时对欧盟理事会“73/22号决议”和“74/29号决议”作出反应,加之科技的不断进步以及电子商务的发展,使得社会效率和生产力大大提高,也使得个人隐私面临受侵犯的威胁,因而欧盟理事会希望通过一项具有约束力的国际文书来加强这些决议中所规定的基本原则的适用,并实现签署国之间更大范围内的统一,以扩大对个人权利和基本自由的保障,特别是在尊重隐私权方面,需要考虑到越来越多的正在自动处理和跨越国界的个人数据。于是,其于1981年颁布了《关于个人数据自动化处理的个人保护公约》[①](以下简称《公约108》)。《公约108》是除《指南》外的另一部在全球数据保护领域奠定了基本原则和框架的早期制度。由于其在签署过程中允许非欧洲国家自由加入,因此从严格意义上来说,其并非一个仅向欧洲各国开放的国际条约。但其却是目前全球范围内数据保护领域第一个也是唯一一个具有法律约束力的国际文书。从内容上来看,《公约108》的主要内容与《指南》大体上保持了一致,其不仅重申了追求国际贸易和个人数据保护间的平衡的意义以及“73/22号决议”和“74/29号决议”的目标,还规定了数据的准确性、安全性、个人访问权等与欧盟GDPR相似的条款。此外,基于当时计算机存储数据信息的普及,《公约108》明确了持有数据信息的主体应尽的数据保护的社会责任,并就数据处理的原则及其例外、跨境数据流动、互助方面的内容作出了规定。需要指出的是,《公约108》还要求每个缔约国都必须指定相应的监管机构就公约的履行进行联络、协商和互助,并协助数据主体行使其应有权利。在数据跨境自由流动方面,《公约108》为确保对个人隐私的适当保护,明确了个人数据的自由流动对于商业和行使公共职能的重要性,进而要求缔约国不得仅为保护隐私,禁止或接受经特别授权的个人数据跨界流向另一国领土。其也在《指南》的基础上,将数据跨境流动的“同等保护”要求变更为更加务实的“适当保护”要求,从当时的背景来看,这显然属于一次很大的突破和尝试。

---

① The Convention for the Protection of Individuals with regard to Automatic Processing of Personal Data.

2011 年，为解决新的信息和通信技术所带来的挑战，提高数据保护的标准，同时保持与已建立的监管框架的兼容性，《公约 108》及其附加议定书的修订工作被提上日程，并最终于 2018 年被欧洲理事会部长会议批准通过后由 21 个缔约国全面签署。基于该修订版本还允许其他国际组织的加入，因此其也被人们称为《公约 108 +》。此外，由于《公约 108 +》的签署时间与欧盟 GDPR 的全面生效时间过于接近，许多缔约国在加入《公约 108 +》时还需要对其国内数据保护充分性进行评估，以确保是否能满足欧盟 GDPR 的要求，进而保证数据跨境的自由流动。从条款的内容上来看，《公约 108 +》对数据处理的依据、特殊类别的数据、透明度要求、数据控制者和处理者的安全责任、数据泄露的通知义务等机制进行了规定，尽可能与欧盟 GDPR 保持一致。

二、欧洲数据保护的立法兴起与发展

《指南》和《公约 108》的共同目标实则是引入一种统一的数据保护方法来确保不会对《罗马公约》形成的自由贸易以及个人的基本权利的行使产生阻碍和影响。虽然其建立了一套欧洲特有的数据保护的原则和框架，但由于各国间缺乏立法协调的方法，加之只有少数国家批准了《公约 108》，在将上述原则纳入欧洲成员国国内法时，却在各国形成了截然不同的数据保护制度，各国国内法的制定工作仍不尽如人意。

（一）《95 指令》

基于上述背景及各国立法方法的多样性，欧洲议会于 1976 年开始计划制定关于数据合规的专门法案，并提出了制定具有法律约束力的“指令”来对数据合规进行规范，进而达到法律适用同一性的目的。由于采用的是“指令”的立法形式，这也同时意味着各成员国将有权根据自身国情制定符合“指令”要求的国内法。由于从当时的情况来看，《公约 108》的相关标准已经在缔约国间被大范围批准和采用，因此其也就当然成为“指令”制定的框架性标准。最终，在多方的协调和努力之下，《95 指令》油然而生。由此可见，《95 指令》的生效也在客观上直接导致了《公约 108》重要性的相对降级。

与《指南》和《公约 108》一样，《95 指令》的立法目的也是进一步协调个人数据保护和数据跨境自由流动之间的平衡问题。其在《公约 108》的基础上增加了公共和私人、自动化以及非自动化处理的数据保护方面的内容,并创立了由监管机构、欧洲数据保护监管机构和欧盟委员会代表组成的独立机构"第 29 条工作组"①,该机构主要负责对欧盟数据保护的发展状况进行跟踪和调研,并向欧盟委员会提供独立意见和建议。此外,《95 指令》还创立了"数据控制者"和"数据处理者"的概念,为后续欧盟数据保护的立法改革带来了非常积极的作用。但即便如此,欧盟委员会于 2003 年出具的一份调查报告指出,由于《95 指令》仅规定了一般原则,并需要欧盟成员国将这些原则转化为国内法来执行,而并没有详细规定欧盟成员国必须如何将这些原则转化为国内法,这就直接导致了欧洲各国的数据保护立法存在不同的解释和要求,也不可避免地产生了"立法冲突"和"执行不当"的问题。具体而言,由于各国之间的立法差异,如当发生数据泄露时,各国关于控制者通知监管机构的时间要求均有所不同,《95 指令》在其适用上产生了严重阻碍。此外,虽然欧盟委员会具有基于立法错误的纠正权,但其实则无法保证各成员国的国内立法均完全符合《95 指令》的要求。这些分歧一方面导致法律适用的不畅,另一方面极大增加了企业数据合规治理的成本。由此可见,《95 指令》虽然在一定程度上对欧盟数据保护的立法工作起到了积极推动作用,但仍难以跟上时代的步伐,存在一定的适用障碍。基于此,欧盟又一次不得不考虑重启立法工作,寻求更强大、更统一、更连贯的单一规则来通盘解决上述问题,同时带动其区域内数字经济的发展。

(二)欧盟 GDPR

由于没有跟上技术革新的脚步,考虑到国家措施和立法实践的差异以及科技发展对企业和个人的影响,欧盟委员会在 2009 年审查数据保护立法框架时就发现了上述问题,继而提出了制定数据保护的战略方针要求,意图通过简化数字单一市场中公司的合规要求来确保公民在数字时代的基本权利,并用来促进业务的发展。2012 年 1 月,欧盟委员会向欧洲理事会正式提交了一份《关于

① The Article 29 Data Protection Working Party.

个人数据处理中的数据保护以及相关数据自由流动的条例建议》①,该建议直指要害,以在整个欧洲形成统一的数据保护治理规则为目标,明确提出需要对《95 指令》进行改革,并希望通过立法的形式保护个人数据,进一步减少企业不必要的合规工作,并确保数据能够在欧盟内部自由流动。2016 年 4 月,经欧盟委员会、欧洲议会和欧盟理事会三方达成一致,GDPR 得以正式获得批准通过,并随即在《欧盟官方公报》上进行了公示。2018 年 5 月 25 日,GDPR 正式取代《95 指令》在欧盟全面生效。因其是以“条例”的形式颁布的立法法案,所以并不像《95 指令》一样需要先行转化为国内法适用,而具有在全体欧盟成员国内直接适用的法律效力。

整部 GDPR 包含了两部分。第一部分的序言规定了该条例及其相应义务的理论和法理解释。第二部分的主文则规定了包含法律执行层面的实质性义务。

从宏观上来说,《95 指令》适用于数据控制者,而 GDPR 适用于包括数据控制者和数据处理者的服务提供者,且其同时还适用于数字或硬盘形式的以任何结构化硬件为载体的个人数据。

从内容上来看,GDPR 在《95 指令》的基础上建设性地提出了行为准则和认证、集体诉讼、一致性机制、设计和默认的数据保护、数据保护影响评估、泄露通知以及问责制等创新内容。其中,较为重要的“问责制”意在将采取适当技术保护措施的举证责任强加给数据控制者和数据处理者,让企业对数据合规工作更加负责,也使得监管机构有权随时要求数据控制者和数据处理者提供监管所需的相关材料和信息。“一致性机制”是另一大比较有特色的变化,虽然《95 指令》中关于国际数据传输的限制继续存在,但是国际传输的措施范围显然被 GDPR 进行了扩大,欧盟委员会采用的标准合同、有约束力的公司规则(BCRs)、经批准的行为准则、经批准的认证机制以及其他被数据保护监督机构(Data Protection Authority,DPA)授权的其他措施等被统称为“一致性机制”。除此之外,数据控制者和处理者只有在采取适当的保障措施和个人存在可执行

① COM/2012/011 Proposal for a REGULATION OF THE EUROPEAN PARLIAMENT AND OF THE COUNCIL on the protection of individuals with regard to the processing of personal data and on the free movement of such data, general data protection regulation.

的权利和有效的法律补救措施的情况下，才能将个人数据转移到欧盟境外。此外，GDPR 还对“同意原则”的适用规则进行了细化，并增加了数据控制者和处理者处理个人数据的责任和义务，同时将监管机构监管的地域范围延伸至欧盟以外的国家和地区，确保监管的统一和高效。另外，立法者删除了《95 指令》中将欧盟境内的数据加工设备所在地作为管辖依据，取而代之的是基于数据主体的位置来进行管辖，以确保在欧盟外处理欧盟公民个人数据或为欧盟公民提供服务（无论是否有偿）或进行监控时均能够适用该规则。同时，GDPR 还引入了“一站式”（one-stop shop）的概念进而加强了监管机构的处罚权，并且通过增设数据主体权利（如被遗忘权、可携权、处理限制权等）以及数据控制者的透明度义务来对个人数据加以保护，促使数据主体对数据的更大控制。

需要注意的是，为保证法律适用的畅通和广泛性，虽然 GDPR 是目前欧盟乃至世界范围内较为全面和系统的数据合规立法，但是欧盟 GDPR 在特别法竞合，公共利益、科研、历史研究、统计为目的，特殊类别的个人数据等一些特殊情况下，其仍旧允许成员国制定特殊规则。这也就意味着在适用欧盟 GDPR 时仍会面临与《95 指令》同样的问题，各欧盟成员国之间的法律冲突和执行不当问题依旧存在。无论如何，作为世界范围内较为先进地区的数据保护立法，欧盟 GDPR 的出台还是受到了世界各国的瞩目，其在《95 指令》的基础上进行了多处富有创造性的改革，为各国数据合规治理立法工作指明了前进道路，其所起到的现实意义和作用是巨大的。正因如此，2018 年才被人们称为“数据保护合规元年”。

（三）《隐私与电子通信指令》

《隐私与电子通信指令》①（以下简称《2002/58/EC 指令》）是一部规定了通过“公共通信网络”处理个人数据的法案。《2002/58/EC 指令》与欧盟 GDPR 是平行适用的关系，即在欧盟的公共通信网络中提供公众可获取的电子通信服务的情形下，对于《2002/58/EC 指令》已经施加特殊责任的事项，欧盟 GDPR 不应再对同一事项再向自然人或法人施加额外责任，但《2002/58/EC 指令》仍需确保尽可能与欧盟 GDPR 保持一致，其立法目的是确保欧盟成员国之间就数据

① The Privacy and Electronic Communications Directive (Directive 2002/58/EC).

主体的基本权利和自由具备同等的保护水平，以及这些电信数据在社区服务中进行自由流动。

目前，该 2002 年版的指令系在 1997 年版的基础上进行扩充而来的，其涵盖了所有包括电信、传真、互联网、电子邮件和类似的电子通信方式。从内容上来看，《2002/58/EC 指令》严格限定了流量和计费信息以及终端用户存储设备上的信息处理行为，并在分项计费、呼叫识别、呼叫转移和未经请求的呼叫方面加大了用户的权利，且优先适用欧盟 GDPR 的规定。此外，个人和网络服务提供者有权根据这部指令针对垃圾邮件等未经请求的通信采取相关法律行动。同时，基于 Cookie 在电子通信领域存在不堪重负的同意请求，亟须简化相关流程，《2002/58/EC 指令》修订了 Cookie 的相关规则，允许用户更好地控制 Cookie 的设置，将记住购物车历史、填写在线表格，或同一会议的登录信息以及计算网站访问者数量等非隐私性的内容修改为无须用户同意进而改善上网的体验度。目前，随着欧盟 GDPR 的颁布以及科技的进步，《2002/58/EC 指令》也显然难逃改革问题。2017 年 1 月 10 日，欧盟委员会发布了《隐私与电子通信条例（草案）》以取代《2002/58/EC 指令》，以期在移动电话、电子邮件和语音服务等方面进行更为广泛的适用，并计划形成一套单一的规则，使欧盟的所有自然人和企业都能够获得相同水平的电子通信保护，并鼓励更大的行业竞争，加强消费者的隐私权保护，这也将使电信运营商有更多机会能够使用数据并提供相关附加服务。

（四）《网络和信息系统安全指令》

《网络和信息系统安全指令》①是欧盟范围内的第一部网络安全法，其旨在解决网络和信息系统构成的威胁，从而改善数字经济的运作，它是欧盟 GDPR 的重要补充。通常来看，《网络和信息系统安全指令》的立法目的有：

第一，试图要求欧盟成员国制定自身的国家网络安全战略和结构，包括建立国家计算机安全事件响应小组；任命网络安全监管机构和确定基本服务运营商等。

第二，促进能源、交通、水、银行等基本服务运营商（Operators of Essential

① The directive on security of network and information systems (NIS Directive).

Services,OES)和数字服务提供商(Digital Service Provider,DSP)的风险管理和事件报告计划,欧盟成员国负责为这些实体组织制定安全规则和事件通知要求的法律规定,来改善基本服务运营商和数字服务提供者的安全水平。

第三,通过寻求建立网络安全合作小组(Network information System,NIS),并建立计算机应急响应小组(Computer Security incident Response Team,CSIRT)来加强欧盟成员国之间的合作。

综上所述,由于欧盟成员国宪法结构、法律解释的不同,实务中各成员国都在不断扩大依据其针对相关法律的执行权。因此,法律实施的一致性和即时性历来都是欧盟隐私保护的最大挑战之一,相关法律协调工作也极其必要。欧盟的"指令"在本质上并不"直接适用"于欧盟成员国的法律,必须转化适用。虽然欧盟要求各成员国的立法必须具有约束力,各欧盟成员国因此也有权细化法律规定,但法律的实施方法、结构和内容往往还是有所不同。加之立法的灵活性带来的实际挑战远不止于此,特别是当面对跨国组织时,这些组织可能在各个欧盟成员国都有数据处理活动,数据控制者就必须履行遵守法律的义务,进而可能出现冲突的发生,这在泄露通知、国际数据流动和直接营销等方面尤为如此。在上述大背景下,欧盟 GDPR 油然而生,由于其属于"条例"的形式,因此可以直接适用于欧盟成员国而无须进行转化。此外,欧盟 GDPR 于 2018 年 5 月 25 日在欧盟境内直接生效,其成员国内的数据保护法案也将不再适用。虽然从表面上来看,欧盟 GDPR 似乎在各国成员间已经形成了一致,但是细细分析不难看出,由于欧盟 GDPR 规定了 50 多个开放性条款,各成员国可以据此根据不同的立法规则来进行解释和补充,这也就意味着在法律的解释和执行层面仍会存在一定的变化空间,而各组织在欧盟区域内进行商业运作时,仍将面临不一致的监管要求。

第二节 欧盟 GDPR 的适用范围及其例外

由于欧盟 GDPR 适用的范围非常广泛,且其还涉及长臂域外管辖的相关内容,稍有不慎就会使我国的数据处理者面临高额处罚的风险,因此充分理解欧盟 GDPR 的适用范围与例外情形是掌握这部法律的基础性工作,也是判断和分析自身经营行为是否受欧盟 GDPR 调整的唯一方法。

一、欧盟 GDPR 的适用范围

(一)在欧盟设立的数据控制者和处理者

欧盟 GDPR 第 3 条第 1 款规定:“本条例适用于在欧盟内部设立的数据控制者或处理者对个人数据的处理,不论其实际数据处理行为是否在欧盟内进行。”

本条款规定了只要数据控制者和处理者在欧盟境内设立,就需要受到欧盟 GDPR 的管辖而无论数据的处理是否在欧盟内进行。“设立”意味着数据控制者和处理者需要通过稳定的工作安排来有效和实际地开展活动。

需要注意的是,Weltimmo v. NAIH 的判决明确了甚至是再小的活动也能构成“设立”的认定条件,且在实务中对于这种工作安排并没有具体的法定形式,无论是通过开设办公室、设立分支机构或成立具有法人资格的企业,都不是判断“设立”的决定性因素。同时,欧盟法院也认为,“设立是一个广泛而灵活的措辞,不应依赖于任何法定形式。针对某个国家/地区的人的网站,使用他们的语言,可用的代表,设置邮箱等情况就可能构成‘设立’的认定条件”。可见,欧盟 GDPR 只关注数据处理者是否设立在欧盟境内,而数据主体的居住地以及其是否为欧盟成员国国籍并不起决定性因素。例如,如果一个只向中国市场提供产品的中国零售商在法国指定了一个数据处理者,那么欧盟 GDPR 将不适用于位于中国的数据控制者,但适用于法国的数据处理者,因为法国处于欧盟境内。因此,在实践中,并不能基于数据控制者适用欧盟 GDPR 必然推导出非欧盟的数据处理者也适用欧盟 GDPR 的结论,反之亦然。

另外,根据 Google Spain SL v. AEPD 一案中确立的规则,此处的“设立”应作广义解释,即如果欧盟机构与非欧盟机构进行的数据处理之间存在不可分割的联系,则无论数据的处理活动是否在欧盟境内进行,非欧盟境内的控制者或处理者仍将适用欧盟 GDPR 的规定。需要注意的是,“不可分割的联系”在理解上不易延伸太远。因此,跨国集团公司内的隶属企业并不能证明其之间存在“不可分割的联系”。实践中,如一家中国电商企业在欧盟境内设有办事处,其依靠办事处进行推广和销售产品的行为就应当受到欧盟 GDPR 的调整。

（二）未在欧盟设立的数据控制者和处理者

欧盟 GDPR 第 3 条第 2 款系针对“未在欧盟设立的数据控制者和处理者”在特定情况下适用欧盟 GDPR 的规定，该条款实则是欧盟行使长臂域外管辖的权利基础。需要注意的是，该条款的适用需要对数据主体是否在欧盟境内进行考察，而在欧盟享有居住权依旧不必然构成适用欧盟 GDPR 的先决条件。

1. 为欧盟内的数据主体提供商品或服务——不论此项商品或服务是否要求数据主体支付对价

此处的“提供商品或服务”应作广义解释，即有证据证明数据控制者和处理者明显有计划为欧盟一个或多个成员国的数据对象提供商品或服务时，就应当受到该条款的约束。因此，如果是数据控制者和处理者在无意中向欧盟数据主体出售产品或服务，则其不一定会受到欧盟 GDPR 的约束。

通常理解，在同时满足以下两种及以上的情况下，才可能会被认定为“明显有计划”：（1）将提供的商品或服务以欧盟或成员国来命名；（2）使用欧盟境内的语言；（3）针对欧盟公民开展广告营销活动；（4）通过欧盟境内的语言下单；（5）支付搜索引擎的推广费用以便于欧盟公民进行访问；（6）使用欧盟的顶级域名，例如“. de”或“. eu”等。

2. 对发生在欧盟境内的数据主体的活动进行监控

除了以上第 1 项规定事由，如果非欧盟组织对欧盟公民进行了监控，则其也应当受到欧盟 GDPR 的约束，但前提条件是该监控行为发生在欧盟境内。所谓“监控”，指的是通过在线或离线的形式跟踪个人的行踪以创建其个人数据，通过分析及预测个人的偏好、行为和态度来对数据控制者的决定进行参考。此外，该项的适用并不像第 1 项那样需要有明显的证据去加以证明。相反，其适用过程会更加宽泛。以在线监控为例，常用的监控行为主要有以下几类：（1）地理位置的定位；（2）通过 Cookie 和设备的指纹识别进行在线跟踪；（3）提供在线个性化饮食和健康分析服务；（4）闭路电视（Closed Circuit Television，CCTV）；（5）基于个人数据的市场调查和其他自然人的行为研究；（6）监控或定期报告个人的健康状况。

（三）基于国际公法的适用

欧盟 GDPR 第 3 条第 3 款规定：“本条例适用于没有在欧盟内部设立，但基于国际公法应当适用欧盟成员国的法律的数据控制者的个人数据处理。"

基于国际公法的原则,欧盟成员国的大使馆和领事馆、飞机、船舶都属于成员国的领土范围。例如,一家来自瑞士的飞机正途径中国上空,则在飞机上处理数据的行为可以视为在瑞士领土内的处理行为,需要受到欧盟 GDPR 以及瑞士法的调整。为了更好地理解和适用该条款内容,欧盟数据保护委员会于 2018 年 11 月 16 日还发布了关于欧盟 GDPR 领土范围的详细指南,以期更好地对其适用进行指导。但由于此种情况在实践中并不容易适用,且对处理商业环境的数据控制者和处理者意义不大,因此仅作一般理解即可。

二、欧盟 GDPR 的适用例外

除在欧盟法管辖之外进行的数据处理活动,还有一些特殊情况,虽然从表面上来看似乎完全符合欧盟 GDPR 的适用条件,但其实际上又会被归为适用的例外。数据处理者在面对此类情形时,需要学会加以区分并找到正确的法律进行适用,以防止法律适用的错误。

(一)家庭豁免

以社交和家庭活动为目的,自然人在个人或家庭活动过程中处理的数据,如对通信簿的处理,虽然该处理行为涉及或可能涉及了他人的隐私内容,但基于其与通常的商业活动无关,且不以营利为目的,因此构成对欧盟 GDPR 的豁免。需要注意的是,如果是数据控制者和处理者提供处理家庭活动的服务,则其仍属于欧盟 GDPR 的适用范围。此外,目前关于家庭豁免的认定和定性问题在实务中仍存在一定争议,该问题也得到了欧盟法院的关注,有待日后通过判例法的形式予以明确。

(二)刑事处罚的预防、侦查和起诉

除家庭豁免外,欧盟 GDPR 还规定了在主管机关为预防、调查、侦查或起诉刑事犯罪或执行刑事处罚,包括防范和防止对公共安全的威胁进而处理数据的,则可以豁免适用,并由与欧盟 GDPR 同时生效的欧盟《执法数据保护指令》(LEDP 指令)进行调整。这是由于刑事处罚的预防、侦查和起诉问题涉及国家司法权的行使问题,对国家司法权的权利保障应优先于数据主体的权益,属于

特别法优于普通法原则适用的情况。根据 LEDP 指令的规定，主管机关指的是任何主管或成员国法律赋予主管预防、调查、侦查、起诉刑事犯罪或执行刑事处罚权利的公共机关，此外，其职责还包括防范和防止对公共安全构成威胁的行为。实践中，应对主管机关作广义解释，即包括警察、检察院、法院，甚至是社区矫正机构等。但需要注意的是，如果主管机关为 LEDP 指令以外的目的处理个人数据，则欧盟 GDPR 仍将适用。因此，基于处理数据的目的不同，主管当局可能会同时受到欧盟 GDPR 和 LEDP 指令的约束。此外，当涉及刑事案件的跨国和合作时，由于可能产生的数据跨境流动问题，如果主管机关将数据传输到一个不受 LEDP 指令保护的机构，则数据的处理将受到欧盟 GDPR 的约束。可见，相对于欧盟 GDPR 的规定，LEDP 指令的适用具有更高要求和限制性条件。

（三）超出欧盟法调整范围的事项

欧盟 GDPR 还规定了在欧盟法管辖之外的活动中所进行的个人数据处理行为不受其管辖，该款主要指的是涉及公共安全、国防、国家安全、欧盟共同外交和安全政策的数据处理活动，由于其受到相关国际法及条约的调整，已远超欧盟法内部的框架体系。实践中，即使最初是以商业目的而收集个人数据，但后来如果将这些数据用于国家安全目的，也应当被视为该款所规定的情形。

（四）欧盟机构的处理行为

根据欧盟 GDPR 第 2 条第 3 款的规定，“欧盟机构、团体、办事处和代理机构所进行的个人数据处理，适用（EC）第 45/2001 号条例”。

因此，关于欧盟机构的数据处理行为，基于其监管职责将由《关于共同体各机构处理个人数据以及数据自由流动的第 45/2001/EC 号个人保护条例》这一特别法进行调整，且应当对该条例予以修订，使其符合欧盟 GDPR 的原则与规则。

综上所述，欧盟 GDPR 具有广泛的适用性，由于日常生活中大量的数据处理活动仍在欧盟 GDPR 的调整中，因而许多自认为不属于欧盟 GDPR 管辖范围的组织会发现，只要他们向位于欧盟的数据主体提供了商品或服务，就会触发对欧盟 GDPR 的适用，这给我国数据处理者带来了一定程度上的影响，特别是当受其规制时，应当充分理解和掌握其适用方式，以建立合规的数据保护架构进而应对来自监管机构的核查。

第三节 数据控制者和数据处理者的责任

1980 年,经合组织在《关于隐私保护和跨境个人数据流动的指南》中首次提到了“问责制”,而欧盟 GDPR 也将问责制添加到了条文之中。这也意味着欧盟数据保护的相关监管机构可以随时对数据控制者和处理者的数据处理行为进行审查,以判断其是否与欧盟 GDPR 规定的个人数据保护原则相一致。因此,数据控制者和处理者有义务将数据保护的相关问题嵌入其业务和日常运营中,并在公司内部作为数据保护的企业文化进行推广。我国数据处理者在涉欧盟区域业务时,亦应当在欧盟 GDPR 的框架下明确其自身所应负有的责任,避免在数据跨境后产生不必要的处罚风险。

一、适当的技术和组织措施

根据欧盟 GDPR 的规定,数据控制者需要实施适当的技术和组织措施,以确保并能够证明数据处理是按照规定进行的,并在必要时对这些措施保持更新。此外,在确定所需采取的技术和组织措施时,应当考虑数据处理的性质、范围、背景和目的,以及该处理行为对个人权利和自由的潜在风险,而数据处理的风险越大,如可能发生歧视、盗用身份、欺诈、损害名誉等,数据控制者为了减少风险而采取的措施就应当越强势。一般而言,数据控制者实施的适当技术和组织措施主要应当围绕以下三个方面进行:

(一)内部政策

数据控制者在数据合规层面的首要技术和组织措施就是在公司内部建立起一套系统的数据保护政策,其可以对处理个人数据的关键问题进行归纳和概述。可以说,数据保护政策的制定和实施是公司遵守欧盟 GDPR 规定的有力证明,也是其应对监管机构核查的最简单且有效的方法。

1. 内部政策的范围

数据保护政策需要首先对该政策所适用的对象以及所涵盖的数据处理活

动的类型进行明确,以确保在适用层面不会产生歧义。

2. 内部政策的声明

数据保护政策的声明指的是数据控制者对个人数据保护的承诺以及合法商业活动的处理目的的描述。同时,实践中还会在政策声明中重申数据控制者在处理个人数据时所适用的原则和法律依据等内容。

3. 员工的职责

为了使员工职责更为明晰,确保其所实施的工作符合同行业标准的最佳实践,数据保护政策还会根据不同职位的员工在收集个人数据方面的工作进行逐一描述,并对数据使用限制、应遵循的工作流程以及安全访问义务等内容进行规定,避免员工对外非法泄露其所控制的个人数据。

4. 管理的职责

除了对数据控制者所聘请的员工进行工作流程上的疏导,对于高级管理人员的职责定位也应当有清晰的认识,包括规定高级管理人员必须与业务部门合作,对开发的程序以及个人数据处理行为进行业务上的风险识别,并做好相关记录工作。

5. 事件报告制度

数据控制者的内部数据保护政策应对事件报告制度有全面的规定,明确向哪些部门提交报告。例如,在发生数据泄露事件后,如果数据控制者聘请外部第三方提供数据处理服务,则其应当在何时向哪一级部门提交数据泄露事件的报告。此外,在完善事件报告制度后还需要向员工和第三方供应商进行告知和普及,以使其进一步了解公司的规定。需要注意的是,除建立事件报告制度外,数据控制者还有义务建立事件响应计划和团队,并定期进行压力测试,以确保在发生重大不利事件后,数据控制者能够及时予以处置。

6. 政策的遵从性

任何制度都需要与奖惩相挂钩,为了保证数据保护政策的遵从性,倘若员工未能遵守内部的工作记录,导致公司遭受民事索赔、行政抑或刑事处罚的,则该员工可能会基于该过错或重大过失承担相应的不利后果。同时,数据控制者还可以基于该政策或者是劳动合同的约定与其解除劳动合同关系。此外,对于外部第三方供应商而言,数据控制者可以选择在合同中约定相应违约责任,以确保在发生相关风险后的自身利益。

（二）内部责任分配

根据欧盟 GDPR 的规定，数据控制者必须能够向监管机构提供有关数据保护管理方面的相关信息。因此，数据控制者应积极解决内部的责任分配问题，以配合监管机构履行其监督职责，并确保数据主体能够顺利行使其权利。实践中，数据控制者可以通过创建隐私管理团队或数据合规管理委员会的形式开展数据合规方面的工作，有条件的数据控制者还可以任命数据保护官对数据保护的体系建设贡献力量。

需要注意的是，欧盟 GDPR 所规定的数据保护官的任命情形和我国《个人信息保护法》中的个人信息保护负责人存在一定的适用差异。在以下三种情形下，欧盟 GDPR 规定数据控制者和处理者必须任命数据保护官：

1. 由公共机构进行的处理

与商业机构不同，由于公共机构在处理个人数据时可能会影响公共利益，因此欧盟 GDPR 规定了在此种情形下任命数据保护官的强制性要求。

2. 数据控制者和处理者核心活动是对个人进行定期和系统的大规模监控

当数据控制者和处理者在互联网上运用一切形式对数据主体反复、持续且有组织地进行大规模跟踪和分析时，则需要任命数据保护官对数据的合规治理发表意见。此外，大规模处理的认定也需要结合处理个人数据的数量及比例、持续时间和数据加工的活动范围等因素综合判断。因此，即便数据控制者和处理者自身的规模并不是很大，但只要其处理的数据样本足够多，则也当然被包含在大规模处理的范围之中。

3. 核心活动包括大规模处理特殊类别的个人数据

核心活动应当被定义为“实现控制者或处理者目标所需的关键操作”，即数据控制者或处理者将特殊类别个人数据的处理活动视为其公司运营不可分割的一部分时，应当任命数据保护官。

（三）培训

有了制度的建设，还需要对员工和第三方供应商加以培训方能使制度真正落地。因此，数据控制者在培训前往往还需要制订相关培训方案，有针对性地对员工和供应商进行数据保护方面的培训。此外，在培训前还可以为特定的角色创建灵活的培训计划，并在培训时对相关培训对象的完成率进行记录和监测。同时,在法律有所更迭或修改的情况下,对培训内容进行定期更新和完善也非常重要。最后,数据控制者可以基于培训的经验和成果,在公司内部创建一套常见问题 Q&A 的清单,并建立相关链接,供员工和供应商随时交流学习。

二、数据保护的设计和默认

数据控制者不仅要设计出符合企业自身实际情况的,有利于数据保护方面的举措,同时不能忽视欧盟 GDPR 所规定的有关隐私保护的默认手段。因此,数据控制者必须根据实现数据合规的成本、背景、数据处理目的、数据主体权利保障以及可能存在的风险进行综合评估,通过匿名化、最小化处理等方式实现数据主体对其数据的更大控制,并定期评估和审查数据处理系统及其使用情况,以确保企业的数据合规符合相关法律的规定。

(一)数据保护的设计

数据控制者的数据合规工作应当贯穿于数据处理的全流程领域,因此个人数据的处理规范在新系统设计之初就应当予以充分考虑。与此同时,数据控制者还应当创建具有管理和履行所有欧盟 GDPR 义务的内置能力的产品,确保数据主体的权益不会因此而受到不利影响。

(二)数据保护的默认

欧盟 GDPR 要求公司能够实施适当的技术和组织措施,以确保在默认情况下,只处理每个特定处理目的所需的个人数据。因此,数据控制者应当严格把握最小化收集的原则,更好地控制数据处理的范围。此外,在默认情况下,个人数据必须只保存在提供产品或服务所需的时间内,即需要确保数据控制者存储数据的时间不应超过达到数据处理目的所需的必要时间。

三、数据处理活动的记录

根据欧盟 GDPR 第 30 条的规定,数据控制者必须以书面形式对数据处理活动进行详细记录,以便在监管机构核查时得以及时提供。此外,该条还对数据处理活动的记录内容和类型进行了明确规定,保证欧盟各成员国在法律适用层面的一致性。

(一)记录的内容

记录应当包含以下信息:

1. 控制者以及联合控制者、控制者的代表、数据保护官(Data Protection Officer,DPO)的姓名和联系方式;

2. 处理的目的;

3. 对数据主体的类型和个人数据的类别的描述;

4. 个人数据已经被披露或将被披露给接收者的类别,包括第三国或国际组织的接收者;

5. 向第三国转移个人数据,包括受让人第三国的身份,以及在适用的情况下,提供适当保障措施的文件;

6. 保留期限;

7. 安全措施。

(二)记录的豁免

为了确保法律适用的公平性,欧盟 GDPR 所规定的强制记录义务对于员工人数少于 250 人的公司并不适用,足见数据主体权益保护和企业经营利益之间的平衡话题也是欧盟 GDPR 立法过程中所一贯考虑的内容。但是,如果处理数据的行为可能对数据主体的权利和自由造成风险,或频繁处理,或涉及特殊数据类别的处理,则该豁免并不适用。

第四节 欧盟 GDPR 数据跨境传输

欧盟 GDPR 允许个人数据在欧盟成员国之间自由流动。然而,当欧盟成员国向非欧盟第三国转移个人数据时,则需要遵循严格的限制。之所以如此规定是因为欧盟的隐私保护标准较高,以至于其他国家很难与其达成国际条约或协定。这在客观上也对国际贸易造成了不小的影响和阻碍。因此,对于一些大型跨国集团公司而言,无论处理活动发生在哪里,其往往都会选择适用欧盟 GDPR 的标准来对数据进行处理,以规避不必要的法律风险。

一、欧盟数据跨境传输的范围

数据跨境传输并不能与单纯的数据过境直接画等号,实际上数据跨境传输后需要在第三国进行处理或实质性的处理操作才能视为数据跨境的传输行为;反之,若仅从欧盟成员国途经第三国,则此情形并不属于欧盟 GDPR 中关于数据跨境传输的限制范围。此外,倘若欧盟成员国公民加载了个人信息到了另一个成员国的网站,由于这类信息具备了可以被任何人连接互联网后获取的条件,因而也不构成数据跨境传输行为。但如果欧盟的公民通过电话将相关数据提供给非欧盟的第三国公民,则该第三国公民将信息输入其电脑上的行为属于欧盟数据跨境传输的范围,进而应受到欧盟 GDPR 的规制。需要注意的是,运用如电子邮件和网页等分组交换技术,或短时间在某国的公民(如旅行者),其对个人数据的电子访问也不应纳入欧盟 GDPR 的适用范围。

二、欧盟数据跨境传输的合法途径

欧盟 GDPR 规定了三类数据跨境传输的合法途径,可以说,每一类合法途径均有其一定的适用价值和意义。因此,在实务中,针对不同的传输国家和个体情况,数据控制者需要灵活运用各种合法手段,选择最为合适的方案对数据进行跨境传输。

(一)充分性保护国家

根据欧盟 GDPR 第 45 条第 1 款的规定,当欧盟委员会认为相关的第三国或第三国中的某区域或一个或多个特殊行业或国际组织具有充分性保护,则其可以作出认定,同意欧盟成员国的任何数据控制者将个人数据自由转移到第三国或国际组织,而不再需要另行授权。

在认定第三国数据保护水平是否充分时,欧盟委员会一般会考虑该国对数据处理活动提供的充分性保护水平,包括对该国法治情况、数据保护的立法、存在的行政和司法补救措施等进行评估。此外,一般还需要评估该第三国是否设立了独立的监管机构以及其是否存在立法授权等内容。最后,对第三国所签订的有关数据保护的国际条约或承诺进行审查也是关键步骤，以明确该国际承诺与欧盟 GDPR 的规定是否相一致。

基于各国的立法和政策均在不断变化过程中，欧盟 GDPR 也规定了欧盟委员会应当至少每 4 年进行一次定期审查充分性的机制，并对被列为充分性保护的第三国和国际组织进行持续监测，若发现其不再能够确保具备充分的数据保护水平时，欧盟委员会有权将其清除或要求暂停数据的跨境传输。虽然目前全球共有 12 个国家和地区被欧盟列为充分性保护的国家，但仍属于很小的一个部分。可见，欧盟委员会对充分性保护国家的认定是极其困难的，而大多数的数据跨境传输行为也并不是通过该合法途径进行的。

（二）提供足够的保障措施

如若数据传输的目的国不属于充分性保护国家，则在传输数据的数据控制者或处理者提供足够保障基础上的同时，符合以下三类法定条件也可以作为数据跨境传输的合法途径：

1. 标准合同条款

标准合同条款是向被认为不能提供充分保护国家进行数据跨境传输合法化最常用的机制之一。为了规范标准合同条款的使用，欧盟委员会首先于 2001 年 6 月 15 日通过了一项决定，明确了数据控制者向欧洲经济区以外国家的数据控制者转移个人数据的合同中使用这些标准条款的要求；随后又于 2004 年 12 月 27 日发布了一项新的决定，修改了其 2001 年 6 月的决定，并补充完善了原有的标准合同条款，以保障数据控制者之间的国际数据传输更具合法性。2010 年 2 月 5 日，欧盟委员会再次更新了其决定，用一套新的模型条款将原控制者替换为处理者标准条款，即目前在实务中所使用的“控制者—处理者条款”。此外，为了扩大标准合同条款的灵活性，监管机构还可以采用它们自己的标准合同条款或批准各方提交给它们的临时合同以进行数据跨境传输，但同时仍需得到欧盟委员会的事先批准。

2. 行为准则和认证机制

欧盟 GDPR 赋予各类协会以及其他代表某类控制者或处理者的实体组织起草行为准则的权利，并以此作为数据跨境传输的合法途径之一。在相关行为准则发布后，数据控制者和处理者必须对此项准则作出履行承诺才能够进行数据跨境的传输。此外,在经欧盟委员会批准后,相关认证机构依据其所建立的数据传输标准也可以授予和签发具有通用性质的欧盟数据保护印章和标记,以满足小微及中型经济体的特定数据跨境传输需求。需要注意的是,认证机构在授予和签发相关印章和标记时,必须确保其专业性和独立性,避免利益冲突的发生。同时,相关标准中还应包含处理投诉的程序性规定,并在发生任何违法行为后及时启动包括撤销印章和标识的程序等。另外,监管机构应保留对认证机构的监督权,在发生数据控制者和处理者违法处理数据而认证机构未作合法处置或不再满足欧盟 GDPR 要求的情形下,监管机构还有权随时撤销认证机构的认证资格。据此,作为欧盟 GDPR 中的新理念,行为准则和认证机制在数据跨境传输中也起到了巨大的作用。为了更好地落实该机制,欧盟数据保护委员会曾为此发布了《行为准则和监管机构指南》,旨在帮助澄清在国家和欧洲层面提交、批准和发布准则的程序和规则。目前,ISO 标准是欧盟 GDPR 出台后唯一获得欧盟委员会批准的行业认证。

3. 有约束力的公司规则(BCRs)

有约束力的公司规则(BCRs)是全球数据保护的黄金规则,其也同时被称为跨国集团公司内的数据传输规则。BCRs 系监管机构于 2003 年创设的概念,作为一套基于欧洲隐私标准的全球规则,BCRs 允许跨国集团公司根据欧盟数据保护法的规定,自行制定并遵循相关规则,在经监管机构按照一致性机制批准通过后,以确保所有成员都遵守与单一约束力和可执行规则相同的高水平保护,使得个人数据可以在其公司内部进行跨组织的自由传输。BCRs 的创建印证了其在跨国集团公司内部数据跨境传输行为的重要作用。虽然获批通过的 BCRs 往往都会采用相对于欧盟 GDPR 而言更高的标准,以确保公司内部数据跨境传输的充分合法化,但最终往往还是能够控制合规成本,对于跨国集团公司而言一劳永逸。

通常而言,全套 BCRS 需要包含以下内容作为审查其有效性的实务标准:(1)企业集团和成员的结构和联系方式;(2)数据传输的类别、处理类型、目的、受影响的数据主体类型、ID、第三国情况;(3)内外都具有的法律约束力;(4)一般个人数据原则的应用,特别是目的限制、数据最小化、有限存储周期、数据质量、设计和默认数据保护、处理特殊类别的个人数据、确保数据安全的措施,以及继续转移到不受 BCRs 约束的机构的要求;(5)数据主体的权利和行使这些权利的方式；(6)成立于欧盟成员国领土内的数据控制者或处理者，接受任何非欧盟成立的有关成员违反 BCRs 的责任；(7)如何向数据主体提供 BCRs 信息；(8)数据保护官或任何其他负责监控 BCRs 合规性的个人或实体组织的任务；(9)投诉程序；(10)验证 BCRs 合规性的机制；(11)报告和记录规则变更的机制；(12)与监管机构的合作机制；(13)向监管机构报告集团公司成员在第三国受制于可能对 BCRs 中提供的担保产生重大不利影响的任何法律要求的机制；(14)对能够永久或定期访问个人数据的人员进行适当的数据保护培训。

(三)其他例外情况

如果数据输入国既非充分性保护的国家，在客观上又无法提供足够的保障措施，在符合欧盟 GDPR 所规定的具体例外情况下，仍可进行数据跨境转移或传输。欧盟数据保护委员会认为，当不可能对传输的个人数据提供适当的保护或足够的保障时，必须限制性地解释这些例外情况，并仅将其作为最后的手段予以适用。

1. 同意

如果数据控制者不能确保出境的数据能够得到充分的保障，同时该数据输入国也并非充分性保护的国家，则数据控制者需要在明确且具体告知数据主体可能存在的数据跨境风险，并获得其同意后才能够进行数据的跨境传输，以保障数据主体的知情权。需要注意的是，若是政府机关在行使其公共权力时，则不能依赖这种例外情况。

2. 合同履行之必要

欧盟 GDPR 还允许在履行合同之必要情况下进行的数据传输行为，如出口商与相关数据主体之间签订了采购合同，且该合同是应数据主体的个人要求或为了他们的利益而签订的，且同时为履行合同之必要时可进行数据的跨境传输。需要注意的是，本规定不仅限于供应货物或服务的相关合同，还包括雇佣合同等，但在实践中需要根据供应商所提供的商品和服务从客观上来评估是否真正需要跨境传输。倘若数据跨境传输的原因是基于出口商单方面的利益选择，而并无相关必要性，则该数据跨境传输行为就不应得到批准。举例而言，当欧盟的数据主体通过欧盟旅行社预订国外度假时，旅行社必须将客户预订的细节传输到国外酒店，以履行其与客户之间的合同，则该传输行为是必要且合法的。然而,如果旅行社纯粹是基于传输效率或削减成本等原因,决定将客户的数据传输至欧盟以外的国家,则该传输行为就是非必要的。

3. 重大公共利益

当涉及国家安全、预防和调查犯罪行为以及税收稽查等重大公共利益的事项,需要将数据跨境传输至第三国的,即便该第三国并非充分性保护国家,相关数据控制者也可以依据重大公共利益将符合规定的数据对外进行跨境传输,而无须承担任何不利后果。

4. 行使法律主张

基于特定司法活动的需要,在当事人确立、行使或进行法律抗辩时,可以向第三国传输与案件有关的证据,以完成跨境取证或代理工作,确保国家司法权的顺利行使。

5. 重要利益

为了保障数据主体的重要利益,可以对数据进行跨境传输。实践中监管部门一般会对此情形加以严格限制,只有在涉及如数据主体的生死等重大利益时,才能够得以适用。例如,为了跨国就医需要,向第三国传输数据主体身患某一严重疾病的个人医疗记录等。

6. 公共登记册

公共登记册是欧盟法或欧盟成员国法律为了向具有正当利益的一般公众提供咨询所使用的。对于公共登记册而言,可以允许对外传输从该登记册摘录的部分信息,如公司的董事和股东身份等,但一般不允许对外传输完整的记录。此外,如果负责编制记录的政府机构或组织规定了具体的使用条件,则必须符合该使用条件后方可进行传输。

7. 不重复的数据跨境传输

在数据主体数量有限且数据控制者追求其合法利益是必要的情形下,当数据控制者已经评估了围绕数据跨境传输的所有情况,且作出数据控制者的合法利益的保障并不会凌驾于数据主体的权利和自由之上的结论,并能够对个人数据提供适当保障时,数据控制者可以将该类数据进行跨境传输,但其仍应将数据跨境传输的范围和其所追求合法利益向监管机构和数据主体进行通报,确保其知情权。

综上所述,基于国家间的立法冲突以及数据合规要求各不相同,克服对国际数据传输的限制，既是欧盟领域下全球组织所面临的最困难的合规挑战之一，也是我国数据处理者在面对数据跨境传输时所面对的难点所在。为确保数据合规体系的建设，建议我国数据处理者能够结合我国法律、法规及欧盟 GDPR 的适用情况，充分制定符合自身经营需要的全球数据合规保护计划，以应对来自境外的各类数据合规风险。

第五节　欧盟 GDPR 的监督和问责

为规范各国对欧盟 GDPR 的适用标准，确保数据安全能够得到切实有效的保障，欧盟 GDPR 主要规定了自律监督、公民监督、行政监督三类监管模式，为数据控制者和处理者的数据处理活动指明合规方向。

一、自律监督

自律监督要求数据控制者通过风险管理的手段，确保实现数据处理者行为的法律遵从性，包括但不限于建立完善的数据合规体系架构，对各类供应商提供的服务进行尽调、审计和检查，以规范数据处理者和服务分包方的数据处理活动，并在处理可能对个人的权利和自由造成高风险时进行个人信息保护影响评估。此外，还可以通过聘请数据保护官的形式对供应商的数据处理活动加以指导，以尽到数据控制者和处理者应尽的数据安全保障义务。

二、公民监督

公民监督实则系通过数据主体行使其权利来规范数据控制者和处理者的处理行为，该类监督模式源于谷歌诉西班牙被遗忘权的司法判例，即当数据主体觉得自身权利受到了不法侵害或因数据控制者和处理者的数据处理行为不合规而遭受损失，其可以提出物质或非物质损害的赔偿要求，并可以根据本国法律在其居住地、工作地或违规处理所在地法院提起诉讼或者向监管机构投诉来寻求相应救济。需要注意的是，因数据控制者和处理者内部的责任问题而导致的损害并不能对数据主体的赔偿主张造成影响，任何一方在向数据主体承担全部责任后可向另一方按过错比例进行追偿。从实践角度来看，公民监督近年来已成为数据控制者和处理者在数据处理活动中所面临的主要风险之一，特别是欧盟 GDPR 创立的集体诉讼权①，更是赋予公民社会组织等非营利组织代表一个或多个数据主体提出诉讼的权利，为数据主体的权利主张扫清了地域和专业上的障碍。另外，除了针对数据控制者和处理者，公民还可以对监管机构所开展工作的合法性进行监督，即公民向监管机构就数据控制者和处理者的违法行为进行投诉，但未在 3 个月内得到处理的反馈意见，则可以通过向法院提起诉讼来要求监管机构对其违法行政行为进行纠正，以此全面构建欧盟数据合规的监督和问责机制，并形成监管闭环。

三、行政监督

监管机构是欧盟唯一拥有行政监督和执法权力的独立机构，为了确保数据处理活动的合法与合规，所有欧盟成员国目前均已专门成立了针对其本国数据控制者和处理者的监管机构，以监督欧盟 GDPR 的正确实施。此外，欧盟 GDPR 还赋予了监管机构参与立法的权利，规定了监管机构有权为议会和政府提供关于数据保护立法方面的咨询意见和指导。作为数据合规领域的主要监管部门，监管机构不仅在违法、违规的投诉及处理上负有相应责任，包括为公民的投诉提供各类便利条件等，同时其还有义务促进数据主体对其权利义务的认识和理解，并致力于欧盟 GDPR 在国际上的统一适用，以最终促进通信技术领域商业实践的发展。

（一）监管机构的职权

1. 调查权

除了一些法定的特别文件，监管机构履行其调查权时有权访问并获取数据

---

① 参见 GDPR 第 80 条："数据主体有权委托按照欧盟成员国法律设立的，以实现公共利益为目标的，且在保护数据主体的权利与自由方面表现活跃的非盈利机构、实体组织或协会代表其向监管机构提出申诉，包括行使第 77 条、第 78 条、第 79 条规定的权利，以及在欧盟成员国法律规定的情形下，代表其行使第 82 条规定的获得赔偿的权利。"

控制者和处理者持有的任何与案件有关的必要证据材料,包括外部审计报告等第三方文件,以启动调查程序。此外,除常规的数据保护文本审查外,监管机构还有权对数据控制者和处理者的企业运营材料进行审查。

2. 纠正权

经调查后发现数据控制者和处理者存在数据处理违法行为的,监管机构可以就此类处理活动向控制者和处理者发出警告及罚款,同时可以命令其暂停对相关数据的处理。此外,依据各个欧盟成员国的法律规定,为了执行欧盟 GDPR 的相关条款,监管机构还有权将数据控制者和处理者违反欧盟 GDPR 的情形诉诸司法机构,并在合适的情形下提起或参与司法诉讼。反之,任何自然人或法人也有权对监管机构作出的有法律约束力的决定提出司法救济,避免违法行政行为的发生。

3. 授权和咨询权

监管机构有权对符合条件的协会和认证机构颁发相应标识和印章,并就数据合法领域的相关问题接受咨询,如经个人信息保护影响评估后作出高风险结论的,数据控制者和处理者即有义务向监管机构进行通报和咨询。

需要注意的是,每个监管机构的成员和员工都应当遵循欧盟或其成员国的法律规定,对于其执行任务或行使其权力期间所获取的秘密信息,无论是在任职期间还是任期结束后都具有保密的义务。此外,监管机构还需要对数据控制者和处理者的侵权行为以及所采取的行动进行全程记录,且有义务保证监管的透明度,定期就其活动发布公开声明,并通过年度报告的形式增强公民对监管体系的信心。需要注意的是,监管机构通常不能就其监管行为向数据主体或数据控制者、处理者组织等收取费用,但可以对明显没有根据或过度的请求收取一定的合理费用。

(二)监管机构的国际合作

为了实现欧盟 GDPR 的适用和执行的一致性,监管机构之间以及监管机构与相关部门之间的国际合作显得尤为重要,为了更好地统筹和协调监管机构间的关系,一站式监督被欧盟 GDPR 所提出,即通过对主要监管机构的明确来对多个地区设立的数据控制者和处理者的数据跨境进行监管。

1. 一站式跨境数据处理规则

(1) 主要监管机构

基于顺利开展工作的需要,欧盟 GDPR 规定了"主要监管机构"这一数据控制者和处理者唯一的对接机构来对违法数据处理行为进行协调和处理。因此,主要监管机构的识别是适用一站式跨境数据处理规则的前提条件。

通常而言,当数据控制者和处理者涉及跨境数据处理时,是否能对其有效监管取决于数据控制者或处理者的主要经营所在地的位置。数据控制者一般以数据决策发生地作为其主要经营场所,而数据处理者一般以数据处理位置作为主要经营场所,而该场所所在地的监管机构即为主要监管机构。此外,由于在单一欧盟成员国境内设立的实体组织仍可以基于客观情况,实际处理多个欧盟成员国数据主体的数据,此类情形也应当被归为数据跨境处理,因此该数据控制者和处理者实际经营地的监管机构亦应当被认定为主要监管机构。可见,对于跨国集团公司而言,如果母公司或集团公司没有开展针对数据的主要经营行为,则其所在地的监管机构也并不一定就是主要监管机构。

实践中,由于数据跨境处理的项目各不相同,同一个数据控制者可能同时对应多个主要监管机构。倘若数据控制者虽然在欧盟区域有着多个组织,但其作出数据处理的决策中心却位于欧盟以外的区域,则欧盟 GDPR 将会鼓励数据控制者自主指定一个欧盟区域内的地区作为主要监管机构以确保其行使监督职权。需要注意的是,联合数据控制者必须基于商务合同的约定来判断主要决策所在地,这也对识别主要监管机构提出了不小的考验。

(2) 其他监管机构

对于其他监管机构而言,虽然其并不能就数据控制者和处理者采取的措施直接作出决定,但是基于便利原则的考虑,其仍可以接收只涉及其所在国家领土范围内的对个人产生重大影响的跨境数据处理的申诉并采取行动,且数据主体的投诉不应以此为限,其也可以向其经常居住地、侵权行为地甚至是工作地的监管机构提出。

(3) 跨境数据处理监管规则

主要监管机构仅适用于跨境数据处理的监管,通常以请求互助和联合行动开始,即主要监管机构向其他相关监管机构提出决定草案,如果各国的监管机构之间就主要监管机构作出的决定不服,可以在法定期限内提出合理的反对意见,主要监管机构有义务对该意见作出评价。

如果最终接受该反对意见,则主要监管机构需要重新起草并发布修订后的决定草案,若仍有进一步反对意见,则据此程序循环往复,直到最终达成符合各方利益的结论。此外,由于欧盟数据保护委员会是一致性机制的核心,因此在无法达成一致的情况下,以欧盟数据保护委员会经表决程序后发表独立意见为准,该意见一经发表,则各方都应予以执行。

如果拒绝该反对意见,则其应当将此事项提交给欧盟 GDPR 第 63 条规定的一致性机制予以处理。需要注意的是,只有当主要监管机构和其他监管机构均达成一致意见或经欧盟数据保护委员会决定后,相关决定草案才具有法律约束力。

如果决定草案最终被各方所接受,则主要监管机构应当作出决定,将决定的情况(包括相关事实和理由)通知给数据控制者或处理者的主要或唯一经营场所。与此同时,收到申诉的监管机构应当将决定的情况告知申诉人。

此外,如果主要监管机构和相关监管机构同意撤销或驳回了一部分的申诉内容,而对其他申诉的内容决定采取行动,则应当对采取行动的部分单独作出决定,并将决定的情况通知给数据控制者或处理者的主要或唯一经营场所。另外,接受申诉的监管机构也应当将撤销或驳回申诉有关的部分决定内容告知申诉人。

2. 互助和联合行动

欧盟 GDPR 还规定了监管机构之间的互助和采取联合行动的义务。

所谓互助,指的是监管机构需要对违法行为及时进行处置和合作,并确保信息交流的通畅性。在需要另一监管机构采取适当援助措施时,该监管机构不得无故进行拖延,除非其缺乏提供协助的能力或者需要避免违法行为的发生。需要注意的是,如果相关监管机构在收到互助通知后的 1 个月内没有按要求提供帮助,则发出请求的监管机构基于处置需要,可以采取有效期为 3 个月的临时措施以启动紧急程序,但该临时措施应当及时向其他监管机构、欧盟数据保护委员会与欧盟委员会进行通报。待 3 个月期满时,临时措施应当被暂停执行,除非该监督机构认为仍旧需要采取紧急措施的,其可以要求欧盟数据保护委员会作出具有约束力的决定,作为其继续履行该措施的法律依据。

所谓联合行动,旨在确保所有相关监管机构在监督和执法工作中都能够有所参与。例如,当数据控制者和处理者在多个地区设立组织或处理影响到多个地区的大量个人数据时,所有相关的监管机构都有权参与联合行动,主要监督机构也有义务要求没有参与的监管机构及时参与其中。

(三)监管机构的处罚

监管机构的处罚应当具有有效性、相称性和劝诫性的特征。根据欧盟GDPR第83条的规定,监管机构可以视数据控制者和处理者所实施的违法行为和被罚款实体组织的状态决定相应的罚款数额。在确定是否处以行政罚款及具体罚款金额时,应主要考虑以下因素:

1. 违法行为的性质、严重程度和持续时间,相关处理的性质、范围或目的、受影响的数据主体的数量及损害程度;

2. 故意或过失的违法行为;

3. 为减少个人数据损失而采取的措施;

4. 考虑技术和组织措施后承担的责任程度;

5. 历史违法、违规行为;

6. 与监管机构的合作程度,减轻侵权行为可能产生的不利影响;

7. 受影响的个人数据类别;

8. 监管机构是否被数据控制者或处理者主动通报违法行为;

9. 遵守先前针对数据控制者和处理者下令采取的措施;

10. 遵守经批准的行为准则;

11. 任何其他加重或减轻因素。

综上所述,行政罚款是基于数据控制者和处理者的违法行为作出的处罚。实践中,监管机构无须考虑违法行为与损失之间是否存在因果关系,也不能将资源短缺或投入不足等客观原因作为减轻数据控制者和处理者责任的情节予以考量。此外,欧盟GDPR在确定罚款金额时还基于企业是否存在经营行为进行了分档。如果数据控制者和处理者是非法人组织,可在1000万~2000万欧元间进行处罚。如果数据处理者是法人组织,最高可处相当于其上一年全球总营业额4%的金额或2000万欧元的罚款,以高者计。需要注意的是,如果是对自然人控制者或处理者进行罚款或其仅存在轻微侵权行为,考虑到相应处罚过重,则罚款可以被警告和训诫替代。经处罚后,如果数据控制者和处理者对监管机构作出的行政处罚不服,其可以在监管机构所在地的法院提起司法诉讼,并要求予以纠正。

第六章

中国企业的数据交易合规

第一节 数据交易所

《数据安全法》第19条规定:“国家建立健全数据交易管理制度,规范数据交易行为,培育数据交易市场。”此外,《上海市数据条例》第15条也规定了自然人、法人和非法人组织可以依法开展数据交易活动。可见,数据交易的合法性已经得到立法确认,而在上海数据交易所设立之前,为培育活力、安全、规范的数据交易市场,全国各省份已先后成立了多家数据交易平台。成立时间最早的贵阳大数据交易所旨在推动政府数据公开、行业数据价值发现,重要数据生产、交易撮合、资源流动,但因数据确权、价值评估、数据安全等数据交易痛点难题而陷入困境。2021年3月31日成立的北京国际大数据交易所作为国内首家基于“数据可用不可见,用途可控可计量”新型交易范式的数据交易所,定位于打造国内领先的数据交易基础设施和国际重要的数据跨境流通枢纽,强调从技术层面为数据确权、产品定价、数据所有权及使用权合理剥离等数据交易核心痛点提供解决方案。而上海数据交易所则选择以“不合规不挂牌,无场景不交易”为品牌特色,以特有的“数商”业态体系及灵活交付方式等保障交易合规的措施建设为切入点,为数据交易保驾护航。此外,上海数据交易所的设立也是贯彻落实中共中央、国务院《关于支持浦东新区高水平改革开放 打造社会主义现代化建设引领区的意见》的生动实践。上海数据交易所的设立与此前其他省份所设立的数据交易平台最大的差异在于,上海通过颁布“条例”的形式授予数据交易所监管数据交易的职权,而其他省份所设的数据交易平台多以数据登记、信息披露的功能为主,仅发挥平台功能。

中共中央、国务院于 2022 年 12 月颁布的《关于构建数据基础制度更好发挥数据要素作用的意见》中强调了国家数据交易所、地区性交易机构、行业性交易机构以及场外交易机构的多层次数据要素市场建设。2023 年 3 月 10 日,十四届全国人大一次会议表决通过了关于国务院机构改革方案的决定。其中,组建国家数据局更是一重磅消息,作为一项数据资源管理制度体系的创新,其表明了中央对于激活数据要素潜能,做强做优做大数字经济有了更大举措。对理顺中央及地方数据管理职责之间的关系,实现跨地区、跨部门联动有着非常重要的意义。目前,虽然各地数据交易所也正如雨后春笋般地冒出,但是数据交易的规范性流程仍在摸索之中。因此,数据交易的合规化实践仍然任重道远。数据要素交易市场架构如图 6 - 1 所示:

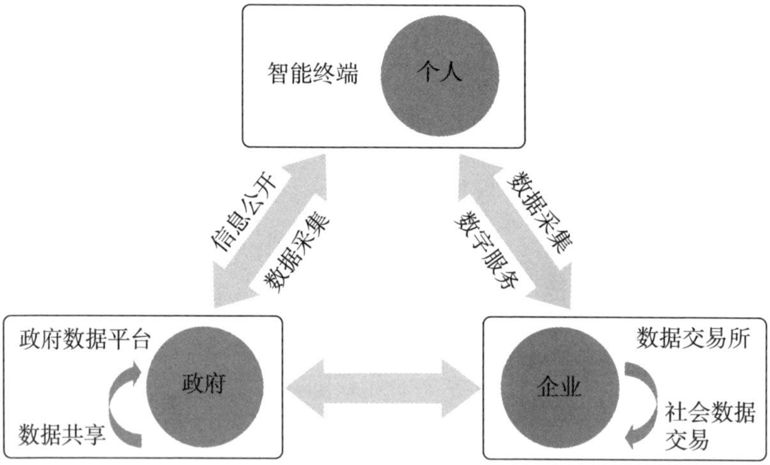

图 6 - 1　数据要素交易市场架构

一、数据交易准入制度

为保障数据交易的安全性,国内数据交易所对数据交易主体大多采用了会员制的交易准入制度,如北京国际大数据交易所即为实名注册的会员制,而上海数据交易所则采用的是依申请的会员准入制度。相对而言,上海数据交易所适用的是弱资格准入制度,其更重视对数据产品及场景合规的审查,将对数据交易主体的审查重点放在了交易环节，而在准入环节仅作形式审查。实务中，对数据提供方的主体审核可以在数据产品挂牌合规审查时完成，而对需求方的主体审查则采取了结合数据要素使用场景的方式进行。

二、数据交易的类别

数据交易的核心在于通过标准化的交易方式来降低交易成本，进而提升数据流通效率，以实现数据价值的最大化。从《北京国际大数据交易所设立工作实施方案》来看，数据交易的类型主要包括以下四类：

1. 数据产品所有权交易

数据产品所有权交易一般指的是对数据分析工具、数据解决方案的具有一定产权性质的产品转让。

2. 数据产品使用权交易

数据产品使用权交易指的是在不改变数据产品所有权的前提条件下，通过对访问权限进行交易，进而实现对数据的使用，如国家电网的“企业电智绘”产品等。

3. 数据产品收益权交易

数据产品收益权交易指的是对数据产品未来产生的收益进行交易，实务中通常为数据资产证券化产品，如数库科技的数据资产凭证等。

4. 数据产品跨境交易

数据产品跨境交易的交易模式一般为协议转让、挂牌、应用竞赛等，但此类产品受限于数据跨境法律、法规的规定，尚不具备成熟的交易条件。

数据产品类型与数据产品应用场景紧密相关，也是数据产品合规性评估的起点之一。可以想象，不同类型的数据产品交易对于提供方来说必然有不同的数据来源，同时对需求方的数据安全保障能力、企业营业资质甚至股权架构的要求可能也有所不同，数据交易主体在交易时应当予以特别关注。

三、数据交易的参与主体

数据交易的参与主体是指所有主动或被动参与数据交易活动的主体。对数据交易参与主体的分类和定位可以帮助交易双方及合规审查人员迅速锁定需要准备的合规工作。

（一）按数据产业链进行划分

数据交易的参与主体一般包括数据交易所上市数据产品的提供者和购买者。例如，广东省佛山市和禧金属制品有限公司以企业用电数据申请贷款，就是以原始数据主体身份参与数据交易的典型。此外，以上海数据交易所为例，现有挂牌产品中许多法人组织还以数据处理者的身份参与其中。

（二）按行业及数据重要性进行划分

由于数据本身可以根据行业进行划分，也可以就其重要性按照一般数据、重要数据、核心数据进行划分，或按照数据形成方式分为公共数据和非公共数据，因此数据交易主体也可以区分为电信数据交易主体、金融数据交易主体、汽车数据交易主体、医疗数据交易主体、一般数据交易主体、重要数据交易主体等。除《个人信息保护法》等法律规定外，还需考虑《基础电信企业数据分类分级方法》《电信网和互联网数据安全评估规范》《汽车数据安全管理若干规定（试行）》《国家健康医疗大数据标准、安全和服务管理办法（试行）》等垂直领域的规范性文件对数据共享、委托处理、数据交易等方面的特殊规定。

（三）按数据产生价值中的作用进行区分

按照数据交易主体在数据产生价值中的作用，可以将数据交易的参与主体分为数据提供商、数据应用商及数据服务商，亦可统称为“数商”，即以数据作为业务活动的主要对象或主要生产原料的经济主体。

《上海市数据条例》第 53 条第 1 款规定：“本市支持数据交易服务机构有序发展，为数据交易提供数据资产、数据合规性、数据质量等第三方评估以及交易撮合、交易代理、专业咨询、数据经纪、数据交付等专业服务。”综观上海数据交易所的“数商体系”，其涵盖了数据交易主体、数据合规咨询、质量评估、资产评估、交付等多领域。因此，准确定位数据交易主体的类别是产品挂牌过程中顺利通过合规审查的第一步，应当予以充分重视。

四、数据交易的产品类型

数据产品指的是涉及数据收集、存储、管理、处理及分析行为的技术平台或服务工具。虽然数据产品是数据交易中最重要的要素之一,但是各地对数据产品的分类仍存在一定差异。实务中,可以将数据产品大体分为数据包和数据API两类。

(一)数据包

1. 概念

数据包指的是通过发送文件的形式传输数据来进行数据交易。需要注意的是,由于数据包的交易不会再随着时间的变化而变化,因此其属于一种静态的数据交易模式。

2. 交易流程

在数据包交易中,数据提供方可将其数据包产品在交易平台中进行挂牌交易,数据需求方在付款后,交易平台会向数据需求方开放相应的下载权限,数据需求方可下载相应数据产品,该交易流程与正常的买卖合同类似。

3. 法律关系

数据包交易与传统的交易类型不同,其一般并不会涉及数据所有权的转移问题,且目前数据所有权归属的问题仍存在非常大的分歧。因为其本身的属性,数据的交易打破了物的专有性与权利专有性之间的关联。虽然通过交易,数据的传输已经完成,但数据仍然可以被多人共同占有、使用、收益和处分,同一数据项下存在多种法律权利。因此,在无特别约定的情况下,数据提供方与数据需求方对于数据包的权属而言存在一种特殊的共有状态。

(二)数据API

1. 概念

数据(Application Programming Interface,API),也可称为数据接口,系一种通过建立接口链接,即可访问数据的一种交易模式。从表面上来看,数据提供方并不实际转移数据,且交易数据仍旧存储于其自身服务器中,但数据需求方可通过接口进行数据访问,同时数据供应也可根据需要实时进行更新,其属于一种动态的数据交易模式。

2. 交易流程

在数据的API交易模式中,数据提供方提供API接口,供数据的需求方通过计算机语言访问数据。交易平台也可提供API调试工具、接口地址和统一格式的请求参数等信息,方便数据需求方快速使用。同时,双方可通过访问时限或访问次数进行收费,真正实现数据的按需访问。

3. 法律关系

通过 API 的数据交易访问与数据包交易存在明显不同。一般意义上的交易是买卖,需要有出售及购买的行为,而通过 API 接口的数据交易访问,并不涉及数据所有权的转移,也不涉及新的所有权产生。数据需求方通过 API 接口获得的是在一定期限内或条件下数据的使用权。数据提供方可以通过 API 保持对数据较高的掌控能力,可以随时变更提供数据的范围与数据调用的频率,甚至有能力随时终止数据提供服务。因此,以 API 接口提供访问的数据利用形式也可以被视为一种数据租赁行为。租赁物是数据,承租人(需求方)通过 API 获得数据使用、收益的权利并支付价金。

综上所述,虽然在理论界对于数据法律性质仍旧存在多数争议,对于数据的法律保护仍存在物权、知识产权、新型财产权等讨论,但是数据的财产权益是无可争议的。既然数据具有财产权益,那么只有数据的真正流通才能发挥其财产权益的最大价值。在现今针对数据交易没有正式立法的背景下,各地方只有进一步鼓励并促进数据交易,不断总结数据交易经验,才能为后续正式颁布法律提供参考。

五、数据交易的监管

上海数据交易所相较于国内其他数据交易所而言的主要特征在于,《上海市数据条例》第 67 条第 2 款[①]赋予其对数据交易的监管职能,即在供需方意思自治的基础上,以构建完整的配套制度为数据交易提供合规支持。此外,上海数据交易所首创的数商体系、数据交易配套制度以及数据产品登记凭证也为我国数据交易所的数据交易监管提供了可资借鉴的方式。

数商体系即为“数商”新业态,其范围涵盖了数据交易主体、数据合规咨询、质量评估、资产评估、交付等多领域,上海数据交易所通过对多元主体的培育和

---

① 《上海市数据条例》第 67 条第 2 款规定:“数据交易所应当按照相关法律、行政法规和有关主管部门的规定,为数据交易提供场所与设施,组织和监管数据交易。”

规范以及对数据交易的深度参与,间接提升了数据交易的可靠性和安全性。

数据交易配套制度指的是针对数据交易全过程提供的制度规范,包括从数据交易所、数据交易主体到数据交易生态体系的各类办法、规范、指引及标准。标准化的配套制度建设让数据流通交易有规可循、有章可依,便于各方在短时间内完成对数据交易合规性的审查。

数据产品登记凭证则实现了数据产品的一数一码。此外,可登记、可统计、可普查的特征,在技术上保证了上海数据交易所数据产品交易流程的可追溯性与可控性。

除上述规范外,灵活交付、集中清算、成立数据交易专家委员会等多种制度也保障了上海数据交易所及其他机构在数据交易全流程上的监督。

第二节 数据经纪人

2022 年 8 月 10 日,广东省开展了“数据经纪人”试点,对首批“数据经纪人”进行授牌并发布了全国首份区县级数据要素市场化配置改革行动方案。该尝试有助于解决数据交易流通环节的市场信任问题,保证数据交易的质量符合双方预期,确保数据交易的安全性。

一、数据经纪人的功能和作用

数据经纪人指的是在政府的监管下,围绕重点领域开展数据要素市场中介和数据经纪活动的机构。作为数据交易的撮合者和数据流通的中介者,由于其并非数据的提供者和所有者,因此其不仅可以在数据的场内交易提供服务,还完全有可能覆盖场外的交易完成数据供需方原先无法完成的工作。在非数据交易方面,数据经纪人还可以通过购买、预测、分析等其他合法的方式获得网络用户的在线及离线数据,然后将这些文件进行配置后出租或出售给广告商来获得相应经济利益。需要注意的是,数据经纪人一般与网络用户没有直接关系,而仅与该网络用户产生的数据交易及配置相关,这也是数据经纪人与广告经营者之间的一项重要区别。

（一）受托行权

虽然数据经纪人不是数据合法取得的最先持有人，但是相关数据权利人可以授权其代为对数据加以运营并行使相应权利，以进一步挖掘数据要素的潜在价值，提升数据要素的市场地位。

（二）风险控制

数据经纪人作为数据交易的中间人，其可以就数据交易提供担保，为数据交易的提供方增加信用。

（三）矛盾化解

在数据交易发生不可避免的矛盾后，数据经纪人作为独立于供需双方的第三者，其可以积极介入数据交易的矛盾化解工作，进而降低双方的维权成本并避免诉累。

基于以上所列功能，广州市海珠区制定了数据经纪人的分类分级标准，根据其各自所属功能分为技术附能型、数据附能型和受托行权型三类，并各自区分不同种类的数据经纪要求，为规范数据经纪人市场夯实基础。

二、数据经纪人的数据处理依据

数据经纪人作为数据交易及管理的第三方，其处理数据的法定依据一般包括同意和合法利益两类。

（一）同意

数据经纪人在处理数据前必须充分了解原始数据处理者的身份和处理数据的真实目的，并提供相应证据证明已经获得了其授权同意。在实务中，数据经纪人一般多与广告技术公司合作，由其代为获得授权。由于数据存在多次流动，因此数据经纪人有义务评估数据授权的风险，包括原始数据处理者在取得相关个人数据时是否合法，以及广告技术公司是否有证据证明其代为获得授权的行为符合法律规定。

（二）合法利益

如同数据处理者处理个人数据时所遵循的合法利益标准，数据经纪人也具有基于其合法利益处理数据的权利,一般是在涉及权衡原始数据处理者与第三方的利益对数据主体可能造成损害时。例如,在对数据主体的在线或离线活动进行过度监控而侵犯该数据主体的隐私权时,数据经纪人可以据此介入。需要注意的是,基于数据处理的高风险特征,针对合法利益的处理通常不建议适用于敏感个人数据。实践中,数据经纪人可以采取如下措施来减轻基于数据处理和分析活动对数据主体造成的不利影响:

1. 确保信息的全透明

数据经纪人有义务确保数据主体了解数据处理的目的和方式,并向其披露我国相关法律要求的全部信息。

2. 确保个人权利的行使

在数据经纪人处理数据过程中,其需要确保消费者完全了解自身所享有的权利,并保证其在第一时间可以行使这些权利。

3. 确保数据的准确性

数据经纪人在代为行权的过程中有必要确保数据的准确性,一旦发现原始数据处理者移送的数据准确性存在问题,则应当及时予以更正。

4. 确保采取保护措施

数据经纪人具有数据安全和组织保障的管理职责,因此其有义务采取必要且适当的措施保证数据处理的安全。

5. 确保个人信息保护影响评估的落实

根据《个人信息保护法》的规定,在处理数据时可能会对数据主体造成一定的风险,为了减少这类风险的发生,数据经纪人有必要开展个人信息保护影响评估的工作,以寻求相应降低风险的解决方案。

三、数据经纪人的法律责任

由于数据经纪人在实务中可以决定数据收集、分析和处理的目的和方式,因此其应当被归为数据处理者的范畴。但问题在于,数据经纪人与数据主体没有直接关系,这也就为其履行法定通知义务带来了障碍。由此,需要对数据经纪人的工作职能进行分析,如若能够证明其向数据主体提供相应信息是不切实际或者几乎不可能完成的,则其仅需如在其官网上或在一定范围内公开包括数据来源和接收者类别等必要信息,就能被认定符合通知的正当性要求。在实务中,数据经纪人也可以与广告经营者进行合作,通过超链接的形式将用户链接到数据代理或广告公司的网站用以阅读相应数据处理活动的通知,进而尽到相应的法定通知义务。

第三节 数据产品的合规评估

2021 年 11 月 25 日,上海数据交易所揭牌成立仪式暨 2021 上海全球数商大会在上海举行。当日完成挂牌数据产品 20 个,涉及金融、交通、通信等八大类,达成了部分首单交易。关于数据交易流程,上海数据交易所提出了"不合格不挂牌,无场景不交易"的原则,这就要求企业在挂牌数据产品和交易过程中,必须进行合规评估。同时,《上海市数据条例》第 53 条①也表明了我国鼓励发展第三方提供数据合规评估服务的态度。

一、数据供应方背景调查

(一)企业基本情况

对数据提供方的背景调查,主要是对企业经营范围及业务领域进行核查,且应当着重审查数据领域方面的业务。

(二)企业信用信息情况

数据产品交易始终存在五大痛点:确权难、定价难、入场难、互信难、监管难。其中互信难、监管难对于收集公开数据所形成的数据集产品而言尤甚,但数据集产品又是数据交易平台模式下最为常见的数据产品交易类型。因此,对企业信用信息的审查能够在一定程度上补足对数据产品可信性及合规性的审

① 《上海市数据条例》第 53 条规定:"本市支持数据交易服务机构有序发展,为数据交易提供数据资产、数据合规性、数据质量等第三方评估以及交易撮合、交易代理、专业咨询、数据经纪、数据交付等专业服务。本市建立健全数据交易服务机构管理制度,加强对服务机构的监管,规范服务人员的执业行为。"

查需求,为数据产品合规性审查提供辅助性帮助。若企业在其信用信息上存在瑕疵,则可能会导致数商无法进入数据交易所或交易资格受限、产品交易受阻,因此相关企业对其自身的信用信息应当予以重视。

1. 企业信用信息的常见含义

“企业信用信息”并非法律用语,但类似概念已经在我国市场监管、金融经济中作为常用语言来使用,其主要用于判断企业信用状况、协助市场监督管理部门建立监管抽查标准、对金融及非金融机构的风控研判等。

日常生活中常见的企业信用信息仅指国家企业信用信息公示系统这一口径发布查询的企业信息,包括企业基本信息、公共信息、企业声明信息等,并设立经营异常名录名单和严重违法失信名单两种评级标准。

从金融行业来理解,企业信用信息则包括了企业征信信息,即人民银行依据《征信业务管理条例》设立的中国人民银行征信中心所收集的以银行信贷信息为核心,以企业基本信息、非金融负债信息、法院信息和政府部门公共信息等为辅助的综合信用报告。

若从企业信用风险体系标准构建角度来看,根据国家市场监督管理总局出台的《关于推进企业信用风险分类管理进一步提升监管效能的意见》的规定,企业信用风险信息具体包含四类:

第一类是由市场监管系统管理的企业基本信息,包含企业登记注册、备案、股权出质登记、知识产权质押登记、行政许可、行政处罚、列入经营异常名录和严重失信主体名单、抽查检查等信息。

第二类是企业所在行业领域内的生产安全、公平竞争信息,包括食品药品安全监管、特种设备安全监管、工业产品质量安全监管、侵权假冒治理、价格执法、反垄断和反不正当竞争执法、消费者权益保护、计量、标准、检验检测、认证认可等领域的企业信用风险信息。

第三类是其他有关部门履职过程中产生涉企信息及信贷信息,如涉税、社会保险缴纳等情况的行政许可、行政处罚、严重失信主体名单、抽查检查等信息。

第四类是社会评价信息,包括公共企事业单位、行业协会商会、大型平台企业等有关方面掌握的涉企信用风险信息,如基于水电气使用情况而产生的企业工业信息。除此以外,通用型企业信用风险分类与专业领域企业分级分类综合构建企业风险监管机制。

以上所涉企业信用信息中,国家企业信用信息公示系统的公示信息系适用范围最为广泛的类型,而其他信息在其特定场景、行业也均具有一定的专业性。对于数据交易所而言,其需要兼顾国家对数据交易所的定位、数据安全监管的需求及交易流通促进的目标,进而应当在会员准入、资格维持、产品交易、事后跟踪等方面适用不同的企业信用审查标准对数据交易主体进行全面审查。

2. 企业信用情况在数据产品交易环节中的适用场景

(1)数商入场时

在数商入场阶段,为促进数据交易流通,可仅以现阶段的通用企业信息评级标准进行考核。在企业申请入场时,若国家企业信用信息公示系统显示申请企业为经营异常或者严重违法失信企业,则其极有可能被数据交易所限制入场资格。

(2)会员资格解除及限制

若数据交易所认为确有必要,可能会对已经获得会员资格的企业信用状态进行动态更新,并对异常情况启动预警机制。因此,若企业在经营过程中出现严重违法失信情况,则其可能会被限制、暂停或剔除场内交易的会员资格和交易资格。

(3)数据提供方、数据需求方及数据增值服务的产品交易过程中

在具体的数据产品交易过程中,需要重点结合企业所在行业和数据来源、产品使用场景、交易目的等因素对企业信用信息进行针对性的专业化审查。例如,对于提供数据标注服务或数据集产品的数据标注企业,则可能会重点审查数据收集、信息保护方面的企业信用信息。除此以外,即使信用信息异常最终并未影响产品进场挂牌,但由于当前数据交易缺乏明确定价规则,因此企业信用状况也可能最终影响到产品的定价。

综上所述,虽然企业信用信息并不会直接影响数据产品价值及质量,但会间接影响企业能否获得交易机会,并对数据产品的交易价格造成影响,因此企业应当尽量确保自身具备良好的信用信息,以免错失潜在的数据交易机会。

(三)企业涉诉及处罚情况

关注企业涉诉及处罚情况,是判断数据产品合规问题的重要一环,通过对

企业违法及违规行为的了解，能够迅速锁定数据合规治理体系的缺陷，进而避免数据交易过程中的风险产生。例如，在申请数商入场时，若该企业曾受到特定行业或部门的行政处罚或曾发生涉诉纠纷等，则其可能会被限制入场。此外，在存在消费者个人信息安全、数据泄露或数据使用的不正当竞争纠纷等情况下，即使该企业在国家企业信用信息公示系统中不存在异常情况，其也仍有可能在申请入场时受到限制。

（四）数据产品形成的动因与数据交易目的

对于数据产品的合规评估，还需要重点审查利益相关方的数据交易目的，即从宏观上审查数据产品的合规问题，提前排除一些可能影响数据产品挂牌的风险，如关联交易、套壳挂牌、借名挂牌等。

1. 为企业提供数据支持的数据交易

该类用途的数据产品多采用数据包或数据 API 接口的方式进行。在交易过程中，数据提供者通常需要通过数据收集、数据清洗等简单的数据加工方式，以数据包或数据 API 接口为数据需求方提供数据支撑。例如，地图导航型企业手中收集了大量的地图数据及街道数据，其可为自动驾驶类型的科技企业提供数据支持。该类数据产品应以审查数据提供方收集及提供数据的方式是否合法、合规作为工作重点。

2. 为企业提供风险防控的数据交易

该类用途的数据产品输出的多为数据报告，数据提供方通过其自身所掌握的数据，构建多维指标体系和数据评价模型，之后应需求方要求，对指定方进行风险评价，输出评估结果，需求方参考评价结果进行决策。例如，国内首宗在交易所平台实施的数据产品交易“企业电智绘”，电力公司在收到银行提供的相关企业授权证明后，运用一整套多维指标体系和评价模型，对电力公司合法采集到的企业用电数据进行分析，最终形成涵盖企业用电行为、用电缴费、用电水平、用电趋势等特征内容的评价结果，为银行在信贷反欺诈、辅助授信、贷后预警等方面提供决策参考。对于该类数据产品除审查其数据来源的合法性外，还需审核其数据提供方在进行数据处理与数据评价时的标准及模型是否符合国家标准或行业标准，并判断是否存在数据脱敏及样本不完全而导致误导结果的可能。

3. 为企业提供行情分析的数据交易

该类用途的数据产品多以图表、指数、趋势图等可视化的形式展现。数据提供方以公开或其他合法来源的行业数据为基础,通过对数据的分析来预测行业发展水平和状况,供行业内其他企业参考决策。上海数据交易所的一款上架产品“九鞅宏观指数系列”即通过数据分析与汇总,展示了四大类分项指数,包括经济增长指数、通货膨胀指数、货币条件指数以及货币政策指数,以协助企业在各类指数指导下进行投资。该类数据产品的审核要点除数据合法性外,还包括对行业数据处理方式的审查,如数据算法与种类,是否存在数据欺诈、造假及内幕交易等。

二、数据来源的合法性

除企业背景调查这类常规事项外,数据来源的合法性也是数据交易的基础,因此有必要对其加以严格审查。根据数据采集的手段不同,可以将数据的来源分为公开数据收集、自行生产、间接获取、直接采集四种。

(一)公开数据的收集

公开数据是指任何人都有权利访问,但只能在一定的条件下获取并使用的数据。实践中,公开数据较容易与开放数据相混淆,开放数据指的是任何人均有权获取并无条件使用的数据。可见,是否能够无限制地获取并使用是该两者之间最重要的区别(见表 6 - 1)。因此,自然没有必要讨论开放数据来源的合法性问题,而针对公开数据收集的合法性,应当从数据性质、收集手段、使用目的等方面进行审查。

表 6 - 1　公开数据和开放数据的区别

权限	开放数据	公开数据
所有人有权访问	是	是
所有人有权获取	是	不一定
所有人有权无限制使用	是	否
机器可读	是	不一定

当今互联网领域,采集公开数据的主要手段是爬虫技术。数据爬虫是一种按照一定规则自动抓取互联网信息的程序或者脚本,通过编程模拟人类访问网站,从而自动实现对目标站点和目标信息的批量获取。爬虫技术的主要应用场景是搜索引擎,即通过爬虫技术为用户提供其所需的检索服务。此外,爬虫技术还具有在某个网站上深度获取某些信息的功能。虽然爬虫技术本身没有违法性,但为谋求不当利益,滥用爬虫技术收集信息的案例仍比比皆是。关于爬虫技术收集手段的合法性边界,通常可从以下几个角度予以分析:

其一,取得数据的手段是否合法。虽然爬虫技术是中立的,但在使用时仍需要对其使用的合法性进行限定,即划定爬虫技术合法使用的边界。合法的网络爬虫应当限于数据访问控制或 robots 协议约定的范围。

数据权利方基于其特定目的可以开放和共享数据,但是同样也有权采取措施禁止或限制对数据的访问或获取。一旦数据收集方采用爬虫技术绕开或者侵入该数据控制,则该行为是具有侵略性的。目前,已有许多案例支持了这一观点,特别是利用爬虫技术不正当获取商业信息的行为也多被认定构成不正当竞争行为。此外,如果数据权利方在 robots 协议或网页中告知了爬取的范围以及其他应遵守的义务,数据收集方超出了约定或告知范围,没有遵守相应义务,该行为也具有违约性,同样也是非法的。需要注意的是,在上述情况下,数据收集方不仅可能会承担相应的民事赔偿责任,还有可能基于对网站反爬虫系统的破解,被认定构成"非法获取计算机信息系统数据罪"等刑事罪名。因此,建议企业禁止对采取相关反爬虫校验措施的网址应用爬虫技术收集数据,以规避相应民事及刑事风险。

其二,该数据使用目的是否合法。如果收集的目的是实质性替代被收集经营者提供的部分产品内容或服务,则该使用的目的也是非法的,因而利用爬虫技术收集的数据当然也是不合法的。

其三,该收集是否会造成损害。若该收集手段实质上妨碍了被收集经营者的正常经营,或者破坏系统正常运行,抑或不合理地增加了运营成本,这些行为也都不具有合法性。

由于网站数据承载了个人信息保护、著作权或知识产权保护、商业利益保护以及网络安全等所包含的多种权利,因此我国司法实践对于使用爬虫技术抓取其他网站信息的行为评价跨度极大,部分后果严重、手段恶劣的爬虫行为除面临网站运营者、信息主体可能提出的侵权指控、不正当竞争指控外,可能还会面临刑事责任,所形成的数据产品当然也存在较大合规风险,因此数据交易所必然会审慎对待此类数据形成的数据产品。

从国内主流类型来看,我国的数据交易所通常起着数据采购、供给、磋商、居间的作用,少数交易所(如上海数据交易所)兼具监管功能。相对于场外交易,数据交易所的优势在于其能够使数据交易行为更具有合规性,进而在最大程度上免除交易双方的后顾之忧,而且我国主流数据交易平台大多具有国资背景,数据交易平台对数据产品的选择也会影响数据产业的行业合规和发展风向。如果数据交易所完全放开对通过公开收集数据方式形成数据产品的限制,则有可能导致大量爬虫侵蚀正常网站运营的秩序和利益。虽然法院对爬虫技术持中立立场,但在运营网站方面,最高人民法院《关于"中国裁判文书网"网站建设建议的答复》表明官方网站同样更多是爬虫程序的受害者而非受益者。但若数据交易所完全排斥公开收集数据及其产品,则市场上大多数企业即使具备创新能力也会丧失入场资格和正当交易的机会,并进一步加剧数据垄断局面的形成。因此,数据交易所更应当以保护数据创新、维护正当竞争、增加社会福利为最终目的,平衡网站运营者、数据爬取者以及数据主体、公共利益之间权益的比重,通过对数据来源审慎审查的方式把控数据产品合规性,包容公开收集数据行为具有的轻微瑕疵,鼓励数据产品创新流通。可见,结合上海市杨浦区人民检察院等部门发布的《企业数据合规指引》,以及上海合合信息科技股份有限公司近期公布的《首次公开发行股票并在科创板上市申请文件的审核问询函的回复》中公布的内容,为争取相关数据产品的顺利上市,建议数据交易主体按照最严格的方式对数据爬取行为的正当性、目的性、合理性等内容进行自我审查,并确保该数据产品不会损害其他网站的运营,同时建立配套合规审查措施,为产品上市保驾护航。具体措施包括但不限于:第一,在进行数据爬取前,首先针对目标网站进行技术评估,包括计划获取数据的类型、目标网站的性质、是否存在数据采集限制、网站能接受的爬虫访问量等;第二,将爬取计划送交公司法务部门依据法律、行政法规、行业自律公约等予以审核修订;第三,定期检查被采集网站的限制规定、数据类型、用户协议等方面是否发生变化,若存在变化则及时更新爬虫清单及政策,加强长期管理;第四,建立"熔断机制",发现爬虫行为可能违反法律、行政法规或者行业自律公约,影响网络服务正常功能或可能侵犯他人知识产权等合法权益时，应当停止访问及收集数据的行为并采取相应补救措施；第五，设置首席数据保护官，专门分管企业数据收集合法等业务。

（二）自行生产的数据

自行生产的数据指的是企业自身在经营、科研、生产过程中产生的数据，包括但不限于研发数据、生产运行数据、管理数据、运维数据、业务服务数据等。以淘宝 App 为例，淘宝 App 的日活跃量、活跃时间点等数据均是 App 运营时直接产生的数据。相较而言，不同地区网购数量数据，是 App 收集消费者的地址信息后，通过处理而产生的数据。其中，日活跃量的数据就是自行生产的数据，而不同地区网购数量数据就是直接收集的数据。所以，即使是对于同一主体，其获取的数据种类也可能是不同的。自行生产的数据相比于直接收集的数据的特点在于，其并没有一个外部收集的过程，而是由企业通过设备、软件运营直接反馈而出的数据。在实践中，该类数据在数据交易中多采用数据包或数据 API 接口的形式，为其他企业的研究、经营提供数据支持。因该类数据的收集来源仅涉及企业自身，故对于自行生产的数据来源的合规审查重点应放在企业数据分类、安全和记录上，并同时对数据是否具有独立来源进行审查，以判断是否会侵犯其他主体的相关合法权益。

自行生产数据在实务中多体现为工业数据和信息化数据。具体而言，工业数据是指在工业各领域研发设计、生产制造、经营管理、运行维护、平台运营等过程中产生的数据。以国家能源集团神东煤炭为例，该公司 13 矿 14 井 10, 145 台套设备在持续不断地生产数据，在用测点 267, 996 个，存储数据 1. 4775 万亿条，平均每天数据增长 20. 1667 亿条。神东煤炭的生产数据库具有重要价值，该类数据一旦上架交易，将会为煤炭行业的数字化转型提供重要参考。此外，信息化数据指的是电信数据和无线电数据。电信数据是指在电信业务经营活动中产生和收集的数据，包括基础电信业务和增值电信业务。因此，在审查工业和信息化领域数据的过程中，需要审查不同数据等级的数据安全机制，保障在数据交易过程中，不会发生数据安全问题和泄露风险。

1. 数据独立来源

自行生产的数据在数据交易中首先要审核的就是数据独立来源。数据独立来源可以从两个角度讨论，一是数据产生的独立性，二是数据应用的独立性。

数据产生的独立性指的是自行生产的数据出自企业自身经营、科研、生产，不涉及外部收集行为。以上述神东煤炭的数据为例，其生产数据来源均为企业上万台设备所产生的数据，而非通过其他手段或方式从第三方手中获取。

数据应用的独立性指的是数据在产生后能够以常规状态储存，即数据能够独立于应用或软件程序中，不受应用和软件加密手段的限制。在实务中，大多数企业都是通过定制化开发或购买第三方成熟软件的方式来保证数据应用的独立性，倘若没有独立来源，则相关数据在进入交易市场后，其权属将会存疑，并进而影响流通性，从而降低整个数据交易的活力。

2. 数据分级

很多人认为数据分级是企业内部数据合规方面的内容，不会涉及数据交易的问题。然而，针对不同的数据类型，在实务中的交易审查界限是各不相同的，例如，针对生产数据，可能要求企业提供其生产的控制信息、工况状态、工艺参数、系统日志等；针对运营数据和管理数据，则可能要求企业提供设备信息、数据库模型、客户数据及运维日志等。这就需要我们在数据产生及收集阶段做好数据分级，以确保后续数据交易过程中数据来源合法。

根据《工业和信息化领域数据安全管理办法（试行）》（征求意见稿）的规定，工业和信息化领域数据可分为一般数据、重要数据和核心数据三级。同时在该办法第 8 ~ 10 条中分别详细阐述了各级别数据的定义。可见，该文件概括性地将数据进行了分类，同时在其他文件中针对不同领域内的数据分级进行了规定。例如，《信息安全技术 重要数据识别指南（征求意见稿）》是针对重要数据保护的规定；《基础电信企业数据分类分级方法》是电信行业的分类标准；《金融数据安全 数据安全分级指南》则为金融行业的标准。

综上所述，不同等级的数据在产生和采集时就需要做好数据分级，尤其是针对自行生产的数据，因自行生产的数据不存在外部收集过程，其数据在经过简单加工处理后即可以数据包的形式上架数据交易市场。若起初并未做好数据分级，则在数据交易中的数据存储和数据转移就无法按照相应数据等级进行匹配审查，对其数据上架造成一定的合法、合规风险。

3. 数据储存

根据《工业和信息化领域数据安全管理办法（试行）（征求意见稿）》的规定，存储重要数据和核心数据的，应当采用校验技术、密码技术等措施进行安全存储,不得直接提供存储系统的公共信息网络访问,并实施数据容灾备份和存储介质安全管理,定期开展数据恢复测试。此外,存储核心数据的,还应当实施异地容灾备份。由此可见,该办法对存储重要数据和核心数据提出了加密并且禁止公共网络直接访问的要求。对于以数据包和数据 API 形式为主的自行生产数据交易来说,该存储规定虽然一定程度上影响了交易便捷性,但还是极大确保了双方的交易安全。

(三)间接获取的数据

间接获取的数据一般指的是通过数据采购或授权许可进而获得的数据,相比于公开收集、自行生产和直接采集,间接获取并不生产或采集数据,其更多依赖于其他数据处理者的数据收集工作,通过数据交易或授权许可掌握数据后用以设计全新的数据产品。因此,在实务中,该种数据来源产品的数据交易合规问题更为复杂,需要对授权委托书及相关采购协议等书面文件进行审查。在实践中,该种收集手段多为数据采购或授权许可。对于该类数据来源,不仅要审查采购协议或授权许可协议的真实性、合理性,由于数据来源可能经历多手交易,倘若任何一环出现疏漏,均有可能导致间接数据交易的合法性产生问题,因此还需要按照上述标准,审查其所有"前手"数据来源的合法性,确保"前手"数据收集和交易均符合规定,避免企业对相关权利人产生侵权行为。

1. 数据交易的模式

数据交易的间接获取模式,往往采用数据包的形式,数据提供方通过数据交易所或其他方式与数据需求方进行交易。因数据本身的特殊性,打破了物的专有性与权利专有性之间的关联,所以虽然通过交易,数据的传输已经完成,但该数据仍然可能为多人所占有、使用,因此,关于数据包的交易问题,在现今法律体系下,可以通过数据交易平台来约束交易数据的多次转移。但该模式需要满足一个条件,即所有数据交易均通过数据交易平台完成,一旦双方进行私下交易,则只能通过合同约定来约束数据提供方为或不为一定的行为。例如,约定数据包独占或排他使用,则数据提供方不得将数据包转售他人或自行使用。

另外,授权许可的间接获取模式,往往采用数据 API 接口或其他可直接访问数据库的方式。数据提供方开放数据库访问权限或对接权限,供数据的需求方通过计算机语言访问数据。双方可通过访问时限或访问次数进行收费。

企业在通过上述方式获取数据后,将对数据进行分析、总结及创造性设计,进而形成一套新的数据产品进行上架交易。但由于该类数据产品的数据源并非独立的,而是通过他方主体进行获取,这就导致相关数据交易会涉及数据权属问题。相比于另外三种来源的数据产品,则需要对其交付标准、权属转移认定等问题进行综合考虑。

2. 数据交易的“前手”

间接获取数据来源并非“一手数据”,甚至可能是“二手数据”或“多手数据”。在审查购买协议或许可协议的同时,为确保数据来源合法、合规,有必要将其所有“前手”纳入合规审查范围。但考虑到数据的流通性,无法对其所有“前手”按照严格的合规标准进行审查,如若执行,一方面影响数据的流通,阻碍数据交易;另一方面,需花费巨大的审查成本,同时无法保证取得全部“前手”数据主体的配合。因此,在审查这类数据来源的数据产品时,除了较为明显和重大的数据违规,可以采用数据提供方数据权益承诺的方式代替,但该种方式需要满足“前手”承诺的连续性,否则仍需要对未承诺“前手”进行合规审查。

针对数据提供方数据权益承诺,除承诺不会侵犯第三方主体权益外,仍需根据不同数据来源进行不同内容的承诺。

针对公开收集的数据,承诺的侧重点在于:数据爬取或收集是否违反数据访问控制或 robots 协议,是否破坏收集网站的正常运行等。

针对自行生产的数据,承诺的侧重点在于:数据是否为数据提供方独立生产,其数据是否按要求进行存储及数据安全问题等。

针对直接采集的数据,承诺的侧重点在于:采集个人信息主体的充分授权、单独或书面同意,及非个人信息是否属于国家禁止采集或限制采集信息等。

针对间接获取的数据,承诺的侧重点在于:其交易行为不会侵犯“前手”主体的数据权益,且是在“前手”交易或授权范围内进行处分等。

3. 跨境流动

相比于其他数据来源的产品而言,间接获取数据来源的数据产品更有可能涉及数据的跨境流动问题,因为其数据均是通过第三方主体所获取的,双方交易主体涉及境内外主体的可能性就会大大增加。凡是数据产品跨境问题,不仅涉及数据产品的合规审查,还涉及对境外接收方的审查。除国家安全评估外,企业自身也需对跨境产品进行审查，通常包含以下方面：

(1)该跨境数据的数量、范围、种类、敏感程度及处理目的；

(2)数据出境可能对国家安全、公共利益、个人或者组织合法权益带来的风险；

(3)数据提供方在数据流通过程中的安全保障措施是否完备，能否有效防止数据泄露、损毁等风险；

(4)境外接收方的数据安全保障措施是否完备，能否避免出境数据转移或二次转移中产生流通风险、存储风险；

(5)与境外接收方订立的数据出境合同是否充分约定数据安全保障义务。

综上所述，间接获取数据来源的数据产品，基于其数据源自其他三种手段收集的数据所形成的数据产品，所以在合规审查时，不仅要审查该间接获取数据的合规性，还需审查该数据来源的合规性，即附带审查可能涉及其他三种手段收集数据的合规性。只有确保每一手交易数据都在合法范围内，才不会对后续该类数据产品的流通造成阻碍，也能够有效避免数据需求方的侵权风险。

(四)直接采集的数据

直接采集获取数据，包含经用户同意由用户自主上传或自动采集、经用户同意通过第三方组件采集以及通过设备直接采集三种方式。此类方式具有直接性，获取的数据通常最接近真实情况、最为原始、种类庞杂。其范围包括用户注册信息、登录信息、个人生物信息、蓝牙信息、设备信息、日志信息、网络状态、第三方注册信息、第三方登录信息等数据，以及信号、地理、气候等特殊行业的数据。不同方式直接采集的数据具有不同的合规风险要点。此外，直接采集的数据还可分为个人信息数据的采集和非个人信息的采集。不同数据类型，其审核标准和依据均应有所区分，即根据《数据安全法》和《个人信息保护法》等法律的规定对数据采集的强制性要求进行审查。

针对非个人信息采集，该采集手段一定程度上与公开收集的数据相重合，但又因为其行业的不同，故需按照相应行业数据规定审查其采集合法性。

针对个人信息采集，在个人信息去标识化的基础上可以视为已切断逆向识别个人的可能性，因此将该去标识化的信息转化为数据后，一般也是可以进行交易的。

1. 用户数据自主输入、上传及自动采集

(1)用户授权的完整性审查

对于用户自主输入或上传、数据采集方自动采集以及借助第三方组件收集的用户数据,需重点审查用户数据的授权行为。根据《个人信息保护法》第17条的规定,数据采集方在采集用户数据前,应当以显著方式、清晰易懂的语言真实、准确、完整地向用户告知:①采集方的姓名、联系方式;②采集以及处理目的和方式、处理的个人信息种类、保存期限;③个人行使《个人信息保护法》规定权利的方式和程序等。

除此以外,若数据产品是由初始数据转化而成,则数据采集方还应告知用户有关数据委托处理、共享、转让、公开披露的内容,并获得用户授权。此类告知通常以数据采集方的用户隐私政策、用户协议等方式予以呈现,合规审查时应当对前述条款予以关注。

(2)特殊用户数据类型及特殊机构的审查

首先,部分特殊类型数据应当具备形式要件。根据《信息安全技术 个人信息安全规范》(GB/T 35273－2020)的规定,个人用户对其个人信息处理的授权方式包括积极的明示同意以及如在监控区域默示同意的消极授权。但根据《个人信息保护法》第28条的规定,对于生物识别信息、宗教信仰、特定身份、医疗健康、金融账户、行踪轨迹等敏感个人信息以及不满14周岁未成年人的个人信息的采集及处理必须获得用户的单独同意,若缺乏该单独同意则应当认定为授权不完善。此外,《征信业管理条例》第14条第2款也规定,征信机构若要采集个人的收入、存款、有价证券、商业保险、不动产的信息和纳税数额信息,告知内容中还需包括提供该信息可能产生的不利后果,并取得用户的书面同意。

其次,收集的数据应当不属于禁止采集方采集的数据,尤其涉及敏感个人信息时。例如,《征信业管理条例》第14条第1款规定:"禁止征信机构采集个人的宗教信仰、基因、指纹、血型、疾病和病史信息以及法律、行政法规规定禁止采集的其他个人信息。"因此,对于此类数据,数据产品合规性审查时必须予以重点关注。

最后,企业信息的输入、上传和自动采集虽然不如个人信息受到较强监管,但亦可能涉及商业秘密,数据采集时应当予以注意。

2. 第三方组件的合规性审查

第三方组件能够帮助软件快速获得标准化功能，节约大量开发时间，是软件开发不可或缺的部分。因此，对于第三方组件采集方式获取的用户数据，除审查用户授权的完整性外，还需要审查采集方对第三方组件的安全性控制。但在实务中，第三方组件有可能通过安装该组件的海量软件采集用户个人信息，也有存在安全漏洞的可能性。

根据《信息安全技术 个人信息安全规范》（GB/T 35273－2020），对于此类情形，数据采集者可通过以下方式实现对第三方组件的控制和监管：

（1）建立第三方产品或服务接入管理机制和工作流程，必要时应建立安全评估等机制设置接入条件。

（2）应与第三方产品或服务提供者通过合同等形式明确双方的安全责任及应实施的个人信息安全措施。

（3）应向个人信息主体明确标识产品或服务由第三方提供。

（4）应妥善留存平台第三方接入有关合同和管理记录，确保可供相关方查阅。

（5）应要求第三方根据本标准相关要求向个人信息主体征得收集个人信息的授权同意，必要时核验其实现的方式。

（6）应要求第三方产品或服务建立响应个人信息主体请求和投诉等的机制，以供个人信息主体查询、使用。

（7）应监督第三方产品或服务提供者加强个人信息安全管理，发现第三方产品或服务没有落实安全管理要求和责任的，应及时督促整改，必要时停止接入。

（8）产品或服务嵌入或接入第三方自动化工具（如代码、脚本、接口、算法模型、软件开发工具包、小程序等）的，宜采取以下措施：

①开展技术检测确保其个人信息收集、使用行为符合约定要求；

②对第三方嵌入或接入的自动化工具收集个人信息的行为进行审计，发现超出约定的行为，及时切断接入。

以上内控制度的构建和有效执行能够提升数据来源的安全性和可靠性，降低数据采集的违规风险。

3. 设备直接采集数据

所谓设备直接采集数据，是指可借由科学技术直接采集的数据，如气候、地理测绘等。此类数据存在于客观世界中，通常没有主体对其享有数据权益，数据采集方也无须向此类主体获得授权，仅借助设备即可采集。但需要注意的是，尽管此类数据的数据主体并不特定，但不意味着采集行为不受法律、法规约束。相关数据所涉行业、国家利益以及采集方、处理方企业性质及资质的多方因素都有可能影响合规审查结果。

例如，根据国家发展和改革委员会、商务部发布的《外商投资准入特别管理措施（负面清单）》（2021 年版），禁止境外投资者投资大地测量、海洋测绘、测绘航空摄影、地面移动测量、行政区域界线测绘，禁止投资导航电子地图编制，禁止投资区域性的地质填图、矿产地质、地球物理、地球化学、水文地质、环境地质、地质灾害、遥感地质等调查（矿业权人在其矿业权范围内开展工作不受此特别管理措施限制）。

此外，根据我国《测绘法》第 2 条第 2 款的规定，测绘是指“对自然地理要素或者地表人工设施的形状、大小、空间位置及其属性等进行测定、采集、表述，以及对获取的数据、信息、成果进行处理和提供的活动”。同时，该法第 8 条还规定了外国的组织或个人在我国领域和我国管辖的其他海域从事测绘活动，应当经国务院测绘地理信息主管部门会同军队测绘部门批准，并遵守中华人民共和国有关法律、行政法规的规定。因此，如若数据产品的数据来源为产品方自行采集的测绘数据，且采集方资本包含境外资本，则审查时应当予以注意。

综上所述，对于用户自主输入、上传或同意采集的数据，应重点审查用户授权的完整性。对于以第三方组件方式收集用户数据的，除用户授权外，还需审查采集方是否对第三方组件具有完整的内控制度。对于可以使用设备直接采集的数据，不能仅因不属于特定数据主体即放松警惕，还应综合国家利益、所涉行业、采集方性质等多方因素综合审查数据来源的合规性。此外，除了依据《个人信息保护法》的同意、合理及最小化等基本原则，其他一些标准和规定也应当纳入审核依据，例如，《常见类型移动互联网应用程序必要个人信息范围规定》、《信息安全技术 个人信息安全规范》（GB/T 35273－2020）、《信息安全技术 个人信息去标识化效果分级评估规范》、《信息安全技术 移动互联网应用程序（App）个人信息安全测评规范》、《信息安全技术 个人信息处理中告知和同意的实施指南》等。

三、数据的可交易性

在数据的可交易性层面,主要审查的是数据产品的交易是否被法律所禁止,以及其是否存在权利瑕疵等内容,即明确数据产品中不包含禁止或限制交易的数据。此外,还需要对数据产品的知识产权进行审查,保证数据提供方所供应的数据产品没有知识产权层面的瑕疵,确保数据的可交易性。

(一)公共数据

2016 年,上海数据交易中心将当时法律、法规规范中关于禁止流通数据类型的部分进行了全面系统的整理,并加以完善发布了《数据流通禁止清单》。其中,第 1 条主要提及涉嫌国家安全和重大犯罪的数据禁止流通,第 2 条与现行《个人信息保护法》相呼应,对敏感个人信息禁止流通进行了规定。虽然该清单中部分数据种类的标准已经变化或被新的规范取代,如第 3 条规定的企业客户数据及商业秘密目前是允许被流通和交易的,但该清单至今仍有重要参考意义。除此之外,我国多部门和各地区均对禁止数据交易的类别进行了规定。

随后,2020 年 3 月 1 日正式施行的《信息安全技术 数据交易服务安全要求》(GB/T 37932－2019)第 6.1 条也规定,数据交易服务机构应根据我国相关法律法规,制定禁止交易的数据目录,目录至少应包括:(1)受法律保护的数据;(2)涉及个人信息的数据,除非获得了全部个人数据主体或未成年人的监护人的明示同意,或者进行了必要的去标识化处理以达到无法识别出个体的程度;(3)涉及他人知识产权和商业秘密等权利的数据,除非取得权利人明确许可;(4)从非法或违规渠道获取的数据;(5)与原供方所签订的合约要求禁止转售或公开的数据;(6)其他法律法规明确禁止交易的数据。

此后,深圳市发布的《深圳经济特区数据条例》、上海市发布的《上海市数据条例》以及天津市发布的《天津市数据交易管理暂行办法》等地方性法规,都对禁止交易的数据进行了规范。从前述法规、规范性文件的表述中不难看出,我国政府对禁止交易数据的核心思想都是统一的,即主要分为涉及国家秘密及未获权利人同意两种类别,其中商业秘密、个人隐私及未开放的公共数据,均可被归为未获权利人同意的种类。

针对“公共数据”而言，在实践中各地都有着不同的理解。例如，《上海市数据条例》中规定的公共数据是指“本市国家机关、事业单位，经依法授权具有管理公共事务职能的组织，以及供水、供电、供气、公共交通等提供公共服务的组织（以下统称公共管理和服务机构）在履行公共管理和服务职责过程中收集和产生的数据”。

《深圳经济特区数据条例》中规定的公共数据是指“公共管理和服务机构在依法履行公共管理职责或者提供公共服务过程中产生、处理的数据”。

《浙江省公共数据条例》中对公共数据的定义是：“本省国家机关、法律法规规章授权的具有管理公共事务职能的组织以及供水、供电、供气、公共交通等公共服务运营单位（以下统称公共管理和服务机构），在依法履行职责或者提供公共服务过程中收集、产生的数据。根据本省应用需求，税务、海关、金融监督管理等国家有关部门派驻浙江管理机构提供的数据，属于本条例所称公共数据。”

可见，浙江采用的是“根据需求，协商确定”的原则，深圳则规定得较为笼统，并未提及具体的领域和部门，而上海虽未对海关、统计、税务、人民银行、银保监等国家有关部门的数据提出具体要求，但选择了直接将事业单位纳入公共数据体系的做法。此外，公共数据在上海公共管理和服务机构之间“以共享为原则，不共享为例外”，而对上海公众则采用分级开放制度，具备一定的合理性。需要注意的是，上海还允许对公共数据的授权运营行为，包括允许其进一步利用开放数据对经设计的数据产品和服务进行交易。但需要经过上海相关部门的合规性和安全风险评估审查，且数据产品和服务的交易及结算，也应在公共数据运营平台的监管下进行。

综上所述，公共数据并非绝对禁止交易，只要其来源合法且在政府的监管下形成了数据产品或服务的交易，则这类公共数据仍属于可交易的范畴。

（二）重要数据

我国现行法律、法规对重要数据交易的标准规定的并不多，主要是在安全保障和评估义务方面。例如，《网络数据安全管理条例（征求意见稿）》第 12 条、第 32 条、第 33 条规定了数据处理者共享、交易、委托处理重要数据的各类要求。同时，对重要数据处理者的数据处理行为提出了比《数据安全法》更为具体、严格的管理措施，并将主管审批的范围从数据出境扩大至数据的共享、交易和委托处理，填补了相关监管漏洞，对数据处理安全的管理提出了更为全面的保障制度。

结合上述相关规定，我们认为，重要数据在交易的过程中，应当注意以下几方面限制：

1. 前置许可

因重要数据可能涉及国家安全、经济运行、社会稳定、公共健康和安全等方面，所以数据处理者在交易重要数据前，应当征得主管部门的同意或许可，确有必要或可能涉及国家秘密的，应当经过国家保密行政管理部门的审核，排除国家机密范围后，再进行交易。

2. 安全评估

在开展数据交易前，重要数据处理者应当对整个数据交易进行安全评估，包括但不限于：(1)数据接收方处理数据的目的、方式、范围等是否合法、正当、必要；(2)交易数据被泄露、毁损、篡改、滥用的风险，以及对国家安全、经济发展、公共利益带来的风险；(3)数据接收方的诚信状况、守法情况、境外政府机构合作关系、是否被中国政府制裁等背景情况；(4)数据接收方在数据处理过程中的管理和技术措施等是否能够防范数据泄露、毁损等风险。若评估不合格或存在上述风险的，则数据处理者无法进行数据交易。

3. 明确约定

重要数据处理者与接收方之间要通过数据交易协议或其他方式，明确约定处理数据的目的、范围、处理方式，数据安全保护措施等，不得超出约定的目的、范围、处理方式处理重要数据。

4. 事后监督

重要数据处理者应在与数据接收方完成数据交易后，及时履行监督义务，监督数据接收方是否按照约定使用该重要数据，是否开展了必要的数据安全保障措施，是否存在未经允许向第三方转让或授权等行为。

5. 记录保存

重要数据处理者交易重要数据的审批记录、日志记录等相关文件，需妥善保存并应保存至少 5 年。

综上所述，相比于绝对禁止交易的国家机密，相对于禁止交易的重要数据，其机密性及重要性略显下降,因此其交易的限制也略显宽松。虽然与一般数据的自由交易相比,重要数据的交易需要经过审批、许可、评估等环节,但正因为此,其交易的安全性才能得到切实保障。需要注意的是,目前就如何清晰划分重要数据的界限,如何进行安全评估、交易合同如何约定、如何进行事后监督等问题,仍是现阶段数据领域需要解决的问题。

(三)个人数据

在有关数据禁止交易及流通方面,由于很多法律规范或标准均有提及关于个人信息交易或转让的问题,因此从根本上来看,禁止交易的数据主要指的是未经合法权利人授权同意的个人信息。由此可见,"告知+同意"原则显然是个人信息处理者处理数据最为核心的规范要求。但对于企业来说,根据《个人信息保护法》与《网络安全法》的相关规定,其通常只有将个人信息通过去标识化或匿名化的手段转化为特定类型的数据才能进行数据流通与交易。

四、数据的可流通性

数据的可流通性审查是数据交易合规的核心环节,以政务数据为例,其核心需求就是保密性和控制交易的可流通性。虽然目前我国的法律、法规并未就政务数据所涵盖的内容作出相应解释,且政务数据和公共数据在实务中比较容易混淆,但政务数据也确实在《上海市公共数据开放暂行办法》《上海市优化营商环境条例》等的规定中有所提及。具体而言,所谓政务数据,其一般仅限于行政机构在依法履行职能的过程中采集和获取的各类数据资源,且具有较强的行政管理属性。因此,从性质上来看,公共数据通常比政务数据更具有开放性。政务数据原则上仅在行政机关内部共享,通常是不可交易也并不当然允许对外开放,而公共数据则可以在经过脱敏、清洗后对社会公众进行开放。需要注意的是,根据《数据安全法》的规定,即使是其他行政机关获得的政务数据,未经原机关允许亦不能与其他机构共享或对外开放。

目前,数据产品商获取政务数据的方式主要有以下三种情形:

1. 接受国家机关委托处理的政务数据

在该途径下,数据产品商应当严格按照委托内容处理数据,不得私自留存相关数据或者出于其他目的开发利用、使用该类数据。

2. 特殊行业

对于一些特殊行业而言，国家或地方政府可能会允许该行业内的企业获取相关政务数据。以金融行业为例，若数据需求方为金融机构，则依据企业当地的政策规定，金融机构可能被允许以增信融资等目的依法获取公共数据、政务数据、公用事业数据等。

3. 政府允许下的市场化开发应用

在实践中，我国对于政务数据的市场化开发应用可能根据不同的地区有着不同的规定。例如，在贵州、福建等地区，其允许合法机构通过政府购买服务、与政府协议约定或者公开招投标等竞争性方式对具备良好市场应用前景、较大经济和社会价值的政务数据进行市场化开发应用，而在上海、浙江等地，则通常只允许社会主体经授权进行的市场化开发。因此，在实务中还存在一定的摸索空间，有待相关配套文件的进一步出台。

综上所述，虽然政务数据开发可能会蕴含着巨大的经济价值，但是对于数据产品商而言风险远大于收益，因此数据产品商需要慎重对待政务数据的处理活动，避免产生数据交易的合规风险。首先，建议数据产品商及时与授权主体签订数据协议，并且在协议中应当对签约背景、授权主体身份、数据范围、数据处理的目的等内容进行明确。其次，除以上协议外，若当地对政务数据社会化应用并无配套性文件或明确细则支持，则建议数据产品商与相关部门协商出具加盖机关公章的证明或说明等，以增强数据活动的合法性。最后，建议对政务数据处理活动采用最严格的保密措施和最高级别的数据安全措施，隔离原数据进行储存，除非在明确许可的情况下，否则尽量避免利用政务数据提供数据查询类等需实时与政务数据来源连接的数据产品，尽量提供脱离原数据的完整数据产品。

数据交易所不仅要对拟挂牌数据产品的合规性和质量进行评估，同时需要对数据使用场景的合法性作出相应的评估，确保数据交易后能被运用在合法领域。作为一项数据交易行为，数据产品的提供方应当对数据使用的条件和规则进行明确，即提供相关数据产品的“使用说明书”，便于需方采购后能够顺利使用。需要注意的是，交易安全措施也是可流通性审查的一大重点，即在“三级等保”、应急处置制度建立、源代码审计及安全措施等方面都需要逐一进行审查。对于需要跨境的数据交易而言,还需要对数据跨境的条件进行严格把握。

第四节 企业并购的数据交易合规

通常来说,在一家企业顺利并购另一家企业后,会使其原有的商业优势和产品价值进一步提升,并加强其在研发、销售、运营等多方面的竞争优势。从数据角度来看,企业发生并购后所产生的数据交付行为,其本质上与在数据交易所完成数据交易活动相一致。因此,企业若希望借助并购获得数据源或者数据产品,在尽调时就应当具备数据交易合规意识,并以此作为并购活动中数据合规审查的指引。

一、尽职调查

以未来数据产品能够顺利挂牌上市为目的,企业若在并购过程中存在获取个人信息、相关数据的可能性,则应当按照数据交易合规审查的思路,分别对目标公司的主体情况、数据资产、用户授权等进行全方位的审查,以便将来设计合理的交易架构,提升并购活动后的价值。

(一)数据来源

在尽调过程中,首先需要对未来用于形成数据产品的基础数据的来源进行梳理和审查,以判断其是否合法、合规。

(二)数据资产

在企业日常经营活动中,经常会涉及对个人信息或用于生产经营的数据资产进行管理的情况,因此对该类数据资产的审查也是极其必要的,包括所形成的该数据资产是否经员工个人同意,或公司研发、营销所使用的数据是否具备合法性来源的基础等。

(三)数据安全保障的能力

对目标公司是否具备数据共享、交易方面的主体能力的审查,对于判断该企业数据合规体系建立的程度以及数据处理能力至关重要。在实务中,需要对目标公司数据安全保证的能力进行审查,以确保其数据处理技术的投入符合法律规定。需要注意的是,第三方供应商准入制度的建立也应当被视为目标公司数据合规体系的一部分。

(四)数据的可交易、可流通性

企业并购行为中往往会涉及部分数据属于我国法律、法规禁止交易的情形,因此有必要深刻掌握个人信息保护、数据安全保障、网络安全保障等相关规范性文件的要求,以判断是否违反相关的禁止性规定。

二、并购交割

在企业并购活动中,由于被收购方的数据资产治理水平不一,数据质量参差不齐,数据敏感性、量级、所属行业、标注程度、合规程度等各种性质不同,收购方可以结合业务方向、投资规划、并购目的等因素灵活选择股权收购或资产收购,并配合以恰当的通知方式、审批或备案程序,以降低企业并购中可能引发的数据获取合规风险,确保交割后的顺利过渡。

(一)自然人重新授权

根据《个人信息保护法》第 22 条的规定,个人信息处理者因合并、分立、解散、被宣告破产等原因需要转移个人信息的,应当向个人告知接收方的名称或者姓名和联系方式。接收方变更原先的处理目的、处理方式的,应当重新取得个人同意。因此,若被收购方持有大量个人信息,且此类信息系企业原本业务所必需或未来业务方向的开展基础,则应当审查原始自然人用户的同意情况,包括获取用户同意的方式、已获得用户同意的比例、用户同意的范畴、个人用户同意的留存情况、特殊个人信息的单独同意情况等。此外,在变更原始处理目的和方式的情况下,还应当在完成交割手续后重新取得个人的同意,以便顺利开展相关业务。

(二)特定类型数据的交割需求

如果目标资产或业务中涉及数据等级和敏感度高、量级大,或根据相关法律规定足以被认定为重要数据或核心数据,在资产交割前应当重点审查数据资产合并、共享、交换等行为是否会产生法律上的障碍,即是否存在对上述数据的交易限制或禁止。例如,根据《工业和信息化领域数据安全管理办法(试行)》(征求意见稿)第 25 条第 1 款的规定:工业和电信数据处理者因兼并、重组、破产等原因需要转移数据的,应当明确数据承接方案,并通过电话、短信、邮件、公告等方式通知受影响用户。涉及重要数据和核心数据的,应当及时向所在地工业和信息化主管部门或通信管理局备案。

(三)特殊主体的交割需求

若并购主体系关键信息基础设施运营者,则根据《关键信息基础设施安全保护条例》第 21 条的规定,在并购行为发生时,应当及时向相关保护工作部门进行报告,并按照保护工作部门的要求对关键信息基础设施进行处置,确保数据交割的安全。可见,社会经济活动需要以不危害国家安全为前提,企业主体必须保持高度的安全自觉,依法依规办理并购事宜,以免给企业经营活动带来难以磨灭的影响。

第五节　App 收购中的交易风险防范

App 是英文 Application 的简称,由于热门 App 掌握着大量 C 端的用户数据,因此对于 App 的交易收购也将直接影响数据的处理行为。在实务中,对于 App 的收购模式主要分为两类,即直接收购和间接收购。直接收购指的是在对 App 进行一定的估值后,直接购买该 App 相关权利的行为,如猎豹公司收购快图公司;而间接收购指的是通过收购 App 的运营主体进而达到控制 App 的目的,如阿里收购饿了么的运营方。

一、外商收购的准入

《外商投资法》出台后虽然通过"负面清单"的形式极大松绑了外商在我国境内的投资,但是针对增值电信业务的投资仍保留了部分限制(见表 6 - 2),因此在收购开始前,需要慎重选择收购主体,并确认外商投资企业能否顺利推进收购 App 的工作,一旦发现存在外商限制时,应当及时将交易结构调整为内资收购。这就需要对拟收购 App 运营主体是否已取得经营业务所必需的行政许可做一个初步确认,以确保在收购初期就可以发现交易对手及拟收购资产的合规经营风险。

表 6－2　外商投资增值电信业务领域的业务准入

外资股比	许可证类型	业务类别	资本来源	法律适用
完全开放(可全外资持股)	EDI 证	B21 在线数据处理与交易处理业务(经营类电子商务)	所有外资	《关于放开在线数据处理与交易处理业务(经营类电子商务)外资股比限制的通告》等
	境内多方通信服务业务许可证	B22 境内多方通信服务业务	允许港澳投资	工业和信息化部《关于港澳服务提供者在内地开展电信业务有关问题的通告》等
	存储转发类业务许可证	B23 存储转发类业务		
	呼叫中心业务许可证	B24 呼叫中心业务		
	ISP	B14 互联网接入服务业务(仅为用户提供接入服务)		
	ICP 证(仅限互联网)SP 证(不含互联网)	B25 信息服务业务(仅限于应用商店)		
限制开放(外资可持股大于 50%)	国内多方通信服务业务许可证	B22 国内多方通信服务业务	所有外资	《外商投资准入特别管理措施(负面清单)》(2019 年版)等
	存储转发类业务许可证	B23 存储转发类业务		
	呼叫中心业务许可证	B24 呼叫中心业务		
	ISP	B14 互联网接入服务业务(仅为用户提供接入服务)		《关于中国(上海)自由贸易试验区进一步对外开放增值电信业务的意见》等
	ICP 证(仅限互联网)SP 证(不含互联网)	B25 信息服务业务(仅限于应用商店)		

续表

外资股比	许可证类型	业务类别	资本来源	法律适用
限制开放（外资持股不超50%）	IDC证	B11联网数据中心业务	所有外资	《电信条例》、《外商投资准入特别管理措施（负面清单）》（2019年版）等
	CDN证	B12内容分发网络业务		
	IP－VPN	B13国内互联网虚拟专用N业务		
	ISP	B14互联网接入服务业务		
	ICP证（仅限互联网）SP证（不含互联网）	B25信息服务业务（部分）		
完全禁止	ICP证（仅限互联网）SP证（不含互联网）	B25信息服务业务［涉及互联网新闻信息服务、网络出版服务、网络试听节目服务、互联网文化经营（音乐除外）、互联网公众发布信息服务］	所有外资	《外商投资准入特别管理措施（负面清单）》（2019年版）等

二、知识产权的转让

App在本质上属于计算机软件，通常由其开发者享有著作权。此外，因App功能的差异和开发的具体方式过程不同，还会基于App图形用户界面（User Interface，UI）涉及外观设计著作权、基于App界面涉及美术设计著作权、基于App计算机代码涉及商业秘密等。该些权利是否真实存在或其权属是否明晰，需要在尽职调查过程后方能根据具体情况予以确认。

（一）计算机软件著作权

在实践中，如果App运营主体已就App申请了著作权登记，则有必要对该运营主体所取得的著作权登记证书原件进行核查。但如果运营主体未就拟出售App申请著作权登记，则存在以下两种处理方案：

1. 自行开发

在App为运营主体自行开发的情形下，需对实际开发人员的职务进行核查,若运营主体提供了开发人员名单以及这些人员的《劳动合同》或《劳务协议》,确认其确为运营主体聘用的具有正式劳动关系或劳务关系人员,且能够证明其运用公司资源进行了职务作品的开发,则可以认定构成职务行为。

2. 委托开发

在 App 为委托第三方进行开发的情形下,需要求运营主体提供相应的《App 委托开发协议》、App 源代码及需求文档等材料的交付记录,并审查委托开发费用的结算情况,以确认交易的真实性。

(二)UI 外观设计专利

根据国家知识产权局于 2014 年公布的《关于修改〈专利审查指南〉的决定》(国家知识产权局令第 68 号),对于计算机软件的图形用户界面(UI)的产品外观可以申请外观设计专利。因此,在一项完整的 App 收购协议中,就需要对 App 图形所涉的外观设计的相应权利一并予以转让,以避免争议的发生。

(三)域名的转让

在收购 App 时,通常需要对该款 App 所绑定域名的情况进行核查,包括但不限于要求 App 运营主体提供相应权属证明,并可主动前往工信部网站查询域名登记及费用支付情况等。如果需要转让域名,则需要在收购协议中予以明确。若域名不随 App 一并转让,则建议预留足够的过渡时间,避免域名更新不及时导致公司后续经营受阻。

三、个人信息保护及迁移

(一)个人信息的范围

1. 个人注册 App 账户时向平台提供的信息

个人在注册 App 账户或使用平台的服务时,向平台提供或修改的相关个人信息包括姓名、性别、籍贯、出生年月日、身份证号码、电话号码、传真号码、电子邮箱、通信地址、电子邮箱、兴趣爱好、网名或银行卡号及相关附加信息(如用户所在的省份和城市、邮政编码等)等。

2. 在用户使用 App 过程中,平台收集和获取的信息

当用户浏览 App 时,平台都会收集一些信息,包括但不限于用户的 IP 地

址、用户所使用的浏览器、使用的语言、访问日期和时间、电脑操作系统的相关信息、应用程序版本及展示给用户的网页记录等数据。如果用户使用的是移动设备,平台可能会读取与用户位置和移动设备相关的信息,包括但不限于收集标识用户的移动设备的数据、型号、设备识别码、操作系统、分辨率、电信运营商、特定设置、特性等。

(二)数据收集权利来源的合法性

《网络安全法》第 42 条第 1 款规定,"未经被收集者同意,不得向他人提供个人信息。但是,经过处理无法识别特定个人且不能复原的除外"。

此外,《App 违法违规收集使用个人信息行为认定办法》对于未经被收集者同意的行为进行了明确:

1. 既未经用户同意,也未做匿名化处理,App 客户端直接向第三方提供个人信息,包括通过客户端嵌入的第三方代码、插件等方式向第三方提供个人信息;

2. 既未经用户同意,也未做匿名化处理,数据传输至 App 后台服务器后,向第三方提供其收集的个人信息;

3. App 接入第三方应用,未经用户同意,向第三方应用提供个人信息。

因此,在收购 App 时,如果存在未经用户同意,直接将用户向 App 原运营主体提交的个人信息转让给收购方且未做匿名化处理的行为,则会被认定为违法转让用户个人信息,进而存在数据交易的违规风险。

(三)数据迁移的合法形式

关于数据的迁移问题,在实务中收购方一般会在收购完成前要求被收购方通过《用户注册协议》或《隐私权政策》,按照《个人信息保护法》和《数据安全法》等的要求,告知用户收购后的法律后果。如果通过该途径获得用户授权,可以视为向用户履行了事先告知义务,在通知完成后即可向收购方转让用户的个人信息。被收购方未通过协议的形式予以明确的,则可通过 App 弹窗、邮件、短信或客服电话方式向用户获得明确授权同意,但需做好相应的记录工作,以避免举证不能的责任。需要注意的是,该项工作需在收购交割前完成,即收购方应要求 App 运营主体主动通过前述各种方式获取用户的同意,并在收购交割时一并转让前述信息,未完成前述工作的,则不得擅自转让。

(四)《隐私权政策》

在收购协议中,交割内容的起草应当取得被收购方业务人员及技术人员的配合,并将 App 转让涉及的资产全部置于交割标的中。由于全面更换了数据处理者的主体,因此 App 的收购方在交割完成后需要通过与个人用户重新签订《用户注册协议》及《隐私权政策》的形式与其建立新的合同关系。通常认为,《隐私权政策》是指网络服务提供者就其如何处理个人信息所作出的书面声明、陈述、允诺或者保证,是根据《个人信息保护法》第 17 条所规定的规则制定的有关个人信息处理规则方面的约定,个人用户对《隐私权政策》的接受意味着同意网络服务提供者对其个人信息权益的处分。需要注意的是,App 收购方还应当按照《民法典》、《网络安全法》、《数据安全法》、《个人信息保护法》、《未成年人保护法》、《消费者权益保护法》、《电子商务法》、全国人民代表大会常务委员会《关于加强网络信息保护的决定》、《电信和互联网用户个人信息保护规定》、《信息安全技术 个人信息安全规范》(GB/T 35273 - 2020)、《规范互联网信息服务市场秩序若干规定》以及《移动智能终端应用软件预置和分发管理暂行规定》等要求对《隐私权政策》等相关协议进行完善和调整,以避免相应法律风险的产生。

1. 简洁版本

在实践中,可以向用户提供简洁版的《隐私权政策》,以免用户因为《隐私权政策》表述形式的复杂、冗长而放弃阅读,进而侵害其知情权。

2.《隐私权政策》的更新

根据《电子商务法》第 34 条的规定,保留历史版本的《隐私权政策》能够帮助电子商务适用正确的交易规则作为纠纷解决的参考。此外,2022 年 5 月 26 日,全国信息安全标准化技术委员会发布推荐性国家标准《信息安全技术 互联网平台及产品服务隐私协议要求(征求意见稿)》中也要求对互联网平台及产品服务的《隐私权政策》进行保留,但由于该标准仍在征求意见中,且仅为指导性意见,因此在更新后,能否将保留《隐私权政策》的历史版本作为法律的强制性规定仍未可知。

3. 用户拒绝签订

如果用户拒绝《隐私权政策》,则意味着拒绝该 App 对其个人信息相关的处理规则,包括拒绝提供必要个人信息和非必要个人信息。根据《关于印发〈常见类型移动互联网应用程序必要个人信息范围规定〉的通知》第3条的规定,必要个人信息是指保障App基本功能服务正常运行所必需的个人信息,缺少该信息App即无法实现基本功能服务。同时,其第4条则规定了App不得因为用户不同意提供非必要个人信息,而拒绝用户使用其基本功能服务。换言之,如果用户不需要提供必要个人信息就能够使用该App,则App不能因为用户拒绝《隐私权政策》而拒绝用户使用;如果用户必须提供必要个人信息App才能够满足提供服务和监管要求,则App可以因为用户拒绝《隐私权政策》而拒绝提供服务。

《隐私权政策》的内容如表6-3所示:

表6-3 《隐私权政策》的内容

类型	内容
信息处理的目的	对外共享、转让、公开披露个人信息的目的,收集、使用个人信息的目的,以及目的所涵盖的各个业务功能,例如将个人信息用于推送商业广告,将个人信息用于形成直接用户画像及其用途等
个人信息控制者的基本情况	包括注册名称、注册地址、常用办公地点和相关负责人的联系方式等
个人信息收集的情况	包括各业务功能分别收集的个人信息、收集方式和频率、存放地域、存储期限等个人信息处理规则和实际收集的个人信息范围、涉及的个人信息类型、接收个人信息的第三方类型,以及所承担的相应法律责任等
个人信息主体的权利和实现机制	如访问方法、更正方法、删除方法、注销账户的方法、撤回同意的方法、获取个人信息副本的方法、约束信息系统自动决策的方法等
纠纷处理机制	包括处理个人信息主体询问、投诉的渠道和机制,以及外部纠纷解决机构及联络方式等
风险及安全保护	遵循的个人信息安全基本原则,具备的数据安全能力,以及采取的个人信息安全保护措施,提供个人信息后可能存在的安全风险,以及不提供个人信息可能产生的影响
隐私政策发布方式	优先以逐一送达方式发布,当成本过高或有显著困难时,可以公告的形式发布,如在网站主页、移动应用程序安装页、社交媒体首页等显著位置设置链接
隐私政策标准	所告知的信息应真实、准确、完整

续表

类型	内容
隐私政策更正方式	所载内容发生变化时,应及时更新隐私政策并重新告知个人信息主体
隐私政策内容要求	内容应清晰易懂,符合通用的语言习惯,使用标准化的数字、图示等,避免使用有歧义的语言,并在起始部分提供摘要,简述告知内容的重点

四、App 运营中的常见问题

实践中存在多类高频的 App 违规问题,包括侵犯公民个人信息、侵犯手机用户正常使用等,且监管部门的监管重点主要还是在侵害用户权益方面,如内嵌第三方软件开发工具包(Software Development Kit,SDK)违规收集用户设备信息(如设备安装列表、设备 IMEI、IMSI、Android ID、设备 MAC 地址等),App 强制、频繁、过度索取权限,违规使用个人信息,强制用户使用定向推送功能,欺骗误导强迫用户,应用分发平台上的 App 信息明示不到位,超范围收集个人信息等。此外,根据《移动互联网应用程序信息服务管理规定》第 20 条第 2 款的规定,应用商店也有义务对上架软件的隐私合规政策予以审查。因此,在顺利收购 App 后,运营商应将 App 合规重点放至首位,避免基于违规行为而被予以通报。

(一)实名认证的规范

实名认证是 App 运营者的一项法定义务,其在实践中的规范性要求较为复杂,基本可以根据所属行业分为信息网络和金融账户两大类型,其中金融账户类通常会采用最为严格的实名认证和身份验证方法,如五要素认证,其他领域则通常仅需要“注册手机号 + 验证码”或者“姓名 + 身份证”即可。例如,根据《反洗钱法》的规定,金融机构应当按照规定建立客户身份识别制度,金融机构在与客户建立业务关系或者为客户提供规定金额以上的现金汇款、现钞兑换、票据兑付等一次性金融服务时,应当要求客户出示真实有效的身份证件或者其他身份证明文件,进行核对并登记。《证券法》和《期货和衍生品法》也都要求账户实名制,用户只能使用自己实名开立的账户进行交易。此类实名认证一般还有可能采用人脸识别、声纹识别、指纹识别等生物识别认证的方式进行。除此以外,《网络安全法》规定网络运营者为用户办理网络接入、域名注册服务,办理固定电话、移动电话等入网手续,或者为用户提供信息发布、即时通信等服务,在与用户签订协议或者确认提供服务时,应当要求用户提供真实身份信息。用户不提供真实身份信息的,网络运营者不得为其提供相关服务。《食品安全法》第62条也规定,网络食品交易第三方平台提供者应当对入网食品经营者进行实名登记,明确其食品安全管理责任;依法应当取得许可证的,还应当审查其许可证。

需要注意的是,虽然《关于印发〈常见类型移动互联网应用程序必要个人信息范围规定〉的通知》对各类App必须收集的个人信息进行了规定,包括但不限于女性健康类、网络直播类、在线影音类、短视频类、新闻资讯类、运动健身类、浏览器类、输入法类、安全管理类、电子图书类、拍摄美化类、应用商店类、实用工具类等无须任何个人信息即可使用基本功能服务,但这并不意味着App运营者就无须对用户进行实名认证。

(二)App权限的申请问题

根据工业和信息化部《关于开展纵深推进App侵害用户权益专项整治行动的通知》的规定,App安装、运行和使用相关功能时,非服务所必需或无合理应用场景下,用户拒绝相关授权申请后,应用自动退出或关闭的行为属于强制索取权限;短时长、高频次,在用户明确拒绝权限申请后,频繁弹窗、反复申请与当前服务场景无关权限的行为属于频繁索取权限;未及时明确告知用户索取权限的目的和用途,提前申请超出其业务功能等权限的行为属于过度索取权限;前述行为都属于设置障碍、频繁骚扰用户。

因此,App可以根据业务开展情况、适度合理向用户申请权限,但是该权限应当是保证App功能运行的必要权限,不应超出App功能范围,并且在用户拒绝后不应再次反复申请。

(三)App热更新问题

App热更新并非侵害个人权益的行为。热更新即App的即时更新,已经下载App的个人用户可以直接通过App完成下载更新,不需要重新从应用平台下载。并无法律、法规要求更新必须经过应用商店审核,热更新如果没有违反

《隐私权政策》约定的个人信息处理规则,也没有违反个人信息保护的相关法律、法规,则不属于侵害个人权益的行为。

(四)SDK 服务的接入问题

根据《网络安全标准实践指南——移动互联网应用程序(App)使用软件开发工具包(SDK)安全指引》的规定,SDK 是 App 内嵌的第三方开发组件,从 App 个人信息安全的角度来看,App 提供者原则上是 App 个人信息控制者及保护用户个人信息安全的首要责任人。因此,SDK 提供者需要按照 App 使用 SDK 的不同方式承担相应的个人信息安全责任,建议 App 与 SDK 之间通过签订协议的方式规范双方行为,并明确责任划分。

此外,作为网络运营者,其在接入 SDK 服务时应当根据《App 违法违规收集使用个人信息行为认定方法》相关规定,逐一列出 App(包括委托的第三方或嵌入的第三方代码、插件)收集使用个人信息的目的、方式、范围等,否则会被认定为"未明示收集使用个人信息的目的、方式和范围",进而侵犯公民个人信息权益。除此以外,根据《信息安全技术 个人信息安全规范》(GB/T 35273－2020)的规定,网络运营者应当向个人信息主体明确 SDK 的身份,如果未向个人信息主体明确,则应承担由第三方引起的个人信息安全责任。

(五)儿童用户

由于儿童在互联网中具有较弱的自我保护意识和能力,且一旦儿童的个人信息泄露,对儿童及其家庭的影响将是长远的。为此,国家网信办公布了《儿童个人信息网络保护规定》,对其进行了专门规定。除与个人信息保护规则中一致的内容以外,其第 8 条要求网络运营者应当设置专门的儿童个人信息保护规则和用户协议,并指定专人负责儿童个人信息保护,相当于以另设规则的方式为儿童设立了专门的个人信息保护规则。

(六)老年人用户

根据国务院办公厅印发的《关于切实解决老年人运用智能技术困难的实施方案》、工业和信息化部《关于印发〈互联网应用适老化及无障碍改造专项行动方案〉的通知》、《移动互联网应用(App)适老化通用设计规范》(附件 2)和国家标准《信息技术 互联网内容无障碍可访问性技术要求与测试方法》(GB/T 37668－2019),App 适老化及无障碍改造的要点主要是:

1. 界面操作

通过如字号大小、行间距、对比度、颜色等易感知的形式选择适合老年人使用习惯的界面,并可结合声音、文字等综合手段为老年人打造操作方便的界面模式。

2. 可操作性

增大老年用户屏幕的组件焦点,简化手势操作难度,为其预留更加充足的操作时间。

3. 安全性

禁止适老版界面 App 中出现广告内容及插件,也不得随机出现广告或临时性的广告弹窗;禁止诱导类按键,移动应用程序中无诱导下载、诱导付款等诱导式按键,并保障老年用户个人信息安全。

4. 其他

提供一键操作、文本输入提示等多种无障碍功能;提升方言识别能力,方便不会普通话的老年人使用智能设备。

App 运营中常见问题总结见表 6－4:

表 6－4　App 运营常见问题一览

类别	常见问题
侵犯公民个人信息	未公开收集使用规则,如 App 中没有隐私政策,或者隐私政策中没有明确处理个人信息规则,App 首次运行时未通过弹窗等明显方式提示用户阅读隐私政策等收集使用规则等
	未明示收集使用个人信息的目的、方式和范围,或以上信息发生变化时未以适当方式通知用户;申请打开可收集个人信息的权限或个人敏感信息时,未同步告知用户其目的,或者目的不明确;有关收集使用规则的内容晦涩难懂、冗长烦琐,不利于用户真正理解个人信息处理规则
	未经用户同意收集使用个人信息,或未经用户同意更改其设置的可收集个人信息权限状态;以欺诈、诱骗等不正当方式误导用户同意收集个人信息或打开可收集个人信息的权限,欺骗误导用户提供身份证号码以及个人生物特征信息的行为;未向用户提供撤回同意收集个人信息的途径、方式,违反其所声明的收集使用规则,收集使用个人信息;在静默状态下自行收集用户个人信息等
	违反必要原则,收集与其提供的服务无关的个人信息,过度收集的个人信息类型或打开的可收集个人信息权限与现有业务功能无关

续表

类别	常见问题
侵犯手机用户正常使用	违规调用手机权限,或过度索取权限,如未告知用户就设定有权调用相册、录音或摄像头
	自启动或关联启动,如未向用户明示未经用户同意,且无合理的使用场景即自启动或关联启动其他 App,或 SDK 非服务所必需或无合理应用场景即自启动或关联启动 App
	强制或诱骗用户点击下载 App
	弹窗或开屏广告强制开启,或不能有效关闭广告
	滥发广告,访问页面中高强度出现广告,或必须经过一定时间才能关闭广告等
	骚扰电话问题,即滥用经用户同意后收集的用户电话,反复向用户拨出营销电话、回访电话等

第七章

中国企业的数据合规体系建设

第一节　数据保护官

《个人信息保护法》和《数据安全法》规定数据处理者需要指定个人信息保护负责人和数据安全负责人来负责对落实企业数据安全保护责任和数据处理活动的监督工作，而数据保护官的称谓则源于欧盟 GDPR 第 37 条的规定。基于数据安全负责人和数据保护官履行的法定职责较为类似，且数据保护官这一称谓较为形象，因此在实务中，人们多以数据保护官作为此类职位的统称。此外，任命数据保护官 DPO 是《个人信息保护法》和《数据安全法》中明文规定的数据处理者的义务，但数据保护官的选任仅仅是企业数据合规治理的开始，进一步明确数据保护官的工作目标及职责才是中国企业数据合规体系建设中的重要工作，也是确保企业数据安全的基石。

一、数据保护官的指定

《个人信息保护法》第 52 条规定："处理个人信息达到国家网信部门规定数量的个人信息处理者应当指定个人信息保护负责人，负责对个人信息处理活动以及采取的保护措施等进行监督。个人信息处理者应当公开个人信息保护负责人的联系方式，并将个人信息保护负责人的姓名、联系方式等报送履行个人信息保护职责的部门。"

《数据安全法》第 27 条第 2 款规定："重要数据的处理者应当明确数据安全

负责人和管理机构，落实数据安全保护责任。”

从上述条款来分析，处理重要数据和个人信息达到国家网信部门规定数量的数据处理者应当指定数据保护官。首先，需要明确的是，并不是所有的数据处理者都必须指定或任命数据保护官来对数据处理活动进行监督。其次，根据数据合规领域的工作经验和能力，企业需要尽量选任具备足够的技术和专业知识且不会对数据合规处理引起利益冲突的角色担任该职务。此外，数据保护官应当独立运作，在开展的工作中必须确保其有权向公司的最高管理层直接进行汇报，有权随时访问并获取公司关于其数据处理活动中有关的任何数据。同时，其还有权就企业的正常经营工作加以常规和系统的监测，即通过定期与具有一定组织性的制度性安排进行持续的跟踪和分析。当然，在现实中，数据保护官不一定必须由公司员工担任，数据处理者也可以通过选任第三方服务机构（如律师事务所、会计师事务所等）的方式进行合作。需要注意的是，集团公司聘请的数据保护官应被赋予穿透到底层进而履行其相应职责的权利，集团的下属子公司在该情形下也必须全力配合数据保护官开展各项工作。最后，目前我国并未设置专门的数据保护官的资格证书。因此，担任数据保护官也并无取得相关资格证书的前置性要求，企业在选任数据保护官时可以根据自身情况选择合适的人选并按照法律的规定进行公示和报送。

二、数据保护官的职责

数据处理者必须尽可能提供数据保护官履职所需的任何资源和环境，以确保其能够及时参与和监督所有有关数据保护方面的问题。但需要注意的是，数据保护官应当围绕数据合规开展工作，其并无衡量数据合规及公司成本投入的义务，也不应基于其履行应尽职责而受到公司的惩戒或解雇。通常而言，数据保护官主要负责以下工作：

1. 监督数据处理的流程设计

一般数据处理者会在处理相关数据前进行设计建模，并对模型进行相应测试，以预测其数据合规的状态。在最终对相关模型所测试出的数据进行确认时，数据保护官有权独立发表意见，并指出数据处理流程设计的违法行为，进而使数据处理的流程更为规范。

2. 监督公司内部规章制度的遵守情况

为了确保数据处理遵守公司的各项内部规章制度,进而避免数据主体的权益受损,除监督数据处理行为外,数据保护官还有权对企业数据安全保护的相关活动进行管理,并可同时组织员工开展各类数据安全的培训活动,以规范其工作流程,并促进数据合规的企业文化。

3. 建议开展各类评估工作

《个人信息保护法》规定了在开展一些容易产生高风险数据处理活动前,数据处理者有义务开展个人信息保护影响评估的工作。当数据保护官发现企业应当开展而未开展时,亦可主动向数据处理者提出。此外,基于安全评估的数据跨境行为,数据保护官也有权督促数据处理者尽早进行数据自评估等。数据处理者一旦被告知,就有义务及时启动相关评估工作,以保证数据治理的合法与合规。

4. 提出整改意见或建议权

数据保护官有权定期开展内部审计,以监督和记录数据处理者的数据处理行为,并对其合法性进行持续审查,一旦发现公司存在违法、违规行为,应当及时予以制止,并向其提出相应整改意见或建议。

5. 监督数据安全的预警及应急处置工作

数据安全的预警和应急处置工作是数据处理者确保数据安全的有效手段,数据保护官有权对该项工作进行监督,并就相关脚本的不规范之处提出相应意见和建议,由数据处理者进行更正。

6. 与监管机构保持密切联系

数据保护官不仅可以直接与公司的最高管理层对接开展各类监督工作,也有权与监管机构保持密切联系并建立绿色通道,就工作中遇到的难点问题随时进行问询。同时,其还有义务及时传达最新立法及政策的精神,保证企业能够及时依法调整其内部的数据合规治理结构。

7. 投诉的处理

由于数据保护官的联系方式会被公开,因此数据主体在发现其权益受到侵害时,会向数据保护官寻求帮助。除此之外,数据保护官也有权接受来自公司内部员工的投诉。需要注意的是,在接受数据主体及相关人员的投诉后,数据保护官应当第一时间将相关问题传达给公司的主要负责人,并应对该问题的处理进行持续跟进,确保问题最终能够得以解决。

三、数据保护官的管理架构

数据保护官应当采用垂直管理的架构履行职责,也就是说只要涉及数据保护合规相关问题的部门和岗位,都需要服从数据保护官的领导,即数据保护官全权负责公司数据的合规工作,其也仅需向公司的直接负责人进行汇报。此外,虽然数据保护官是独立运作的个体或机构,但是其工作职能的完成也需要各部门的配合。因此,公司往往会牵头组织与之工作相关的部门负责人成立数据合规管理委员会,进而推进数据保护官提出的各类意见和建议。需要注意的是,为了保证人员的稳定性和专业性,数据合规管理委员会应当对关键岗位进行梳理,并加强关键技术人才的培训和考核管理工作,进而系统性地完善数据保护官的管理架构。数据保护官的管理架构如图 7－1 所示:

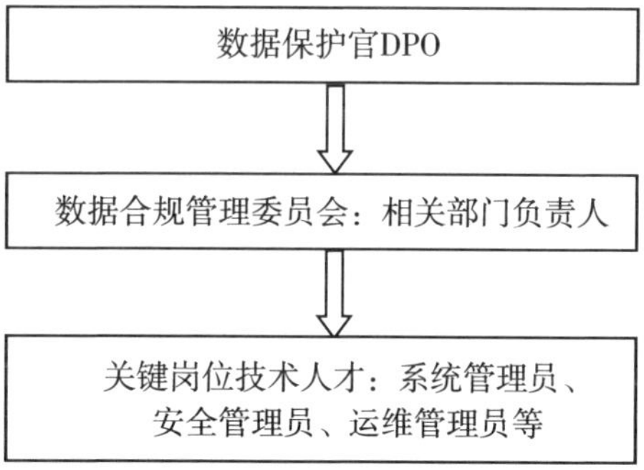

图 7－1　数据保护官的管理架构

第二节　个人信息保护影响评估

个人信息保护影响评估是《个人信息保护法》中明确规定的数据处理者的一项义务,是公司系统性评估和识别其提供的数据产品和服务是否会对数据主体隐私和数据保护产生影响,并找出数据处理活动中潜在问题的重要手段。由于《个人信息保护法》第 55 条规定的五类个人信息保护影响评估的法定事由属于容易产生高风险的数据处理活动,因此在这些数据处理活动前需要进行个人信息保护影响评估。在实践中,不同数据处理者对于个人信息保护影响评估有着不同的做法,我国也鼓励定期开展个人信息保护影响评估工作,并将经评估产生的报告纳入审计范围,且应当至少保存3年。

一、个人信息保护影响评估的具体要求

个人信息保护影响评估是数据处理者开展数据合规自查自纠工作最佳工具之一。在实践中,对于单一流程化数据产品的合规审查,一般只需要进行一次评估就能解决一系列相同类型的高风险数据处理问题。与此同时,当数据处理者经过个人信息保护影响评估并识别出相应风险时,其也应积极采取必要且合理的措施来预防或减少该风险的发生。通常来说,如果数据处理者已聘请数据保护官履行相应职责,则在个人信息保护影响评估前数据处理者也应当告知并征求其建议。此外,在一些特殊的情形下,数据处理者可以适当征询可能受影响的数据主体或其代理人关于数据的处理意见,以完善个人信息保护影响评估的内容。需要注意的是,如果在个人信息保护影响评估后,作出了无法降低数据处理风险的结论,则数据处理者应及时向监管机构寻求帮助,建议在监管机构给出确定性的回复前,中止对该类数据的处理。

二、个人信息保护影响评估的工作机制

根据《个人信息保护法》第56条的规定,个人信息保护影响评估应当包括下列内容:个人信息的处理目的、处理方式等是否合法、正当、必要;对个人权益的影响及安全风险;所采取的保护措施是否合法、有效并与风险程度相适应等。在实践中,各类数据处理者在开展个人信息保护影响评估工作时都有显著区别,有的采用纸质的形式,有的则通过电子邮件的形式向数据主体发出调查文件,更有甚者利用自动化的技术手段对所需评估的内容进行分配,并要求数据主体授权提供评估所需的数据材料。虽然法律并没有对个人信息保护影响评估的工作开展进行明文规定,但慎重起见,建议采取纸质的方式更有利于数据合规的建设,同时能够便于全程记录,提升数据处理者在数据处理方面的合法

性。因此,有必要建立相应的工作机制,使出具的评估报告更为科学合理,也更具针对性,而非形式主义。

(一)评估前准备

由于《个人信息保护法》并未规定开展个人信息保护影响评估的具体细节和流程性要求,因此数据处理者往往都会自主选择及聘请具备数据合规治理能力的专业化团队来制订相应的评估和咨询计划,并就评估的必要性进行分析,以确定最终的待评估对象。需要注意的是,数据处理者应当主动调整其产品开发和数据治理程序,并对个人信息保护影响评估开展的必要性自行作出判断。

(二)风险来源识别

风险来源的识别是考验个人信息保护影响评估团队专业能力的一项基础性工作。在实务中,一般需要结合数据处理者的业务情况和特点,对数据处理活动的内部治理流程和规范、外部网络环境、所采取的技术措施甚至是员工或合作的供应商进行综合分析,以精准识别出数据处理活动中的高风险来源,进而寻求解决方案。通常被认为构成高风险的数据处理者行为包括但不限于:

1. 经系统分析后可能会对个人产生显著法律影响;
2. 处理活动大规模使用了敏感个人数据;
3. 大规模且系统性地对公共区域进行了监测(如闭路电视等)。

(三)评估的方式

实施个人信息保护影响评估的方法在实务中各有差异,一些企业习惯采取纸质的形式进行评估,而另一些企业则选择将电子邮件发送给适当的利益相关者,更有甚者委托第三方使用“自动化”的技术进行任务分配。虽然法律暂无评估的形式要求,但需要注意的是,所有的评估方式和内容都应当被清晰地记录下来,以尽到数据处理者应尽的职责。

(四)数据映射分析

数据映射分析指的是将数据的处理代入数据要素市场中的实际应用场景,并就数据处理活动进行分类描述,进而对数据主体所受的影响及程度、安全措施的有效性及风险级别作出评估。

1. 个人权益的影响

在确定潜在风险后,需要对数据处理行为可能对个人权益的影响进行论证和评估。其中,首先需要对个人权益的行使范围进行明确,而后对个人权益影响的过程进行推论,继而对可能造成的人身或财产损失进行影响力分析。需要注意的是,基于人格权属性,精神损害和名誉受损也应当被纳入考量范围。

2. 安全措施合法性与有效性评估

根据《个人信息保护法》的立法精神,个人数据的处理必须以确保个人数据适当安全的方式进行,包括防止未经授权或非法处理的行为,以及使用适当的技术或组织措施防止意外损失、破坏或损害,进而保障数据的完整性和保密性。为了确定哪些安全措施是必要且合适的,数据处理者有义务在开展个人信息保护影响评估工作时对相关安全措施的有效性进行深入分析。此外,在评估时还应考虑正在处理的数据的性质、数据主体的潜在威胁和漏洞(如意外或非法破坏、损毁、变更、未经授权披露或访问个人数据传输、存储或以其他方式处理)等,并保证所采取措施的投入成本与解决潜在风险的预算相匹配。

综上所述,数据映射分析如图7-2所示:

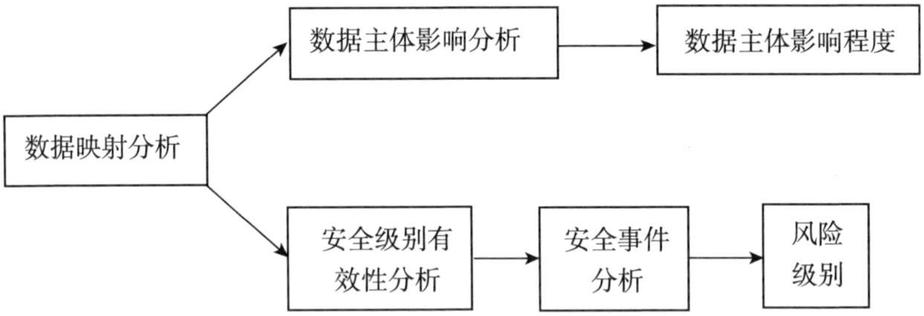

图7-2 数据映射分析

(五)评估报告

评估报告中应当对评估的法律依据、对象、第三方、数据处理者的内容及方式等问题进行逐一阐述和分析,进而对个人权益的影响、安全措施的合法性与有效性、安全事件的风险等级、保护措施与风险的匹配度等内容给出评估结果并对该结果的作出进行详细论证。通常而言,评估报告会作出允许处置、限制处置和禁止处置三种结论。除允许处置外,数据处理者均需要对评估报告中提出的问题完成整改后,才能再次申请对数据的处理。因此,评估报告也需要有针对性地就已披露的潜在风险给出相应的处置建议和指引，在条件允许的情况下，还可以就部分问题在向数据保护官以及监管机构征询相关意见后出具。需要注意的是，个人信息保护影响评估的报告，至少应当包括以下内容：

1. 对所计划的数据处理活动目的、合法权益等进行系统性描述；
2. 评估与目的相关的必要性和相称性；
3. 评估个人权利和自由所面临的风险；
4. 应对风险的措施，包括拟采取的保障措施和相应机制。

（六）风险处置与持续督导

评估报告作出后，数据处理者有义务根据报告提出的要求进行整改，并积极主动落实风险处置工作。此外，评估人也应当持续进行督导以确保在相关数据处理前整改到位。经评估人审核后确属已经整改到位的，可以出具“允许处置”的评估报告，以此作为数据处理者处理数据的合法性依据。需要注意的是，如果经评估后，发现没有足够的措施来降低风险抑或是数据处理者无法整改到位，建议在完成数据处理前征询相关监管机构的意见，且在征询期间应当暂停一切与之有关的数据处理活动。

第三节　数据的分类分级

当前，数据已成为关键生产要素和重要战略资源，是企业创造价值的核心资产。但同时，数据与各类风险要素的接触面逐步扩大，数据开发利用的安全风险不断增加，间接导致了数据非法采集、泄露、滥用等现象长期存在。因此，不同种类和级别的数据对应着不同的保护要求。此外，多部法律规范也对数据的分类分级保护提出了规定。例如，《网络安全法》第 21 条规定了国家实行网络安全等级保护制度；《数据安全法》第 21 条规定了国家建立数据分类分级保护制度；《个人信息保护法》第 51 条规定了个人信息处理者应当对个人信息实行分类管理；《网络数据安全管理条例（征求意见稿）》第 5 条规定了国家建立数据分类分级保护制度；《工业和信息化领域数据安全管理办法（试行）》第二章规定了数据分类分级管理等。

一、数据的分类分级原则

数据的分类分级均是数据保护的重要工作,也是建立集中、统一、标准、专业的数据合规体系架构的基础。需要注意的是,2021 年 12 月全国信息安全标准化技术委员会发布的《网络安全标准实践指南——网络数据分类分级指引》对网络数据分类分级的原则、框架和方法进行了详细规定,加强了数据分类分级的可操作性。数据分类分级按照数据分类管理、分级保护的思路,依据以下原则进行划分。

(一)合法合规原则

数据分类分级应遵循有关法律、法规及部门规定要求,优先对国家或行业有专门管理要求的数据进行识别和管理,以满足相应的数据安全管理要求。

(二)分类多维原则

数据分类具有多种视角和维度,可从便于数据管理和使用角度,考虑国家、行业、组织等多个视角的数据分类。

(三)分级明确原则

数据分级的目的是保护数据安全,数据分级的各级别应界限明确,不同级别的数据应采取不同的保护措施。

(四)就高从严原则

数据分级时采用就高不就低的原则进行定级,如数据集包含多个级别的数据项,则需要按照数据项的最高级别对数据集进行定级。

(五)动态调整原则

数据的类别级别可能因时间、政策、安全事件的发生、不同业务场景的敏感性变化或相关行业规则不同而发生改变,因此需要对数据分类分级进行定期审核并及时调整。

二、数据的分类分级方法

（一）数据分类方法

数据的分类指的是根据数据的特征，按照一定的原则或方法进行分类，以便更好地管理和使用该类数据。常见的数据分类包括但不限于：

1. 公民个人维度

可根据数据识别自然人或与自然人的关联，将其分为个人信息、非个人信息。

2. 公共管理维度

为便于数据监管、促进数据共享开放，可将数据分为公共数据、社会数据等。

3. 信息传播维度

根据是否具有公共传播属性，可将数据分为公共传播信息、非公共传播信息。

4. 行业领域维度

按照数据处理涉及的行业领域，可将数据分为工业数据、教育数据、交通数据、电信数据、金融数据、科技数据、自然资源数据、卫生健康数据等。

5. 组织经营维度

在遵循国家和行业数据分类分级要求的基础上，数据处理者还可按照组织经营维度，将数据分为用户数据、业务数据、经营管理数据、系统运行和安全数据等。

实践中，具体数据分类步骤为：首先，需要依法对数据类别进行标识，并判断是否存在法律、法规特别规定的情况。其次，需要从行业领域维度进行判断，以确定待分类数据的数据处理活动所涉及的行业领域。在完成上述数据分类后，数据处理者可采用线性分类法对数据的类别进一步加以细分。数据分类流程如图 7－3 所示：

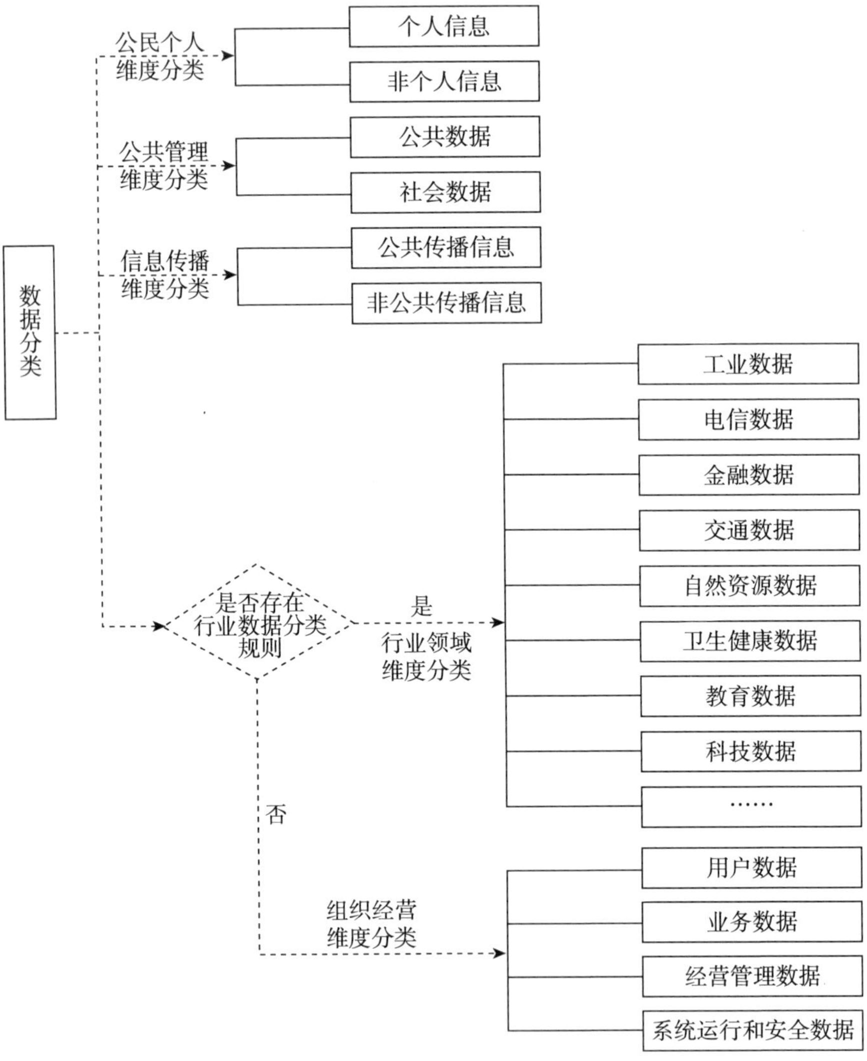

图7-3　数据分类流程

资料来源:全国信息安全标准化技术委员会秘书处。

（二）数据分级框架及方法

数据的分级指的是当数据遭到破坏或泄露后对造成的危害程度进行定级,进而得以为数据保护全周期的安全活动制定管理制度。《数据安全法》则将数据从低到高分成一般数据、重要数据和核心数据共三个级别。

1. 分级要素

数据分级主要从数据安全的角度出发，根据影响对象和程度的要素进行分级。

（1）影响对象

数据一旦遭到篡改、破坏、泄露或者非法获取、非法利用后可能受到危害的对象，包括国家安全、公共利益、个人合法权益、组织合法权益等。

（2）影响程度

数据一旦遭到篡改、破坏、泄露或者非法获取、非法利用后，所造成的危害影响大小，从低到高可分为轻微危害、一般危害、严重危害等。

数据的分级方法如表7-1所示：

表7-1　数据的分级方法

影响对象	影响程度	参考说明
国家安全	严重危害	（1）对政治、国土、军事、经济、文化、社会、科技、网络、生态、资源、核安全等构成严重威胁，严重影响海外利益、生物、太空、极地、深海、人工智能等重点领域安全； （2）对本地区、本部门以及相关行业、领域的重要骨干企业、关键信息基础设施、重要资源等造成严重影响； （3）导致对本地区、本部门以及相关行业、领域大范围停工停产、大面积网络与服务瘫痪、大量业务处理能力丧失
	一般危害	（1）对政治、国土、军事、经济、文化、社会、科技、网络、生态、资源、核安全等构成威胁，影响海外利益、生物、太空、极地、深海、人工智能等重点领域安全； （2）对本地区、本部门以及相关行业、领域生产、运行和经济利益等造成影响； （3）引发的级联效应明显，影响范围涉及多个行业、区域或者行业内多个企业，或者影响持续时间长，对行业发展、技术进步和产业生态等造成严重影响
	轻微危害	（1）对本地区、本部门以及相关行业、领域生产、运行和经济利益等造成轻微影响； （2）影响持续时间短，对行业发展、技术进步和产业生态等造成一般影响
	无危害	对国家安全不造成影响
公共利益	严重危害	波及一个或多个省市的大部分地区，引起社会动荡，对经济建设有极其恶劣的负面影响
	一般危害	波及一个或多个地市的大部分地区，引起社会恐慌，对经济建设有重大的负面影响

续表

影响对象	影响程度	参考说明
公共利益	轻微危害	波及一个地市或地市以下的部分地区,扰乱社会秩序,对经济建设有一定的负面影响
	无危害	对公共利益不造成影响
个人合法权益	严重危害	个人信息主体可能会遭受重大的、不可消除的、可能无法克服的影响,容易导致自然人的人格尊严受到侵害或者人身、财产安全受到危害,如遭受无法承担的债务、失去工作能力、导致长期的心理或生理疾病、导致死亡等
	一般危害	个人信息主体可能遭受较大影响,个人信息主体克服难度高,消除影响代价较大,如遭受诈骗、资金被盗用、被银行列入黑名单、信用评分受损、名誉受损、造成歧视、被解雇、被法院传唤、健康状况恶化等
	轻微危害	个人信息主体可能会遭受困扰,但尚可以克服,如付出额外成本、无法使用应提供的服务、造成误解、产生害怕和紧张的情绪、导致较小的生理疾病等
	无危害	对个人信息合法权益不造成影响,或仅造成微弱影响但可忽略不计
组织合法权益	严重危害	可能导致组织遭到监管部门严重处罚(包括取消经营资格、长期暂停相关业务等),或者重要/关键业务无法正常开展的情况,造成重大经济或技术损失,严重破坏机构声誉,企业面临破产
	一般危害	可能导致组织遭到监管部门处罚(包括一段时间内暂停经营资格或业务等),或者部分业务无法正常开展的情况,造成较大经济或技术损失,破坏机构声誉
	轻微危害	可能导致个别诉讼事件,或在某一时间造成部分业务中断,使组织的经济利益、声誉、技术等轻微受损
	无危害	对组织合法权益不造成影响,或仅造成微弱影响但不会影响国家安全、公共利益、市场秩序或各项业务的正常开展

资料来源:全国信息安全标准化技术委员会秘书处。

2. 数据的分级步骤

首先,按照国家和行业领域的核心数据目录、重要数据目录,依次判定是否属于核心数据、重要数据。如果属于,则按照就高从严原则定为核心数据级、重要数据级,并将其他数据定为一般数据。

其次,国家和行业核心数据、重要数据目录不明确时,可参考核心数据、重要数据认定的规定或标准,分析数据一旦遭到篡改、破坏、泄露或者非法获取、非法利用的危害对象和危害程度,并确定核心数据级、重要数据级和一般数据级。

最后,在确定数据级别后,按照一般数据分级规则或者所属行业共识的数据分级规则对一般数据进行定级，确定一般数据的细分级别。

数据安全基本分级规则如表 7－2 所示：

表 7－2　数据分级对照

基本级别	影响对象			
	国家安全	公共利益	个人合法权益	组织合法权益
核心数据	一般危害、严重危害	严重危害	—	—
重要数据	轻微危害	一般危害、轻微危害	—	—
一般数据	无危害	无危害	无危害、轻微危害、一般危害、严重危害	无危害、轻微危害、一般危害、严重危害

资料来源：全国信息安全标准化技术委员会秘书处。

数据分级流程如图 7－4 所示：

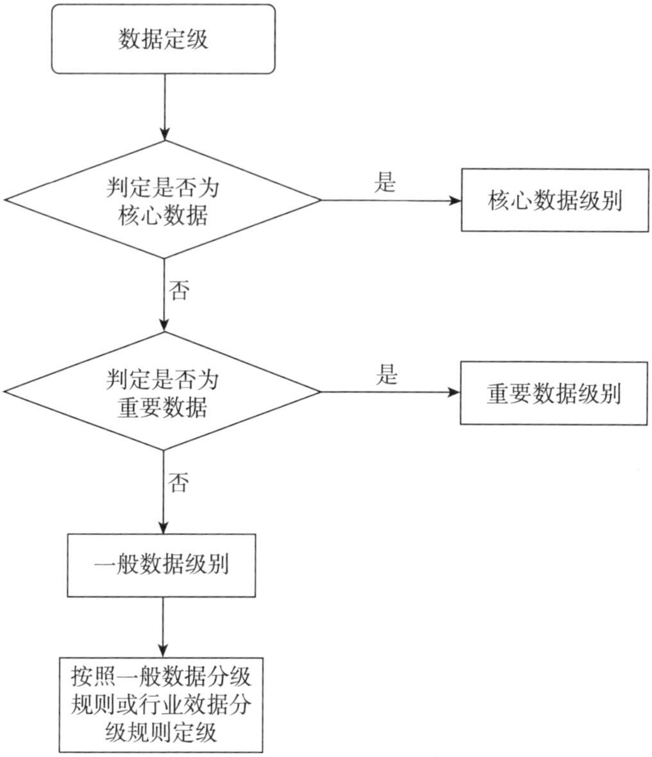

图 7－4　数据分级流程

资料来源：全国信息安全标准化技术委员会秘书处。

第四节　企业数据合规的组织和管理架构

企业数据合规的组织和管理架构是以法律、法规所确立的数据处理原则为主导，结合企业自身经营情况，以数据处理风险防范为目标建立的组织管理体系，进而最终实现数据处理的合法性目的。

一、企业数据合规的组织架构

企业数据合规的组织架构建设是避免在数据收集、存储、传输、处理、删除等全周期内产生安全风险的重要一环，因此需要在企业内部设立专门的数据保护部门，并通过完善考核激励等举措系统建立企业数据合规的架构。

（一）最高决策机构

最高决策机构是企业数据合规组织架构中的核心，一般系由公司的股东会负责，其主要负责制定和建立数据安全方面的工作机制和政策，并结合公司开展的实际业务需要和数据安全方面的关系作出相应的经营决策。

（二）数据合规管理部门

数据合规管理部门指的是最高决策机构下设的专门机构。在实务中，一些企业往往会通过设立数据合规管理委员会的形式传达由最高决策机构所作出的决定。同时，该管理委员会在数据保护的专业性问题上也受到数据保护官的直接指导，并应将企业存在的任何潜在的数据管理风险向数据保护官及时通报。需要注意的是，数据合规管理部门有权在最高决策机构所决定的经营策略基础上完善企业的相关制度和流程，将数据合规风险的全流程通过可视化的方式呈现给数据合规执行部门，并根据执行部门的职责对数据合规的相应责任进行分解，充分落实各部门的责任，达到对数据合规的精细化、项目化管理，以将公司的数据合规风险降至最低。

（三）数据合规执行部门

数据合规的执行部门一般指的是与数据保护相关的由数据合规管理委员

会直接领导的各企业管理和业务部门，如人力资源部、行政部、业务部等。数据合规执行部门有义务严格落实由最高决策机构所决定的各项制度，以加强企业整体的数据合规能力。

二、企业数据合规的管理架构

企业数据合规的管理目的，即通过对个人信息的安全管理确保对数据主体的权利进行保障，而个人信息的安全管理又可以分为内部管理和外部管理两个类别。

（一）个人信息的安全管理

我国的数据处理者应当积极推动包括个人信息分类分级标准在内的内部规则的制定，通过完善标准合同条款、BCRs、白名单制度以及个人信息保护影响评估等工作来确保个人信息的安全管理。此外，还需要加强企业对外部第三方供应商的管理和监督，保证其相关数据处理活动符合法律规定，并同时严格落实个人信息安全事件应急处置和事件通报工作，最大限度地规范企业的数据处理活动。

（二）数据主体权利保障管理

除对个人信息进行安全管理之外，我国的数据处理者还应当规范信息系统的开发流程，积极推动对数据的去标识化管理，并积极完善个人信息的收集和使用规范、处理和访问规范以及存储和删除等规范，确保数据主体访问权、更正权、删除权、可携权等权利的有效行使。

三、企业数据合规的法律文本

在明确企业数据合规的组织和管理架构后，对法律文本的创建和完善也是极为重要的一项工作，其既能规范数据处理者内部的数据处理规则，又能对外部合作单位进行监管并作为其违规处理后的处罚依据。

（一）《隐私权政策》

《信息安全技术 个人信息安全规范》（GB/T 35273－2020）第5.5条规定了

企业应制定个人信息保护政策并确保政策告知信息的真实、准确和完整，而《隐私权政策》正是个人信息保护政策的组成部分，其是企业数据合规的根本，也是监管机构行政处罚的重点审查文本。在《隐私权政策》中，一般会对数据处理的目的和方式、范围、处理依据、数据主体的权利和义务以及违约责任等有明确的约定，且我国法律多有针对不同行业的不同要求。此外，倘若涉及数据跨境传输的经营活动，数据处理者在适用我国《数据安全法》《个人信息保护法》等法律之外，还可能会同时被要求适用双重或多重其他国家的法律规定，这无疑更是对数据处理者的数据合规治理工作提出了更高要求。因此，在确定《隐私权政策》时必须对我国甚至是他国法律规定进行审慎核查，并聘请专业人士就《隐私权政策》的内容进行完善和修订，以避免行政处罚的出现。

（二）第三方处理者合作协议

与第三方处理者之间的合作协议对于规范其数据处理活动意义重大。基于我国法律只规定了"数据处理者"这一种数据处理主体，因此无论是基于企业还是其数据处理供应商的处理违法行为，数据主体均可要求其任意一方或多方连带承担赔偿责任。可见，第三方处理者合作协议订立的规范性将成为责任承担后定责和追责的合法处理依据，也是明确双方权利和义务的根本法律文件。

（三）劳动合同

劳动合同是企业调整其与员工之间法律关系的法律文件，如果涉及企业在工作时间对员工的个人数据进行监控，则建议在劳动合同中明确进行告知和授权数据使用的目的和范围。如果该数据使用目的是基于企业的合法利益，且并未超出合理限度，则该类合同约定应被认定为有效。反之，若存在约定不明或没有约定的情况，则公司对员工的监控行为可能会被认定构成侵害员工的人格权，并进而承担不利后果。

（四）跨境传输合同

跨境传输合同是我国数据处理者与境外数据接收者之间权利和义务的根本，是数据处理活动合法化、规范化运作的有效保障。此外，跨境传输合同的订立也是决定数据能否顺利跨境的基础，由于标准合同约定事项具有一定的完整性，在实践中也比较容易获得监管部门的批准，因此在签订跨境传输合同时，建议以我国发布的标准合同条款为基础进行修订。此外，完整且规范的跨境传输合同的签订也有助于风险自评估的开展，为数据跨境扫除监管层面的障碍。

第五节　企业数据合规的制度建设

《数据安全法》第27条第1款规定："开展数据处理活动应当依照法律、法规的规定，建立健全全流程数据安全管理制度，组织开展数据安全教育培训，采取相应的技术措施和其他必要措施，保障数据安全。利用互联网等信息网络开展数据处理活动，应当在网络安全等级保护制度的基础上，履行上述数据安全保护义务。"此外，《个人信息保护法》第51条也规定了个人信息处理者制定内部管理制度和操作规程，并对个人信息实行分类管理的义务。可见，企业数据合规的制度建设是数据处理活动的纲领性文件，也是数据合规体系建设的内在表现形式。通常而言，一家企业的数据合规制度可分为核心管理制度、基本管理制度和操作管理制度三个层次，虽然制度的分层并非法定的要求，但是从宏观管理学层面分析可知，分层可以在确保管理稳定性的基础上最大限度地助力业务的经营需要。因此，企业数据合规的制度建设首先就是要根据企业所经营的业务情况进行分层。

一、核心管理制度

企业数据合规的核心管理制度是企业数据安全策略的根本性制度，其主要是围绕企业数据安全和个人信息保护方面，就公司经营风险、组织架构、部门分工和职责等进行规定。核心管理制度需要企业数据安全管理的最高决策机构进行制定和完善，在实践中，数据安全保护管理制度、数据安全相关部门分工和职责管理制度、未成年人个人信息保护制度等均属于核心管理制度的范畴。

二、基本管理制度

企业数据合规的基本管理制度主要是对数据处理全周期范围内的合规安全管理，此类制度由数据合规管理部门进行决策，特殊情形下也可以授权数据合规执行部门,其一般均具有比较强的通用性和稳定性。在实践中,比较常见的基本管理制度有数据分类分级管理制度、数据安全事件应急制度、数据跨境提供管理制度等。

(一)数据分类分级管理制度

《数据安全法》通过法律明文规定的形式明确了数据处理者建立数据分类分级管理制度的要求,其立法目的是在数据处理和数据保护之间寻求平衡,进而完善数据处理者内部的数据合规体系架构。数据的分类分级主要指的是对一般数据、重要数据和核心数据的区分。其中,针对“重要数据”的分类分级而言,其需要各地政府根据当地的实际情况制定相应的重要数据分类分级保护制度,以避免因数据保护等级的不同而导致数据处理风险的发生。因此,对数据处理者提出去标识化、加密措施等安全性技术要求也当然成了数据分类分级的核心要点。需要注意的是,数据分类分级的要求除《数据安全法》规定的情形外,还和数据处理者所处的行业息息相关。例如,《个人金融信息保护技术规范》就将包括通过金融产品和服务获取的个人信息,基于对其未经授权的处理可能产生的危害程度分为了 C3、C2 和 C1 三个级别。再如,在医疗大健康领域,《信息安全技术 健康医疗数据安全指南》也根据数据的应用场景将健康医疗数据进行了分类和分级,并结合不同类型数据的差异性特征有针对性地进行了规范,以加强对部分健康医疗数据的重点保护。

(二)数据安全事件应急制度

《数据安全法》第 23 条规定了国家建立数据安全应急处置机制的相关内容,即在发生数据安全事件后,主管部门应当依法启动该应急预案并采取措施防止损失的进一步扩大。但从客观上来论,由于数据安全事件的发生在实践中多与数据处理者自身系统的技术安全措施有关,且国家应急预案的启动也多需要数据处理者的配合,加之《网络安全法》第 25 条也规定了网络运营者制定网络安全事件应急预案的强制性要求,因此数据处理者仍应当在国家制定的应急预案机制的基础上建立数据安全事件应急制度,进而对应急预案的启动流程及处置措施进行细化规定,并在发生此类风险时按照相关规定及时向用户和主管部门进行报告。

（三）数据跨境提供管理制度

根据《国家安全法》和《网络安全法》的立法精神，关于数据跨境提供管理相关制度的建设是数据处理者的应尽义务，也是确保国家安全和公共利益不受侵害的基础性保障。需要注意的是，我国立法对于不同类型运营者的数据跨境均有着不同的监管要求。例如，关键信息基础设施运营者的数据跨境活动，无论是“重要数据”还是“个人信息”均应当按照国家网信办会同国务院相关部门制定的办法进行安全评估，而对于其他数据处理者处理“重要数据”以外的其他数据而言，则无安全评估的相应义务。此外，个人信息出境的安全评估相关内容也在《个人信息保护法》中有着明确的规定，结合《网络安全审查办法》和《数据出境安全评估办法》可以发现，处理100万人以上个人信息的数据处理者的数据跨境行为是国家网信办关注的重点。同时，对于未纳入数据出境安全评估范围内的，如一般数据和100万人以下的个人信息，数据处理者需要通过风险自评估的方式履行合规义务。最后，《数据安全法》第25条还进行了数据出口管制方面的规定，即当数据处理者需要向境外转移我国管制的物项时，该类跨境转移行为应当受到禁止或限制。

三、操作管理制度

企业数据合规的操作管理制度也被称为流程管理制度，即针对公司经营情况就其数据处理的操作给出流程化指引，便于第三方或员工数据处理活动的规范化，进而降低企业管理成本。在实务中，一般由数据合规执行部门负责制度的决策，即通过标准化的手段完善数据处理活动的流程，避免因业务调整而引发制度上的重大变革。综上所述，企业数据安全的管理制度如表7-3所示：

表7-3　企业数据安全的管理制度

制度分类	制度名称
核心管理制度	数据安全保护管理制度
	数据安全相关部门分工和职责管理制度
	未成年人个人信息保护制度

续表

制度分类	制度名称
基本管理制度	数据分类分级管理制度
	数据安全技术管理制度
	数据安全教育与培训制度
	数据安全事件应急制度
	隐私权政策
	个人信息保护影响评估制度
	数据对外提供与供应商管理制度
	数据违规投诉与申诉管理制度
	数据跨境提供管理制度
操作管理制度	数据处理活动操作制度
	密码管理制度
	数据备份及恢复操作制度
	数据泄露及风险管理制度
	运维安全管理制度
	信息系统管理制度
	软件开发管理制度
	设备操作管理制度

第六节　个人信息出境标准合同

作为个人信息出境的合法化手段之一，个人信息出境的标准合同在实务中发挥了举足轻重的作用。其首次被规定于《数据安全法》中，国家网信办随后于2023年2月22日发布的《个人信息出境标准合同办法》更是对该类合同的适用范围进行了明确，即非关键信息基础设施运营者、处理个人信息不满100万人的、自上年1月1日起累计向境外提供未达到10万人个人信息的、自上年1月1日起累计向境外提供未达到1万人敏感个人信息的这四种情形可以作为标准合同的适用对象。即便如此,在个人信息出境标准合同的适用过程中,仍存在一些问题有待解决。

一、标准合同的主要内容

根据国家网信办制定并颁布的《个人信息出境标准合同》这一示范文本进行分析可知,该合同主要围绕以下内容展开:

(一)个人信息处理者和境外接收方的主体信息

根据合同的相对性原则,对个人信息处理者和境外接收方主体信息的确认将明确合同当事人的基本身份情况,包括但不限于应当对名称、地址、电话、邮箱、联系人、职务及国籍等信息进行明确,便于合同履行过程中或发生争端后能够及时与对方当事人取得联系。

(二)个人信息处理者的义务

有关个人信息处理者义务方面的约定主要是依据《个人信息保护法》和《数据安全法》的规定所确定的,包括但不限于需要对最小目的限制、向数据主体履行的告知义务、采取的技术和管理措施、已开展的个人信息保护影响评估等内容进行明确陈述、保证和承诺,确保各项数据处理的要求均符合法律规定。

(三)境外接收方的义务

与个人信息处理者的义务类似,为了有效监管个人信息跨境转移后的数据处理行为,境外接收方也需要对相关内容进行明确陈述、保证和承诺。需要注意的是,相对于个人信息处理者,《个人信息出境标准合同》示范文本还明确了境外接收方在发生数据泄露后的处置流程,包括及时采取适当补救措施,并立即按要求向个人信息处理者和监管机构进行报告等。

(四)境外接收方、所在国家或者地区个人信息保护政策法规对遵守本合同条款的影响

对境外接收方所在国家或者地区个人信息保护政策法规的审核也是《数据出境安全评估办法》中的明确要求,因此个人信息处理者和境外接收方必须对境外相关立法政策对合同效力的影响作出评估,并确保境外接收方具备符合法定要求的安全管理制度和对数据的技术保障能力,以便随时应对由于当地立法变化而产生的合同履约风险。

(五)个人信息主体的权利

在合同中明确列明数据主体的权利也就意味着个人信息处理者和境外接收方都有义务确保数据主体得以顺利行使其应有权利。因此,倘若由于任何一方的原因导致数据主体无法行使个人权利而遭受损失的,个人信息处理者和境外接收方均应对数据主体承担连带责任。任何一方在向数据主体承担全部赔偿责任后,可以基于过错原则,根据《个人信息出境标准合同》相关条款的内容向另一方进行追偿。

(六)救济

本条主要明确了中国法的适用,在此基础上考虑到与境外接收方联系的便捷性,《个人信息出境标准合同》示范文本还同时对境外接收方提出了对外公布相关联系人及联系方式的义务,该联络人除负责处理与境外接收方业务相关的咨询和通信外,还有义务及时处理来自数据主体的相关投诉。

(七)合同解除

本条主要通过列举的形式,规定了合同解除的条件和方式,以及合同解除后双方应及时返还、销毁或匿名化处理其根据本合同所接收到的个人信息的义务。

1. 个人信息处理者单方解除权

出现下列情形之一的,个人信息处理者有权解除本合同:

(1)个人信息处理者基于境外接收方违反合同义务而暂停向境外接收方传输个人信息超过1个月。

(2)境外接收方遵守本合同将违反其所在国家的法律规定。

(3)境外接收方严重或持续违反本合同约定的义务。

(4)根据境外接收方的主管法院或监管机构作出的终局决定,境外接收方或个人信息处理者违反了本合同约定的义务。

2. 境外接收方单方解除权

出现下列情形之一的,境外接收方有权解除本合同:

(1)境外接收方基于个人信息处理者违反合同义务而要求其暂停向其传输个人信息超过1个月;

(2)个人信息处理者遵守本合同将违反其所在国家的法律规定;

(3)根据个人信息处理者的主管法院或监管机构作出的终局决定,境外接收方或个人信息处理者违反了本合同约定的义务。

3. 协议解除

基于在个人信息处理过程中对个人信息的保护义务为我国数据处理者的法定义务,即便双方通过协议的形式解除了合同,但任何一方均不能免除其在数据处理时的法定义务,无论是个人信息处理者还是境外接收方都需要确保数据主体的权利并不会因此而受到不当侵害。

(八)违约责任

为规范合同的履行,防止存在违约行为后双方出现推诿、扯皮现象,本条主要明确了违约方向守约方承担违约赔偿责任的各类情形。

(九)其他

基于《个人信息出境标准合同》属于涉外合同,一旦发生争议可能会在实践中遇到文书送达的困境,为了维护守约方的合法权益,本条特意明确了各方的收件信息,并同时对发生争议后的管辖以及签署地点等内容进行了约定。

二、标准合同的法律责任

《个人信息出境标准合同》作为跨境数据合规的一项重要法律文本,为了保证该合同的顺利履行,维护国家安全和公共利益不受不当行为的侵害,对于违反该合同的行为应适用无过错责任原则,即无论合同主体有无过错,只要对数据主体的权益或者国家安全和公共利益造成侵害的,相关行为人就应当承担相应的法律责任。

(一)赔偿损失

若一方违约而对另一方造成经济损失的,则根据《民法典》的相关规定,守约方可以要求解除合同,并要求违约方对其承担相应的违约责任。若守约方遭受的损失高于违约金标准的,则可以以实际的经济损失作为赔偿请求权的基础向违约方主张相应权利。需要注意的是,在违约行为发生后,违约方和守约方均负有采取补救措施,防止损失进一步扩大的义务,违者将可能对损失扩大部分承担赔偿责任。

（二）继续履行

除解除合同外，守约方还可以要求违约方继续履行合同义务，以尽可能减少基于违约行为而对合同造成不稳定的状态，进而给双方造成进一步的经济损失。例如，在数据发生泄露后，境外处理者没有按照合同约定的处置流程向监管机构进行报告的，则可要求其履行报告义务，并按法定和合同要求积极采取补救措施，以尽可能避免损失的发生和扩大。

三、标准合同的无效情形

《个人信息出境标准合同》的签订应当以“有效为原则，无效为例外”。因此，只有在出现违背签约背景和目的的情况下，标准合同才有可能被认定为无效。

（一）未按法定要求处理数据并要求跨境转移的

对于未按相关法律规定的要求处理数据，但又需要跨境转移该类数据的，即便在此情形下已经签订了《个人信息出境标准合同》，但合同也应当因违反法律强制性规定而被认定为无效。例如，针对敏感个人数据而言，未向数据主体告知处理数据的目的、方式和范围，也未按照《个人信息保护法》的要求进行个人信息保护影响评估工作，而直接与境外接收者签订合同的，该类合同应被认定为无效。再如，数据本身属于我国出口管制物项范围而被禁止出境，但数据处理者仍与境外接收者签订合同的，该类合同也应当被认定为无效。

（二）需要重新签订合同但未能签订的

当原始合同在客观上发生重大变化或因个人信息处理者和境外接收者所签订的合同的主要内容发生实质性变更，需要签订新合同又未能签订的，原始合同应当基于无法实现合同目的而被认定为无效。

第七节　企业数据合规的法律服务

企业数据的合规体系建设是一项具有体系化的法律实务工作，考验着法律从业者对我国相关数据法所掌握与理解的程度，对企业的数据合规治理也提出了极高的专业化要求。通常而言，企业会聘请第三方独立的律师事务所对其数据合规架构进行梳理，并结合企业的自身业务情况，对其有针对性地提出包括但不限于合规体系架构、制度规范、数据处理要求、个人信息保护影响评估等法律服务方案，进而采取相应措施来对企业进行持续性的指导和协助。数据管理能力成熟度评估模型标准见图 7－5。

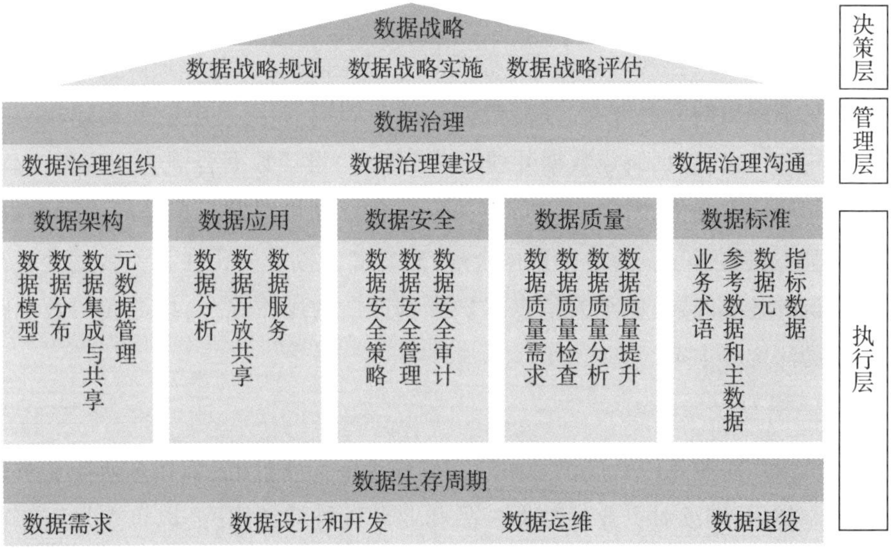

图 7－5　数据管理能力成熟度评估模型（DCMM）标准

一、法律服务的治理阶段

在实务中，可以将律师参与企业数据合规治理工作分为三个阶段，即调查摸底阶段、合规治理阶段和持续跟踪阶段，每个阶段都有其各自的工作重心。

（一）调查摸底阶段

调查摸底阶段是律师介入企业数据合规治理的基础，通过调查摸底阶段可以迅速帮助承办律师发现企业数据合规方面的问题。在实务中，承办律师可能会通过高管约谈、书面审查、系统操作等方式对企业进行整体性的摸底和评估。此外，其还会针对某一类型的产品或业务进行数据映射分析，进而对该类产品或业务对数据主体权益造成的影响进行评估。需要注意的是,对于涉及处理个人数据的企业而言,需要特别关注对敏感个人数据的处理规范问题,同时还需要严格落实数据的分类分级制度建设和管理,确保能够在第一时间发现尽可能多的问题。通常来说,在摸底阶段结束前,承办律师会出具一份专项的法律意见书,就企业在数据合规方面所存在的问题进行统一梳理,并对下一阶段的数据合规治理和体系建设提出相应的应对方案。

(二)合规治理阶段

在对企业数据合规产品和业务进行调查摸底之后,承办律师需要根据专项法律意见书提出的应对方案,建立数据处理全周期的相关制度,并构建相应的管理架构和体系,包括制定数据处理的安全策略、设计数据合规管理流程、起草和审核相应制度文件、对员工进行相关安全教育和培训等。在合规治理阶段,承办律师不仅要引导企业进行数据合规,还有义务接受公司在相关数据处理活动中咨询的各类问题,如个人信息保护影响评估的操作规范,抑或我国数据跨境流动的法定要求等。

(三)持续跟踪阶段

持续跟踪阶段是以合规治理阶段完成作为前提条件的,即在企业按要求进行合规调整后,继续对企业的数据产品和业务进行持续跟踪,以审查是否存在其他遗漏问题尚待解决。通常来说,承办律师需要对企业数据合规的各项表现进行再次审查,评估经优化后的数据产品和业务是否符合我国的法律规定,以及能否从容应对来自监管部门的行政核查。

二、法律服务的合规建议

企业的数据合规工作相对于传统意义上的法律合规而言更为复杂,其不仅牵涉境内外不同法律之间的冲突和适用问题,还与企业所处行业及其政策要求息息相关。因此可以说,企业数据合规的建设没有完全标准化的答案,需要结合企业的业务和产品情况进行灵活区分和界别,这也是实践中相关法律服务的难点所在。

(一)数据处理全生命周期的合规筛查

企业必须充分掌握立法对于数据收集、使用、存储、传输、第三方处理等全生命周期的合规性要求。因此,在合规筛查时,建议按照该数据处理的顺序进行逐一甄别。

1. 数据的收集

(1)数据收集前是否进行充分告知

无论是适用我国《个人信息保护法》还是欧盟 GDPR,都要求数据处理者在向数据主体进行数据收集前,需以清晰明确、易于理解的方式向数据主体告知有关数据收集和处理的相关信息。

(2)数据收集前是否已获得同意

在数据处理者向数据主体进行数据收集前,需在对数据主体进行上述告知的基础上,取得数据主体对数据收集的明示且自愿的同意,并告知数据主体其有随时撤回同意的权利。

(3)数据收集是否具有其他合法事由

除前述数据主体的同意外,我国《个人信息保护法》和欧盟 GDPR 还规定了其他数据收集和处理的合法事由,包括但不限于出于合同履行、履行法定义务等必要情形。企业可以参考这些合法事由的具体规定对自身的数据收集行为进行审查,确保数据处理行为满足数据收集和处理的合法性要求。

2. 数据的使用

(1)确保符合数据收集的最初目的

建议企业在对目标业务领域的数据使用和处理环节进行核查时,注意比较其数据使用和处理的目的、范围等内容相对于数据初始收集时是否发生了变化,如果发生变化,则须进一步核查是否在使用和处理数据前对数据主体重新进行告知,并取得了数据主体合法有效的同意。

(2)确保数据处理遵循准确、必要、及时的原则,并以相关、必要为限度

建议企业在对目标业务领域的数据使用和处理环节进行核查时,注意判断其所进行的数据处理与数据收集的目的是否具有一定的相关性,以及是否为实现数据收集时的目的所必要等问题。

(3)确保数据主体能够限制数据处理

建议企业注意核查其是否已经建立相应机制或为数据主体提供特殊路径，以确保数据主体在特定情形下可以限制数据处理者对自身数据进行处理的权利。例如，当数据主体质疑数据的准确性时，其是否能够行使一定的限制权。

(4)确保数据主体能够反对特定的数据处理

建议企业注意核查其是否已经建立相应机制或为数据主体提供特殊路径，以确保数据主体在特定情形下有权反对数据处理者进行的特定的数据处理活动，包括以直接营销为目的的数据处理、数据画像、自动化决策等。

3. 数据的存储

建议企业注意核查其是否已经建立相应机制或为数据主体提供特殊路径，以确保企业能够满足法定的数据存储要求，并及时对到期数据进行删除。

4. 数据的传输

数据处理者对数据的传输应当采取特定的保护措施，以保障数据传输的安全。此外，在技术可行的情况下，数据主体也有权行使其可携权并要求将其个人数据从企业转移到另一个企业手中。因此，建议企业注意核查其是否已经建立相应机制或为数据主体提供特殊路径，以确保数据主体能够进行上述数据传输。

5. 第三方处理

数据处理者在选择数据处理的合作方时，应当选用具有充分保证的、采取合适技术与组织措施的、处理方式符合法律法规规定的要求并且能够保障数据主体权利的处理者，并在与第三方处理者的合同文本中纳入关于数据处理者应遵循的法定义务的相关内容。这类合同和约定应当包括第三方处理者的责任、主体事项、处理期限、处理性质与目的、个人数据的类型、数据主体的类型及双方各自的权利义务等。因此，建议企业注意对已经开展合作以及将要进行合作的数据处理者，包括该处理者与第三方之间所订立或即将订立的文本进行仔细筛查，以判断其是否符合前述要求。

(二)数据合规组织架构的构建

为了做好数据合规工作，仅仅针对数据处理全生命周期的规范化要求还远远不够。因此，有必要建立起符合数据治理模型的组织架构，以此应对来自管理层和决策层的诸多实务考验。

1. 董事会

对于一家企业而言，只有在全体董事会成员充分意识和了解企业所面临的数据合规风险的情况下，才可能进一步将企业数据合规的风险管控事务纳入企业的重大合规事项管理体系，进而推进数据合规方案的落地。

(1)在数据合规委员会下设数据合规小组

若数据处理者设有数据合规委员会，则在处理数据相关问题时，可在该数据合规委员会下设立若干个数据合规小组，通过项目化的形式来负责企业的数据合规风险管控。此外，应采取措施确保数据合规管理人员的独立性，并赋予其履行职责所必需的资源配备。

(2)组织定期会谈

数据合规委员会可选择与数据合规小组负责人进行定期会谈，了解数据处理者在各项业务中所面临的数据合规风险及可能采取的应对措施。

(3)重大事项提请董事会讨论

数据合规委员会可就数据处理者数据合规风险的重大事项发表意见并提请董事会注意，以作为董事会决策的依据。

2. 高级管理人员

数据处理者可以通过安排专门的高管来负责数据合规的运营工作，并赋予其直接向董事会汇报的权力。此外，企业高管人员之间也可以通过定期召开主题会议的形式，就企业经营活动中可能存在的数据保护风险事项开展讨论和交流。

3. 数据保护官

数据处理者在任命数据保护官之前，需要对内部数据合规涉及的相关人员进行梳理，并结合其数据合规的具体需求，以确定相应人选。

(1)识别并避免与现有数据合规组织架构间的利益冲突

数据处理者需要在对现有数据合规组织架构充分熟悉的基础上，才能对数据保护官进行任命，以确保数据保护官及其辅助人员不由数据处理活动有关的人员担任，进而避免利益冲突的发生。

(2)确保履职的独立性

数据处理者在现有数据合规组织架构中任命数据保护官时，还需要确保其在人事关系上的独立性,保障其在企业数据相关问题上能够形成独立的判断而不受他人影响。此外,数据保护官不能因其履职行为而受到企业的惩戒,这一点也需要在制度中予以明确。

(三)数据合规体系的健全

数据合规体系的建设分为内部合规制度的建设和外部法律文本的建设两个方面,但凡任一制度文本出现违反法律规定的情形,都有可能出现整个企业数据合规体系的执行和适用障碍,故而有必要对其加以完善。

1. 内部合规制度的建立和完善

(1)建立数据处理的通知机制

数据处理者需要确保数据主体能够根据《个人信息保护法》的规定随时行使其应有权利,即数据处理者应当建立相关合规制度,以透明、清晰且易于获取的方式告知数据主体相关权益,并对数据主体提出的各类权利行使进行响应。

(2)建立数据处理的安全机制

数据处理者应当建立相关安全措施制度,确保数据处理的全生命周期的数据安全,还需要定期对系统的设计和开发进行核查,保证安全保障措施的落地。

(3)建立个人信息保护影响评估机制

对于风险较大的数据处理活动,数据处理者应当及时建立相应的应对机制,并推进个人信息保护影响评估工作,以帮助识别潜在风险。

(4)建立数据合规审查机制

数据处理者应在内部合规标准中建立一套数据合规的审查机制,以确保其有能力对开展合作的第三方进行合规风险管控。

(5)建立个人数据出境机制

我国相关法律对个人数据的出境提出了非常严苛的要求,为规范个人数据的出境活动,数据处理者应当在内部合规标准中建立个人数据的出境机制,以防止潜在风险的发生。

(6)建立个人数据泄露机制

为了在个人数据泄露后能够及时减少数据主体的损失,并减轻相应责任,建议数据处理者在数据处理活动前进一步建立和完善个人数据泄露机制,明确数据泄露后向数据主体和监管部门的通报时间,并按法定要求积极采取响应措施,以减少损失的扩大。

(7)建立个人数据处理的记录机制

数据处理者有义务对数据处理活动开展全面的记录工作,这不仅有利于发生争端后的举证,还将为监管机构的审查提供便利条件。因此,若由于数据处理者记录的缺失而导致监管机构的审查出现阻碍的,应作出对该数据处理者不利的推定。

(8)建立员工保密机制

数据处理者应当要求与数据处理活动有关的关键员工遵守特定的保密义务。因此,数据处理者应当根据自身的实际经营需要,起草相应保密制度,并及时与相关关键员工签订保密协议,确保数据处理活动的严格保密。

2. 外部法律文本的建立和完善

(1)《隐私权政策》

我国《个人信息保护法》提出了数据处理的透明度要求,即要求在收集个人数据前,向数据主体提供包括收集性质、种类、目的、期限等在内的一系列信息,并取得数据主体的同意。因此,建议数据处理者按照法律规定,在产品或服务的《隐私权政策》中向用户履行法定告知义务。

(2)《委托处理协议》

在许多情况下,数据处理者会通过委托外部第三方来处理相关数据,因此在《委托处理协议》中必须明确双方的权利和义务,尽可能避免约定不明的情形出现。此外,数据处理者还应当通过保密条款的形式,对第三方的保密义务进行清晰约定,以确保数据主体的权益不受第三方处理者的侵害。

(3)《数据跨境合同》

无论是我国的《数据安全法》《个人信息保护法》还是欧盟的 GDPR 都对将个人数据跨境流动至第三国有着较高的限制性要求。因此,作为数据处理者而言,其需要积极采取符合当地法定要求的适当性保障义务,并通过合法的数据跨境流动路径将数据顺利地传输至境外。《数据跨境合同》作为一种数据传输的方式,在其具体适用过程中需要根据具体的数据类型和第三国的实际状况等因素来叠加判断其合法性因素,并随之作出相应的调整。

(四)数据合规应用培训

1. 管理层培训

对管理层的培训有利于提高企业数据合规的风险意识,并促进其在企业日常运营过程中作出决策的准确性。因此,建议数据处理者定期组织针对管理层的数据合规培训,并就企业内部遇到的案例和问题展开讨论,提高管理层数据合规的风险意识。

2. 员工培训

企业员工是直接处理数据的一线工作者,因此对员工开展有针对性的培训,将大大降低数据处理的风险,提升处理规范。数据处理者应当定期安排对员工进行数据合规方面的培训,使其充分了解我国《个人信息保护法》《数据安全法》等法律规定的内容。此外,数据处理者还可以结合员工的实际工作经验和内容有针对性地邀请专业人士开展数据合规专项业务培训,以提升员工工作的规范性和数据处理能力。

3. 第三方培训

除在企业内部对管理层和员工开展培训外,对外部第三方服务商的培训也是数据合规不可遗漏的一项工作。基于我国的法律规定,如果由于第三方处理者违规处理数据而对数据主体造成损失的,委托人和第三方服务商都需要对该数据主体承担连带责任。因此,第三方处理者对数据的处理是否合法、合规与委托人息息相关。在实务中,企业可以定期委托专业律师前往第三方服务商处举办讲座,以提高第三方服务商的数据合规风险意识。

(五)数据合规治理的审计和监督

1. 数据合规全面审计

数据处理者应当定期开展数据合规治理的审计工作,进而及时发现潜在问题。在实务中,可通过与数据保护官沟通的形式了解企业的经营状况,并根据企业经营状况有针对性地制定审计方案、目标、范围等具体内容。审计报告一般会披露企业数据处理活动可能存在的风险和问题,并就应对方案出具审计建议,作为企业数据合规治理的参考依据。

2. 数据合规专项审计

在数据处理者开展数据处理活动中,基于其开展的业务和产品情况,在无法准确把握数据处理流程合规性的情况下,可以通过委托专业人士出具专项的审计报告,进而对企业的经营规范发表审计意见,供企业决策参考。

3. 向监管机构咨询

数据处理者在经营过程中对涉及数据处理的相关事项存在疑问的,可以向数据保护官或监管机构进行咨询。需要注意的是,在咨询过程中,建议暂停数据处理行为,以降低风险的发生。

4. 应对投诉和举报

数据处理者需要建立一定的申诉和举报机制,便于其能够及时发现潜在问题。在实务中,建议数据处理者在收到举报和投诉后能够在第一时间加以处理,并加强后台的处置权限,以尽可能减少基于投诉而引发的诉讼风险。此外,建议通过制度的形式明确投诉和举报处理流程,以便能够对所举报的事项开展内部调查。

5. 应对监管机构的行政调查

监管机构作为企业数据合规的主管部门,其基于投诉、举报或主动核查发现潜在问题的,可能会要求开展行政调查,此时数据处理者应当予以配合,并组织数据合规负责人与监管机构进行对接。在实践中,建议数据处理者在先行开展自查自纠工作之后,通过书面报告的形式将所需行政调查的事实和处理意见清晰地告知监管机构,尽可能做到有法可依、有理有据,争取监管机构能够接受企业方的意见。若经过行政调查发现数据合规问题的,企业也应当及时按照监管机构的要求采取适当且必要的措施加以整改,尽可能避免被予以行政处罚。

第八章

不同数据要素场景下的合规应用

第一节　数据要素在人工智能中的合规应用

近年来,随着区块链、物联网、云计算等技术的不断普及,数据要素在金融、保险、司法、公益、公共服务等各领域都发挥着关键性作用。作为这些互联网技术运用的基础与核心,“人工智能”这一计算机科学的分支,既包括了对自然人思维意识的模拟过程,又能更好胜任一些我们无法达成的工作。因此,人工智能虽然不是人类,但有可能超过人类,进而成为目前各国政府和企业在生产经营和日常管理中的重要技术手段之一。

一、人脸识别的数据合规应用

人脸识别是日常生活中最为普遍的一种技术手段,其可以通过对个人脸部数据的读取来对个体进行精确识别,因此该技术也常被应用于金融风控、酒店入住、考试认证等众多场景之中。此外,除在商业化方面的应用,人脸识别技术还在应急管理和公共安全层面发挥着巨大作用,包括通过与视频监控系统的结合,帮助公安部门对相关人员进行身份识别和轨迹定位。

(一)人脸识别的特征

1. 隐蔽性

与其他数据收集的技术手段不同,人脸识别几乎可以在任何地点进行,甚至能够在人们不知情的情况下远程收集和识别数据，具有极强的隐蔽性。

2. 敏感性

由于自然人的脸部图像带有很强的人格权属性，因此对自然人脸部特征的收集也被定义为是对敏感个人数据的收集。为了保障数据主体的权益不受重大侵害，《个人信息保护法》特意就敏感个人信息的收集和处理规则进行了明确。

3. 唯一性

自然人的脸部特征类似于指纹和虹膜等具有唯一性，其系基于客观产生而非数据主体主观控制的生物性特征。因此，在实务中，可以通过对不同数据主体的脸部特征数据的收集来对其个人身份进行分析和识别。

（二）人脸识别的技术障碍

虽然人脸识别技术是配合相关单位进行个人身份识别的有效手段之一，但除对个人隐私的担忧，许多数据处理者在其系统内部缺乏对活体监测技术的设置，由此也产生了许多盗用人脸识别的案件发生，如蒙骗快递柜后盗取相关物品等。此外，在实务中，人脸识别技术的算法缺陷还可能会导致对人脸识别精确度的影响，进而对产生的用户数据画像造成误差，导致企业系统自动化决策的失误。因此，人脸识别技术在现实生活中的技术安全也是一项不小的挑战。

（三）人脸识别数据应用的法律问题

由于人脸识别信息相较于其他个人信息而言具有一定的特殊性，因而对人脸识别数据的处理需要满足更高的合规要求，企业在收集相关数据之前需要充分考虑最小化原则的适用，在具有同类替代方案的情形下，应尽量避免通过对人脸识别数据的收集来达到处理目的。为了规范人脸识别技术的应用，《信息安全技术 人脸识别数据安全要求》（GB/T 41819－2022）继承了《个人信息保护法》《数据安全法》等现行法律的规定，对敏感个人信息、生物识别信息、儿童个人信息和人脸识别信息的安全通用要求进行了明确，并将人脸识别技术进一步区分为人脸验证和人脸辨识加以规范。此外，基于社会上出现的未经个人同意进行人脸识别、强制索取个人面部特征、出售人脸识别数据等情形，最高人民法院于 2021 年 7 月发布了《关于审理使用人脸识别技术处理个人信息相关民事案件适用法律若干问题的规定》,在《民法典》《网络安全法》《消费者权益保护法》《电子商务法》等法律的基础上就处理基于人脸识别技术生成的人脸信息所引起的民事案件进行了一定程度上的规范。

1. 人脸识别侵权的认定

根据《关于审理使用人脸识别技术处理个人信息相关民事案件适用法律若干问题的规定》第 2 条的规定,信息处理者处理人脸信息有下列情形之一的,人民法院应当认定属于侵害自然人人格权益的行为:(1)在宾馆、商场、银行、车站、机场、体育场馆、娱乐场所等经营场所、公共场所违反法律、行政法规的规定使用人脸识别技术进行人脸验证、辨识或者分析;(2)未公开处理人脸信息的规则或者未明示处理的目的、方式、范围;(3)基于个人同意处理人脸信息的,未征得自然人或者其监护人的单独同意,或者未按照法律、行政法规的规定征得自然人或者其监护人的书面同意;(4)违反信息处理者明示或者双方约定的处理人脸信息的目的、方式、范围等;(5)未采取应有的技术措施或者其他必要措施确保其收集、存储的人脸信息安全,致使人脸信息泄露、篡改、丢失;(6)违反法律、行政法规的规定或者双方的约定,向他人提供人脸信息;(7)违背公序良俗处理人脸信息;(8)违反合法、正当、必要原则处理人脸信息的其他情形。

因此,数据处理者应当注意在征得数据主体同意时必须确保透明度原则的适用,此外还需要根据法定的要求充分履行告知义务,并使数据主体能够表达其真实的意思表示,切忌通过捆绑通知或者强迫同意等违法方式作出。需要注意的是,只有在应对突发公共事件、维护公共安全、为公共利益在合理范围内等情形下处理人脸信息的,才可以被予以豁免。

2. 禁止将人脸识别作为门禁出入的唯一验证标准

《关于审理使用人脸识别技术处理个人信息相关民事案件适用法律若干问题的规定》第 10 条第 1 款规定:"物业服务企业或者其他建筑物管理人以人脸识别作为业主或者物业使用人出入物业服务区域的唯一验证方式,不同意的业主或者物业使用人请求其提供其他合理验证方式的,人民法院依法予以支持。"

可见,物业将人脸识别作为业主出入小区唯一验证标准的做法已被法律所明确禁止。此外,在火车站、飞机场等公共服务领域,也要求提供其他不使用人脸识别的方式,以规范对人脸识别数据的处理。

3. 人脸识别数据的删除权

《关于审理使用人脸识别技术处理个人信息相关民事案件适用法律若干问题的规定》第 12 条规定："信息处理者违反约定处理自然人的人脸信息，该自然人请求其承担违约责任的，人民法院依法予以支持。该自然人请求信息处理者承担违约责任时，请求删除人脸信息的，人民法院依法予以支持；信息处理者以双方未对人脸信息的删除作出约定为由抗辩的，人民法院不予支持。"

因此，数据处理者违反法律规定对自然人的人脸识别数据进行滥用的，该数据主体可以要求行使删除权，并要求数据处理者就数据的滥用或违法取得造成的损失进行赔偿。

（四）人脸识别的数据应用建议

1. 完善相关法律制度

目前，除司法解释和相关处理规范，人脸识别的数据在立法层面仍处于相对空白的阶段，随着人脸识别技术的普及，势必需要一部详细的法律来规范人脸识别技术的数据处理和使用。此外，由于人脸识别分为人脸验证和人脸辨识两大基础板块，而人脸辨识在实务中的侵权风险又相对更高，因此还有必要对其加以严格规范，避免在识别过程中的数据泄露和违规。

2. 人脸识别技术的最小化运用

人脸识别技术的运用应当秉承最小化原则的适用，基于该类技术需要采集人的面部特征图像，因此其往往会涉及国家安全、公共利益、商业价值与个人隐私之间的平衡问题。一般意义上，如果是为了保障国家安全和公共利益，在采取合理且必要措施的情况下，可以采集人的脸部图像进行处理，如在非法游行活动中抓捕犯罪嫌疑人或者是涉及重大刑事案件的侦查工作等，但应注意摄像机的布点位置，不易超出所需的必要性，防止过度抓取个人面部数据的情形出现。此外，除金融、保险等特殊行业需要识别个人身份，仍建议谨慎使用人脸识别技术，特别是基于商业利益，更需要提供其他身份验证和识别的方式，便于数据主体自行选择。需要注意的是，由于人脸识别技术的适用会存在一定的误差，特别是对于在系统内部缺乏设置活体监测技术的情形更甚，因此为数据主体提供其他可识别的技术也是降低技术风险的一种表现形式。

3. 设立专门的监管机构

基于科学技术的发展,应当设立专门的监管机构对人脸识别等类似新型技术加以持续监管,并通过立法的形式赋予其相应的调查和处罚权,以防止制度不健全而对数据主体的个人权益进行侵害。

二、智能汽车的数据合规应用

智能汽车是包含自动驾驶和车联网等技术在内的重要汽车种类,也是当今全球各车辆品牌方重点关注和研发的领域之一。基于其能够有效解决行车安全、交通拥堵等各种问题,有利于丰富消费者的汽车应用要求,因此其自然也得到许多国家政府的支持。我国自 2015 年起就出台了一系列有关智能汽车的行业发展规划,推出了《"互联网 +"人工智能实现三年行动实施方案》《推进"互联网 +"便捷交通促进智能交通发展的实施方案》《"十四五"智能制造发展规划》《新能源汽车产业发展规划(2021—2035 年)》等文件。2021 年更是出台了我国首部汽车行业数据安全方面的法规——《汽车数据安全管理若干规定(试行)》,在《网络安全法》《数据安全法》的基础上,开展汽车数据处理及其安全监管活动。

(一)智能汽车的特征

1. 数据收集的覆盖主体较广

智能汽车从表面上来看仅是收集驾驶员在行车过程中所产生的如行车轨迹、人像视频、道路交通状况等数据,但实则并非如此。在实务中,智能汽车会收集制造、销售、运输、经营等各环节的各类数据,并对该类数据开展存储、使用、加工、传输等处理活动。因此,智能汽车的数据收集行为也必然会牵涉如汽车制造商与零件供应商、经销商、维修商、保险公司、停车场运营机构等各类民事主体。

2. 数据合规的法律关系较复杂

(1)国家安全和公共利益问题

由于汽车的激光雷达和摄像头可能具有感知和录制周边环境的能力,倘若汽车途经涉密区域,则可能会录制相应区域具有保密性质的位置数据,给国家安全和公共利益带来潜在影响。对于此类数据而言，需要严格落实保密措施，确保不违反法律、法规的强制性规定。

(2)商业秘密保护问题

汽车制造商通过合法途径取得的各类数据，经处理后往往会产生具有相当大商业价值的数据产品，因此有必要采取合理的技术措施，通过数据的规范化处理来确保这一核心技术资源具备商业秘密的保护条件。

(3)个人信息保护的问题

在收集个人行车数据及其人像视频等信息时，应严格区分一般个人信息和敏感个人信息的范畴，通过分类分级的措施对其加以有针对性的保护。此外，需要注意在收集数据前充分履行告知义务，并通过最小化原则的适用，防止个人信息被过度滥用，进而保护个人的合法权益。

(二)智能汽车的数据合规要求

1. 数据处理的合法化

根据《汽车数据安全管理若干规定(试行)》的规定，对于汽车数据的处理应当遵循合法性和正当性的要求，并通过具体且明确的方式通知被收集数据的主体。同时，还需要根据《网络安全法》和《数据安全法》的规定严格落实网络安全等级保护和数据分类分级的各项工作，建立健全企业数据安全风险评估和数据安全事件报告制度。此外，对于涉及重要数据处理的事项，则应当进行本地存储，对涉及跨境流动的还需要根据《网络安全审查办法》的规定，对数据处理的风险性进行安全评估和审查，并基于汽车数据安全管理的实际情况于每年12月15日前向监管机构定期进行年度报告。需要注意的是，根据《测绘地理信息管理工作国家秘密范围的规定》，智能汽车收集的与测绘地理信息管理工作相关的数据可能会涉及国家秘密，因此应当予以特别保护。

2. 个人信息的保护

根据《汽车数据安全管理若干规定(试行)》第6条的规定，国家鼓励汽车数据依法合理有效利用，倡导汽车数据处理者在开展汽车数据处理活动中坚持：(1)车内处理原则，除非确有必要不向车外提供；(2)默认不收集原则，除非驾驶人自主设定，每次驾驶时默认设定为不收集状态；(3)精度范围适用原则，根据所提供功能服务对数据精度的要求确定摄像头、雷达等的覆盖范围、分辨率；

(4)脱敏处理原则,尽可能进行匿名化、去标识化等处理。

需要注意的是,虽然上述条款对智能汽车收集和处理数据提出了限制性的更高要求,但是其仍属于倡导性的条款,并不属于法律、法规的强制性要求。除此之外,数据处理者仍需按照《个人信息保护法》的规定,在收集时履行充分的告知义务,尽可能取得用户的同意,并建立投诉举报机制,便于及时处理用户对数据违规处理的各类举报和投诉问题。

3. 数据的本地存储和出境要求

根据《汽车数据安全管理若干规定(试行)》的规定,对于汽车数据处理者处理重要数据的,必须严格执行本地存储制度。此外,若涉及数据出境,则还需要完成监管机构组织的对数据出境应用场景、关键信息基础设施运营者情况等在内的安全评估。若不涉及重要数据及关键信息基础设施运营者,则应当根据《数据出境安全评估办法(征求意见稿)》第8条的规定,对其数据出境行为是否会对我国国家安全和公共利益带来风险进行评估,在确认不存在相关风险的情况下,则经数据主体同意后可以适当方式进行跨境流动。

4. 测绘地理信息管理工作的合规

《测绘法》第2条第2款规定:"本法所称测绘,是指对自然地理要素或者地表人工设施的形状、大小、空间位置及其属性等进行测定、采集、表述,以及对获取的数据、信息、成果进行处理和提供的活动。"由于汽车在行驶过程中可能会对途经路况信息进行实时采集,因此在实务中,汽车数据处理者可能会使用相关测绘技术以提供导航定位基准信息公共服务、互联网地图服务、基础地理信息系统服务等。因此,数据处理者需要对其合作的地图服务商进行测绘资质审核。对于未取得相应测绘资质而擅自从事测绘活动的,应当与其及时解除合同,避免因其违法行为而受到牵连。此外,如果相关测绘地理信息管理工作涉及国家秘密,则应当履行法定的保密义务,防止国家安全和公共利益的受损。

三、金融机构的数据合规应用

金融数据指的是金融机构在其日常经营过程中收集、产生和使用的各种数据,如银行储蓄信息、证券账户信息、保险购买信息等。而无论是银行、保险、基金还是证券、信托、资产管理等金融机构所处理的金融数据,从本质上来看,其实也就是对交易产品所体现的虚拟账户的变化进行管理的过程。因此,金融业显然属于数据密集型行业,需要极其重视数据合规应用的相关问题,不然可能会对市场稳定甚至是国家安全造成不良影响。

(一)金融数据的特征

金融机构在业务开展过程中面对的客户较广,包括自然人、法人和非法人组织,几乎涵盖了我国所有的商事法律主体,因此与该主体进行的金融业务合作所形成的数据也自然包括了个人数据、企业数据、重要数据、核心数据、公共数据、国家秘密数据等,呈现数据类型多样化的态势。

1. 完整性

金融机构有义务保证数据的完整性,确保数据不会被恶意篡改、丢失或破坏。

2. 真实性

金融机构需要对其收集数据的来源辨别真伪,包括开展个人身份的核查和实名认证工作,以保证交易的真实性。

3. 保密性

金融机构应当确保相关信息只能由被授权使用的个人获取。除此之外,其他未经授权的访问行为都应当被予以禁止。

(二)金融机构的数据风险

1. 非法收集和使用个人数据的风险

根据《网络安全法》、全国人民代表大会常务委员会《关于加强网络信息保护的决定》等法律、法规的规定,金融机构在收集和使用个人数据时,应当遵循最小化收集等原则,并明示收集、使用信息的目的、方式和范围,不得收集未经客户授权之外的相关个人数据。在实践中,许多金融机构为了尽可能多地获得客户信息,可能会存在突破最小化原则适用的规定,进而收集超出法定范围的个人数据,或未尽到法定告知义务,非法收集和使用个人数据,此类行为必须在实务中被明确禁止。

2. 第三方合作风险

在金融机构开展经营活动的过程中,其通常会将相关系统的开发和运营委托给第三方进行管理。金融机构应当将与其合作的第三方的操作规范视为金融机构来予以看待,如因第三方存在违法行为而导致客户信息泄露的,则金融机构也可能会承担相应的法律责任。

3. 金融信息系统的泄露风险

根据《金融行业信息系统信息安全等级保护测评指南》(JR/T 0072 - 2012)、《金融行业信息系统信息安全等级保护实施指引》(JR/T 0124 - 2014)、《金融行业信息安全等级保护测评服务安全指引》(JR/T 0073 - 2012)的规定,金融行业信息应当施行等级保护制度。在实务中,许多金融机构对其自身的信息系统开发并不重视,导致系统较容易被木马病毒侵入进而导致客户账户财产被盗或个人数据被泄露的风险发生。此外,金融机构还需要对其聘用人员加强管理,避免工作人员利用职务之便私自获取甚至出售客户数据,进而导致金融机构承担相应的法律责任。

(三)金融机构的数据合规要求

1. 金融数据的分类分级

无论是《网络安全法》还是《数据安全法》都对建立数据的分类分级制度提出了严格要求,金融业作为涉及民生经济的重大产业,需要对金融数据处理的全生命周期进行全面保护。目前,我国尚未颁布具有系统性指导意义的数据分类分级制度,而是多以各行业主管部门颁布的规章为主。例如,中国证监会于2018年9月27日发布了《证券期货业数据分类分级指引》(JR/T 0158 - 2018),对证券期货从业数据的分类分级原则和方法进行了详细的说明。针对个人数据而言,《个人金融信息保护技术规范》则根据个人金融信息敏感程度分成了C3、C2、C1三个类别。在数据的分级方面,《金融数据安全 数据安全分级指南》(JR/T 0197 - 2020)也都进行了相应规定。

2. 金融数据处理的全流程合规

为了保证金融数据的处理符合相关法律以及所属行业相关规范性文件的规定,进而对金融数据全生命周期进行全面保护的监管要求,2021年4月8日,中国人民银行颁布了《金融数据安全 数据生命周期安全规范》(JR/T 0223 - 2021),对金融数据的收集、传输、存储、使用和删除等作出了限制性要求,禁止C2和C3类别用户鉴别辅助信息的共享和转让。此外,还对金融机构与外部机构的数据传输技术方式进行了规定。

3. 金融数据的出境

随着《外商投资法》的生效，大量外资金融机构涌入中国市场，也势必会涉及金融数据出境的相关问题。对于个人金融数据而言，根据中国人民银行《关于银行业金融机构做好个人金融信息保护工作的通知》的规定，只有在为客户办理业务所必需且经明示后，客户仍书面授权同意的情况下，银行业金融机构才可以向境外总行、母行或分行、子行提供境内个人金融信息，除此之外均不得向境外提供境内个人金融信息。2020 年 2 月 13 日，中国人民银行又发布了《个人金融信息保护技术规范》（JR/T 0171－2020），进一步提出了个人金融信息出境安全评估要求，并需确保境外接收机构所在国家和监管机构具备数据安全保护能力等。此外，对于证券业务资料而言，根据《证券法》《关于加强在境外发行证券与上市相关保密和档案管理工作的规定》，若该资料涉及国家秘密和国家安全，则未经国务院证券监督管理机构和国务院有关主管部门批准，任何单位和个人不得将其携带、寄运至境外或通过信息技术等任何手段传递给境外机构或者个人。若并不涉及国家秘密和国家安全，但属于重要数据范畴的，则根据《数据安全法》的规定还需要进行数据出境安全评估。需要注意的是，根据《网络安全审查办法》的规定，对于超过 100 万用户个人信息的运营者赴国外上市的，则必须向网络安全审查办公室申报网络安全审查。

4. 金融数据安全保护义务

基于客户的信息安全，金融机构有义务妥善保管其向金融消费者收集的数据，并履行保密义务。因此，《网络安全法》对信息系统安全提出了相应要求，若金融机构未尽到妥善管理义务导致金融数据泄露，进而对金融消费者的利益造成损失的，则金融机构也应承担相应的法律责任。

四、医疗健康的数据合规应用

根据《国家健康医疗大数据标准、安全和服务管理办法（试行）》的规定，医疗健康大数据指的是在人们疾病防治、健康管理等过程中产生的与健康医疗相关的数据。医疗健康数据作为大数据的重要组成部分，其主要包含了在诊疗、药品实验和医疗器械研发、生产过程中收集的有关的个人数据。因此，医疗健康属于与每个个体都有密切联系的行业，对于医疗健康数据的合规应用也是大数据合规应用方面比较复杂和前沿的话题。

(一)医疗健康数据的类别

1. 个人医疗健康数据

个人医疗健康数据属于医疗健康数据的一个类别,但其所涵盖的范围却非常广泛,包括但不限于个人疾病的诊疗数据、个人健康数据、医疗器械购买记录、人类遗传基因数据等,实务中较为常见的个人医疗健康数据如个人病历卡、化验单、体检报告等。根据《个人信息保护法》的规定,这类数据大多是敏感个人数据,需要予以重点保护。

2. 公共医疗健康数据

公共医疗健康数据指的是公共卫生数据,如新冠疫情期间的某地区核酸阳性病例数量以及患者疾病的共性状况等,就是与公共卫生医疗和资源相关的数据。此外,其还包括人口的健康数据和老龄化程度数据等。

3. 医疗器械和药品数据

根据《药品记录与数据管理要求(试行)》和《医疗器械经营监督管理办法》的规定,医疗器械和药品数据也是一类需要重点保护的数据,其关系我国万千公民的公共利益问题。

(二)医疗健康数据的场景应用

1. 临床医学研究

在传统意义下,医疗与医院之间几乎完全独立,导致了医疗资源的割裂和医疗数据的垄断,非常不利于临床医学的研究效率和成果转化。然而,医疗健康数据往往又对临床医学研究意义巨大,其可以通过平台的搭建将医疗资源和文献进行整合,为临床诊治提供充分的案例参考,尽可能降低误诊率、减少医疗事故的发生。此外,医疗数据还可以帮助医院及时发现相关药物的副作用,及时且合理地为患者更换最优的治疗方案,提升疾病的治愈率。需要注意的是,医疗健康数据还有助于协助人工智能在疾病救治中的研发,即通过 AI 算法实现疾病预防和诊治的新模式和新方案。

2. 公共卫生监测

公共卫生监测是医疗健康大数据应用的一个重要板块,也是我国政府向来关注的重点。根据国务院办公厅《关于促进和规范健康医疗大数据应用发展的指导意见》的规定，我国需要不断加强卫生业务信息系统建设，推进医疗机构、公共卫生机构和口岸检验检疫机构的信息共享和业务协同，并整合社会网络公共信息资源，提高突发公共卫生事件预警与应急响应能力。此外，还需要推动疾病危险因素监测评估和妇幼保健、老年保健、国际旅行卫生健康保健等智能应用，普及健康生活方式等。可见，公共卫生监测与每个公民息息相关，其能够有效防止公共卫生疾病的传播，切实保护公民的人身和财产安全。

3. 个人健康管理监测

医疗健康数据在个人健康管理监测方面的应用也是效果显著，如苹果、华为等公司推出的运动手表就可以收集并上传个人的心率、氧饱和度等情况，对个人的身体机能进行实时监测，进而在云端上形成持续性的个人健康档案数据库，以供用户参考。此外，专业的医护人员还可以通过该数据模型的分析向用户提供定制化的个人健康管理服务，包括对其饮食、运动量、作息时间等给出相应建议，从而提升用户的身体健康水平。

(三) 医疗健康数据的合规要求

1. 医疗健康数据的分类分级

根据《信息安全技术 健康医疗数据安全指南》(GB/T 39725－2020)的规定，医疗健康数据可以分为个人属性数据、健康状况数据、医疗支付数据、医疗应用数据、卫生资源数据以及公共卫生数据六大类别。在具体分类应用层面需要重点关注数据是否涉及个人隐私、商业秘密和公共利益的问题。例如，个人属性数据通常与个人隐私相关；医疗支付和数据则通常与商业秘密相关；而卫生资源和公共卫生数据由于其具备一定的公共属性，因此通常可能与公共利益相关。此外，根据《数据安全法》第 21 条的规定，国家也需要在医疗健康领域建立数据分类分级保护制度。结合《信息安全技术 健康医疗数据安全指南》(GB/T 39725－2020)的规定，可以将医疗健康数据根据其重要程度、风险级别以及可能造成的损害程度分为 1～5 级进行管理，更为全面和安全地保护数据的完整和可用。

2. 医疗健康数据的出境

根据《信息安全技术 健康医疗数据安全指南》(GB/T 39725－2020)的规定，只有在基于学术需要进行传输的已经去标识化处理的必要数据和不涉及国家秘密、重要数据或其他禁止或限制向境外提供这两种情况下，并且经授权主体和数据安全委员会讨论审批后同意，且累计数据量在250条内的个人医疗健康数据可以进行数据的出境。此外，根据《网络安全审查办法》的规定，对于超过100万用户个人信息的运营者赴国外上市的，则必须向网络安全审查办公室申报网络安全审查。

3.互联网诊疗的数据合规

根据国务院办公厅《关于促进“互联网+医疗健康”发展的意见》的规定，我国需要推进实施健康中国战略，提升医疗卫生现代化管理水平，并优化资源配置，进而提高服务效率。首先，医疗机构开展的互联网诊疗活动，必须确保设施、设备的安全，并按照法定的要求实施三级信息等级保护等相应措施。其次，病历是医生进行诊疗的记录，也是患者诊治方案的重要参考材料。因此，我国对于病例数据的管理向来极为重视。根据《电子病例系统功能规范(试行)》《电子病例应用管理规范(试行)》等的规定，医疗机构有义务为患者进行身份识别，并为其建立唯一标识号码相对应的电子病历。同时，门(急)诊电子病历由机构保管的，保存时间自患者最后一次就诊之日起不少于15年；住院病历保存时间不少于30年。需要注意的是，对于远程互联网诊疗的病历书写和保管，邀请方和被邀请方可通过电子文件等方式发送，但应分别归档和保存。此外，根据《医疗事故处理条例》的规定，当依法需要对病历进行封存时，应当在医疗机构或其委托代理人、患者或其代理人在场的情况下，对病历共同进行确认，签封病历复印件。对于电子病历，也需要按照法定要求完成封存工作，并确保病历的存储独立、随时可读以及操作留痕。

4.药品数据的合规

由于药品数据涉及从研发开始到生产经营的全流程，因此我国《药品网络销售监督管理办法》对药品的数据合规进行了明确的规定。

(1)处方药的实名制

《药品网络销售监督管理办法》第9条规定：“通过网络向个人销售处方药的，应当确保处方来源真实、可靠，并实行实名制。药品网络零售企业应当与电子处方提供单位签订协议，并严格按照有关规定进行处方审核调配，对已经使用的电子处方进行标记，避免处方重复使用。第三方平台承接电子处方的，应当对电子处方提供单位的情况进行核实，并签订协议。药品网络零售企业接收的处方为纸质处方影印版本的，应当采取有效措施避免处方重复使用。”可见，针对处方药的销售，必须进行实名核实，电子处方已使用的也应及时进行标记，保证处方来源的真实性。

（2）销售和进货的记录保存义务

《药品网络销售监督管理办法》第 15 条规定：“向个人销售药品的，应当按照规定出具销售凭证。销售凭证可以以电子形式出具，药品最小销售单元的销售记录应当清晰留存，确保可追溯。药品网络销售企业应当完整保存供货企业资质文件、电子交易等记录。销售处方药的药品网络零售企业还应当保存处方、在线药学服务等记录。相关记录保存期限不少于 5 年，且不少于药品有效期满后 1 年。”因此，药品网络销售企业应该合法经营，及时开具销售凭证并对供货企业的相关信息进行保存和记录，确保药品销售和进货渠道的路径可查。

（3）第三方平台的记录保存义务

《药品网络销售监督管理办法》第 21 条规定：“第三方平台应当保存药品展示、交易记录与投诉举报等信息。保存期限不少于 5 年，且不少于药品有效期满后 1 年。第三方平台应当确保有关资料、信息和数据的真实、完整，并为入驻的药品网络销售企业自行保存数据提供便利。”可见，第三方平台和药品网络销售企业在记录和保存方面的义务是均等的，体现了线上、线下相一致的原则。

5. 医疗器械数据的合规

医疗器械数据指的是通过对直接或间接用于人体的仪器、设备、器具、体外诊断试剂及校准物、材料以及其他类似或者相关的物品（包括所需要的计算机软件）进行使用而产生的数据。

（1）进货查验和销售记录制度

《医疗器械监督管理条例》第 45 条第 1 款规定：“医疗器械经营企业、使用单位应当从具备合法资质的医疗器械注册人、备案人、生产经营企业购进医疗器械。购进医疗器械时，应当查验供货者的资质和医疗器械的合格证明文件，建立进货查验记录制度。从事第二类、第三类医疗器械批发业务以及第三类医疗器械零售业务的经营企业，还应当建立销售记录制度。”

《医疗器械网络销售监督管理办法》第 12 条规定：“从事医疗器械网络销售的企业应当记录医疗器械销售信息，记录应当保存至医疗器械有效期后 2 年；无有效期的，保存时间不得少于 5 年；植入类医疗器械的销售信息应当永久保存。相关记录应当真实、完整、可追溯。”

因此,医疗器械经营企业、使用单位应当建立进货查验制度,确保医疗器械获得合规证明文件。同时,还需要建立销售记录制度,确保医疗器械销售和进货渠道的路径可查。

(2)医疗器械使用单位的记录保存义务

《医疗器械监督管理条例》第50条规定:“医疗器械使用单位对需要定期检查、检验、校准、保养、维护的医疗器械,应当按照产品说明书的要求进行检查、检验、校准、保养、维护并予以记录,及时进行分析、评估,确保医疗器械处于良好状态,保障使用质量;对使用期限长的大型医疗器械,应当逐台建立使用档案,记录其使用、维护、转让、实际使用时间等事项。记录保存期限不得少于医疗器械规定使用期限终止后5年。”可见,医疗器械使用单位需要对医疗器械进行定期检查和养护,特别是对使用期限较长的大型医疗器械,更应当逐台建档,相应记录的保存期限不得少于医疗器械规定使用期限终止后5年。

五、无人机的数据合规应用

无人机在现实生活中也被称为“无人驾驶飞行器”,其是利用无线电遥控设备等程序控制的不载人的飞行器,可以完成在无人驾驶条件下复杂的飞行任务(如空中侦查、运输物资、森林灭火、执法活动等),特别是“后新冠疫情时代”,无人机配送产业有效保障了人民群众的生命和财产安全,但也由于目前我国法律对无人机的监管尚存在一定的空白,因此无人机在相关数据要素场景化的应用方面仍存在一定的潜在风险。

(一)无人机的特征

1. 隐蔽性

由于无人机的质量较小,飞行速度却又很快,因此其在执行常规任务过程中一般不容易引人注意。此外,实务中也很难对背后操控无人机的行为人进行查验,这无疑会加大维权人的举证责任。

2. 瞬时性

瞬时性也是无人机执行任务时的一大特征,即其可以躲避交通拥堵等情况,迅速响应和执行各类任务,提升工作效率。

3. 续航强

现在很多无人机具有极强的续航能力,这也意味着其执行任务的范围将更为广阔。

4. 灵活性

无人机的行动具有相当的灵活性,一般其不太可能像交通违章摄像头一样固定在某处,而是通过灵活流动的方式解决设备定位的不足,弥补了监控死角等各类设备固有缺陷。

(二)无人机的飞行要求

《通用航空飞行管制条例》第 15 条规定:"使用机场飞行空域、航路、航线进行通用航空飞行活动,其飞行计划申请由当地飞行管制部门批准或者由当地飞行管制部门报经上级飞行管制部门批准。使用临时飞行空域、临时航线进行通用航空飞行活动,其飞行计划申请按照下列规定的权限批准:(一)在机场区域内的,由负责该机场飞行管制的部门批准;(二)超出机场区域在飞行管制分区内的,由负责该分区飞行管制的部门批准;(三)超出飞行管制分区在飞行管制区内的,由负责该区域飞行管制的部门批准;(四)超出飞行管制区的,由中国人民解放军空军批准。"

可见,若想使用机场飞行空域、航路、航线进行无人机飞行,需要事先经过飞行管制部门的同意,并向其提出申请,在获得许可后方可飞行。需要注意的是,目前主管部门暂不接受个人报备申请无人机飞行的行为。因此,如果行为人没有尽到国家对无人机合法飞行的要求,则根据《治安管理处罚法》第 23 条的规定,可对其以严重扰乱社会秩序为由给予治安管理处罚,情节严重的还可以追究其刑事责任。

(三)无人机数据应用的法律问题

1. 数据取得的合法性问题

无人机的使用多会出现人机分离的现象,因此由于数据主体难以核实数据处理者真实身份而可能导致通过无人机取得的相关个人信息被认定为无效的后果。此外,在数据收集前缺乏必要的信息告知义务,由此也可能会因为缺乏对透明度原则的适用而造成无法履行向数据主体就数据处理目的、范围和方式等进行告知的义务,甚至出现对无关行为的收集、监听、监视或收集信息后因未妥善履行保管义务造成数据泄露等情形而侵犯数据主体的个人隐私权。

2. 数据处理和使用的程序正当性问题

在通过无人机进行执法的数据应用场景下,由于无人机的执法简化了法定流程,没有保障被处罚行为人充分发表意见的正当程序性要求,而严格遵守正当程序性要求,恰恰又是我国法律对合法行政行为的明确要求,其保障了相关数据主体的知情权、参与权和救济权。因此,通过无人机进行执法的程序正当性问题仍有待法律的进一步解释和明确。

第二节 数据要素在劳动关系中的合规应用

近年来,随着《个人信息保护法》的出台,数据要素在劳动关系中的合规应用得到了许多企业的重视。在实务中,企业在处理员工的个人信息时不仅应结合《劳动合同法》的规定履行其应尽义务,在收集员工个人信息可能严重影响其隐私权的情形下,还需要与当地的人力资源和社会保障局持续沟通,确保法律适用的正确性。因此可以说,《个人信息保护法》和《劳动合同法》之间实则存在一定的竞合关系,这对数据在劳动关系中的合规应用提出了较高要求。

一、处理员工个人信息的法律依据

许多企业认为,只要在其与员工的《劳动合同》中明确约定,公司可以随意使用和处理员工的个人信息,且员工在合同落款处签字,即表示公司已取得了合法的法律依据。这一观点其实存在一定的法律瑕疵。虽然从双方成立劳动关系的角度来看,《劳动合同》的签订是平等主体之间所形成的一种民事法律关系,但就数据取得的合法性而言,《劳动合同》中的部分条款可能被视为一种格式条款或“不平等”的条款。因此,只有在遵循法定义务、履行劳动合同或为了维护企业自身合法利益等必要情况下才可以处理员工的个人信息。需要注意的是,处理员工的敏感个人数据在通常情形下应被予以禁止。

(一)个人同意

企业应当根据《个人信息保护法》的规定,使员工在平等的基础上自由、具体、知情、明确且可撤销地作出同意,尽可能避免《劳动合同》中关于数据处理的授权产生无效的法律后果。需要注意的是,虽然个人同意也是企业取得员工数据的一种合法途径,但建议企业不应依赖员工作出的同意。如无必要,可以尽量选择其他途径作为处理员工个人数据的合法依据。

(二)履行合同所必需的处理

在数据处理是为了履行企业与员工的《劳动合同》所必需的情况下,企业可以对员工的个人数据进行处理。例如,在支付员工劳动报酬时,需要收集员工姓名和银行卡卡号等详细信息。

(三)履行法定义务所必需的处理

在企业履行法定义务的情况下,一般允许其处理员工的个人数据。例如,企业向所在地税务部门履行个人所得税的代扣代缴义务,或者需要提供员工的个人信息以便配合税务机关的税务稽查工作等。

(四)维护企业必要的合法利益

在维护企业自身必要的合法利益时,可以被允许适当处理个人数据。例如,企业基于经营需要,在更改 OA 系统后将员工的个人数据从旧系统中迁移至新系统的过程。

二、处理员工个人信息的义务

(一)通知义务

企业在处理员工个人信息前,必须向员工尽到法定的通知义务,提供包括但不限于数据处理的目的、法律依据、保存时间、数据接收者、企业联系人以及员工权利等相关内容。此外,建议企业还可以发放员工手册或在 OA 系统中公示数据处理的相关内容,供员工随时、随地进行阅读和查询。需要注意的是,当数据的原始处理目的发生变更时,企业有义务及时通知相关员工,保障其知情权。

(二)个人数据的保存时间

企业对个人数据的保存时间应当遵守法律的规定,法无明文规定的,则不能超过处理该数据所需的必要时间。此外,在员工离职后,由于企业可能还需要遵守《公司法》《劳动法》和税法等相关规定而对员工的个人数据加以处理,因此员工的离职并不意味着企业无权再对该员工个人数据进行保存,两者并无直接的关联性。

(三)数据的丢失防护

在企业的日常经营活动中,员工一般不可避免地会登录企业的网络和系统进行工作,因此企业也将不可避免地涉及处理其员工和其他第三方个人的数据。可见,对数据的丢失防护也是企业处理员工个人数据的一项重要工作。此外,企业在收集相关员工的个人数据后还应当对该数据采取安全措施并进行存档,尽可能避免数据泄露的问题发生。

三、对员工进行合法监控

根据我国法律的立法精神,员工在工作场所的私人活动应当受到法律的保护,但是企业的经营权也需要得到一定程度的维护。因此,个人隐私权和企业经营权之间的平衡问题是法律实践需要予以解决的问题。为了避免与不道德的员工形成劳动合同关系,进而免受员工实施的一些不法行为侵害公司的合法权益,许多企业时常会通过背景调查的形式,通过对员工个人社交网站的检索和教育背景乃至违法犯罪行为的核查来尽可能避免招聘到不称职的员工。但是,在企业内部编制员工黑名单的做法还是有失公允的。除对员工进行准入时的核查,对员工入职后的监控行为也并不一定是非法的。在实践中,企业必须确保其遵守《劳动合同法》和《数据安全法》等法律的规定,并同时履行了必要性、合法性、相称性和透明度原则,这样才能够确保对员工监控的合法化。

(一)必要性

对员工进行的监控必须首先符合必要性的原则,即倘若有其他危害性更小的方式,则应优先考虑采用,如为了阻止员工访问某些网站而在网络上设立防火墙进行限制等。此外,如果企业的监控行为可能会对员工的个人权利和自由造成高风险，则必须根据《个人信息保护法》的规定事先进行个人信息保护影响评估，以判断该监控行为是否符合必要性和相称性的要求。

（二）合法性

对员工进行监控的合法性要求即要符合本节“处理员工个人信息的法律依据”部分的内容，需要注意的是，实务中，基于员工同意而进行监控的情形应当被严格予以限制。此外，基于公司合法利益的需要，为了维护其正常经营活动而通过系统对员工电子邮件进行筛选以检测病毒或监测商业电子邮件的行为应当被视为一种合法行为，但监听员工在非工作时间的私人电话内容和记录其访问网站的行为则可能会被认定为违法。

（三）相称性

对员工进行监控的行为还需要符合相称性的要求，即企业所采取的监控行为不应过于极端。例如，主动对全体员工的电子邮件进行大规模监控，以确定员工没有泄露相关工作中的保密信息，这一行为就不符合相称性的要求。但是在实务中，监控电子邮件中所产生的流量数据，而非邮件内容却是切实可行的做法。此外，对于系统自主进行的大规模安全监控行为，则可能会被认定为是相称的，因为该监控行为是系统自我检测的一种技术手段，是一种对潜在威胁作出的合理且现实的反应。

（四）透明度原则

企业必须向其员工事先提供有关监控活动的充分信息，如企业网络和邮件的使用政策、监控的原因和目的、采取措施的主体和方式等。这种信息的透明度保障在实践中有助于确保监控行为的合法性，还有助于员工对监控能够充分理解。如果员工没有被告知他们的相关行为将在工作场所受到监控，则其对自身隐私权的保护期待会变得更高，而透明度原则正可以降低这种期望，使员工在未来没有足够的空间为企业的监控行为进行申辩和控诉。因此，企业应当引入一项可接受的内部管理制度，明确告知员工企业提供的电话、网络、电子邮箱等通信设备的预期使用标准，并表明员工对该设备的使用可能会受到来自公司的监控。当企业发现员工存在滥用企业提供的设备的情形，企业应立即通知该员工并予以处理，除非存在其他法定理由允许公司在不通知个人情况下继续进行监视活动。此外，虽然企业可能会在其管理制度中规定不得因私使用企业提供的设备,但这类约定由于存在一定的不合理性,一般也会被认定为无效。可见,企业在监控员工的各项活动前应当保证其透明度原则的落实,只有在配合司法部门侦查时,才可以对员工进行秘密监控,除此之外应当被严格予以禁止。需要注意的是,虽然透明度原则在企业监控时非常重要,但是企业不可能仅基于通知的作出就完全剥夺员工个人的隐私权,员工在工作场所中的隐私权也是一项法定权利,是无法完全被消除的。因此,企业应及时告知员工自己所享有的权利,以及公司联络人的具体联系方式,便于在发生问题后能够在第一时间发表意见并提出质疑,以达到个人隐私权和企业经营管理权之间的平衡。

四、对员工私人设备的监控

在日常工作中,许多企业允许其员工在工作场所中使用他们的私人设备进行各类通信和交流,但这并不意味着企业就无权对该类设备进行监控。一般意义上,企业虽然无权对员工设备中的私人信息进行访问,但仍有权对与工作相关的内容进行核查。需要注意的是,考虑到该私人设备中不仅存在工作内容还存在与该员工生活相关的数据,因此在开展监控活动中企业有义务制定相关私人设备监控政策,进而向员工进行透明度的告知,使其了解数据存储的具体位置。此外,还需要通过各类技术措施来加强公司服务器对该私人设备的保护,避免任何网络攻击和拦截的发生。当发生员工离职或设备丢失后,应在第一时间对设备后台数据进行保存,避免损失的进一步扩大。

五、"吹哨人"计划

从企业的日常管理角度出发,当企业内部发生了非法或不正当的活动,通常都是先由其员工发现,而后经向上级领导汇报流程方能予以处理,这类员工也被形象地称为"吹哨人"。因此,企业所制定的内部管理制度需要符合这一情形,既要提升员工识别不当行为的能力,鼓励其向公司积极进行检举和揭发,也需要尽可能确保全流程中的员工隐私保护。为了妥善管理此类投诉和检举事件,避免给举报者带来阻碍,许多公司选择与独立的第三方合作,通过电话、电子邮件等形式来接受举报者的检举。

（一）“吹哨人”计划的合规要求

在企业制定“吹哨人”计划相关政策时，需要在我国法律规定的基础上有针对性地进行个人信息保护影响评估，并在开始实施前，建议其与当地人力资源和社会保障局以及劳动监察部门取得联系，询问是否符合当地的法规和政策。对于聘请外资企业作为独立第三方的企业而言，若相关数据涉及跨境流动，则还需要符合我国数据跨境的相关规定。在制度文件形成后，企业需要向员工公示“吹哨人”计划的相关内容，并尽可能取得员工的同意，以向其明确相关举报的政策和程序，同时确保员工在《数据保护法》《个人信息保护法》等法律下的权利得到切实且适当的保护。

（二）“吹哨人”计划的政策内容

1. 个人报告

虽然“吹哨人”计划的制订本意是尽快发现并解决公司存在的潜在问题，但基于匿名举报并不会产生当面对质的效果，可能会出现一些恶性举报事件，因而“吹哨人”计划本身还会对员工的举报行为进行限制。通常而言，“吹哨人”计划的举报对象仅限举报人认识或可能认识的人，如均在同一部门工作的同事等。此外，企业也不应过度鼓励匿名报告，让举报者主动披露自己的身份对后续开展彻底和精确的调查工作可能更有帮助。

2. 个人报告的范围和处置

“吹哨人”计划的报告范围一般应限制在可能对公司治理造成的重大影响，如员工经济问题等，而对于同事的骚扰和欺凌行为由人力资源部门处理即可，无须启动“吹哨人”计划。此外，企业应当建立相应机制，通过标准化的管理模式就举报人报告的内容进行客观、公正的调查，并履行相应保密义务。在报告完成后，应当明确个人数据的保留期限，对未经证实的报告内容也应在第一时间予以删除。在实践中，可能需要考虑在一些特定的情形下限制被举报人行使其如删除权、更正权等个人数据的权利以配合公司的调查，并对因“吹哨人”计划而收集的数据，制定相应的信息安全政策，避免信息泄露事件的发生。

第三节　数据要素在日常监控中的合规应用

在互联网时代下，各类新技术的出现让人们的生活变得更为便捷；与此同时，也相应产生了更多不同类型的数据，这些数据又可以被政府部门和企业基于一系列合法目的而对公民的工作和生活进行监控，进而循环往复。因此，以国家安全和商业利益为目的的监控行为和个人隐私权保护之间的平衡问题逐渐成为人们关注和热议的焦点。通常来说，监控活动可以是公开进行的，也可以是秘密进行的，但无论如何都必须遵守我国《国家安全法》《行政处罚法》《劳动合同法》等法律的规定，以国家安全和公共利益、打击恐怖主义、犯罪侦查和预防等为目的，并采取必要且相称的措施才可以对公民进行监控，以限制其基本权利和自由。因此，如果发现监控活动对个人隐私造成了侵害，则应当首先评估该监控行为的必要性、合法性、正当性和相称性，以判断该监控活动是否符合法定要求。

一、通信数据的监控

通信监控指的是对传统设备的监控，如对邮政服务进行拦截等。随着科技的发展，对通信数据的监控逐渐变得越来越少，取而代之的是更为现代化的互联网电子通信监控活动，其主要包含对通信内容和元数据的监控。

（一）通信内容

通信内容，是最为直观的信息内容。例如，电话的通信内容为双方之间的对话；短信则是信息中保护的词句；电子邮件则为邮件主题和正文内容及其相关附件等。

（二）元数据

元数据是基于通信传输而生成的数据，一般认为其是数据的数据。由于对元数据的分析可以挖掘出通信的主体、地点、时间、方式等，因此通过元数据的处理可以还原整个通信画面的全貌，并可用于对数据主体加以识别。

1. 流量数据

流量数据属于元数据的一种类型，其包含通信的类型、格式、时间、来源、目的地、用户终端协议等内容。以电话和电子邮件为例，流量数据包括呼叫和被呼叫的号码以及收件人和发件人的电子邮件地址、邮件附件的大小等内容。

2. 位置数据

位置数据涵盖了用户设备的经纬度以及所处地理位置的高度，甚至还可以对该设备的精度水平进行识别，并实时记录其所处位置的持续时间等。

3. 用户数据

用户数据作为元数据的一种典型类型，其包括用户姓名、联系方式、证件号码、银行卡信息和付款信息等。

二、视频数据的监控

视频数据的监控关键是需要对个人生物特征数据进行处理，因为任何人只要被视频所录制和捕捉到，则无论其形象是静态还是动态的，都会从物理和生理上对该类个人生物特征进行技术处理，进而产生与其相对的个人面部图像数据。基于视频数据的特殊性和实效性，数据处理者一般很难通过数据主体同意的形式取得处理视频数据的合法依据，而唯有根据法定及维护公共利益的需要对视频数据加以监控，且该监控也不得凌驾于个人的基本权利和自由之上。

（一）个人信息保护影响评估

视频监控可能会对数据主体的基本权益造成重大影响，且倘若该视频监控被认为是高风险或涉及大规模公共区域的系统监测活动时，必须将个人信息保护影响评估的开展作为视频监控前的必要举措。因此，只有在充分考虑充分性、关联性、正当性且不存在其他影响较小的替代性方案的基础上，才能够动用视频监控技术。若经评估后发现无法充分降低高风险，数据处理者还应当及时咨询监管机构的意见，作为后续处理的备选方案。此外，在视频监控的过程中还需要特别关注相称性的相关问题，即需要灵活运用缩放和冻结技术，通过摄像机类型和位置的提前安排，最大限度减少对特定空间的监控以及严格落实数据的最短存储时间，并结合远程控制技术、面部识别变焦技术等来保护数据主体的生物特征数据。需要注意的是,只有在处理重大事项时,才可以对如更衣室、浴室等对隐私要求较高的区域进行监控,并且需要让个体意识到他们正在受到视频的监控。除制度建设和适用,对于员工的培训也非常重要。在数据处理者采取视频监控前,建议对相关员工的操作行为进行培训,使其了解滥用视频监控的法律后果,并定期审查和更新相关政策,保证政策的合法与合规。

(二)数据主体的权利

数据主体有视频监控的知情权,因此数据处理者需要确保透明度原则的贯彻和适用,特别是当摄像机覆盖大型公共空间时,更需要向数据主体提供法定的信息,使其了解视频正在运行和正在监控的区域位置。因此,为了确保告知行为的有效性,该类信息应当被放置在监控区域合理且明显的位置,并告知数据主体设置监控的目的和数据处理者的联系方式,便于潜在问题的解决。在实践中,由于视频录制和覆盖的时间可能都比较快,因此数据处理者在客观上无法及时确保数据主体访问权的行使,但其仍应采取适当的保障措施(如图像模糊化等),确保不会对数据主体的隐私权造成侵害。

三、生物特征数据的监控

如同脸部数据一样,与自然人的身体、生理和行为特征相关的由特定技术处理产生的个人数据均可以被认定为生物特征数据。实务中比较常见的如DNA、指纹、掌纹、视网膜、虹膜图案、静脉图案、气味、声音、打字技术、笔迹、步态、基因数据等,这些生物特征数据具备通过其原始形式或其他可见形式识别和认证自然人唯一身份的作用。然而,根据《个人信息保护法》的规定,生物特征数据属于一旦泄露或者非法使用,容易导致自然人的人格尊严受到侵害或者人身、财产安全受到危害的敏感个人信息,因此有必要按照《个人信息保护法》的要求合法监控生物特征数据。需要注意的是,对生物特征数据的监控和处理一般仅以识别和认证自然人作为其最终目的,特别是金融、保险等一些特殊行业更有类似需求。

四、位置数据的监控

近年来，对用户位置数据的监控正逐渐成为数据处理者接触用户的一种重要工具。位置数据指的是以电子通信网络或由电子通信服务而显示的用户终端设备的地理位置信息，一般包括经度、维度、高度等。基于位置数据可以单独或与其他信息结合后对数据主体进行识别，进而推断出该数据主体的住所地、宗教信仰、身体健康状况、政治派系等，因此其明显属于个人数据的范畴。此外，通过对用户位置数据的技术监控可以对便携式设备进行定位，并由此向数据主体提供定位等增值服务，其也继而被人们定义为数据的识别符。倘若数据处理者仅以匿名的形式对位置数据进行监控，则可以免除用户事先同意的要求。在实践中，常用的定位服务技术包括 GPS 卫星定位技术、移动蜂窝定位技术以及银行卡类的芯片卡定位技术等。需要指出的是，由于位置数据的监控可能会对个人权利和自由造成较高风险，同时即使用户在关闭设备或应用程序定位服务的基础上，黑客也可能通过应用程序中的漏洞重启定位服务的访问功能，因而一般情况下对用户位置数据的监控有必要提前进行个人信息保护影响评估，以降低相关风险。在实践中，对位置数据的监控主要是基于为用户提供信息推送服务、语言检索服务、导航定位服务等多种商业服务。

1. 信息推送服务

信息推送服务指的是数据处理者通过对用户设备的定位而为其提供信息推送的服务。例如，某用户手机设备被定位于上海市浦东新区，则手机应用软件会根据用户的喜好进行数据计算，并向其提供符合该用户需求的浦东新区周边旅游、购物、休闲、度假等诸多信息。

2. 语言检索服务

语言检索服务是指通过如 IP 地址的互联网流量信息来识别用户设备所在国家和地区，并有针对性地向该用户自动检索并提供属于该国家和地区所使用的语言等信息。

3. 导航定位服务

通过 GPS 卫星技术等数据处理者可向用户提供设备的定位服务，并通过移动应用软件向其精准地推送地理位置，并据此提供导航定位服务。

第四节　数据要素在商务营销中的合规应用

商务营销活动的定义一般非常宽泛,其指代的是任何形式的市场促销活动,但究其本身并不一定需要提供商品或服务进行出售,免费的促销或推广活动也可以被纳入商务营销的范畴。在实务中,不针对个体的商务营销行为以及如订单信息之类的有关商品服务的信息推送不应被涵盖其中。随着科学技术的不断发展,商务营销不再单纯依靠电子邮件或邮政快件的形式作出,转而逐渐习惯于通过第三方平台和站内信的形式进行推送。此外,由于数据要素在商务营销的过程中通常会使用用户的位置数据和Cookie,因此其不仅会触发《数据保护法》和《个人信息保护法》关于处理合法、透明度原则、适当技术和组织措施等立法保护要求,甚至还可能发生与《消费者权益保护法》《广告法》等法律规定同时适用的情形,进而产生法律的竞合。由此可见,数据处理者必须严格遵守我国相关法律的规定,并同时重点关注商务营销接收者所处国家的法律规定。

一、选择退出的权利

《电子商务法》第18条第1款规定:“电子商务经营者根据消费者的兴趣爱好、消费习惯等特征向其提供商品或者服务的搜索结果的,应当同时向该消费者提供不针对其个人特征的选项,尊重和平等保护消费者合法权益。”

《个人信息保护法》第24条第2款规定:“通过自动化决策方式向个人进行信息推送、商业营销,应当同时提供不针对其个人特征的选项,或者向个人提供便捷的拒绝方式。”

可见,我国立法保护了数据处理者的正当经营权,即在遵守法律限制性规定的基础上,数据处理者有权合法开展商务营销活动。在实务中,大多数的商务营销也是通过获得数据主体的事先同意或者是基于数据处理者合法利益主动作出的。因此,倘若是基于数据主体事先同意取得授权的,则需要保证其随时提出撤回同意的权利。如果是基于数据处理者合法利益作出的,则无论采取的是哪种商务营销的手段，均需要保障数据主体选择退出的权利，即数据处理者有商务营销的权利，而数据主体也有选择退出的权利。关于此项权利，数据处理者有义务在销售交易过程中收集个人数据时，通过勾选框的方式提前向数据主体进行清晰的释明，并保证数据主体在之后的每次通信中都能够以尽可能简单的形式行使其选择退出的权利，且一般不得据此收取任何费用。从商务营销信息的内容方面来看，数据处理者一般只能向数据主体发送与用户所购买的商品或服务类似的商品或服务的商务营销信息，并且不得将用户的个人数据分享给任何合作的第三方。此外，当数据主体行使选择退出权时，数据处理者应当及时进行系统设置，以暂停对该用户发出相关商务营销信息，而非直接删除其联系方式，避免将来用户再次同意后的潜在二次营销受阻。

需要注意的是，为了便于用户提出选择退出的权利，许多欧盟国家还发起了“罗宾逊名单”计划，即允许数据主体通过特定的渠道，当其行使选择退出的权利后，在全体参与“罗宾逊名单”的成员国之间全部生效，而无须再向数据处理者单独提出。对于数据处理者而言，其有义务在发送商务营销信息前主动对“罗宾逊名单”进行核查，否则将有可能承担不利的法律后果。但是，倘若用户在加入“罗宾逊名单”之后又一次授权数据处理者进行商务营销，则可以视为该授权同意再次覆盖了用户在“罗宾逊名单”上之前选择退出的行为，数据处理者即取得了新的发送商务营销信息的许可。

二、邮政营销

虽然邮政营销所产生的数据并非在线数据，但从通常意义上来论，其仍需遵守《个人信息保护法》的规定，确保数据处理的合法性及数据主体的各项权利能够得到有效保障。在实践中，法律并未强制性规定商务营销行为必须得到数据主体的同意。因此，如果数据处理者没有合法利益基础，其只能通过事先征得数据主体同意的方式进行邮政营销。反之，倘若数据处理者将其合法利益作为发起直接邮政营销的合法依据，则其必须审查用户是否曾作出拒绝接收该类信息的意思表示，以在数据处理者自身利益与数据主体个人基本权利和自由之间寻求一定的平衡。

三、电话营销

电话营销包含了通过传真方式的商务营销,其属于数字营销的一种模式。因此,当数据处理者通过电话营销的方式处理个人数据时,其必须确保符合《个人信息保护法》和《数据安全法》等法律的规定,严格落实合法处理和透明度原则等适用要求。

一般情况下,通过自动呼叫系统拨打电话的非人工行为必须事先征得数据主体的同意,同时应当及时告知用户来电者的身份信息和联系方式,便于其能够及时与相关主体取得联系。针对人工电话而言,数据处理者则需要至少确保一种方式帮助数据主体免费行使其选择退出的权利。此外,提供用户接收广告的选择权限也是最为安全的一种做法,其既能够起到用户同意的作用,又能够规避数据处理者基于其合法利益进行电话广告的风险。由此可见,数据处理者应当根据自身产品情况、用户数量及其接收广告信息的期待程度来灵活选择适用的规则,切忌采取"一刀切"抑或照搬其他平台的方式寻求数据主体的同意。

四、电子邮件营销

电子邮件营销同电话营销一样均属于数字营销的表现形式,其指的是通过公共通信网络发生的任何与文本、语音、声音、图像及视频等有关的信息,该类信息一般可以被存储于互联网和接收者所有的终端设备(如手机、iPad 等)中,以供用户收集和重复使用。日常生活中常见的电子邮件营销不仅包括电子邮件,还包括手机短信(SMS)、彩信(MMS)等。此外,当通过电子邮件的形式进行商务营销时,数据处理者还应当提供其有效联系地址,不得通过欺诈或误导的方式隐瞒其真实 ID 情况,确保任何促销信息均可被清晰地予以识别。另外,数据处理者还需要按要求提供用户选择退出的媒介,实践中一般多采取的是超文本链接或发送电子邮件的形式。同时,对于短信和彩信而言,则通常通过移动短代码的形式作出。需要注意的是,当数据处理者在提供商品或服务的过程中获得了用户个人的电子邮件,并在该电子邮件中仅向用户推销自己类似的商品或服务，且在最初收集用户个人数据时，以及在随后的每一次电子邮件营销通信中都需要以简单、清晰、免费的方式向用户提供选择退出的机会，则数据处理者有权在一定限度内进行电子邮件的商务营销，而无须用户自行选择接收，但用户选择退出时，应立即暂停该商务销售模式。

五、在线行为广告和 Cookie

Cookie 指的是用户浏览和访问网站时，网站服务器在用户设备上安装和储存的小型文本，以从用户设备的硬盘里读取其所需要的数据。例如，Cookie 可以帮助用户记录特定网站的用户名和密码，当用户再次登录该网站时，其可以自动调取相应信息以自动完成该网站的登录工作。除此之外，Cookie 还可以借助现代大数据技术挖掘和分析用户的喜好和需求进而向其提供精准的商务营销服务。

在线行为广告是基于 Cookie 技术在一段时间内对用户在网站上的行为进行观察后，使广告主能够根据其喜好和兴趣有针对性地精准推送广告，进而提高网站点击率和商品转化率的一种广告形式。可以说，在线行为广告能够帮助广告主接触潜在的产品受众，其建立的个人消费者的数据信息很好地促进了广告生态系统的发展。因此，在实践中，大部分在线广告行为都是通过广告赞助的形式取得收益，而非向用户进行收费。

通过 Cookie 技术获得的如访问网站的持续时间等信息通常对个人无法进行识别。然而，若将这类信息放置在一起则可以基于用户的浏览习惯创建相应的数据画像和配置文件，因此其也当然受到《个人信息保护法》的约束。在实践中，为了深入接触某类群体性用户，广告主通常会要求其合作的众多第三方广告经营者为其提供广告发布服务，而当某一用户访问广告经营者合作的或广告主所有的某些网站时，相关主体会在向该用户提供数据收集目的、方式等详尽信息并获得其明确同意后，在其电脑上放置 Cookie，当该用户浏览网站时，Cookie 将对其个人的 IP 地址、浏览器类型、浏览和搜索的内容以及在该网站上购买的商品或服务进行全程跟踪和记录。此后，当该用户再次访问该网站或与该网站有合作的其他网站时，广告经营主、第三方广告经营者或广告发布者可以在识别 Cookie 已记录的信息后，通过对这些信息的分析来评估和预测该用户的经济状况、个人喜好、身体健康情况、地理位置等内容，并据此向其提供有针对性的广告信息。需要注意的是，由于市面上大多数的浏览器都默认设置允许Cookie 的存在，而且用户一般并不熟悉也不会再去主动修改浏览器的默认设置。因此，仅凭浏览器的设置通常并不能达到获取有效用户同意的结果。相反，如果浏览器默认设置不允许 Cookie 存在，但用户却修改为接受 Cookie 并继续使用该浏览器访问网站，且在网站清晰且全面地提供了关于 Cookie 的使用目的等信息的情况下，则可以表明已经获得了用户的同意。

由此可见，针对 Cookie 技术所获得的数据应有所区分，包括由被访问网站运营商自行放置的 Cookie 以及由网站运营商以外的其他实体组织放置的 Cookie 进而收集的个人数据，即如果该第三方运营商确定了个人数据的处理方式和目的，则它也将被视为数据处理者进而需要遵守我国相关法律的规定。因此，无论是对于广告主、广告经营者还是广告发布者而言，其均有可能基于对用户个人数据处理的行为而受到《个人信息保护法》《数据安全法》等法律的调整。具体来说，广告经营者通常符合数据处理者的范畴，而广告发布者除其自身处理目的外，如果与广告经营者通过签订协议的形式达成处理数据的委托，则其与广告经营者之间显然构成了委托处理的关系。从法律责任上来看，有独立网站的广告主需要对数据处理行为承担全部法律责任，而选择与广告经营者或发布者合作的广告主，则将根据相关主体的过错程度承担相应的法律责任。

六、用户数据画像的自动化决策

(一) 用户的数据画像

用户的数据画像是建立在一定目标模型基础之上的画像，是数据处理者经过长时间的观察和分析对用户的经济情况、身体健康状况、兴趣爱好等进行判断的结论性意见。根据《信息安全技术 个人信息安全规范》(GB/T 35273－2020) 第 3.8 条的规定，用户画像是“通过收集、汇聚、分析个人信息，对某特定自然人个人特征，如职业、经济、健康、教育、个人喜好、信用、行为等方面作出分析或预测，形成其个人特征模型的过程”。在实践中，可以将用户数据画像结合其处理目的区分为群体用户画像和个人用户画像两类。通过对用户画像的处理和使用，其可以在产品的开发、服务的优化及商务营销等方面发挥重要作用。

需要注意的是，无论是群体用户画像还是个人用户画像，由于其组成均源于个人数据，因此其当然也受到《个人信息保护法》的调整和约束。

(二) 自动化决策

自动化决策是以用户数据画像作为相关决策的基础，进而得以向特定数据主体定向精准推送相应的商务营销信息。《个人信息保护法》第 24 条规定："个人信息处理者利用个人信息进行自动化决策，应当保证决策的透明度和结果公平、公正，不得对个人在交易价格等交易条件上实行不合理的差别待遇。通过自动化决策方式向个人进行信息推送、商业营销，应当同时提供不针对其个人特征的选项，或者向个人提供便捷的拒绝方式。通过自动化决策方式作出对个人权益有重大影响的决定，个人有权要求个人信息处理者予以说明，并有权拒绝个人信息处理者仅通过自动化决策的方式作出决定。"可见，数据处理者在以自动化决策的方式发送商务营销信息时，应当既向用户提供定向精准推送的广告信息，又同时向其提供不针对其个人特征的标准页面，以维护消费者的选择权。需要注意的是，如果在商务营销期间存在实行不合理差别待遇、价格歧视等大数据杀熟行为，则相关广告主、广告经营者以及广告发布者均有可能向用户承担相应的法律责任。

第五节　数据要素在网络技术与通信中的合规应用

现代社会，无论是在健康医疗、金融保险领域，还是在交通出行、智慧城市方面，都离不开网络通信技术的帮助。互联网通信技术的高速发展已经彻底改变了用户的网络使用习惯，也改变了数据处理者收集、传输、使用和共享数据的能力。由此，数据要素在网络技术与通信中的合规应用所产生的各类问题也被逐一暴露在阳光之下。在适用我国数据保护相关立法确立的基本原则时，不应过度死板和固化，而应当通过更为灵活的方式结合个案来予以适用，以契合相关行业及领域的现实情况。

一、移动设备应用技术

随着科技的发展,智能手机、平板电脑等互联网移动设备基于其体积小的便捷性特征已经被人们所普及,而移动设备上的应用技术也随之应运而生。基于移动设备和台式计算机在形态和功能上都有着截然不同的特点,因此针对移动设备应用技术的数据保护问题也逐渐映入人们的视野。

(一)数据的收集

移动设备在收集个人数据时,通常通过访问用户在设备中存储的数据,将其发送回应用程序的开发人员所关联的设备,读取用户移动设备中的位置、照片、邮件等内容进而形成数据的交互。例如,通过对位置数据的收集,可以更好地为用户优化相应服务并提供关于个人运动方面的建议等。需要注意的是,由于移动设备与台式计算机相比无法进行用户间的共享,因此对个人数据的收集通常也是逐台进行获取的。在收集数据前,用户需要先将相关应用程序下载到其设备上,此时,移动设备应用程序的开发者则会在得到用户同意的前提下使用 Cookie 等技术收集其所需要的数据。在收集数据时,应仅收集与处理目的相关的必要数据,这无疑对移动设备应用程序的开发者提出了数据颗粒度的要求,即不能基于用户不同意收集非必要的数据而暂停对其提供服务,而应当在此基础上尽可能提供更多的基础功能为用户创造良好的服务环境。例如,移动设备应用程序希望用户同意其访问位置数据来向用户提供最近加油站的位置信息,但若用户拒绝了此项请求,则该应用程序仍应当向用户提供手动导航功能。

(二)移动设备应用程序的开发者的法律责任

通常来说,由于移动设备应用程序的开发者在其服务器内收集用户数据后会决定该类数据的处理目的和方式,因此其必须遵守《个人信息保护法》等法律关于数据处理者的相关规定。此外,实践中除应用程序的开发者外,一般还有许多第三方参与了数据托管和分析等个人数据的处理活动,这些第三方需要和移动设备应用程序的开发者一样承担相应的法律责任。如果应用程序的商店或者操作系统在下载应用程序或更新系统时也处理了个人数据,则这些商店和操作系统的开发者也可能成为数据处理者。但需要注意的是,如果应用程序的开发者没有将用户的个人数据发送回其关联设备,而是在用户的移动设备中径行处理,则由于数据仍然在用户设备的控制之下,该应用程序的开发者没有收集相关个人数据,因此其并不会基于该处理行为进而被认定为数据处理者。另外,基于移动设备上的可用屏幕空间一般都比较有限,因此传统意义上的通知形式通常较难满足信息发布的完整性,实践中需要更好地利用视频、图标等工具,或采用分层通知的方法,在用户下载应用程序前即将最为关键的隐私政策信息通知到位,以尽到数据处理者应尽的责任。

二、云计算技术

云计算指的是通过计算机网络形成的计算能力极强的系统,可存储、集合相关资源并可按需配置,进而向用户提供个性化服务,而与云计算技术相关的信息技术服务通常包括基础设施即服务(Infrastructure as a service,IaaS)、平台即服务(Platform as a service,PaaS)、软件即服务(Software as a service,SaaS)三类。相关服务的基础设施一般都由客户进行共享且可能位于多国境内。在实践中,虽然数据处理的安全措施和标准通常由云计算的服务提供者自主确定,但即便如此,云计算的服务提供者也均会按照客户的指示进行操作,其本身一般也只负责对硬件设施的采购和使用。在商务营销领域,由于广告主或广告经营者在发布在线行为广告的过程中可能也会对云计算服务提供者的数据处理行为承担连带责任,因此为了规范各方之间的法律关系,有必要签订云计算服务合同以明确双方的责任范围。

(一)基础设施即服务

基础设施即服务指的是供应商只负责提供物理计算机硬件资源的远程访问和使用,客户为了达到数据分析和处理的目的,需要自行负责操作平台以及该平台上所有应用程序的开发、搭建和维护工作。

(二)平台即服务

平台即服务指的是供应商除负责提供物理计算机硬件资源的远程访问和使用,还负责对操作平台的开发、搭建和维护工作,客户则需要自行负责操作平台上应用程序的开发、搭建和维护工作。

(三)软件即服务

软件即服务指的是供应商负责全部的底层基础设施,以及操作平台和平台上应用程序的开发、搭建和维护工作,而客户只需承担相应的服务费用。

三、物联网技术

物联网指的是可以在没有人工帮助的情况下,利用无线射频识别、传感器等技术工具来收集和传输有关环境的信息进而与其他可联网的物体通信,构建一个完整的人和物的网络信息系统。物联网的概念打破了传统的思维,延伸和扩张了互联网的范围,使得任何人和物都能够通过互联网紧密相连。由于物联网从本质上而言还是属于利用互联网的通信服务技术对数据进行收集和处理的过程,因此其仍需遵守我国数据保护相关的法律、法规的规定。

(一)物联网的应用

物联网的应用在现实生活中极为广泛,由于其可以连接几乎全部的人和物,因此在交通、物流、金融、家电等领域都可以有所贡献。

1. 国防安全

物联网所配套的传感器可以协助军队在战场上感知一切态势,包括在侦察敌情、监控物资状况、目标追踪、战争行为预测等方面发挥重要的作用,进而满足我国信息化作战装备的需要,极大提升部队的信息获取能力和战斗力,

2. 物流领域

物联网能够有效协助物流公司利用先进的数据收集、处理、智能分析等技术完成智能化的运输、仓储、包装、配送等工作,并能够实时掌握物流的动向,提升公司的管理能力。

3. 医疗领域

物联网能帮助医院完成病患诊治的智能化管理工作,包括建立医疗、药品、设备等信息,实现医疗设施设备的可视化管理。此外,物联网还对协助病患的诊治工作大有帮助,如通过射频接收器的佩戴可以实时观察患者输液情况,保证用药的正常。

4. 环境领域

环境保护问题历来是我国的一项重点工程。物联网可以帮助国家和企业监测工业区的排水、排气数据，并可利用该技术及时发现污染源，提升环境保护的监管效率和精度。

5. 家具领域

通过在家具上安装传感器，可以提升其对自然环境的识别能力，并通过系统化的编程使其能够通过互联网实现远程操控及自我调节的功能，进而为用户提供更为舒适的家庭生活环境。

（二）法律责任

由于物联网技术在使用过程中会将所有用户单独连接到一个相同的中心网络中，进而可能导致难以通过更新安全补丁的方式弥补网络安全的潜在问题。因此物联网技术的开发者应当在设计和开发相关技术时以安全性为首要原则，确保技术的安全可控；必要时，还可以采取个人信息保护影响评估的方式来协助系统的设计和开发。此外，基于物联网技术是通过传感器等获取个人数据，具有很强的隐蔽性，因而在大多数情况下，取得用户的同意将是其数据处理者合法处理数据的法律基础。在实践中，物联网设备的制造商一般会通过在设备的使用过程中建立同意机制来解决该问题。例如，用户一旦使用相关产品，就意味着其默认同意数据处理者对其数据进行收集的行为，但只有在向数据处理者履行了全部法定通知义务的情况下，才可能会被认定为有效。

四、搜索引擎服务

搜索引擎服务指的是通过互联网所提供的各类信息的查询服务。基于搜索服务的行业特殊性，数据处理者需要处理来自互联网上的大量信息，以保证其响应速度的即时。

（一）用户的 IP 地址

IP 地址是一连串分配给计算机的数字，以起到帮助识别计算机并通过互联网技术与其他设备进行通信的作用，通过对该用户 IP 地址的查询，可以找到计算机相应互联网服务提供商以及其所在的地理位置。一般来说，一台计算机只有一个静态的 IP 地址,该静态 IP 地址不会随着设备的使用而变化,类似于该计算机的"身份证"。此外,计算机还会同时存在一个动态的 IP 地址,即在计算机启动时接收的 IP 地址,进而避免网络管理的成本和负担。可见,由于静态 IP 地址可能会识别所对应的计算机使用个体,因此其显然属于个人数据;而动态的 IP 地址基于其随时变动的可能性,在极个别的情况下,一般不会将其作为个人数据予以看待。

(二)Cookie

Cookie 通常只能在设置它们的应用程序中使用,其功能和作用主要是对用户提供个性化的推送和优化服务。基于 Cookie 不支持在各应用程序之间进行共享,因此近年来许多数据处理者转而通过设备指纹、媒体访问控制(MAC)等手段进行跟踪和记录,但其仍需要遵守我国法律的规定,并需提前获得数据主体的同意。

(三)用户日志文件

搜索引擎处理用户日志文件的主要目的在于搜索其以往查询的记录,便于制作用户的数据画像并进行适当分类。

(四)第三方网站

为了向用户及时提供搜索查询的反馈服务,搜索引擎的数据处理者需要不断通过搜索技术更新网络上的新增内容,并通过快速建立标签的形式对其进行索引。

由于搜索引擎的数据处理者可以自行决定用户及其他数据的处理目的和方法,因此其需要遵守我国数据保护法律的相关规定。通常来说,基于数据存储期限的要求,欧盟 GDPR 规定搜索引擎对数据的保留时间一般不应当超过 6 个月,逾期应当对数据进行全部删除。此外,无论是否为搜索引擎的用户,数据处理者还需要保证数据主体能够正常行使其所享有的各项基本权利。

五、网络社交服务

网络社交服务是以交友为目的,通过网站的搭建,供用户分享其自身兴趣爱好和活动的平台服务。由于网络社交平台上通常会挂靠许多第三方应用程序供用户进行选择，因此网络社交平台的开发者有义务确保与其合作的第三方应用程序在信息提供和收集数据等方面均符合《个人信息保护法》的规定。此外，针对个人用户在网站上发布的其本人以及第三方的照片等信息一般可以不做特别保护，但若以“人肉搜索”等数据识别或以非法创建其个人账户为目的，未经第三方同意即私自上传该第三方照片或其他个人数据，则需要将其作为敏感个人数据予以看待并施加严格保护。与此同时，网络社交平台的开发者也应当及时处理并发出风险警告。需要注意的是，在网络社交平台上创建儿童的账号必须征得其监护人的同意，但即便如此，网络社交平台的开发者也应当在平台实际运营的过程中考虑儿童的最大利益，并鼓励其开展符合其民事行为能力的数据处理活动。同时，在网站设置上还应当对其进行默认隐私保护设置，启动未成年人防沉迷系统并禁止向其发送任何商务营销信息。

附 录 一

中国企业数据合规常用法律法规清单

一、法律

《电子签名法》
《国家安全法》
《网络安全法》
《电子商务法》
《民法典》
《数据安全法》
《个人信息保护法》

二、行政法规

《计算机信息系统安全保护条例》
《计算机信息网络国际联网安全保护管理办法》
《互联网信息服务管理办法》
《信息网络传播权保护条例》
《征信业管理条例》
《关键信息基础设施安全保护条例》
《医疗器械监督管理条例》
国务院办公厅《关于促进和规范健康医疗大数据应用发展的指导意见》
国务院办公厅《关于促进"互联网＋医疗健康"发展的意见》

《促进大数据发展行动纲要》

《科学数据管理办法》

三、部门规章

《信息安全等级保护管理办法》

《电信和互联网用户个人信息保护规定》

《国家健康医疗大数据标准、安全和服务管理办法(试行)》

国家卫生健康委办公厅《关于进一步推动互联网医疗服务发展和规范管理的通知》

《关于深入推进“互联网+医疗健康”“五个一”服务行动的通知》

《人口健康信息管理办法(试行)》

《医疗机构病历管理规定》(2013年版)

《电子病历系统功能规范(试行)》

《电子病历应用管理规范(试行)》

《药品记录与数据管理要求(试行)》

《药品网络销售监督管理办法》

《医疗器械经营监督管理办法》

《规范互联网信息服务市场秩序若干规定》

《儿童个人信息网络保护规定》

《App违法违规收集使用个人信息行为认定方法》

《在线旅游经营服务管理暂行规定》

《互联网用户公众账号信息服务管理规定》

《常见类型移动互联网应用程序必要个人信息范围规定》

《网络交易监督管理办法》

《网络产品安全漏洞管理规定》

《汽车数据安全管理若干规定(试行)》

《网络安全审查办法》

《数据出境安全评估办法》

《数据安全管理认证实施规则》

《个人信息保护认证实施规则》

《工业和信息化领域数据安全管理办法(试行)》

工业和信息化部《关于加强车联网网络安全和数据安全工作的通知》

《移动互联网应用程序信息服务管理规定》

《个人信息出境标准合同办法》

四、司法解释

最高人民法院、最高人民检察院《关于办理危害计算机信息系统安全刑事案件应用法律若干问题的解释》

最高人民法院《关于审理侵害信息网络传播权民事纠纷案件适用法律若干问题的规定》

最高人民法院、最高人民检察院《关于办理利用信息网络实施诽谤等刑事案件适用法律若干问题的解释》

最高人民法院《关于审理利用信息网络侵害人身权益民事纠纷案件适用法律若干问题的规定》

最高人民法院、最高人民检察院、公安部《关于办理刑事案件收集提取和审查判断电子数据若干问题的规定》

最高人民法院、最高人民检察院《关于办理侵犯公民个人信息刑事案件适用法律若干问题的解释》

最高人民法院《关于审理使用人脸识别技术处理个人信息相关民事案件适用法律若干问题的规定》

五、其他规范性文件

(一)电信领域

《基础电信企业数据分类分级方法》(YD/T 3813 -2020)

《基础电信企业重要数据识别指南》(YD/T 3867 -2021)

《电信网和互联网数据安全评估规范》(YD/T 3956 -2021)

《电信网和互联网数据安全通用要求》(YD/T 3802 -2020)

《电信和互联网行业数据安全标准体系建设指南》

（二）金融领域

中国人民银行《关于银行业金融机构做好个人金融信息保护工作的通知》

《金融行业信息系统信息安全等级保护测评指南》（JR/T 0072－2012）

《金融行业信息安全等级保护测评服务安全指引》（JR/T 0073－2012）

《金融行业信息系统信息安全等级保护实施指引》（JR/T 0071－2012）

《个人金融信息保护技术规范》

《金融数据安全 数据安全分级指南》（JR/T 0197－2020）

《金融数据安全 数据生命周期安全规范》（JR/T 0223－2021）

《金融数据安全 数据安全评估规范（征求意见稿）》

《金融数据跨境安全要求（征求意见稿）》

《证券期货业数据分类分级指引》（JR/T 0158－2018）

《商业银行数据中心监管指引》

（三）汽车领域

《车联网网络安全和数据安全标准体系建设指南》

（四）医疗领域

《信息安全技术 健康医疗数据安全指南》（GB/T 39725－2020）

（五）其他标准

《计算机信息系统安全保护等级划分准则》（GB 17859－1999）

《移动互联网应用程序（App）安全认证实施规则》

《信息安全技术 网络安全等级保护实施指南》（GB/T 25058－2019）

《信息安全技术 个人信息去标识化指南》（GB/T 37964－2019）

《信息安全技术 个人信息安全规范》（GB/T 35273－2020）

《信息安全技术 人脸识别数据安全要求》（GB/T 41819－2022）

《网络安全标准实践指南——移动互联网应用程序（App）个人信息保护常见问题及处置指南》（TC260－PG－20203A）

《网络安全标准实践指南——网络数据分类分级指引》

《网络安全标准实践指南——移动互联网应用程序（App）收集使用个人信

息自评估指南》

《网络安全标准实践指南——移动互联网应用程序(App)系统权限申请使用指南》

《网络安全标准实践指南——移动互联网应用程序(App)使用软件开发工具包(SDK)安全指引》

附 录 二

个人信息出境标准合同

为了确保境外接收方处理个人信息的活动达到中华人民共和国相关法律法规规定的个人信息保护标准，明确个人信息处理者和境外接收方个人信息保护的权利和义务，经双方协商一致，订立本合同。

个人信息处理者：________________________________

地址：________________________________

联系方式：________________________________

联系人：________________ 职务：________________

境外接收方：________________________________

地址：________________________________

联系方式：________________________________

联系人：________________ 职务：________________

个人信息处理者与境外接收方依据本合同约定开展个人信息出境活动，与此活动相关的商业行为，双方【已】/【约定】于________年____月____日订立(商业合同，如有)。

本合同正文根据《个人信息出境标准合同办法》的要求拟定，在不与本合同正文内容相冲突的前提下，双方如有其他约定可在附件二中详述，附录构成本合同的组成部分。

第一条 定义

在本合同中,除上下文另有规定外:

(一)“个人信息处理者”是指在个人信息处理活动中自主决定处理目的、处理方式的,向中华人民共和国境外提供个人信息的组织、个人。

(二)“境外接收方”是指在中华人民共和国境外自个人信息处理者处接收个人信息的组织、个人。

(三)个人信息处理者或者境外接收方单称“一方”,合称“双方”。

(四)“个人信息主体”是指个人信息所识别或者关联的自然人。

(五)“个人信息”是指以电子或者其他方式记录的与已识别或者可识别的自然人有关的各种信息,不包括匿名化处理后的信息。

(六)“敏感个人信息”是指一旦泄露或者非法使用,容易导致自然人的人格尊严受到侵害或者人身、财产安全受到危害的个人信息,包括生物识别、宗教信仰、特定身份、医疗健康、金融账户、行踪轨迹等信息,以及不满十四周岁未成年人的个人信息。

(七)“监管机构”是指中华人民共和国省级以上网信部门。

(八)“相关法律法规”是指《中华人民共和国网络安全法》《中华人民共和国数据安全法》《中华人民共和国个人信息保护法》《中华人民共和国民法典》《中华人民共和国民事诉讼法》《个人信息出境标准合同办法》等中华人民共和国法律法规。

(九)本合同其他未定义术语的含义与相关法律法规规定的含义一致。

第二条 个人信息处理者的义务

个人信息处理者应当履行下列义务:

(一)按照相关法律法规规定处理个人信息,向境外提供的个人信息仅限于实现处理目的的所需的最小范围。

(二)向个人信息主体告知境外接收方的名称或者姓名、联系方式、附录一“个人信息出境说明”中处理目的、处理方式、个人信息的种类、保存期限,以及行使个人信息主体权利的方式和程序等事项。向境外提供敏感个人信息的,还应当向个人信息主体告知提供敏感个人信息的必要性以及对个人权益的影响。但是法律、行政法规规定不需要告知的除外。

（三）基于个人同意向境外提供个人信息的，应当取得个人信息主体的单独同意。涉及不满十四周岁未成年人个人信息的，应当取得未成年人的父母或者其他监护人的单独同意。法律、行政法规规定应当取得书面同意的，应当取得书面同意。

（四）向个人信息主体告知其与境外接收方通过本合同约定个人信息主体为第三方受益人，如个人信息主体未在30日内明确拒绝，则可以依据本合同享有第三方受益人的权利。

（五）尽合理地努力确保境外接收方采取如下技术和管理措施（综合考虑个人信息处理目的、个人信息的种类、规模、范围及敏感程度、传输的数量和频率、个人信息传输及境外接收方的保存期限等可能带来的个人信息安全风险），以履行本合同约定的义务：

（如加密、匿名化、去标识化、访问控制等技术和管理措施）________________

____

（六）根据境外接收方的要求向境外接收方提供相关法律规定和技术标准的副本。

（七）答复监管机构关于境外接收方的个人信息处理活动的询问。

（八）按照相关法律法规对拟向境外接收方提供个人信息的活动开展个人信息保护影响评估。重点评估以下内容：

1. 个人信息处理者和境外接收方处理个人信息的目的、范围、方式等的合法性、正当性、必要性。

2. 出境个人信息的规模、范围、种类、敏感程度，个人信息出境可能对个人信息权益带来的风险。

3. 境外接收方承诺承担的义务，以及履行义务的管理和技术措施、能力等能否保障出境个人信息的安全。

4. 个人信息出境后遭到篡改、破坏、泄露、丢失、非法利用等的风险，个人信息权益维护的渠道是否通畅等。

5. 按照本合同第四条评估当地个人信息保护政策和法规对合同履行的影响。

6. 其他可能影响个人信息出境安全的事项。

保存个人信息保护影响评估报告至少3年。

（九）根据个人信息主体的要求向个人信息主体提供本合同的副本。如涉及商业秘密或者保密商务信息，在不影响个人信息主体理解的前提下，可对本合同副本相关内容进行适当处理。

（十）对本合同义务的履行承担举证责任。

（十一）根据相关法律法规要求，向监管机构提供本合同第三条第十一项所述的信息，包括所有合规审计结果。

第三条 境外接收方的义务

境外接收方应当履行下列义务：

（一）按照附件一"个人信息出境说明"所列约定处理个人信息。如超出约定的处理目的、处理方式和处理的个人信息种类，基于个人同意处理个人信息的，应当事先取得个人信息主体的单独同意；涉及不满十四周岁未成年人个人信息的，应当取得未成年人的父母或者其他监护人的单独同意。

（二）受个人信息处理者委托处理个人信息的，应当按照与个人信息处理者的约定处理个人信息，不得超出与个人信息处理者约定的处理目的、处理方式等处理个人信息。

（三）根据个人信息主体的要求向个人信息主体提供本合同的副本。如涉及商业秘密或者保密商务信息，在不影响个人信息主体理解的前提下，可对本合同副本相关内容进行适当处理。

（四）采取对个人权益影响最小的方式处理个人信息。

（五）个人信息的保存期限为实现处理目的所必要的最短时间，保存期限届满的，应当删除个人信息（包括所有备份）。受个人信息处理者委托处理个人信息，委托合同未生效、无效、被撤销或者终止的，应当将个人信息返还个人信息处理者或者予以删除，并向个人信息处理者提供书面说明。删除个人信息从技术上难以实现的，应当停止除存储和采取必要的安全保护措施之外的处理。

（六）按下列方式保障个人信息处理安全：

1. 采取包括但不限于本合同第二条第五项的技术和管理措施，并定期进行检查，确保个人信息安全。

2. 确保授权处理个人信息的人员履行保密义务，并建立最小授权的访问控制权限。

（七）如处理的个人信息发生或者可能发生篡改、破坏、泄露、丢失、非法利用、未经授权提供或者访问，应当开展下列工作：

1. 及时采取适当补救措施，减轻对个人信息主体造成的不利影响。

2. 立即通知个人信息处理者，并根据相关法律法规要求报告监管机构。通知应当包含下列事项：

（1）发生或者可能发生篡改、破坏、泄露、丢失、非法利用、未经授权提供或者访问的个人信息种类、原因和可能造成的危害。

（2）已采取的补救措施。

（3）个人信息主体可以采取的减轻危害的措施。

（4）负责处理相关情况的负责人或者负责团队的联系方式。

3. 相关法律法规要求通知个人信息主体的，通知的内容包含本项第 2 目的事项。受个人信息处理者委托处理个人信息的，由个人信息处理者通知个人信息主体。

4. 记录并留存所有与发生或者可能发生篡改、破坏、泄露、丢失、非法利用、未经授权提供或者访问有关的情况，包括采取的所有补救措施。

（八）同时符合下列条件的，方可向中华人民共和国境外的第三方提供个人信息：

1. 确有业务需要。

2. 已告知个人信息主体该第三方的名称或者姓名、联系方式、处理目的、处理方式、个人信息种类、保存期限以及行使个人信息主体权利的方式和程序等事项。向第三方提供敏感个人信息的，还应当向个人信息主体告知提供敏感个人信息的必要性以及对个人权益的影响。但是法律、行政法规规定不需要告知的除外。

3. 基于个人同意处理个人信息的，应当取得个人信息主体的单独同意。涉及不满十四周岁未成年人个人信息的，应当取得未成年人的父母或者其他监护人的单独同意。法律、行政法规规定应当取得书面同意的，应当取得书面同意。

4. 与第三方达成书面协议，确保第三方的个人信息处理活动达到中华人民共和国相关法律法规规定的个人信息保护标准，并承担因向中华人民共和国境外的第三方提供个人信息而侵害个人信息主体享有权利的法律责任。

5. 根据个人信息主体的要求向个人信息主体提供该书面协议的副本。如涉及商业秘密或者保密商务信息，在不影响个人信息主体理解的前提下，可对该书面协议相关内容进行适当处理。

(九)受个人信息处理者委托处理个人信息,转委托第三方处理的,应当事先征得个人信息处理者同意,要求该第三方不得超出本合同附件一“个人信息出境说明”中约定的处理目的、处理方式等处理个人信息,并对该第三方的个人信息处理活动进行监督。

(十)利用个人信息进行自动化决策的,应当保证决策的透明度和结果公平、公正,不得对个人信息主体在交易价格等交易条件上实行不合理的差别待遇。通过自动化决策方式向个人信息主体进行信息推送、商业营销的,应当同时提供不针对其个人特征的选项,或者向个人信息主体提供便捷的拒绝方式。

(十一)承诺向个人信息处理者提供已遵守本合同义务所需的必要信息,允许个人信息处理者对必要数据文件和文档进行查阅,或者对本合同涵盖的处理活动进行合规审计,并为个人信息处理者开展合规审计提供便利。

(十二)对开展的个人信息处理活动进行客观记录,保存记录至少3年,并按照相关法律法规要求直接或者通过个人信息处理者向监管机构提供相关记录文件。

(十三)同意在监督本合同实施的相关程序中接受监管机构的监督管理,包括但不限于答复监管机构询问、配合监管机构检查、服从监管机构采取的措施或者作出的决定、提供已采取必要行动的书面证明等。

第四条　境外接收方所在国家或者地区个人信息保护政策和法规对合同履行的影响

(一)双方应当保证在本合同订立时已尽到合理注意义务,未发现境外接收方所在国家或者地区的个人信息保护政策和法规(包括任何提供个人信息的要求或者授权公共机关访问个人信息的规定)影响境外接收方履行本合同约定的义务。

(二)双方声明,在作出本条第一项的保证时,已经结合下列情形进行评估:

1.出境的具体情况,包括个人信息处理目的、传输个人信息的种类、规模、范围及敏感程度、传输的规模和频率、个人信息传输及境外接收方的保存期限、境外接收方此前类似的个人信息跨境传输和处理相关经验、境外接收方是否曾发生个人信息安全相关事件及是否进行了及时有效地处置、境外接收方是否曾收到其所在国家或者地区公共机关要求其提供个人信息的请求及境外接收方应对的情况。

2. 境外接收方所在国家或者地区的个人信息保护政策和法规,包括下列要素:

(1)该国家或者地区现行的个人信息保护法律法规及普遍适用的标准。

(2)该国家或者地区加入的区域性或者全球性的个人信息保护方面的组织,以及所作出的具有约束力的国际承诺。

(3)该国家或者地区落实个人信息保护的机制,如是否具备个人信息保护的监督执法机构和相关司法机构等。

3. 境外接收方安全管理制度和技术手段保障能力。

(三)境外接收方保证,在根据本条第二项进行评估时,已尽最大努力为个人信息处理者提供了必要的相关信息。

(四)双方应当记录根据本条第二项进行评估的过程和结果。

(五)因境外接收方所在国家或者地区的个人信息保护政策和法规发生变化(包括境外接收方所在国家或者地区更改法律,或者采取强制性措施)导致境外接收方无法履行本合同的,境外接收方应当在知道该变化后立即通知个人信息处理者。

(六)境外接收方接到所在国家或者地区的政府部门、司法机构关于提供本合同项下的个人信息要求的,应当立即通知个人信息处理者。

第五条　个人信息主体的权利

双方约定个人信息主体作为本合同第三方受益人享有以下权利:

(一)个人信息主体依据相关法律法规,对其个人信息的处理享有知情权、决定权,有权限制或者拒绝他人对其个人信息进行处理,有权要求查阅、复制、更正、补充、删除其个人信息,有权要求对其个人信息处理规则进行解释说明。

(二)当个人信息主体要求对已经出境的个人信息行使上述权利时,个人信息主体可以请求个人信息处理者采取适当措施实现,或者直接向境外接收方提出请求。个人信息处理者无法实现的,应当通知并要求境外接收方协助实现。

(三)境外接收方应当按照个人信息处理者的通知,或者根据个人信息主体的请求,在合理期限内实现个人信息主体依照相关法律法规所享有的权利。

境外接收方应当以显著的方式、清晰易懂的语言真实、准确、完整地告知个人信息主体相关信息。

(四)境外接收方拒绝个人信息主体的请求的,应当告知个人信息主体其拒绝的原因,以及个人信息主体向相关监管机构提出投诉和寻求司法救济的途径。

（五）个人信息主体作为本合同第三方受益人有权根据本合同条款向个人信息处理者和境外接收方的一方或者双方主张并要求履行本合同项下与个人信息主体权利相关的下列条款：

1. 第二条，但第二条第五项、第六项、第七项、第十一项除外。

2. 第三条，但第三条第七项第2目和第4目、第九项、第十一项、第十二项、第十三项除外。

3. 第四条，但第四条第五项、第六项除外。

4. 第五条。

5. 第六条。

6. 第八条第二项、第三项。

7. 第九条第五项。

上述约定不影响个人信息主体依据《中华人民共和国个人信息保护法》享有的权益。

第六条　救济

（一）境外接收方应当确定一个联系人，授权其答复有关个人信息处理的询问或者投诉，并应当及时处理个人信息主体的询问或者投诉。境外接收方应当将联系人信息告知个人信息处理者，并以简洁易懂的方式，通过单独通知或者在其网站公告，告知个人信息主体该联系人信息，具体为：

联系人及联系方式（办公电话或电子邮箱）

（二）一方因履行本合同与个人信息主体发生争议的，应当通知另一方，双方应当合作解决争议。

（三）争议未能友好解决，个人信息主体根据第五条行使第三方受益人的权利的，境外接收方接受个人信息主体通过下列形式维护权利：

1. 向监管机构投诉。

2. 向本条第五项约定的法院提起诉讼。

（四）双方同意个人信息主体就本合同争议行使第三方受益人权利，个人信息主体选择适用中华人民共和国相关法律法规的，从其选择。

（五）双方同意个人信息主体就本合同争议行使第三方受益人权利的，个人信息主体可以依据《中华人民共和国民事诉讼法》向有管辖权的人民法院提起诉讼。

（六）双方同意个人信息主体所作的维权选择不会减损个人信息主体根据其他法律法规寻求救济的权利。

第七条 合同解除

（一）境外接收方违反本合同约定的义务，或者境外接收方所在国家或者地区的个人信息保护政策和法规发生变化（包括境外接收方所在国家或者地区更改法律，或者采取强制性措施）导致境外接收方无法履行本合同的，个人信息处理者可以暂停向境外接收方提供个人信息，直到违约行为被改正或者合同被解除。

（二）有下列情形之一的，个人信息处理者有权解除本合同，并在必要时通知监管机构：

1. 个人信息处理者根据本条第一项的规定暂停向境外接收方提供个人信息的时间超过1个月。

2. 境外接收方遵守本合同将违反其所在国家或者地区的法律规定。

3. 境外接收方严重或者持续违反本合同约定的义务。

4. 根据境外接收方的主管法院或者监管机构作出的终局决定，境外接收方或者个人信息处理者违反了本合同约定的义务。

在本项第1目、第2目、第4目的情况下，境外接收方可以解除本合同。

（三）经双方同意解除本合同的，合同解除不免除其在个人信息处理过程中的个人信息保护义务。

（四）合同解除时，境外接收方应当及时返还或者删除其根据本合同所接收到的个人信息（包括所有备份），并向个人信息处理者提供书面说明。删除个人信息从技术上难以实现的，应当停止除存储和采取必要的安全保护措施之外的处理。

第八条 违约责任

（一）双方应就其违反本合同而给对方造成的损失承担责任。

（二）任何一方因违反本合同而侵害个人信息主体享有的权利，应当对个人信息主体承担民事法律责任，且不影响相关法律法规规定个人信息处理者应当承担的行政、刑事等法律责任。

（三）双方依法承担连带责任的，个人信息主体有权请求任何一方或者双方承担责任。一方承担的责任超过其应当承担的责任份额时，有权向另一方追偿。

第九条　其他

（一）如本合同与双方订立的任何其他法律文件发生冲突，本合同的条款优先适用。

（二）本合同的成立、效力、履行、解释、因本合同引起的双方间的任何争议，适用中华人民共和国相关法律法规。

（三）发出的通知应当以电子邮件、电报、电传、传真（以航空信件寄送确认副本）或者航空挂号信发往（具体地址）＿＿＿＿＿＿或者书面通知取代该地址的其它地址。如以航空挂号信寄出本合同项下的通知，在邮戳日期后的天应当视为收讫；如以电子邮件、电报、电传或者传真发出，在发出以后的＿＿个工作日应当视为收讫。

（四）双方因本合同产生的争议以及任何一方因先行赔偿个人信息主体损害赔偿责任而向另一方的追偿，双方应当协商解决；协商解决不成的，任何一方可以采取下列第＿＿种方式加以解决（如选择仲裁，请勾选仲裁机构）：

1. 仲裁。将该争议提交

☐中国国际经济贸易仲裁委员会

☐中国海事仲裁委员会

☐北京仲裁委员会（北京国际仲裁中心）

☐上海国际仲裁中心

☐其他《承认及执行外国仲裁裁决公约》成员的仲裁机构＿＿＿＿按其届时有效的仲裁规则在（仲裁地点）＿＿＿＿＿进行仲裁；

2. 诉讼。依法向中华人民共和国有管辖权的人民法院提起诉讼。

（五）本合同应当按照相关法律法规的规定进行解释，不得以与相关法律法规规定的权利、义务相抵触的方式解释本合同。

（六）本合同正本一式＿＿＿＿份，双方各执＿＿＿＿份，其法律效力相同。本合同在（地点）＿＿签订

个人信息处理者：＿＿＿＿＿＿＿＿＿＿＿＿

＿＿＿＿年＿＿月＿＿日

境外接收方：＿＿＿＿＿＿＿＿＿＿＿＿＿＿

＿＿＿＿年＿＿月＿＿日

附件一

个人信息出境说明

根据本合同向境外提供个人信息的详情约定如下：

（一）处理目的：

（二）处理方式：

（三）出境个人信息的规模：

（四）出境个人信息种类（参考 GB/T 35273《信息安全技术 个人信息安全规范》和相关标准）：

（五）出境敏感个人信息种类（如适用，参考 GB/T 35273《信息安全技术 个人信息安全规范》和相关标准）：

（六）境外接收方只向以下中华人民共和国境外第三方提供个人信息（如适用）：

（七）传输方式：

（八）出境后保存期限：

（________年____月____日至________年____月____日）

（九）出境后保存地点：

（十）其他事项（视情况填写）：

附件二

双方约定的其他条款（如需要）

附 录 三

欧盟《通用数据保护条例》全文翻译及逐条解读

一、序言

《通用数据保护条例》

欧洲议会及欧盟理事会 2016/679 号条例

2016 年 4 月 27 日

关于个人数据处理的自然人保护及自由流动的条例

《95/46/EC 号指令》同时废止

（文本内容与欧洲经济区相关）

欧洲议会及欧盟理事会，

有鉴于《欧盟运行条约》，特别是其中的第 16 条规定，

有鉴于欧盟委员会提出的草案，

经向各国议会转送立法草案，

有鉴于欧洲经济和社会委员会之意见①，

有鉴于地区委员会之意见②，

① 《欧盟官方公报》C 类第 229 号，2012 年 7 月 31 日，第 90 页。

② 《欧盟官方公报》C 类第 391 号，2012 年 12 月 18 日，第 127 页。

以普通立法程序为据[①]。

理解与适用

欧洲议会和欧盟理事会拥有共同立法权，两个机构在大多数立法事务上的地位均是平等的，其共同立法权的权利行使一般涉及以下三个程序：

(1)普通立法程序：欧洲议会和欧盟理事会必须共同同意才能推进立法工作。

(2)协商立法程序：欧盟理事会必须先与欧洲议会就部分领域的立法工作进行前置性协商，但并不受其约束，欧盟理事会具有直接且独立的立法权。

(3)同意立法程序：针对部分特别事项，如扩大欧盟成员国等，必须经过欧洲议会同意，方能推进立法工作。

鉴于：

(1)自然人在其个人数据处理过程中取得保护是其拥有的一项基本权利。根据《欧盟基本权利宪章》(以下简称《宪章》)第8条第1款及《欧盟运行条约》(TFEU)(以下简称《条约》)第16条第1款中的规定，任何人均有权保护涉及其个人数据的相关权利。

理解与适用

2000年12月7日欧洲议会主席、欧盟理事会、欧盟委员会在尼斯签署并公布了《欧盟基本权利宪章》。《宪章》的主要内容来源于《条约》(EU Treaty)、欧洲法院(Court of Justice of the European Union，CJEU)判例(case law)、欧盟各成员国传统宪法等，其进一步巩固了欧盟各成员国公民的基本权利。其中，《宪章》第8条规定了处理信息必须公正、处理信息必须有特殊目的、必须合法处理、个人有权访问和修改数据、监管机构必须对合规性进行监督等一系列核心条款，这也是《里斯本条约》订立时的基础。

(2)无论自然人的国籍或住所地，有关个人数据处理的保护原则和规则，均

① 欧洲议会于2014年3月12日公布的立场(尚未在《欧盟官方公报》上公布)和欧盟理事会于2016年4月8日公布的初审立场(尚未在《欧盟官方公报》上公布)。欧洲议会于2016年4月14日公布的立场。

应当尊重自然人的基本权利和自由,特别是其个人数据保护的权利。本条例致力于实现经济联盟的自由、安全、公平空间,促进经济和社会的进步,以推动欧盟内部市场各经济体的壮大和融合,实现个人幸福。

理解与适用

本条规定了 GDPR 以尊重自然人基本权利为出发点,重视个人数据处理的相关保护原则和规则,其并不单纯以国籍或住所地作为连接点,进而划定 GDPR 的适用范围。

(3)欧洲议会及欧盟理事会 95/46/EC 号指令[①]旨在对信息处理活动过程中自然人基本权利和自由的保护作出统一规定,并确保个人数据在各成员国之间的自由流动。

理解与适用

本条解释了欧盟《95 指令》的立法目的,明确 GDPR 沿用了《95 指令》的相关立法精神,其两者并不是完全对立的关系。

(4)个人数据处理应以服务人类为要旨。个人数据的保护并不是一项绝对权利,应考虑其在社会中的作用,并根据比例原则与其他基本权利进行平衡。本条例尊重一切基本权利,遵守《条约》《宪章》所认可的自由和原则,特别是在尊重私人和家庭生活、住宅和通信,个人数据的保护,思想自由,意识和宗教,言论和信息的自由,商业活动自由,取得有效救济,公平审判,文化、宗教和语言多样性等方面的权利。

理解与适用

关于个人数据保护的权利界定,最初来自《欧洲人权公约》。该公约第 8 条呼应了《世界人权宣言》第 12 条关于个人隐私权的规定,认为人权并不是一项绝对权利,它需要根据必要性和比例原则与公共利益去进行平衡。本条不但重申了上述观点,还进一步明确了 GDPR 关于个人基本权利的保护范围。

---

① 该指令即欧洲议会和欧盟理事会于 1995 年 10 月 24 日发布的《关于个人数据处理及数据自由流动的个人保护第 95/46/EC 号指令》,参见《欧盟官方公报》L 类第 281 号,1995 年 11 月 23 日,第 31 页。

(5)欧盟内部市场的一体化运行导致经济和社会融合加剧,个人数据跨境流动显著增加,公共机构及私人主体(包括欧盟内部自然人、团体和企业)之间的个人数据交换也愈加频繁。欧盟法要求各成员国政府之间进行合作并相互交换个人数据,以使其能够履行自身职责,或者能够作为权力机关代表在其他成员国执行任务。

理解与适用

本条介绍了 GDPR 生效时的背景,即欧盟的一体化运行机制在客观上加剧了成员国之间的数据跨境流动,个人数据保护原则的确立也将对成员国政府公权力的实施规范带来深远影响。

(6)科技的高速发展及全球化进程的加快为个人数据保护带来新的挑战。个人数据的收集和共享规模大幅增长。技术的应用使私人企业和公共机构在开展业务与活动时对个人数据的使用达到了空前的规模。自然人的个人数据在公共领域和全球范围内越来越公开化。科技彻底改变了经济和社会生活,并将进一步推进个人数据在欧盟内部及向第三国或国际组织的自由流动,同时确保对个人数据的高水平保护。

理解与适用

本条介绍了 GDPR 生效时的背景,科技的发展使得全球化的进程和趋势越发明显,这不可避免地使 GDPR 在个人数据的跨境适用方面成为常态。因此,其对个人数据的跨境自由流动无论是在技术还是法律规范上都提出了更高要求,也促使各国加快了对于个人数据的高水平保护步伐。

(7)鉴于建立互信是内部市场促进数字经济发展的重要前提,欧盟内部需要建立一个强大且更统一的数据保护框架,并严格加以执行。自然人对其自身的个人数据应具有控制权。同时,自然人、经营者和政府部门对法律适用和实践的确定性也理应不断增强。

理解与适用

本条基于欧盟一体化的机制，重申了GDPR立法上也应充分遵循的一个原则，即通过统一立法来加强法律适用的确定性，避免国家间立法冲突的发生。

(8)本条例允许成员国法律作出具体规范或限制性规定，为了保证成员国法律和本条例在法律上的一致性，并使适用本条例的行为人能完全理解，成员国可将本条例的基本内容纳入其国内法。

理解与适用

GDPR在本质上可在欧盟成员国内进行直接适用，而无须再转化为国内法。因此，在理论上，各成员国内的数据保护法案于2018年5月25日GDPR生效时已全部废止。但考虑到不同成员国的国情和文化差异，在适用GDPR的过程中又在客观上需要根据国家间的不同情况提前预设一定的细化适用空间，所以GDPR并未完全剥夺各成员国在其适用和执行上的立法权，对部分重要问题仍预留了一定的余地。

(9)虽然欧盟95/46/EC号指令的目标和原则依然有效，但其无法改变欧盟内部数据保护执行分散、法律不确定性的现状，以及自然人保护，特别是网络活动方面存在重大风险的普遍公众认知。各成员国对个人数据处理过程中自然人权利和自由的保护程度的差异，尤其是与个人数据保护权方面的相关差异，可能会阻碍欧盟个人数据的自由流动。因此，这些差异可能成为欧盟层面互相开展经济活动的障碍，甚至其还可能会限制竞争，并阻碍各政府机关根据欧盟法律履行职责。上述保护水平的差异主要是各国对95/46/EC号指令的执行和适用存在差异所致。

理解与适用

由于在实务中，各成员国之间针对条款的具体适用可能存在立法冲突和分歧，同时各成员国对于条款的执行也可能出现许多不一致的地方，因此GDPR旨在欧盟内部建立一个相较于《95指令》《公约108》经合组织保《关于隐私保护与个人数据跨境流动指引》等规定更具影响力和更为统一的规则，以解决欧盟立法的上述难点和“顽疾”。

(10)为确保对自然人的保护程度持续在较高水平,消除个人数据在欧盟内部流动的障碍,与个人数据处理有关的自然人权利和对自由的保护应当在所有成员国内都是同等的。整个欧盟在适用相关规则以保护个人数据处理过程中的相关自然人基本权利和自由时,也应保持一致性和同等适用。为遵守法定义务、履行公共利益活动或控制者受托行使公权力职权而处理个人数据的,欧盟成员国应有权保留或引入其本国法的规定,以进一步规定本条例规则的适用。在执行 95/46/EC 号指令过程中,欧盟成员国在某些特殊行业领域还可以依据需要制定若干更具体的特别部门法。本条例也为成员国根据本条例制定其规则预留了空间,包括特殊类别个人数据("敏感信息")的处理规则。在此范围内,本条例不排除成员国针对特殊处理情形的内容制定法律的情形,包括对合法处理个人数据条件的进一步细化。

理解与适用

虽然从表面上来看,GDPR 形成了各国适用的一致性,但其仍规定了 50 多个开放条款,使得各国可以根据自身国情及采取的不同立法方法和解释来对这些开放条款进行补充,这也就意味着各成员国在解释和执行 GDPR 相关实践方面,仍存在一定变化的空间,而数据控制者及处理者在整个欧盟一体化运作时可能仍旧会面临监管要求不一致的情形。

(11)要在全欧盟实现个人数据的有效保护,需要强化并详细列明数据主体的权利、对个人数据进行处理和决定人员的义务、欧盟各成员国在监督及保证遵守个人数据保护规则及在发现违法时具有同等水平的权利和制裁。

理解与适用

本条规定了欧盟各成员国在适用 GDPR 过程中,应尽可能确保数据主体的权利、数据处理原则、控制者和处理者的义务,包括政府机关的行政处罚及监督权的行使都具有确定性和统一性,使各国在法律适用过程中不会造成实质性阻碍,这同样也是 GDPR 的立法目的之一。

(12)《欧盟运行条约》(TFEU)第 16 条第 2 款授权欧洲议会和欧盟理事会制定处理个人数据过程中对当事人给予保护的相关规则以及有关个人数据自由流动的规则。

理解与适用

本条规定了欧洲议会和欧盟理事会的立法权基础源于《欧盟运行条约》第 16 条第 2 款的规定，即基于欧洲议会和欧盟理事会具有共同参与的立法权，GDPR 的制定符合合法性的要求。

(13)为确保全欧盟对自然人的统一保护，防止可能阻碍个人数据在欧盟内部市场自由流动的差异性问题，必须向包括中小微企业的经营者提供更为确定和透明的法律规定，并赋予全体成员国的自然人相同程度的具有法律约束力的权利和控制者、处理者应尽的义务，以确保对个人数据处理的统一监督，并保证各成员国之间适用同等制裁，促进不同成员国监管机构之间的有效合作。为实现欧盟内部市场的正常运作，个人数据在欧盟内部能够的自由流动，不应基于个人数据处理过程中与自然人保护有关的原因而受到限制或禁止。考虑到中小微企业的特殊情况，本条例为员工人数少于 250 人的组织必须保存数据处理记录的要求予以了豁免，并且鼓励欧盟各机构、组织以及各成员国及其监管机构在适用本条例时也照顾到中小微企业的实际需求。中小微企业的定义可参见欧盟委员会 2003/361/EC 号推荐建议①的附件第 2 条。

理解与适用

根据 GDPR 第 30 条第 2 款的规定，处理者或其代表必须保存代表控制者进行的所有类别的个人数据处理活动的书面记录。进行书面记录的主要目的是供监管机构监督时使用，即在履行监督责任时，由处理者根据 GDPR 要求提供给控制者或监管机构。然而，考虑到中小微企业的经营成本，这一义务不适用于雇佣员工少于 250 人的处理者，但如果是在该数据处理可能对数据主体的权利和自由造成风险、涉及频繁而不是偶尔处理、涉及特殊数据类别的处理、涉及刑事定罪和犯罪有关的数据等例外情况下的，则上述豁免不适用。

(14)本条例提供的权利保护适用于涉及个人数据处理的所有自然人，无论

---

① 该建议即欧盟委员会于 2003 年 5 月 6 日发布的《关于中小微企业定义的建议稿[文件 c(2003)1422 通报]》，参见《欧盟官方公报》L 类第 124 号，2003 年 5 月 20 日，第 36 页。

其国籍或居所地。本条例不适用于法人，特别是法人企业的数据处理，包括法人的名称、形式和联系方式等。

理解与适用

本条明确了 GDPR 主要采用的是属地原则的适用规则，即只要控制者、处理者在欧盟设立，或者向欧盟的数据主体提供商品或服务，抑或是对数据主体发生在欧盟境内的行为进行监控的，都将被囊括到 GDPR 的地域适用范围，而受到该条例的规制。

（15）为避免发生严重的规避风险，对自然人的保护应保持技术中立，不得依赖所使用的技术。若个人数据被存储或拟被存储在个人数据整理汇集的文件系统中，在个人数据的处理过程中应适用以自动化手段或人工方式保护自然人的权利。未按特定标准编排的文档、文件集及其封面不适用本条例。

理解与适用

本条所指的“文件系统”是根据某种特定标准，不论这种标准是去中心化的、分散的、功能性的还是基于地域化而设置的，而可以访问的个人数据的结构化集合。因此，GDPR 应以技术中立为原则，将包括全自动化、半自动化及非自动化的处理方式都纳入个人数据处理的原则和规则，以此来明确其适用范围。

（16）本条例不适用于欧盟法律管辖范围以外关于个人数据的基本权利和自由保护及该等个人数据的自由流动的各类活动，特别是关于国家安全方面的活动。本条例不适用于成员国在开展欧盟共同外交及安全政策相关的活动时对个人数据的处理。

理解与适用

本条规定了 GDPR 被排除在适用范围之外的几类情形，包括发生在欧盟法律管辖范围之外的处理以及涉及国家安全、共同外交、安全政策等相关活动中进行的个人数据处理。

(17)欧洲议会和欧盟理事会45/2001号法规[①]适用于欧盟机构、团体、办事处和代理机构对个人数据的处理。应对45/2001号法规及其他适用于个人数据处理的欧盟法令进行修正,以与本条例所定原则及规则相适应,并参考本条例适用。为在欧盟内部建立一个强大且统一的信息保护框架体系,本条例通过后应对45/2001号法规进行必要的修正,以使其与本条例同时适用。

理解与适用

针对适用于欧盟成员国各机构等对个人数据的处理规则,原先适用的是欧洲议会和欧盟理事会45/2001号法规。在GDPR生效之后,该规则应予以修正,以期与GDPR所规定的个人数据处理规则更为一致,以避免发生法律冲突。

(18)本条例不适用于在与职业或商业活动无关的纯粹私人或家庭活动中对个人数据进行的处理。私人或家庭活动可能包括通信往来地址或在该等活动背景下进行的社交和网络活动。但本条例适用于为该私人或家庭活动提供个人数据处理方法的控制者或处理者。

理解与适用

本条规定了GDPR被排除在适用范围之外的情形,即其不适用于自然人纯粹的私人、家庭、社交和网络活动。需要注意的是,相关数据的控制者和处理者仍需要遵守GDPR的相关规定。

(19)有权机关为防范、调查、侦查或起诉犯罪行为或执行包括为防范公共安全威胁目的刑事处罚而进行的个人数据处理,对自然人的保护以及该等信息的自由流动,属于欧盟特别法所管辖的范围。因此,本条例不适用于为该等目的进行的信息处理活动,但政府机关在本条例项下处理的个人数据在用于上述目的时,应遵守另一项更为具体的欧盟指令,即欧洲议会和欧盟理事会2016/

① 该法规即欧洲议会和欧盟理事会于2000年12月18日发布的《关于被欧共体机构处理的个人数据的个人保护和该数据的自由流动条例》,参见《欧盟官方公报》L类第8号,2001年1月12日,第1页。

680号指令[①]。各成员国可委托2016/680号指令定义下的有权机关办理不属于为防范、调查、侦查或起诉犯罪行为或执行包括为防范公共安全威胁的刑事处罚而执行的任务，该等为其他目的进行的个人数据处理，只要属于欧盟法所调整的范围，就应当适用本条例。

有权机关基于本条例规定的目的处理个人数据的，各成员国可保留或制定更为具体的条款以配合本条例相关规定的适用。各成员国可依照自身宪法、组织和治理结构，对有权机关有关个人数据处理提出更为明确的要求。私人机构处理个人数据属本条例管辖的，本条例应当规定，成员国可在特定条件下通过制定法律对特定义务和权利加以限制，但该等限制需要构成民主社会用于保障特定重要利益的必要且合理的方法。该等特定重要利益包括公共安全，防范、调查、侦查或起诉犯罪行为或执行刑事处罚，包括防范和预防公共安全的威胁。例如，反洗钱或法医实验室相关活动等。

理解与适用

本条第一段规定了GDPR被排除在适用范围之外的情形，即当政府机关以预防、调查、侦查或起诉刑事犯罪以及执行刑事犯罪为目的对个人数据进行的处理，该种情况并不属于GDPR的适用范围。

本条第二段则在第一段的基础上，赋予欧盟各成员国基于其宪法、组织和治理结构不同的限制立法权，对上述特定情形下的个人数据处理进行立法限制，但该立法限制必须符合民主社会为了公共利益所必要且合理的处理方法，以期在个人数据保护和公权力的运用之间达到平衡。

(20)尽管本条例适用于法院及其他司法机关的活动，但欧盟或成员国法律仍可规定法院及其他司法机关处理个人数据的具体活动和流程。为保证司法机关在其履行司法职能包括裁判时的独立性，法院因履行司法职能而进行的个人数据处理活动不受监管机构的监督，监管机构可将该等数据处理活动的监管

① 该指令即欧洲议会和欧盟理事会于2016年4月27日发布的《关于有权机关为了预防、调查、侦查或起诉刑事犯罪或执行刑事处罚为目的进行的处理方面对自然人的保护和该类数据自由流动以及废除欧盟理事会第2008/977/JHA号框架决定的第2016/680号指令》，参见《欧盟官方公报》第89页。

职能授权于成员国司法体系中的特定机构，进而确保本条例的遵守，以增强司法体系内成员有关本条例所负有义务的认识和理解，并处理与该等信息处理活动有关的申诉。

理解与适用

本条规定了法院及其他司法机关对个人数据处理的活动仍属于 GDPR 的管辖范畴，但为确保司法独立，GDPR 赋予各成员国一定的立法空间，即允许法院因履行司法职能而进行的个人数据处理活动不受监管机构的监督，该等监督职能可由成员国国内立法授权于特定机构履行。

（21）本条例不排除欧洲议会和欧盟理事会 2000/31/EC 号指令[①]的适用，尤其是该指令第 12 至 15 条有关中介服务提供商的责任规则。该指令旨在确保信息社会服务在成员国之间的自由流动，以促进内部市场的适当运作。

理解与适用

本条规定了 GDPR 不应对《电子商务指令》的适用造成影响，特别是关于中介服务提供商的相关规则。但需要指出的是，与数据处理相关的问题不在《电子商务指令》所管辖的范围内，其仍受 GDPR 的保护。

（22）若个人数据的控制者或者处理者的经营场所在欧盟境内，则其所有的个人数据处理活动均应根据本条例规定进行，而无论数据处理行为本身是否发生在欧盟境内。经营场所指通过稳定有效的安排开展实际活动的场所，而该等安排的法律形式，通过设立分支机构或具有法律人格的子公司并非判断其是否可以被视为经营场所的决定性因素。

理解与适用

本条规定了 GDPR 地域适用范围中的一类情形，即控制者和处理者的经营场所只要设立在欧盟境内，则其处理的个人数据行为就应当受到

① 该指令即欧洲议会和欧盟理事会于 2000 年 6 月 8 日发布的《关于信息社会服务的一些法律层面的规定，特别是网络市场的电子商务的第 2000/31 号指令》（以下简称《电子商务指令》），参见《欧盟官方公报》L 类第 178 号，2000 年 7 月 17 日，第 1 页。

GDPR 的规制,而无论其处理行为是否发生在欧盟境内。判断经营场所的关键依据是"通过稳定有效的安排开展实际活动",Weltimmo v. NAIH 一案中明确了甚至是最小的活动也可以被视为符合上述要求。当然,在实践活动中,对于该判断依据的理解不应当仅仅局限于在欧盟设立公司,而需要结合其他因素来综合判断。例如,商品或服务名称、使用语言、开展营销和广告活动的受众、产品说明指引、联系方式、使用域名等。基于以上情况,欧盟法院也认为,"设立"是一个广泛而灵活的措辞,不应依赖于特定法律的形式。此外,还需要指出的是,欧盟数据保护委员会(EDPB)在其发布的指南中也明确了,欧盟代表的任命并不能作为控制者或处理者经营场所在欧盟设立的表现形式。

(23)为确保自然人不会被剥夺其在本条例项下有权取得的保护,非设立在欧盟境内的控制者或处理者处理欧盟内部数据主体的个人数据的,若处理活动与向该等数据主体提供商品或服务相关,则无论该等数据处理活动是否支付对价,其均应受到本条例的约束。在确定该等控制者或处理者是否向欧盟内部的数据主体提供商品或服务时,应确定控制者或处理者向欧盟一个或多个成员国内的数据主体提供服务的预期是否明显。虽然控制者或处理者单纯访问其或中介机构的欧盟网站,登录电子邮箱或其他联系方式,或使用控制者经营场所所在的第三国普遍使用的语言的情形不足以确立该等意向,但是如果其使用一个或多个成员国通常使用的语言或货币且能够使得该种语言成为消费者订购商品或服务时可以选择使用的语言,或者其经常提及位于欧盟境内的客户或用户,则在此种情况下,便可认为该控制者或处理者具有向欧盟一个或多个成员国内的数据主体提供服务的预期。

理解与适用

本条规定了 GDPR 地域适用范围中的一类依据"长臂管辖权"强制适用的情形,即处理个人数据的相关控制者和处理者的经营场所并未设立在欧盟。在这种情况下判断是否受到 GDPR 的管辖就要看相关控制者和处理者是否有向欧盟中的数据主体提供商品或服务,需要注意的是,此处的提供商品和服务应作广义解释,其判断的客观标准是审查是否存在或可能存在提供商品或服务的行为,但该审查并不要求必须支付对价。因此,即使是免费提供的行为也应当受到 GDPR 的管辖。具体而言,实务中需要根据控制者和处理者的行为来综合评价其是否存在或可能存在一定的预期经营行为,如果经过审查认为存在或有提供商品或服务的行为,则应受 GDPR 的管辖,反之则不然。需要注意的是,判断预期经营行为需要有明显的外部证据予以证明,倘若是在无意中向欧盟数据主体出售产品的,则其不一定会受到 GDPR 的约束。

(24)非设立在欧盟境内的控制者或处理者处理欧盟内部数据主体的个人数据的,若处理活动的目的是监控该等数据主体发生在欧盟境内的行为,则该等数据处理活动也应受本条例的约束。确定某一处理活动能否被视为对数据主体行为的监控时,应确定自然人是否在互联网上被追踪,包括后续对个人数据处理技术的潜在使用,其中个人数据处理技术包括对自然人进行画像,以作出有关该自然人的决定,或对该自然人的个人偏好、行为和态度进行分析或预测。

理解与适用

本条规定了 GDPR 地域适用范围中的一类依据“长臂管辖权”强制适用的情形,即监测欧盟个人的非欧盟组织也将受到该法规的约束,前提是被监控的行为发生在欧盟境内。此处的“监测”特别包括在线跟踪个人以创建个人资料,用于作出有关他们的决定,也就是通常人们所常见的“自动化决策”或通过 Cookie 等技术分析、预测自然人的个人偏好、行为和态度。需要注意的是,此处并不像 GDPR 序言第 23 条一样,要求控制者或处理者具备监测欧盟个人的明显预期和意图,而是需要直接证据予以证明存在真实的监控行为。以在线监控为例,监测行为一般包括行为广告和地理定位、在线跟踪、在线个性化分析服务、CCTV 监控、基于市场调查的自然人行为研究、定期检测及报告个人健康状况等。

(25)根据国际公法应当适用成员国法律的,本条例还应适用于非设立在欧盟境内的控制者,如设立于欧盟成员国的外国使馆或领事馆。

理解与适用

本条对于商业环境中的控制者和处理者意义不大,其主要规定是在国际公法领域下,在允许成员国管辖的区域内进行个人数据处理的情形下也应受到 GDPR 的管辖,如在欧盟成员国内设立的外国使馆和领事馆以及在飞机、船舶等交通工具上进行处理的行为。

(26)数据保护原则应当适用于与已识别或可识别的自然人有关的所有信息。经假名化处理的个人数据,若通过使用额外信息即可指向某一自然人,也视为可识别的自然人信息。在确定某一自然人是否可被识别时,应考虑控制者或其他人可能用于直接或间接识别该自然人的所有合理方式,包括挑选方式。在确定某一方式是否可能被合理用于识别该自然人时,应考虑所有客观因素,包括识别所需的成本和时间,以及处理数据时可以采用的技术及科技发展。因此,数据保护原则不适用于不可识别的匿名信息,也不适用于以匿名形式提供的、无法或不再可能识别数据主体的个人数据。因此,该等匿名信息的处理,包括为统计或调研目的进行的处理均不属于本条例管辖范围。

理解与适用

本条明确了 GDPR 所规定的个人数据的概念,即“与已识别或可识别的自然人有关的所有信息”。厘清个人数据的识别问题对于 GDPR 的适用意义巨大,因此 GDPR 规定了需要根据识别所需的成本和时间,以及处理数据时可以采用的技术及科技发展进行综合判断。此外,本条还阐述了“假名化”和“匿名化”的区别,明确匿名化的数据,包括为统计和调研进行处理的数据由于其不可识别,因而不受 GDPR 的调整。需要注意的是,如果在实务中为统计目的而汇总数据的样本量不够大,则可能会出现即使数据被匿名,但结合数据收集的目的和背景也可能出现识别出个人数据的情形,因此对于这种情形仍需谨慎处理。相反,由于假名化的数据需要单独保存,使用时受到相关技术的约束,因此其在一般意义上是无法进行单独识别的,这也有助于满足“数据最小化原则”的要求,GDPR 因而没有规定控制者和处理者有删除假名化数据的义务。

(27)本条例不适用于死者的个人数据。成员国可制定有关死者个人数据处理的规则。

理解与适用

GDPR 主要保护的数据主体是欧盟境内的自然人,关于“自然人”的具体界定细节其又委托给了成员国立法,但即便如此,GDPR 并不适用于死者。因为从根本上来讲,死者并不属于自然人的范畴,一般认为其相关权益可以依据其生前签订的保密条款等加以保护。

(28)对个人数据进行假名化措施可降低相关数据主体的风险,并能帮助控制者和处理者履行其数据保护义务。本条例明确引入“假名化”,并不代表其排除使用任何其他数据保护方法。

理解与适用

本条进一步解释了“假名化”只是控制者和处理者在实务中为保护个人数据可运用方法中的一种,GDPR 并未要求控制者和处理者强制适用假名化的措施来对个人数据加以保护。

(29)为鼓励在处理个人数据时使用假名化手段,若某一控制者已按照本条例相关规定就相关处理行为采取必要的技术和组织措施,且已将能够协助将个人数据指向特定数据主体的其他额外信息独立存放,在允许基本分析的同时控制者也可使用假名化的处理措施。控制者在处理个人数据时应当注明其内部的获授权人员。

理解与适用

本条明确了假名化措施的适用条件,即在采取必要技术和组织措施,且特定数据主体的其他额外信息单独存放的基础上,才能够进行适用。此外,控制者在处理个人数据时,需要对内部获授权人员进行记录,以应对监管机构开展的调查和监督。

(30)自然人可能与其设备、应用、工具和如国际互联网通信协议地址、Cookie 身份信息或类似射频识别标签等其他身份识别信息的通信协议所提供的在线身份识别信息联系在一起,这些信息可能会在互联网上留下痕迹,特别是当这些信息与唯一标识及服务器接收到的其他信息结合后,可能被用于建立自然人的数据画像,并最终识别相关自然人。

理解与适用

IP 地址、Cookie 以及射频识别标签等在线身份识别信息可以用来创建一个自然人的个人资料和数据画像并得以识别他们的真实身份。虽然 Cookie 等数据保护的部分概念在理论及实务界一直存有争议,但 GDPR 仍然沿用了《95 指令》中所建立的核心数据保护的相关概念,在此基础上进行了更为合理却非常有限的修订,以澄清一些概念性及反复讨论的问题。例如,本条即明确了 IP 地址和 Cookie 技术的融合将可能得到在线身份识别信息,而 GDPR 则规定该在线身份识别信息就属于个人数据。

(31)政府机关为履行公职根据法定义务取得个人向其披露数据的,如税务机关、海关、金融调查单位、独立行政机构或负责监管证券市场的金融市场机构,若其接收个人数据是根据欧盟或成员国法律,并且是为公众利益进行特别问询的,则这些政府机关不应被视为个人数据的接收者。政府机关对于个人进行信息披露的要求应始终以书面形式发送,内容合理且针对特定情形,并且不应涉及整个个人数据整理汇集的文件系统或导致各文件系统互相连接。该等政府机关对个人数据的处理应按数据处理的目的遵守适用的数据保护规则。

理解与适用

本条针对政府机关基于法定事由且以公共利益为目的收集个人数据的行为提出了规范性要求,即要求政府机关在收集相关数据时,需以书面形式向数据主体事先发出通知,并且收集的数据必须遵循"最小化原则",以数据处理的目的为核心要素,确保收集的合法、公平和透明。

(32)同意应通过明确且肯定方式作出,以表明其自愿作出的具体、知情及明确的意思表示,即数据主体同意对其相关个人数据的处理,这种同意可以通过书面声明,亦包括电子或口头声明的方式作出。这可能包括:访问互联网网站时勾选对话框,对信息社会服务进行技术设置,或清晰表明数据主体接受对其个人数据进行处理的其他拟制声明或行为。沉默、预选框或不作为均不构成同意。同意应当涵盖为相同目的开展的一切处理活动。处理行为有多个目的的,所有目的均应取得数据主体的同意。若需要以电子形式要求数据主体作出同意,则该等要求须清晰、准确,且不会对相关服务的使用造成不必要的干扰。

理解与适用

数据主体的同意被定义为"任何自由给予、具体、知情和明确的意思表示,自然人通过声明或明确行动,以表示同意处理与自然人有关的个人数据"。虽然 GDPR 并没有明文规定控制者必须保留数据主体作出同意的书面证据,但从监管的层面来论,其必须能够证明数据主体已同意该数据处理的活动,因此控制者仍有义务保留特定数据主体的同意记录,以确保控制者能够在面对监管时有能力对已取得数据主体的同意进行举证。此外,本条还明确了同意必须是数据主体主动作出的意思表示,如果同意是基于胁迫手段作出的,则该同意也不应被归为有效。除上述情况外,"同意"和"选择退出"也是存在区别的。同意作出的时间必须在控制者处理数据主体相关数据之前取得,而选择退出则不然。需要注意的是,如果涉及未成年人的同意问题,则控制者必须作出合理的努力来核实是否经过其父母或监护人的同意。GDPR 所规定的未成年人指的是 16 周岁以下人群,当然基于立法及国情区别,各国仍有权在 13 ~ 16 周岁区间内对未成年人的年龄上限进行界定。但无论如何,在控制者或处理者处理未成年人的个人数据时,仍需考虑为其提供更为充分且必要的额外保护,以确保未成年人的个人权益得到切实和有效保障。

(33)以科研为个人数据处理目的的一般不太可能在数据收集阶段完全识别,因此数据主体在遵守公认的科研道德标准的同时可仅针对特定的科研领域作出同意。数据主体应能够在既定目的且仅针对特定研究领域或研究项目内容范围内作出同意。

理解与适用

本条规定了以科研目的进行数据处理的特殊情况,基于以科研工作为目的处理数据并无较大风险,因此 GDPR 规定了数据主体可通过作出同意的形式作为数据处理的合法依据。

(34)基因数据应当被定义为有关自然人先天或后天的遗传性基因特征的

个人数据,其源于该自然人的生物样本分析,特别是染色体、脱氧核糖核酸(DNA)或核糖核酸(RNA)分析,或源于其他可取得同等信息的要素分析。

理解与适用

基因数据属于个人的健康数据,其作为敏感个人数据的组成部分,应当被视为特殊类别的数据来加以监督和管理。本条旨在对基因数据进行定义,明确了 GDPR 中关于基因数据的认定范围。

(35)有关健康的个人数据是指所有与数据主体健康状况相关的数据,包括反映数据主体过去、现在或未来身体或心理健康状态的数据信息。其中包括:在为该自然人登记或提供欧洲议会和欧盟理事会 2011/24/EU 号指令①所述医疗保健注册信息服务的过程中收集的有关自然人的个人数据;分配给某一自然人的,能够在健康服务方面识别该自然人的唯一序号、标记或特定标识;基于身体部位或物质的检测而产生的信息,包括基因数据和生物样本产生的信息;有关数据主体疾病、残疾、疾病风险、病史、临床治疗或生理或生物医学状态等信息,而不论该等信息的来源,如从医师及其他专业人员、医院、医疗设备或体外诊断检查所得。

理解与适用

本条规定了有关个人健康数据的定义和构成,作为敏感个人数据的组成部分,除符合 GDPR 规定的相关法定事由之外,个人健康相关数据的使用一般应当被明确禁止。

(36)控制者在欧盟境内的主要经营场所应为其在欧盟境内的主要管理机构所在地,但若与个人数据处理的目的和方式相关的决定是在控制者位于欧盟境内的其他经营场所作出的,则该其他经营场所应被视为该控制者的主要经营场所。判断控制者在欧盟境内的主要经营场所应具有客观标准,应能证明控制者在该地可以行使真实且有效的管理活动,并可以通过稳定安排决定数据处理的目的和方式。该标准不应取决于个人数据的处理是否在该地进行。处理个

① 该指令即欧洲议会和欧盟委员会于 2011 年 3 月 9 日发布的《关于在跨境健康医疗保健方面的患者权利的适用第 2011/24/EU 号指令》,参见《欧盟官方公报》L 类第 88 号,2011 年 4 月 4 日,第 45 页。

人数据或处理活动的技术手段、技术的存在和使用本身不能使该场所构成主要经营场所,因此其不属于主要经营场所的决定性标准。处理者在欧盟境内的主要经营场所应为其在欧盟境内的主要管理机构所在地,处理者在欧盟境内没有主要管理机构的,则其主要处理活动发生地为其在欧盟境内的主要经营场所。在既涉及控制者又涉及处理者的情况下,有权的主要监管机构仍应为控制者主要经营场所所在成员国的监管机构,但处理者的监管机构应被视为相关监管机构,参与到本条例规定的合作程序中去。无论何种情形,若决定草案仅涉及控制者,则处理者一个或多个经营场所所在的成员国的监管机构不应被视为相关监管机构。处理活动由某一企业集团共同进行的,控股企业的主要经营场所应作为该企业集团的主要经营场所,但处理的目的和方式由另一企业决定的情形除外。

理解与适用

在跨境数据转移流动的过程中,明确主要监管机构对于 GDPR 的适用至关重要,只有在明确了主要监管机构基础之上,有权监管机构才能获权对相关控制者和处理者履行咨询、调查和处罚相关法定职责。因此,本条前半部分旨在明确监督控制者活动的主要监管机构的认定方法,即分为控制者在欧盟境内的主要经营场所和通过稳定安排决定个人数据处理的目的和方式的主要经营场所两大类。需要注意的是,仅凭处理活动的技术方法和手段不足以作为认定主要监管机构的评判标准。本条后半部分旨在明确监督处理者活动的相关监管机构的认定方法,即将处理者在欧盟境内的主要经营场所作为相关监管机构的认定标准,且该监管机构需要根据 GDPR 第 63 条"一致性机制"的规定互相合作。倘若个人数据处理活动既涉及控制者又涉及处理者,则应当将控制者主要经营场所的主要监管机构作为主要监管机构履行相应法定职责。此外,集团公司的控股公司在欧盟境内的主要经营场所的主要监管机构也应对跨境数据流动的合法性进行监督。

综上所述,应根据决定数据处理目的和方式或其主要经营场所地来判断控制者的主要监管机构。对于处理者而言,应根据处理者主要经营场所来判断相关监管机构进而配合主要监管机构按照 GDPR 的规定履行相应职责。

(37)企业集团应包含控股企业和受其控制的其他企业。其中控股企业是指可通过所有权、财务管理、治理规范或"有权要求实施个人数据保护规则"等方式对其余企业施加决定性影响。个人数据处理活动的控制企业与其附属企业应共同被视为企业集团。

理解与适用

本条对企业集团进行了定义,其包含控股企业和受其控制的其他企业。该定义在甄别主要监管机构和 BCRs 的适用上都将起到关键作用。

(38)儿童对个人数据处理的风险、后果、防范及其相关权利的意识较薄弱,因此其更应当取得特别保护,尤其是在市场营销、创建个性化用户档案目的使用儿童个人数据,以及直接给儿童提供服务时收集和使用与儿童相关的个人数据等方面,均应给予儿童特殊保护。但是直接向儿童提供预防或咨询服务时,无须取得监护人的同意。

理解与适用

因为儿童一般都需要给予一定的特殊照顾与保护,因此在处理与其相关的个人数据时需要其监护人的明确同意,但向儿童提供预防或咨询服务的除外。

(39)所有个人数据的处理均应合法和公平,数据处理者应向自然人披露其相关个人数据被收集、使用、查阅或以其他形式处理的事实,并向其告知与其相关的个人数据在目前或将来可能会以何种程度被处理。透明公开原则要求个人数据处理相关的任何信息和交流应易于取得、便于理解,使用清晰平实的语言,尤其应向数据主体告知控制者身份、处理的目的,以及与该自然人就其正在被处理的个人数据取得确认沟通权利的相关信息,以确保数据处理的公平和透明。自然人应被告知个人数据处理的风险、规则、安全措施和权利,以及如何行使其与数据处理行为相关的所有权利。在个人数据被收集时,个人数据处理的目的应明确、合法并确定。个人数据应准确、相关且仅限于其处理目的所必需的范围,这就要求确保个人数据的存储时间应严格限定在最短期间内。对个人数据进行的处理只在处理目的无法通过其他方式被合理实现的情况下才能进行。为确保个人数据的存储时间不会超过必要期限,控制者应确定个人数据删除或定期审查的时间限制。控制者还应采取一切合理的措施确保纠正或删除不准确的个人数据。个人数据的处理应保证适当的安全性和保密性,包括防止个人数据和用于处理个人数据的设备被擅自取得或使用。

理解与适用

本条简要论述了 GDPR 中关于处理个人数据的核心原则,明确提出了六大个人数据处理原则,包括但不限于合法、公平、透明度原则,目的限制原则,数据最小化原则,准确性原则,存储限制原则以及完整性和保密性原则等。

(40)为保证处理行为的合法性,个人数据的处理应依据有关数据主体的同意或本条例以及其他欧盟或成员国法律规定作为其合法基础,包括控制者为履行其受约束的法定义务必须采取的处理活动,或控制者为履行数据主体为一方的合同必须采取的行为,或在合同签订前,按数据主体的要求采取的必要措施。

理解与适用

本条明确了处理个人数据必须具备相关合法性要素,即规定了数据主体同意、履行合同所必需、法定处理活动等事由可以作为数据处理合法依据。

(41)本条例提及的法律依据或立法措施,在其不违背有关成员国宪法性文件要求的前提下,其并不必然需要议会通过立法法案。但是,该等法律依据或立法措施应清晰准确,且受其约束的人士可根据欧盟法院和欧洲人权法院的判例预见该等法律的可适用性。

理解与适用

本条明确了 GDPR 赋予欧盟成员国的立法空间,各国必须在其自身宪法框架下进行立法,且相关法律规定必须具备确定性和可预测性。

(42)当数据处理是以取得数据主体同意为基础时,控制者应能够证明数据主体已就处理行为作出同意的意思表示。特别对于就其他事项给出的书面声明情况,保障措施应确保数据主体知晓同意基于的事实和相关范围。根据欧盟理事会93/13/EEC号指令[①]，控制者预先起草的同意声明应当以易懂、可理解且易于取得的形式提供，使用清晰平实的语言，且不得包含不公平条款。对于知情同意的内容，数据主体应至少知晓控制者的身份以及处理个人数据的目的。数据主体如果没有真实或自由选择权，或无法在不受到危害的情况下拒绝或撤回同意的，不得视为数据主体自愿作出同意的意思表示。

理解与适用

本条重点阐述了透明度原则，由于透明度原则与公平处理直接相关，因此控制者在处理个人数据时必须以信息清晰、简明和易于理解，并可取得的方式提供。如果未按照透明度原则的要求向数据主体进行通知并最终取得同意，则数据处理行为可能最终被认定为无效，乃至控制者和处理者面临相关行政处罚风险。此外，GDPR还对信息提供的及时性提出了要求，即规定必须在收集个人数据时，向数据主体按法定要求提供相关信息。需要注意的是，GDPR删除了《95指令》中关于控制者的一般通知义务，包括在处理数据时向监管机构履行的常规性通知义务等。

(43)为确保同意系自愿作出，在数据主体与控制者之间存在明显不平等，特别是控制者属于政府机关的情况下，数据主体不可能在所有情况下都自愿作出同意，在此情况下同意不应作为处理个人数据的有效法律依据。如果不允许对不同的个人数据处理分别作出同意，尽管在个别情形下可能是适当的，或者某一合同的履行（包括服务的提供）的同意为前提但该履行并没有必要取得同意的，则数据主体的同意应被推定为非自愿作出。

理解与适用

本条规定了数据主体同意的一种适用例外情况，即如果控制者和数据主体的地位存在不平等，在此情形下即使数据主体作出了同意，该行为也不应被视为一定有效。此外，倘若数据主体的同意是基于合同履行之必要条件，则控制者和处理者仍需保证数据主体在作出同意时的独立性和明确性。

---

① 该指令即欧盟理事会于1993年4月5日发布的《关于消费者合同中的不公平条款第93/13/EEC号指令》，参见《欧盟官方公报》L类第95号，1993年4月21日，第29页。

(44)若根据合同背景或订立合同的目的推导出数据处理是必然的,则可以认定该数据处理是合法的。

理解与适用

本条阐明了数据处理的合法性与数据处理的必要性之间的直接联系。

(45)控制者遵守法定义务、履行公共利益活动或行使职权必须处理个人数据的,该等处理应有欧盟或成员国法律作为依据。本条例不要求每一单独处理行为均有特定法律作为依据。控制者遵守法定义务、履行公共利益活动或行使职权而必须进行的多个处理活动,如果是基于同一法律规定即作为充分的法律依据。处理的目的也应由欧盟和成员国的法律确定。此外,法律还可规定本条例中有关个人数据处理合法性的一般条件,确定控制者的具体标准、处理个人数据的类型、相关数据主体、可能披露个人数据的实体组织、处理目的限制、存储期及确保处理方式合法公平的其他措施。欧盟或成员国法律还应决定履行公共利益活动或行使职权的控制者是否应为政府机关,或受公法管辖的其他自然人或法人,或在符合公共利益的情况下,包括为公共卫生、社会保障和医疗保健服务管理等健康目的,为受私法管辖的自然人或法人,如专业协会。

理解与适用

本条规定了 GDPR 授权欧盟或成员国法律立法的范围,即各国可以对控制者履行法定义务、以公共利益为目的及行使公权力的处理活动进行立法。该立法活动可以在基于同一事由的多个相同处理活动中进行反复适用,具有一定的普适性价值。需要注意的是,非欧盟第三国强加给控制者的法律义务应被排除。此外,数据主体有权对使用他们的数据提出反对。当控制者收到类似反对意见时,其必须证明其有令人信服的合法理由来处理这些数据,并且该合法理由优先于数据主体的利益、权利和自由,或用于建立、行使或捍卫法律主张。

(46)为保护关乎数据主体或其他自然人生命的重要利益而必须处理个人数据的,此种处理也会被认为合法。关乎其他自然人切身利益的个人数据处理,原则上只能在无其他法律适用依据的情况下方可进行。某些类型的处理可能同时满足公共利益和数据主体的重要利益，如为人道主义目的而必须进行的处理行为，其中包括为监控疫情及其传播目的或在包括天灾人祸在内的人道主义紧急情况下必须进行的处理行为。

理解与适用

本条规定的保护自然人"重要利益"一般指的是自然人生或死的情况，这一标准只在极少数紧急情况下才能被予以适用，且仅适用于不存在其他法律依据的情况。例如，如果数据主体是无意识的，则可能需要处理个人数据，以为其提供紧急的医疗护理服务。

(47)在考虑到数据主体依照其与控制者之间的关系所作出的合理预期，且数据主体的利益或基本权利和自由不处于首要地位的前提条件下，控制者(包括可能取得个人数据披露的控制者)或第三方的合法利益，均可作为数据处理的合法依据。可能存在该等合法利益的情形包括：数据主体和控制者之间存在适当的关联关系，如数据主体属于控制者客户或为控制者提供服务或其他类似情况。无论何种情况下，控制者均须对是否存在合法利益进行审慎评估，包括在个人数据被收集的过程中数据主体是否能够合理预判到为上述目的可能发生的数据处理行为。在数据主体未合理预判到数据将被进一步处理的情况下发生个人数据处理行为的，数据主体的利益和基本权利要优先于数据控制者的利益。由于政府机关处理个人数据的法律依据由立法机关通过法律的形式提供，因此上述法律依据不应适用于政府机关履行义务的数据处理行为。为防止欺诈必须进行个人数据处理的，也构成相关数据控制者的合法利益。为直接营销处理个人数据的，可视为合法利益进行的处理。

理解与适用

本条阐述了基于控制者或第三方的合法利益进行数据处理的相关规则，该条件下的数据处理需要预先进行审慎评估，以期对各方利益进行平衡。与此同时，在考虑控制者或第三方的合法利益是否超过数据主体的利益、权利或自由时，应充分考虑数据主体与控制者的关系的合理预期。在实务中，控制者必须将当地监管机构和法院对上述问题的解释作为重要的参考标准，因为在整个欧盟历来都对上述问题标准的理解各不相同。

根据本条的规定，数据主体有权向控制者提出反对处理数据的意见。在收到反对意见后，控制者必须证明其有令人信服的合法理由来处理数据，且这些理由优先于数据主体的利益、权利和自由，或用于建立、行使或捍卫法律主张。如果发现数据主体提出的异议是完全合理的，则控制者必须停止处理这些数据。为了规范本条的适用，GDPR 将防止欺诈的相关处理活动、以直接营销为目的的处理活动、企业内部的行政管理活动、确保网络和信息安全处理活动等均纳入本条，以减少各国关于控制者和第三方利益的法律适用差异。需要注意的是，由于欧盟成员国对公共机关的数据处理行为有其他立法进行规范，因此本条对该情形并不适用。

(48)隶属于中心机构的某一企业或企业集团成员的控制者，基于内部管理的目的在企业集团内部传送个人数据，包括对客户或员工的个人数据处理的，属合法利益。在企业集团内部及位于第三国的企业转移个人数据的，依然要适用个人数据转移的一般原则。

理解与适用

本条明确了企业内部的行政管理活动符合控制者合法利益的标准，在符合条件的情况下，控制者可以处理相关个人数据。

(49)为确保网络和信息安全而必须采取的适当的个人数据处理行为构成相关数据控制者的合法利益。网络和信息安全是指网络或信息系统在设定的保密级别上抵御可能影响存储或转移的个人数据的可用性、真实性、完整性和保密性的突发事件或非法恶意行为，以及该等网络或信息系统提供的，或政府机关、计算机应急响应小组(CERTs)、计算机安全事件响应中心(CSIRTs)、电信网络和服务提供商及安全技术和服务提供商通过该等网络和系统可以取得的相关服务的安全性。这可能包括防止未经授权访问电信网络及恶意代码的传播，以及阻止“阻断服务”攻击及对计算机和电子通信系统造成的破坏。

理解与适用

本条明确了确保网络和信息安全处理活动符合控制者合法利益的标准，在符合条件的情况下，控制者可以处理相关个人数据。

(50)如果处理个人数据的目的并非最初收集个人数据的目的,只有在处理行为与最初收集个人数据时的目的相吻合的情况下方可被允许。在此种情况下无须再另行提供允许收集个人数据法律依据之外的其他依据。为履行公共利益活动或行使控制者职权而必须处理数据的,可根据欧盟或成员国法律确定,并规定哪些公共利益活动和目的的再处理具备一致性和合法性。为公共利益进行档案管理、科学或历史研究或以统计为目的进行的处理行为应视为一致性的合法处理行为。作为个人数据处理法律依据的欧盟或成员国法律也可作为再处理的法律依据。在确认再处理的目的是否与最初收集个人数据的目的相符时,控制者在满足原处理行为的所有合法性要求后,应当考虑以下方面的内容:原目的与再处理目的之间的关联;个人数据收集的背景,尤其是数据主体基于其与控制者的关系对进一步使用的合理预期;个人数据的性质;再处理对数据主体的后果;原处理和再处理行为是否均存在合理的保护措施等。

如果数据主体已作出同意,或处理行为是依照欧盟或成员国法律而进行的,并且其构成民主社会尤其是保障普遍公共利益重要目标的一项必要且适当的措施,则无论处理目的是否一致,控制者都可对个人数据进行再处理。但均应确保本条例各项原则的适用,尤其应确保将该等其他目的及数据主体的权利(包括反对权)告知数据主体。控制者向主管机关举报可能的犯罪行为或公共安全威胁,并在个别情况或针对同一犯罪行为或公共安全威胁的多个情况下传送相关个人数据的,视为控制者在谋求合法利益。但处理行为与法律、专业或其他约束性保密义务不相符的,应禁止该等控制者谋求合法利益的转移行为或个人数据的再处理行为。

理解与适用

目的限制是再处理相关法律适用问题的核心,其是指数据控制者收集和处理个人数据,需要达到指定、明确和合法目的,而不能处理超出这些目的的个人数据,只有当这种再处理被认为与收集个人数据的原始目的相容时才能合法地进行。当处理被认为不兼容时,在开始基于新的目的处理数据之前,必须得到数据主体的单独同意。除此之外,将个人数据用于统计目的、公共利益、科学或历史研究目的将被认为是兼容的,只要这种处理是在欧盟或成员国的特定处理的法律规定范围内进行的。

一般而言,控制者在满足原始处理合法性的所有要求后,还应特别考虑以下问题来判断再处理的兼容性:①处理目的之间的联系;②收集个人数据的背景,尤其是数据主体基于其与控制者的关系对其进一步使用的合理预期;③数据主体的性质,包括其是否为敏感个人数据等;④数据主体进一步处理的预期后果;⑤存在适当的保障措施。

综上所述,控制者必须事先确定收集个人数据的具体目的。进一步处理时,控制者还需验证与原始收集个人数据的目的是否相容。如果相容,则不需要单独的法律依据作为支撑。如果不相容,控制者将被要求适当地通知数据主体,并且取得关于新目的的单独同意或满足其他可用的法律标准,以证明处理是合理的。

(51)由于处理可能对数据主体的基本权利和自由产生重大风险,因此与基本权利和自由相关的特别敏感的个人数据应当被予以特别保护。该等个人数据应包括可以披露其种族或种族本源的数据,但在本条例中使用"种族本源"一词并不代表欧盟认同存在区分人种的理论。由于以能够识别或认证唯一自然人的特殊技术手段进行处理的数据才属于生物识别数据,因此照片的处理不应属于特殊类别的个人数据处理。在此情形下,该等敏感个人数据只有在本条例列明的特定情况下方可被处理,且需考虑到成员国法律可能制定特殊的数据保护规定,并在遵守法定义务、履行公共利益活动或行使控制者职权方面适用本条例。除针对该等处理的特殊要求外,本条例的基本原则及其他规则也应同时适用,尤其是在有关合法处理条件方面的相关规则。在数据主体作出明确同意或者有特殊需要,特别是在某些协会或组织开展正当活动过程中为保障基本自由行使而进行的处理行为的情形下,上述特殊类别个人数据的处理活动一般是禁止的。

理解与适用

GDPR 认为特殊类别的数据需要特别保护,因为它们的处理可能会对个人的基本权利和自由造成重大风险。所以,除一些特殊法定情形外,GDPR 规定一般应禁止对敏感个人数据的处理。所谓"特殊类别数据",

指的是与种族、民族、政治观点、宗教或哲学信仰、工会会员、健康数据、性取向、性生活等相关的个人数据。此外，GDPR 还在《95 指令》的基础上增加了自然人独有的遗传数据和生物特征数据。需要注意的是，照片不应被系统地视为敏感数据，但照片也可能揭示一个人的种族出身、宗教信仰或某些身体残疾，而这些残疾可能被视为有关个人健康状况的信息。因此，只有在允许唯一 ID 或个人身份验证的特定技术手段处理照片数据时才算作生物特征数据。基于处理敏感个人数据的重大风险，除控制者必须同时满足 GDPR 第 6 条和第 9 条的条件方能处理敏感数据，以确保根据第 12～14 条向数据主体正确和完整地通知数据将被如何使用之外，一些欧盟国家甚至还要求控制者在处理敏感数据之前必须取得监管机构的批准。

(52)基于公共利益目的实施的特殊类别个人数据处理，特别是在劳动法、社会保障法，包括养老金和健康保障、监控和警示目的、预防传染病及其他严重危害健康情形的特殊类别个人数据处理，只要欧盟或成员国法律有规定且已制定适当保护措施，以保护个人数据及其他基本权利的，应当允许上述目的的处理行为不受禁止处理特殊类别个人数据规定的约束。还可以健康目的赋予一些例外，包括公共卫生和医疗保健服务管理，特别是为确保健康保险系统内的福利和服务的理赔，或为公共利益进行档案管理、科学或历史研究或统计目的所使用的高质高效的相关程序。在法院程序、行政程序或庭外程序中提起、行使或抗辩法律诉求而需处理个人数据的，应当允许其不受禁止处理特殊类别个人数据规定的约束。

理解与适用

GDPR 原则上对于特殊类别的个人数据是禁止处理的，本条罗列了部分例外情况，包括法定处理、公共利益处理、科研和统计处理、诉讼处理等。这些例外情况在符合一定要求和标准后，控制者即可对相关特殊类别个人数据进行一定限度内的处理。

(53)享受更高保护级别的特殊类别个人数据，只有为实现自然人和社会整体利益的目的,尤其是当涉及公共卫生或社会医疗保健服务和系统的情况下才可处理,特别是在监管部门和中央国家公共卫生部门基于以下目的进行的数据处理:公共卫生或社会医疗保健系统的质量控制、信息管理和一般国家和地方公共卫生监管;确保公共卫生或社会医疗保健、跨境医疗保健或公共卫生安全的连续性,以确保监控和警示目的的实现;以社会公共利益、科学或历史研究或者数据统计为目的,在欧盟或成员国法律项下实现公共利益目标以及从事公共卫生领域学术研究。因此,本条例应统一规定在有特殊需要时处理公共卫生相关特殊类别个人数据的条件,尤其是负有专业保密义务的人士为部分特定公共卫生相关目的进行的数据处理。欧盟或成员国法律应当规定具体且适当的措施,来保护自然人的个人数据和基本权利。成员国有权就基因数据、生物识别数据或公共卫生相关数据保留或采取包括限制的进一步条件,但在这些条件适用于个人数据的跨境处理时,不应阻碍个人数据在欧盟境内的自由流动。

理解与适用

本条以列举的形式对处理特殊类别数据的其他法定事由进行了介绍,即在涉及公共卫生、医疗保健、科研统计等公共利益的法定事项发生时,可以对相关数据进行处理,但仍须符合 GDPR 的其他处理规定。

(54)在公共卫生领域,有可能出于公共利益需要在未取得数据主体同意的情况下对特殊类别的个人数据进行处理。该等处理应采取适当具体的措施保护自然人的权利和自由。其中"公共卫生"一词应根据欧洲议会和欧盟理事会 1338/2008 号条例①进行解释,即所有与健康状况相关的要素,包括患病及残疾、影响该健康状况的决定因素、医疗保健需求、医疗保健方面分配到的资源、医疗保健服务的提供和普遍取得性、医疗保健开支以及死亡原因。上述以公共利益为因素处理健康相关数据的,不得因此而导致个人数据被如雇主、银行、保险公司等第三方处理。

---

① 该条例即欧洲议会和欧盟理事会于 2008 年 12 月 16 日发布的《关于公共卫生和工作健康与安全的欧共体统计第 1338/2008 号条例》,参见《欧盟官方公报》L 类第 354 号,2008 年 12 月 31 日,第 70 页。

理解与适用

GDPR 规定“公共卫生”可以作为处理特殊类别数据的一种法定依据,其主要是对从事公共卫生保健工作的人员涉及处理卫生类的个人数据进行规范和监督,以确保药品和医疗设备的质量和安全。因此,本条对“公共卫生”一词就下了定义,以防止各国适用冲突的发生。

(55)此外,官方机构进行的宪法或国际公法规定的,受官方认可的宗教组织的目标的个人数据处理,应符合公共利益的要求。

理解与适用

本条规定了适用特殊类别数据的另一种情况,即官方认可的宗教组织以非营利性为目的的正当数据处理活动。其主要有三大要求:第一,与上述特定目的合法活动相关;第二,以公共利益为导向;第三,需要采取适当的保护措施。

(56)在选举活动过程中,如果成员国民主制度要求政党整理人民在政治意见方面的个人数据,该等数据处理活动可以基于公共利益而进行,但应采用适当的保护措施。

理解与适用

本条将民主国家政党涉及选举活动相关的数据处理活动列为公共利益的范畴,以作为处理特殊类别数据的法定依据,处理的具体要求同序言第 55 条的规定。

(57)如果控制者处理的个人数据不足以识别自然人身份,数据控制者没有义务仅为遵守本条例任何条款而必须取得额外信息以识别数据主体的身份,但数据主体为行使其权利向控制者提供额外信息的,控制者不应拒绝。其中身份信息应包含数据主体的数字识别,如控制者在数据主体登录控制者提供的在线服务时,从其使用的认证机制方面取得数据主体的相关信息。

理解与适用

本条规定了控制者在不足以识别自然人身份的情况下,其并没有以识别数据主体身份为目的,进一步取得数据主体额外信息的义务。只有当数据主体主动提供该类信息时,控制者才能够对数据进行识别。

(58)透明度原则要求发送给公众或数据主体的任何信息应当准确、易于取得和理解、使用清晰平实的语言,适当时应使用可视化的方式,且可以通过电子形式提供,如可通过网站向公众发布。上述规定尤其适用于参与者激增、技术复杂性大幅度提升导致数据主体难以知晓及理解与其相关的个人数据是否被收集、被谁收集以及收集的目的为何,如网络广告这一情形。此外,儿童理应取得特殊保护,因此任何针对儿童个人数据处理的信息和沟通,均应使用易于被儿童理解的清晰平实的语言进行呈现。

理解与适用

本条规定了“透明度原则”的具体要求,该原则是 GDPR 所规定的问责制度的核心。其旨在使数据主体能够清楚地了解到他们的个人数据已被收集和处理,以及确保他们知道自己的权利、风险、规则和保障措施。此外,为了取得有效的同意,数据主体必须至少知道控制者的身份和处理个人数据的目的。因此,在寻求数据主体的同意时,需要事先按照 GDPR 的规定向他们提供法定信息,以确保同意作出的有效性。如果所提供的信息不准确或不完整,或不满足 GDPR 的要求,该同意将被认定为无效,进而导致数据处理行为的无效。

(59)控制者应向数据主体提供协助数据主体充分行使本条例项下权利的模式,包括适用情形下的请求机制,特别是免费访问、纠正或删除个人数据及行使反对权的机制。控制者还应提供电子申请方式,特别是在以电子方式处理个人数据的情况下。控制者有义务及时或最迟在 1 个月内响应数据主体的申请。若不同意的,应给出理由。

理解与适用

本条规定了控制者在处理个人数据前的告知义务,即其有义务向数据主体告知其应当具备的相关权利,并且还对控制者告知的时间进行了规定,如果控制者没有按时告知数据主体相关权利,则其数据处理行为可能也会被认定为无效。

(60)公平和透明处理原则要求数据主体知晓数据存在的处理行为及其目的。控制者应针对具体情况及个人数据处理的状况向数据主体提供其他必要的信息,确保数据处理的公平和透明。除此之外,控制者还应向数据主体告知数据画像的存在及其后果。向数据主体收集个人数据的,还应向数据主体告知其是否有义务提供个人数据以及不提供个人数据的后果。上述向数据主体告知的信息可与标准化图标一并提供,以清晰易懂的方式对数据处理进行概述。图标以电子形式呈现的,应是机器可读的。

理解与适用

本条与 GDPR 正文第 13 条第 1 款呼应,提出了控制者向数据主体提供信息范围的强制性要求。需要注意的是,除 GDPR 第 13 条第 1 款之外,第 13 条第 2 款的相关信息也应当被及时提供,以确保数据能够被公平和透明地处理,虽然在实践中两个条款的适用仍存在相当大的争议,如 WP29 认为第 13 条第 1 款和第 13 条第 2 款适用的情况应是平等的,即其所列全部信息都需要提供给数据主体,但监管机构和欧盟数据保护委员会(EDPB)均认为现实中似乎不太可能对第 13 条第 1 款和第 13 条第 2 款所列要求进行区分。因此,建议控制者在该条适用的问题上仍应做到谨慎对待,在条件允许的情况下应尽量全部提供,若存在一定困难,则再考虑个案处理。

(61)有关数据主体个人数据处理的信息应在向数据主体收集数据时向数据主体提供;控制者从另一渠道取得个人数据的,应根据个案在合理期限内提供给数据主体。个人数据可合法披露给其他接收者的,控制者应在首次向其他接收方披露时告知数据主体。控制者处理个人数据的目的与其收集个人数据时的原定目的不同的,应在该再处理以前向数据主体提供有关该其他目的的信息及其他必要信息。因使用多种渠道取得个人数据而无法逐一向数据主体告知各来源渠道的,应提供基本信息。

理解与适用

本条规定了控制者主动向数据主体披露相关信息的时间要求,即一般情况下最晚也应当是在向数据主体收集数据时。此外,对于可以合法披露给其他接收者的,控制者也应当在首次披露时履行告知义务。

(62)当数据主体已持有信息;个人数据的记录或披露有法律规定;向数据主体提供上述信息被证明不可能做到或相关工作可能出现不相称的工作量的;为公共利益进行档案管理;从事科学或历史研究或以统计工作为目的进行的处理行为的。上述情况应考虑数据主体的数量、数据的年代及采取的适当保护措施。

理解与适用

本条规定了控制者向数据主体豁免提供相关信息的例外情形。需要注意的是,"不相称的工作量"只能适用于从数据主体以外的来源收集个人数据的情况,且该例外不能被控制者所滥用。因此,控制者应事先进行充分评估并做好相应记录,以决定自身是否有理由来适用该情形。

(63)数据主体应有权访问自身已被收集的个人数据,并在合理范围内,以简便的方式行使该访问权,从而知晓并确认数据处理的合法性。上述访问包括数据主体有权访问其健康相关数据,如其医疗记录中有关诊断、检测结果、主治医师的评估以及提供的任何治疗或诊疗记录等。因此,数据主体应有权了解并获知个人数据处理的目的、可能的处理期限、个人数据的接收者、任何自动化个人数据处理的逻辑以及数据画像处理的后果。在可能情况下,控制者应能够提供安全系统的远程访问,允许数据主体直接访问其个人数据,但该等访问权不得对他人的权利或自由,包括对商业机密或知识产权,特别是对软件的版权保护等产生不利影响。但不得因前述限制而拒绝向数据主体提供所有信息。控制者处理大量数据主体相关信息的,应在信息发送之前请求数据主体明确相关信息或处理活动。

理解与适用

本条规定了数据主体的访问权，即其有权从控制者那里取得有关的个人数据是否正在被处理的确认。一般在披露信息时，控制者必须考虑该访问请求是否包括其他第三人的信息。如果包括，那他们的权利也必须被考虑到。需要注意的是，虽然访问权的行使主体是数据主体，但GDPR实际上并不阻止数据主体通过委托第三方的形式提出相关访问请求。这个第三方可以是律师、会计师或任何人。此外，如果访问权的行使存在明显过度或不合理，则控制者在完全记录且经充分评估的情形下，可以要求数据主体支付一定的合理费用，甚至还可以拒绝该项请求的行使。

(64)在线上服务和网络识别信息的情况下，控制者应使用一切合理的措施验证提出访问请求的数据主体的身份。控制者不得仅为回应潜在访问请求而保存个人数据。

理解与适用

本条规定了如果控制者对提出请求的个人的身份存在任何合理怀疑，则在验证数据主体身份前，相关数据处理活动必须先暂停进行。需要注意的是，为了回应数据主体可能存在的潜在访问请求而对个人数据进行预先收集的行为是非法的。

(65)当保存个人数据的控制者违反本条例或欧盟或成员国法律的，数据主体有权要求控制者更正其个人数据，并行使“被遗忘权”要求控制者删除其不再必须处理的个人数据，特别是在收集或以其他方式处理个人数据的目的可在不需要个人数据的条件下达成、数据主体已撤销其同意或反对处理其个人数据，或对其个人数据的处理不符合本条例的规定等情形下。儿童因其不完全了解数据处理的风险而作出的同意，希望删除特别是在互联网上的个人数据，尤其可以援引上述权利对控制者作出的要求。即便数据主体已不再是儿童，仍可行使前述权利。但控制者基于以下目的需要进一步保留个人数据的，应属合法：行使言论和信息自由、遵守法定义务、维护公共利益或履行法定职权、维护公共卫生领域的公共利益、为公共利益进行档案管理、进行科学或历史研究或统计，或提起、行使或抗辩法律诉求。

理解与适用

本条规定了 GDPR 赋予数据主体的“更正权”和“被遗忘权”。

所谓“更正权”，指的是数据主体有权对不准确的个人数据进行纠正，且其必须确保不准确或不完整的数据被及时予以删除、修改或纠正。通常只有在非常有限的情况下，控制者才能拒绝数据主体提出的更正请求。因此，在验证数据准确性之前，对数据的处理应当进行限制。如果控制者基于构成“不相称的工作量”等合法理由拒绝数据主体行使该项权利，则控制者需要向数据主体发出通知，并告知他们可以通过向监管机构投诉或者提起司法诉讼来进行权利救济，但所有的通知行为都应该被充分记录，以作为相应证据予以保留。

所谓“被遗忘权”，指的是控制者应当采取必要措施，确保数据主体可以随时要求删除自己的个人数据的相关权利，这一点在保护儿童权益方面尤为重要。因此，当控制者收到数据主体发出的一个有效的删除请求之后，在不存在任何豁免例外适用的情况下，控制者应当采取适当的步骤，以确保所有的相关控制者和处理者持有的个人数据被及时删除。被遗忘权的行使不仅对控制者提出了更高要求，还对副本档案的处理行为提出了新的挑战。

(66)为切实保护网络环境下的被遗忘权，删除权也可以下列形式行使：已公开个人数据的控制者有义务告知处理个人数据的其他控制者应当删除该等个人数据的任何链接、副本或复制品。为此，控制者应考虑可用的技术和手段，并采取合理的措施将数据主体的删除请求告知正在处理其个人数据的其他控制者。

理解与适用

为了加强数据主体在网络环境中能够充分行使被遗忘权，本条规定了如果控制者已将数据公开且第三方正在处理，则该控制者必须向第三方控制者和处理者发出通知，明确告知数据主体行使了此项权利，只有当控制者提供证据证明其无法遵守该义务或可能涉及不相称的工作量时，才可免除该项义务。

(67)限制个人数据处理的方法可能包括:将选取的数据临时转移到其他处理系统,使得个人数据被屏蔽进而无法被他人取得,或将已发布的数据临时从网站上删除。在自动化个人数据档案汇集系统中,原则上应以技术手段保证处理限制,从而使得个人数据不再被处理和变更。此外,系统中应明确显示数据处理受到限制的事实。

理解与适用

本条规定了数据主体的限制处理权。在某种程度上,限制处理权的行使其实就是暂时冻结数据主体在网络上的数据资产行为,其客观上并不会真正把它们删除。一般而言,在实务中可以通过暂时将所选数据移动到另一个处理系统,使用户无法取得可选择的个人数据,或暂时从网站上进行删除来实现这一权利。GDPR创设限制处理权的目的是确保在特殊情况下,个人数据基于任何方式都不会被处理,除非数据主体对某种处理方式表示了同意或控制者为了进行法律抗辩,为了保护他人的权利,出于重要的公共利益等。

(68)以自动化方式处理个人数据的,数据主体为进一步加强对其自身数据的控制,应有权要求以结构化的、通用的、机器可读取的且可交互的格式接收其之前提供给控制者的个人数据,并将其转移给其他控制者。为确保数据的可携带性,本条例鼓励数据控制者开发可交互的数据格式。上述权利适用于控制者基于数据主体作出同意或者为履行合同所必需而对个人数据进行处理的行为,但不适用于以同意或为履行合同所必需以外的法律依据而对个人数据进行处理的行为。从本质上来说,如果控制者是为履行其法定职责而对数据进行处理的,则数据主体便不得向控制者行使该权利。因此,控制者以履行其法定义务、公共利益活动或行使政府机关赋予的职权为目的而进行必要数据处理的,数据主体不得向控制者行使该权利。数据主体转移或接收其个人数据的权利并不会使得控制者负有采用或维持技术上兼容的处理系统的义务。当个人数据涉及多名数据主体时,某个数据主体接收个人数据的权利不得影响其他数据主体根据本条例享有的权利和自由,也不得损害本条例所述的数据主体享有的个人数据删除权以及该权利的限制条件,尤其在合同履行必须处理个人数据的情况下,不应对数据主体为履行合同之必要而删除个人数据的行为造成影响。在技术上可行的情况下,数据主体有权要求个人数据在控制者和另一控制者之间进行直接转移。

理解与适用

本条以数据的可携权为出发点,阐述了自动化决策的相关数据处理问题,明确了只有当自动化决策的权利完全基于自动处理并对数据主体产生法律效力或对其产生类似的重大影响时,数据主体才有权行使不受自动化决策影响的权利。需要注意的是,数据主体有权对基于构建用户数据画像的自动化处理,进而对数据主体作出具有法律影响或类似严重影响的决策提出反对。

(69)因履行公共利益活动或行使政府机关赋予的职权,或基于控制者或第三方合法利益的必要情况下,个人数据可以依法进行处理,但是数据主体有权反对处理与其特定情形相关的个人数据。在此情况下,控制者有义务证明其合法利益优先于数据主体的利益或基本权利及自由。

理解与适用

本条规定了 GDPR 赋予数据主体反对权的适用范围。

(70)以直接营销为目的处理个人数据的,数据主体有权对包括与该等直接营销相关的数据画像活动随时提出反对,而无论是首次处理还是再处理,且无须就此承担任何费用。控制者应明确告知数据主体享有反对权,并且该等反对权的告知应与其他信息分开呈现给数据主体。

理解与适用

本条规定了 GDPR 赋予数据主体行使反对权的适用范围,以及控制者告知数据主体其享有反对权的具体要求。

(71)对于单纯采用自动化手段处理对数据主体产生法律效力或其他类似重大影响的人评估及可能采取措施的任何决定,数据主体有权要求不受该等决定的约束,如在没有任何人为干预的情况下自动作出拒绝网上信用申请或电子招聘信息的决定。上述处理包括画像等各种形式的自动化个人数据处理和对自然人的个人资料进行评估,特别是对数据主体的工作表现、经济状况、健康状况、个人兴趣爱好、信誉或行为、位置或活动轨迹进行分析或预测，而此类活动会对自然人产生一定法律效力或其他类似重大影响。但经控制者受约束的欧盟或成员国法律明确授权的，包括根据欧盟机构或国家监管机构条例、法规和指导性意见的规定；为对欺诈和逃税行为进行监控和防范；为保障控制者提供服务的安全可靠；以数据主体与控制者之间签订或履行合同为目的；数据主体明确同意的情况下，应当允许控制者根据包括数据画像的数据处理作出决策。无论基于上述何种情况，该等处理应当采取适当的保护措施，其中应包括明确告知数据主体相关信息并告知数据主体享有取得人为干预、表达观点、对评估后作出的决定要求进行解释以及对该决定提出质疑的权利，但该等措施不得涉及儿童。

为确保数据主体的个人数据取得公平且透明的处理，控制者应当依照个人数据处理的具体情况和场景使用适当的计算或统计画像程序，在技术和组织方面提供适当措施，确保导致个人数据出现误差的因素能够得到纠正，将出现差错的风险降到最低，保证影响数据主体权益的潜在风险得到综合考量，防止自然人因其种族或种族本源、政治观点、宗教或信仰、工会成员资格、基因或健康状况或性取向受到歧视，或产生类似效果。对特殊类别个人数据进行的自动化决策和画像只有在特定情况下方可被允许。

理解与适用

由于自动化决策会增加有害分析的风险，因此除本条所列举的几种情形且需提供充足的保障措施之外，GDPR 通常禁止在大多数其他情况下依据个人数据进行全自动化的决策。需要注意的是，如果人为参与可以对数据处理结果造成直接影响，则实践中可以通过人为参与的手段来减轻自动化决策的风险。一般情况下，数据主体无须直接就符合本条条件的自动化决策提出反对，但如果该自动化决策对数据主体将产生法律效力或重大影响时，则数据主体可以行使反对权。

(72)数据画像活动要遵守本条例有关个人数据处理的规定，如遵守数据处理的法律依据或遵守数据保护原则。依据本条例设立的欧盟数据保护委员会应有权就该等事项发布指引。

理解与适用

本条规定了欧盟数据保护委员会(EDPB)具有发布数据画像活动指引的权利。

(73)欧盟或成员国法律可就特定原则,数据主体的知情权,查阅、纠正或删除数据的权利,数据可携权,反对权,基于画像的决定,向数据主体告知个人数据泄露情况以及控制者的特定相关义务等内容设置相应的限制,只要这些限制对于民主社会保障公共安全而言是必要且适当的。其包括:在发生天灾人祸时保护生命安全;防范、调查及起诉犯罪行为或执行刑事处罚,包括防范和阻止对公共安全的威胁、受监管行业违反职业道德的行为等;欧盟或成员国具有一般公共利益的重要目标,特别是欧盟或成员国的重要经济或财政利益;为一般公共利益的理由进行公共记录的保存;对已归档个人数据进行再处理,以提供有关前极权主义国家政权政治行为的具体信息或者保护数据主体或他人的权利和自由,如以社会保障、公共卫生和人道主义为目的。上述限制应符合《宪章》和《欧洲人权公约》规定的制定要求。

理解与适用

本条简述了欧盟或成员国法律的立法范围及要求。由此可见,GDPR在表面上看似形成了统一且一致的意见,但是其规定的50多个开放条款仍意味着各国将在部分问题的解释和实践方面存在变化的空间和立法冲突。

(74)对于控制者进行的,或代表控制者进行的任何个人数据处理行为,应当确立控制者的责任和义务。特别是控制者有义务采取适当有效的措施,以证明其处理活动遵守本条例的规定,包括措施的有效性。该措施应当考虑处理活动的性质、范围、背景及目的,以及可能给自然人权利及自由带来的风险。

理解与适用

本条规定了控制者处理个人数据的责任和义务,要求其在处理数据及采取措施时,应对该处理活动进行全面和综合的评估,以明确处理活动是否会给自然人带来相应风险。

(75)因个人数据处理而对自然人权利和自由产生的风险,按可能性和严重性的不同,可能在以下情况下对数据主体造成人身、物质或非物质的损害:歧视、身份盗用或诈骗、经济损失、名誉损害、具有职业保密性的个人数据被公开、未经授权撤销假名化处理或任何其他重大的经济或社会不利影响;数据主体丧失对其个人数据的权利和自由,无法对其个人数据行使控制权;处理的个人数据披露了数据主体的种族或种族本源、政治观点、宗教或哲学信仰、工会成员资格,以及基因数据、健康相关数据或有关性生活、刑事审判和犯罪行为或相关安全措施的数据处理;为创建或使用个人档案而分析个人特征,特别是对工作表现、经济状况、健康、个人兴趣爱好、可靠性或行为、位置或活动轨迹进行分析或预测;对特别是儿童的弱势自然人数据的处理;处理涉及的个人数据影响大量数据主体的情况。

理解与适用

本条列举了控制者对数据主体造成损害的情况下,数据主体对其人身、物质或非物质的损失享有索赔的权利。

(76)对数据主体权利和自由遭受风险的可能性和严重性应参考处理行为的性质、范围、背景和目的等因素进行评估。风险应在客观评估的基础上进行测评,以此确定数据处理行为是否涉及风险或高风险。

理解与适用

本条规定了风险评估的方式,即全面评估数据处理行为,就其风险发生可能性进行客观评价,以此来验证是否涉及处理数据的高风险。

(77)关于适当措施的实施和证明控制者或处理者的合规性的问题,尤其是如何识别处理行为的相关风险,如何对风险来源、性质、可能性和严重性进行评估,以寻求降低风险的最佳手段,可通过经批准的行为准则、认证、欧盟委员会制定的指南或数据保护官提供指引的方式提供。对于那些被认为不可能对自然人的权利和自由产生高风险的处理活动,数据保护委员会也可发布指南,并指出在此情况下可采取的足以应对相关风险的措施。

理解与适用

本条规定了行为准则、认证以及欧盟委员会指南等措施的实质性意义在于通过这些举措进而降低数据处理的风险，以尽可能避免数据主体的权益受到不必要的侵害。

(78)处理个人数据应保护自然人的权利和自由，而这需要控制者采取适当的技术和组织措施来确保其满足本条例的要求。为证明其行为符合本条例的规定，控制者应制定内部政策并实施相应的措施来证明其能够达到自设计和默认数据保护方面的原则性要求。该等措施应尽可能包括个人数据处理的最小化、最大限度的假名化处理、个人数据功能和处理的透明化、允许监控和处理数据主体的数据、允许控制者能够实施并提升其安全功能。在开发、设计、选择并使用以个人数据处理为基础，或处理个人数据以完成任务的应用程序、服务和产品时，应当鼓励该等产品、服务和应用程序的生产者在开发和设计的过程中考虑数据保护的权利，并在适当考虑现有技术的情况下确保控制者和处理者能够履行数据保护义务。公开招标也应考虑设计和默认数据保护方面的原则性要求。

理解与适用

本条规定了以实施数据保护处理原则为目的的相关措施，控制者应综合考量现有技术等因素，合理制定企业内部政策，以确保相关保障措施能够涵盖控制者从开发设计开始的所有数据处理活动。

(79)在控制者与其他控制者共同确定数据处理的目的和方式，或数据处理活动是代表某一控制者进行的情况下，应根据本条例对数据主体权利和自由的保护、控制者和处理者的责任和义务进行清晰的责任分工。这也和监管机构的监管活动及制定的措施密切相关。

理解与适用

本条规定了联合控制者有义务在其内部进行清晰的责任分工，以保证数据主体的权利得到切实有效的保护。

(80)非在欧盟境内设立的控制者或处理者处理欧盟境内数据主体的个人

数据的,若处理活动涉及向该等欧盟境内数据主体提供商品或服务,无论数据主体是否需要支付款项,或涉及对该等数据主体的行为进行监控,只要该等行为发生在欧盟境内,则控制者或处理者应当指定一名代表。对于以下情况,可以不指定代表:考虑处理数据行为的性质、背景、范围和目的后认定属于偶然性的处理;不涉及大规模处理特殊类别个人数据的处理;不涉及刑事审判和犯罪行为个人数据的处理;不可能对自然人的权利和自由产生风险的处理行为;控制者属于政府机关或部门。该代表应代表控制者或处理者,并可作为监管机构的联系对象。控制者或处理者应通过书面授权的形式明确指定由该名代表以其名义履行本条例项下的义务。该名代表的指定不得影响控制者或处理者在本条例项下的义务或责任。该名代表应当按控制者或处理者的授权内容执行职务,包括配合相关监管部门采取行动以确保遵守本条例的规定。控制者或处理者不遵守本条例的规定的,该指定代表应接受执法程序的约束。

理解与适用

本条规定了控制者和处理者委派代表的情形及其例外,并明确了该代表的法定职责。

(81)为确保数据处理者代表控制者进行的数据处理行为符合本条例的规定,控制者在委托处理者进行处理活动时,应选择能够提供充分保障的处理者采取符合本条例要求的包括以处理安全为目的的技术和组织措施,特别是在专业知识、可靠性及资源方面。处理者遵守经批准的行为准则或认证机制的,可作为证明控制者行为合规的证据。处理者进行处理行为的,应受合同或者欧盟或成员国项下其他法律行为的管辖。上述合同或法律应约定或规定处理者向控制者负责,明确处理的标的和期限、性质和目的、个人数据的类型和数据主体的种类,并考虑处理者在将要进行的数据处理行为中应承担的具体责任和义务,以及可能对数据主体权利和自由产生的风险。控制者和处理者可选择使用单独合同,或者选择欧盟委员会直接采用的或由监管机构根据一致性机制采用,而后再由委员会通过的标准合同条款。处理者在代表控制者完成处理行为后,应根据控制者的指示返还或删除个人数据,对适用于该处理者的欧盟或成员国法律要求其对个人数据进行存储的除外。

理解与适用

本条规定了控制者严格选定处理者的义务，将控制者和处理者的对外责任进行捆绑，明确了处理者遵守经批准的行为准则或认证机制的，可以作为控制者的合规证据。此外，本条还阐述了处理者在处理数据活动中的定位和责任，除按照GDPR规定的原则处理相关数据外，其有义务在完成处理后，按照控制者的指示返还或删除存储的个人数据，确保数据保存的时间不超过必要性的要求。

（82）为证明遵守本条例的规定，控制者或处理者应当对其负责处理活动进行记录。各控制者和处理者应有义务配合监管机构，在监管机构要求时向其提供该等记录，以帮助监管机构使用该等记录对数据处理行为进行监控。

理解与适用

为了使监管机构的调查处理更为全面，本条规定了控制者和处理者的记录保存义务。需要注意的是，根据《95指令》的规定，控制者不必记录其在处理个人数据时所依赖的合法标准，也不需要将该标准及时向数据主体进行披露。但GDPR在此基础上作出了一定的改变，GDPR从实际情况出发，要求控制者必须在向数据主体发布的隐私通知中明确自身处理的法律依据，并且在把依赖合法利益作为处理依据时，还必须准确描述所追求的合法利益。显然，该立法的变化大大降低了企业的经营成本，在保障数据主体权益层面也更为务实。

（83）为确保数据处理的安全性，避免违反本条例的规定，控制者或处理者应当对处理行为的内在风险进行评估，并采取加密等措施以降低风险。该等措施应在考虑目前技术水平、风险防范需要的成本以及所处理个人数据的性质的前提下，确保包括保密措施在内的处理行为符合适当的安全水平。在评估数据安全风险时，应考虑个人数据处理所产生的风险，如个人数据在转移、存储或其他处理过程中产生的意外或非法破坏、丢失、篡改、未经授权披露或访问，尤其是可能导致人身、物质或非物质损害的情形。

理解与适用

为确保数据处理的保密性和安全性,风险评估作为 GDPR 中的核心举措,其重要性不言而喻。本条规定了数据控制者在决定其数据处理方法前,应当采取风险评估的具体手段,以确保处理行为能够达到适当的安全水平。

(84)在处理行为可能对自然人的权利和自由产生高风险的情况下,为使处理行为符合本条例的规定,控制者应负责对数据保护的影响进行评估,特别是该等风险的来源、性质、特殊性和严重性进行评估。在控制者确定个人数据的处理是否符合本条例的规定并决定采取适当的措施时,应当考虑风险评估的结果。如果数据保护影响评估表明处理活动会产生高风险,且控制者无法通过现有技术和实施成本,通过适当的手段降低该风险,则控制者应当在处理前咨询监管机构的意见。

理解与适用

本条规定了在数据处理活动可能会对数据主体的权利和自由造成高风险的情况下,有必要通过数据保护影响评估的手段来对风险大小进行评定,进而找到适当降低风险的手段。此外,公司设立数据安全保护官岗位的,则在评估前还需要咨询该数据安全保护官的意见。

(85)个人数据发生泄露,若未进行及时和适当的处理,可能会对自然人产生人身、物质或非物质的损害,如失去对个人数据的控制或者使其自由或权利受到限制或歧视、身份盗用或诈骗、经济损失、未经授权删除假名化处理、名誉损害、具有职业保密性的个人数据被公开或任何其他重大的经济或社会不利影响。因此,控制者一旦意识到个人数据发生泄露,应当及时将个人数据泄露的情形告知监管机构,且不得超过发现数据泄露起的 72 个小时,除非控制者能够根据问责制原则证明个人数据泄露不会对自然人的权利和自由产生风险。若控制者无法在 72 小时内通知监管机构,应当在通知时随附延迟通知的理由。在此情形下,控制者可分阶段提供相关信息,但不得再出现不当延迟。

理解与适用

所谓“个人数据泄露”，指的是导致转移、存储或以其他方式处理的个人数据的意外或非法破坏、丢失、变更、未经授权披露或访问的安全泄露等情形。GDPR规定了控制者必须采取实时的违规检测措施，当其意识到自身存在违法行为后，就产生了在72小时内向监管机构通知数据泄露事件的义务。需要注意的是，此处的泄露风险没有阈值的限制，但凡发生泄露风险，控制者的通知义务即刻被触发。因此，为了在短时间内履行有效检测分类和通知义务，控制者内部一般会实施包括事件响应计划、事件响应剧本、创建事件响应团队和活动事件检测团队在内的事件响应策略。针对处理者而言，虽然GDPR规定其有义务将个人数据泄露的情况及时通知控制者，但执行风险评估的法律责任主体仍是控制者而非处理者。

(86)个人数据泄露对自然人的权利和自由可能产生较高风险的，控制者应当及时将该个人数据泄露的情形告知数据主体，以使该数据主体能够采取必要的保护措施。控制者向数据主体告知时应向数据主体说明数据泄露的性质，并向其提供相关数据主体可以采取何种措施以降低潜在不利影响的建议。该类告知义务应在合理限度范围内尽快进行，并与监管机构密切配合，以遵守监管机构或其他相关部门(如执法机关)发布的指引。例如，为降低直接损害的相关风险，应立刻与数据主体沟通，而执行适当的措施避免个人数据泄露的持续发生及类似事件的，可允许更多的沟通时间。

理解与适用

本条规定了在发生数据泄露的事件风险时，控制者除了要向监管机构履行通知义务，还需要向数据主体进行通知。需要注意的是，向数据主体进行的通知具有一定阈值的限制，仅在数据泄露对数据主体可能真实存在较高风险时，控制者的通知义务才会被触发。因此，如果通过技术手段能够避免高风险的出现或者违规披露将涉及不相称工作量等，则可免于通知。

(87)为确定是否发生个人数据泄露情形，并及时通知监管机构和数据主体时，控制者采取一切适当的技术保护和组织措施以达到上述目的。在判断通知是否及时时，应当考虑个人数据泄露的性质、严重性及其对数据主体的后果和不利影响。监管机构获知该等信息后可按本条例规定的职权进行干预。

理解与适用

本条规定了控制者应采取合适的措施，以期对是否发生数据泄露和通知是否及时等问题进行及时了解。

（88）在为个人数据泄露制定适用的通知形式和流程方面的具体规则时，应当适当考虑泄露的具体情况，包括个人数据是否受到适当技术措施的保护，是否能够有效防止身份欺诈或其他滥用行为的可能性。同时，若提前披露可能对个人数据泄露情形的调查产生阻碍的，则该等规则和流程还应考虑执法机关的合法利益。

理解与适用

本条规定了控制者有义务根据数据泄露的情况决定适当的技术措施来保护数据主体的合法权益，对于通知披露可能阻碍政府机关相关调查工作的，可以暂不提供。

（89）95/46/EC 号指令规定了向监管机构通知个人数据处理行为的基本义务，违反该义务会引发行政处罚和罚款，但不必然有助于个人数据保护水平的提高，因此该等无差别的基本通知义务应当被废止，取而代之的是更为有效的流程和机制。这些流程和机制应关注其性质、范围、背景和目的方面可能对自然人的权利和自由产生高风险类型的处理行为。该处理行为类型可能涉及新技术的应用，或者属于控制者之前未进行过数据保护影响评估的新类型的处理行为，或者需要进行数据处理的情况发生在首次处理之后的较长时间之后。

理解与适用

根据《95 指令》的规定，控制者在常规性的数据处理活动后，需要向监管机构发出相关通知，违者将可能受到相应处罚。GDPR 根据现实需要，删除了该项规定。该项规定的立法平白加大了控制者成本的投入，对数据处理活动的保护也收效甚微，因此 GDPR 认为监管机构应该更加关注高风险处理行为的监管，而非常规性的处理活动。

（90）在该等情况下，控制者应在处理前对数据保护影响进行评估，根据处理行为的性质、范围、背景和目的以及风险的来源来判断高风险发生的特定可能性和严重性。该影响评估应当特别包含为降低风险、保护个人数据和证明遵守本条例的规定拟采用的方法、保护措施和机制。

理解与适用

本条规定了控制者需要在数据处理前,结合处理行为的综合特征,对数据处理活动进行评估,以此来降低相关风险,明晰应当运用的保护措施和举措。

(91)上条规定尤其适用于计划在区域、国家或超国家层面处理大规模个人数据、可能对众多数据主体产生影响、根据现有技术知识水平大量使用新技术时因其敏感性可能产生高风险的大型数据处理活动,以及对其他数据处理活动可能产生高风险,从而对数据主体的权利和自由产生高风险的数据处理活动,特别是在数据处理导致数据主体难以行使权利的情况下。在对数据进行画像处理的基础上系统且深入地评估自然人的个人信息,或者在处理特殊类别个人数据、生物基因数据或刑事审判和犯罪相关数据或相关安全措施后,为作出与特定自然人相关的决定进而处理个人数据的,也应当进行数据保护影响评估。由于大规模监控公众可进入的领域,特别是使用光电装置的情况,或者相关监管机构认为数据处理行为可能对数据主体的权利和自由产生高风险的任何其他处理行为,阻碍了数据主体行使权利、使用服务、履行合同,或者由于系统性大规模处理行为,因此其同样需要进行数据保护影响评估。单个医师、其他医疗保健专业人士或律师处理患者或客户个人数据的,不得视为大规模处理活动。在该种情况下数据处理影响评估并不是强制的。

理解与适用

"数据保护影响评估"是指控制者可以系统地评估和识别他们提供的任何产品和服务对数据主体隐私和数据保护的影响过程,进而找出个人数据处理活动的潜在问题。本条规定了数据保护影响评估的范围,强制要求控制者对任何可能产生高风险的项目,或者在进行存在高风险的个人数据处理活动之前都需要进行评估。经评估认定存在风险时,控制者还有义务采取适当的措施来预防或减少风险的发生。

(92)在部分情况下,数据保护影响评估的对象广于单一项目的,其可能更为合理,更具有经济性。例如,政府机关或部门拟建立共同应用或处理平台,或者多个控制者计划就某一行业、行业部门或某一广泛使用的行业活动引入一个共同的应用或处理环境。

理解与适用

本条规定了数据保护影响评估的适用范围问题,考虑到单一的评估行为可能会在实务中解决一系列共性问题,因此其应当被允许广泛适用。

(93)欧盟成员国颁布政府机关或部门开展工作所依据的法律,且该法律对特定处理活动或一系列处理活动作出相关规定,欧盟成员国可认为有必要在处理活动以前进行数据保护影响评估。

理解与适用

本条规定了欧盟成员国对于其政府机关开展的数据处理活动在认为有必要的情况下可以对数据保护影响评估的具体规定进行立法,即欧盟成员国可以根据自身情况通过立法的形式,对其政府处理数据的活动进行限定和解释。

(94)若数据保护影响评估表明,在不设置保护措施、安全保护和降低风险机制的情况下,某一活动行为可能会对自然人的权利和自由产生高风险,且控制者认为现有技术和实施成本方面合适的手段无法降低该风险的,则控制者应当在处理前咨询监管机构的意见。该等高风险可能来自某些特定的处理类型以及处理的程度和频次,其可能给自然人权利和自由的行使带来损害或阻碍。监管机构应在指定期间内对该等咨询请求作出答复,但监管机构在该期限内未作出答复的,不影响其根据本条例规定的法定职权进行的任何干预,包括禁止进行某一处理活动的权利。该咨询流程还包括将相关处理行为的数据保护影响评估的结果发送至监管机构,特别是为降低对自然人权利和自由产生的风险而计划采取的措施。

理解与适用

本条规定了经评估发现仍无法找到适当降低风险手段的,则控制者应当在数据处理前咨询监管机构的意见。一般允许监管机构最多有8周时间进行答复,在此期间,监管机构需要等待接收数据控制者相关信息的,则可以再延长6周,在此期间可对该咨询程序进行中止。

(95)在收到必要的请求时,处理者应协助控制者确保控制者遵守数据保护影响评估及事前咨询监管机构的相关义务要求。

理解与适用

本条规定了处理者的协助义务,其只能根据控制者的指示或者合同的事先约定履行相应职责,不能越权处理。

(96)在规定了个人数据处理的立法或监管措施的准备过程中,也应咨询监管机构的意见,以确保预期处理行为遵守本条例的规定,特别是为了降低数据主体风险。

理解与适用

本条规定了欧盟及其成员国的立法需要向监管机构征询意见,通过一线监管的视角来加强立法的现实适用价值,进而降低数据处理活动的风险。

(97)若数据处理活动是由不包括法院或行使司法职能的独立司法机关的政府机关实施的,或者由私营企业实施,而其核心活动包含需要对数据主体进行定期系统的大规模监控或有关刑事审判和犯罪行为数据处理的,则应由一名具备数据保护法律知识和实践经验的专业人士协助控制者或处理者就本条例的内部合规情况进行监控。在私营领域,控制者的核心活动与其主营业务有关,而与从属业务的个人数据处理无关。必要的专业知识水平高低应当根据控制者或处理者履行的数据处理活动以及处理的个人数据所需的保护程度进行确定。该等数据保护官,无论是否属于控制者的员工,均应能够独立地履行其相应职责。

理解与适用

本条规定了控制者聘请数据保护官的法定情形。虽然GDPR并非要求各个公司在处理个人数据时都必须任命数据保护官,但不可否认的是,审查数据保护官聘用必要性的核心要点是“处理目标所需的关键操作”,

只有当数据处理是控制者或处理者活动中不可分割的一部分时才会被要求任命。可见，尽管数据保护官在公共部门处理数据时是强制性的，但在私营部门则仅在特别情况下才会被触发强制适用。

(98)本条例鼓励协会或者可以代表控制者或处理者的其他机构根据特殊行业处理行为的具体特点以及中小微企业的特殊需求，在本条例的范围内制定行为准则，以促进本条例的有效适用。特别是考虑到处理对自然人的权利和自由可能产生的风险，该等行为准则可以对控制者和处理者的义务进行统一。

理解与适用

作为 GDPR 创设的一项新规则，行为准则对于跨境数据自由流动起到了尤为重要的作用，本条规定了法律授权协会或其他机构制定行为准则的内容和目的。针对该项问题，欧盟数据保护委员会(EDPB)也曾发布行为准则和监管机构指南，旨在帮助澄清国家和欧洲层面提交、批准和发布准则的程序和规则。

(99)协会或者可以代表控制者或处理者的其他机构在起草、修订或扩充该行为准则时，应当咨询包括数据主体在内的相关利益方意见，并考虑就该等咨询收到的意见和观点作出回应。

理解与适用

本条规定了行为准则在被起草、修订或扩充前需要事先咨询相关利益方的意见，这是一项前置性程序。需要注意的是，实务中还需经过监管机构 DPA 的批准后方可施行。

(100)为提高本条例的透明度和合规性，本条例鼓励建立认证机制及使用数据保护印章和标识，从而允许数据主体快速评估相关产品和服务的数据保护水平。

理解与适用

为解决跨境数据自由流动问题，本条提出了一种解决方案，即法律授权建立认证机制及使用数据保护印章和标识，该机制和数据印章与行为准则一样，也是 GDPR 创设的一项新规则。

(101)为了扩大国际贸易和国际合作,个人数据在欧盟以外国家和国际组织的往来流动是必要的,流动的加剧给个人数据的保护也带来了新的挑战和问题。但在个人数据从欧盟转移到第三国的控制者、处理者或其他接收者,或者转移到国际组织的情况下,不得降低本条例在欧盟境内对自然人的保护水平,包括个人数据从该第三国或国际组织继续转移到同一或其他第三国境内的控制者或处理者,或者转移到其他国际组织的情形。在任何情况下,向第三国和国际组织进行的转移必须在完全遵守本条例的规定的前提下方可进行。只有在控制者或处理者已满足本条例有关向第三国或国际组织转移个人数据的条款中规定的条件且在遵守本条例其他条款的前提下,方可发生转移。

理解与适用

本条规定了只有在确保 GDPR 规定的数据保护规则,并满足对数据主体充分保护水平的情况下,方能进行数据的跨境自由流动。因此,GDPR 就第三国转移数据规定了行为准则、认证机制、数据印章、标准合同条款、BCRs 等多种途径以解决跨境自由流动与数据主体权利平衡的问题。

(102)本条例不影响欧盟与第三国订立的、对个人数据的转移的国际协议,包括对数据主体的适当保障措施。成员国可就向第三国或国际组织转移个人数据达成国际协议,只要该等协议不与本条例或欧盟法律的其他规定相违背,且包含对数据主体基本权利的适当保护水平的相关规定。

理解与适用

本条规定了涉及数据跨境流动的国际协议在 GDPR 框架内被欧盟成员国适用的条件。

(103)欧盟委员会可作出对整个欧盟均有效力的决定,认定某一第三国或第三国境内的某一区域或特殊行业或国际组织的数据处理达到了充分的保护水平,以确保整个欧盟境内第三国或国际组织建立充分保护水平的法律确定性和统一性。在此情况下,向上述第三国或国际组织转移个人数据的,无须再行取得任何其他授权。欧盟委员会也可决定撤销上述决定,但应首先向该第三国或国际组织发出撤销通知,并完整说明撤销的理由。

理解与适用

本条规定了当欧盟委员会作出认定，认为相关的第三国、第三国中的某区域或一个或多个特殊行业，或国际组织在数据处理方面提供了充足保护，则其可以作出使个人数据能够自由转移到第三国或国际组织，而无须其他特定授权的决定。

(104)为符合欧盟成立时的基本价值，特别是人权保护，欧盟委员会在评估某一第三国或者第三国境内的某一区域或特殊行业时，应当考虑该第三国如何尊重法治、国际人权的司法规范和标准以及一般法与部门法，包括公共安全、国防及国家安全、公共秩序和刑法等领域的立法。在就第三国境内某一区域或特殊行业作出认定其保护充分的决定时，应当考虑客观明确的标准，如特殊数据处理活动，以及第三国的法律适用和立法范围。第三国应提供保证，以确保其实施的保护提供了与欧盟同等水平的保护。第三国应提供保证，以确保第三国有独立有效的数据保护监管，规定与成员国数据保护机构的合作机制，向数据主体提供有效且可执行的权利，以及有效的行政和司法救济。

理解与适用

本条规定了欧盟委员会作出评估时，必须审查第三国所提供的充分保护水平程度是否与 GDPR 相一致。具体而言，欧盟委员会主要将就该国是否存在独立的监管机构、是否已就个人数据保护进行立法，以及是否作出过相应国际承诺等内容作为主要判断的标准和依据。

(105)除第三国或国际组织已经达成的国际承诺外，欧盟委员会还应考虑该第三国或国际组织加入多边或地区性个人数据保护体系所产生的义务以及该等义务的履行情况，特别应考虑该第三国是否加入欧盟理事会 1981 年 1 月 28 日通过的《关于个人资料自动处理的个人保护公约》及其附加议定书。欧盟委员会在评估第三国或国际组织的保护水平时应当咨询数据保护委员会的意见。

理解与适用

除上条规定的充分保护水平国家和地区的判断标准之外,本条还规定了一些其他程序性要求,包括在评估时应当向数据保护委员会咨询相关专业意见。

(106)欧盟委员会应监控其对于第三国、第三国境内某一区域或特殊行业,或某一国际组织的保护水平所作决定的运行情况,以及按95/46/EC号指令第25条第6款或第26条第4款所作决定的运作情况。欧盟委员会应当规定其充分性决定的定期审查机制。该定期审查应当咨询第三国或国际组织的意见,并考虑该第三国或国际组织的相关发展情况。为了监督和执行定期审查机制,欧盟委员会应考虑欧洲议会、欧盟理事会及其他相关组织和机构提出的观点和发现的问题。欧盟委员会应在合理时间内评估上述按95/46/EC号指令第25条第6款或第26条第4款所作决定的运作情况,以及向欧洲议会和欧盟理事会(EU)第182/2011号条例①所述的"委员会"、欧洲议会和欧盟理事会报送任何有关的审查结果。

理解与适用

本条规定了欧盟委员会在认定充分性保护国家和地区时的定期审查机制,以确保数据跨境流动的风险可控。

(107)欧盟委员会可能认定某一第三国、第三国境内某一区域或特殊行业,或某一国际组织不再能够保证对数据提供充分保护,此种情况下应禁止个人数据向该第三国或国际组织转移,除非已满足本条例有关适当保护措施的要求,包括有约束力的公司规则或特定情况下的例外。在该情况下应允许欧盟委员会与该等第三国或国际组织之间进行磋商。欧盟委员会应及时向第三国或国际组织说明理由,并与其展开磋商,力图进行纠正。

① 该条例即欧洲议会和欧盟理事会于2011年2月16日发布的(EU)No.182/2011规定的《关于欧盟委员会行使权利范围内成员国的控制机制规则和一般原则》,参见《欧盟官方公报》L类第55号,2011年2月28日,第13页。

理解与适用

本条规定了除符合 GDPR 规定的一些例外情况外,如果发现第三国或国际组织不符合充分性保护资格的,欧盟委员会还可以对该国或国际组织进行的数据跨境流动发出禁令。

(108)欧盟委员会未对某一第三国作出认定其充分性保护决定的,控制者或处理者应采取措施,通过为数据主体提供适当保护措施的方式弥补该第三国数据保护的不足。上述适当的保护措施可能包括:采用有约束力的公司规则、欧盟委员会通过的标准数据保护条款、监管机构采用的标准数据保护条款或监管机构授权的合同条款。该等保护措施应确保遵守欧盟境内处理行为的适当数据保护要求和数据主体权利,包括欧盟或第三国是否可以取得可执行的数据主体权利以及有效的法律救济,如在欧盟或第三国取得有效的行政或司法救济、提出赔偿等。该等保护措施应特别遵守有关个人数据处理的基本原则以及自设计开始的保护和默认数据保护的原则。政府机关或部门还可向第三国的政府机关或部门或者与具备相应职责的国际组织进行数据转移,包括对数据主体的可执行及有效权利作出规定的相关条款进行的转移,包括被纳入两国之间的行政性安排,如谅解备忘录。若规定保护措施的行政安排不具法律约束性,则应当取得相关监管机构的授权。

理解与适用

如果发生跨境流动不符合充分性保护原则的情形,则在有适当保护措施(如提供有约束力的公司规则、标准合同条款等)的情况下可以进行流转。本条规定了该等保护措施应遵守 GDPR 的数据处理原则。需要注意的是,针对政府机关的跨境流动,其需要两国之间存在具有法律约束力的行政性安排方能得以实现。

(109)控制者或处理者使用欧盟委员会或监管机构采用的标准数据保护条款,应允许控制者或处理者使用更广范围的标准数据条款,如处理者与其他处理者之间的合同,也可在该等标准数据保护条款内加入其他条款或保护措施,只要所加入的条款或保护措施不会直接或间接与欧盟委员会或监管机构所采用的标准合同条款相抵触,也不会损害数据主体的基本权利或自由。本条例鼓励控制者和处理者通过合同承诺的方式规定其他保护措施，对标准保护条款进行补充。

理解与适用

本条规定了在选择适用监管机构批准采用的标准合同条款时，控制者和处理者可以根据自身情况增加一些必要条款或额外保护措施作为该标准合同的补充，只要该增加的条款和额外措施不违反 GDPR 的规定，也不与监管机构事先批准采用的标准合同条款相抵触，则该条款就可以被认定为有效。

(110)企业集团或团体共同参与同一经营活动的，对其从欧盟内向同一经济活动的同一企业集团或组织集团内其他实体组织进行国际数据转移的，可使用经批准的有约束力的公司规则作为风险保护措施，但该等公司规则应包含所有关键原则和可执行的权利，以确保个人数据的转让或转移类别具有适当的保护措施。

理解与适用

本条规定的是 BCRs 的适用规定，BCR 是一套基于欧洲隐私标准的全球规则，跨国组织自愿制定和遵循，需要监管机构根据自己的程序批准通过后方能适用。

(111)以下情况下可允许数据转移：数据主体已作出明确同意或转让基于偶然情况，如根据某一合同或法律请求权（如司法、行政程序或包括向监管机构提起的庭外程序中行使的法律请求权）必须进行转移。基于欧盟或成员国法律规定的公共利益作为重要依据要求转移，或在基于法定且用于为公众或具有合法利益的个人进行登记册查阅进而要求数据转移的。在后一种从登记册转出的情况下，该等转让不应涉及登记册内包含的全部个人数据或个人数据的全部种类，若该登记册旨在征求有合法利益人士的意见，则该转让应仅在该等人士提出要求时或仅在该等人士为数据接收者的情况下才能进行，此种情况下也应全面考虑数据主体的利益和基本权利。

理解与适用

本条规定了在没有足够的保护水平或适当的保障措施的情况下，如果个人资料符合GDPR所规定的例外情况，包括数据主体同意、基于合同或法律请求权的偶然情况等，则其仍可进行跨境流动。此外，本条还特别指出了基于合法利益的个人进行的登记册查阅的相关规定，并对该项下的数据跨境流动提出了一定的规范性要求。需要注意的是，欧盟数据保护委员会(EDPB)认为，当不可能对转移的个人数据提供适当的保护或适当的保障时，必须限制性地解释这些例外情况，并仅将其作为最后的兜底手段。

(112)上述例外情形尤其适用于基于重大公共利益而需进行的数据转移，如竞争监管机构、税务或海关管理部门、金融监管部门、社会保障服务或如传染病的接触者追踪，或为减少和/或消除在体育竞技比赛中使用兴奋剂的公共卫生服务之间的国际数据交换。如果数据主体不能作出同意表示，但为保护数据主体或他人的切身利益，包括保护身体完整或生命安全而必须转移个人数据的，该等情况下进行的数据转移应被视为合法转移。欧盟委员会未作出认定其保护充分的决定的，欧盟或成员国法律可基于重大的公共利益理由，明确设定向第三国或国际组织转移特殊类别数据的限制。成员国应将该等规定告知欧盟委员会。为履行《日内瓦公约》项下应尽义务或为遵守适用于武装冲突的国际人道主义法律而向国际人道组织转移由于身体条件限制或法律上没有行为能力作出同意表示的数据主体的个人数据，可视为基于重大公共利益而必须作出的转移，或被认为是以关乎数据主体切身利益为由进行的转移。

理解与适用

本条规定了同序言第111条类似的跨境数据自由流动的例外情况，即以重大公共利益为目的进行的数据跨境自由流动相关处理活动可以有所突破，其一般仅在预防犯罪、国家安全、税收监管等情形下予以适用。此外，GDPR还授权欧盟成员国可以立法的形式对重大公共利益进行规范，并明确设定特殊类别数据的限制性条件，进而规范该事由项下的跨境数据处理活动。

(113)对于被认定为不重复进行的,且仅涉及有限数量数据主体的转移,如果数据主体的权利和自由并不优先于控制者追求的重大合法利益,并且控制者已经评估了所有有关数据转让的情形,也可以进行数据转移。控制者应当特别考虑个人数据的性质、处理活动的目的和期限以及来源国、第三国和最终目的国的情况,并应采取适当的保护措施保护自然人在个人数据处理方面的基本权利和自由。上述数据转移只有在转让的其他依据均不适用的其他情况下方可进行。为科学或历史研究或统计进行的数据转移应考虑社会对知识增长的合法预期。控制者应当向监管机构和数据主体告知该转移。

理解与适用

本条规定了同序言第111条类似的跨境数据自由流动的例外情况,即以"不重复转移"为目的进行的数据跨境自由流动相关处理活动也可以有所突破。根据本条的规定,只有在数据主体数量有限,对于控制者追求的重大合法利益是必要的,且控制者已经评估了围绕数据转移的所有情况时,并在提供适当保障后数据主体的权利和自由并不优先于控制者追求的重大合法利益的情况下,方可予以适用。需要注意的是,控制者必须将转移和令人信服的合法利益告知监管机构和数据主体,并就数据跨境流动做好相应记录工作,作为其合法控制和处理相关数据的依据。

(114)在任何情况下,欧盟委员会未对第三国的数据保护水平的充分性作出认定的,控制者或处理者应当采用解决方案,即一旦数据被转移,应立即为数据主体提供在欧盟境内处理数据方面可执行及有效权利,使数据主体继续享有其基本权利和保护措施。

理解与适用

本条规定了对于欧盟委员会没有认定充分性保护但仍需进行跨境流转的情况,控制者或处理者需要采取措施保证赋予数据主体在欧盟处理数据方面的可执行的权利,确保其基本权利能够得以落实。

(115)部分第三国通过发布法律、法规及其他法令,直接监管成员国管辖下的自然人和法人的数据处理活动。这可能包括第三国法院或法庭作出的判决或者行政机关作出的决定,而其非基于司法互助条约等在发出请求的第三国和欧盟或欧盟成员国之间生效的国际协议。该等法律、条例或其他法案的域外适用可能违反国际法,并可能妨碍本条例在欧盟内确保的对自然人的保护水平。转移只有在本条例中有关向第三国转移的各项条件均得到满足后方可进行,如根据控制者受约束的欧盟或成员国法律认可的重大公共利益而必须披露数据的情形。

理解与适用

本条规定了第三国通过立法的形式规范其国内自然人和法人跨境数据处理活动的,应确保符合 GDPR 对自然人的保护水平,并在满足各项条件后方能对外进行披露。

(116)个人数据跨境转移至欧盟以外区域的,自然人行使数据保护权的风险将大大增加,在个人数据不被非法使用或披露方面尤为如此。同时,监管机构可能发现其无法就其境外的活动进行追诉或调查。跨境情形下监管机构的合作还可能因预防或救济机制不充分、法律体制不一致以及资源限制等实践障碍而受到阻碍。因此,有必要加强数据保护监管机构之间的紧密合作,促进监管机构之间的信息交流和联合调查。为建立国际合作机制,以提供个人数据保护立法执行的国际互助,欧盟委员会与监管机构应当根据互惠原则和本条例的规定加强信息交流,在行使职权过程中增强与第三国有权机构的合作。

理解与适用

本条规定了监管机构之间进行协同合作的重要性,要求建立必要的国际合作和互助机制,以加强国家间的监管合作。

(117)在欧盟成员国设立能够完全独立履行义务并行使职权的监管机构是保护自然人个人数据处理方面不可或缺的组成部分。成员国应能够按其宪法、组织和行政架构设立一家以上的监管机构。

理解与适用

本条规定了欧盟成员国必须强制设立一家以上独立的监管机构,以行使相应数据处理的监管职权。

(118)监管机构具有独立性并不代表其可以完全不受有关其财务支出管控

或监督机制的约束，也不代表其无须接受司法审查。

理解与适用

本条规定了虽然监管机构具有职权上的独立性，但其仍应受到相关监督机制和司法审查的约束。

(119)欧盟成员国设立多个监管机构的，应通过立法的形式建立机制，以确保该等监管机构能够基于一致性机制有效参与。欧盟成员国应指定一家监管机构作为全部监管机构参与该机制的单一联系机构，以确保能够与其他监管机构、数据保护委员会和欧盟委员会保持快速畅通的合作。

理解与适用

本条规定了一致性机制的适用情形，并明确了主要监管机构的职权范围。

(120)各监管机构应配备包括与欧盟其他监管机构的互助和互相合作方面的有效执行义务所必需的财务和人力资源、办公场所和基础设施。各监管机构应有单独且公开的年度预算，该预算可作为国家或欧盟总预算的一部分。

理解与适用

本条规定了欧盟及各成员国应当向各监管机构提供充足的预算，并保证其在财务、人力、场所等方面的配套齐全，使其监督职能充分发挥。

(121)欧盟各成员国应通过立法的形式规定监管机构成员的一般条件，其中应特别规定该等成员将通过透明的程序由成员国的议会、政府或国家元首根据政府、政府成员、议会或议会议员的提议任命，或由根据成员国法律授权的独立机构任命。为确保监管机构的独立性，监管机构成员应当诚实正直，避免作出与其职责相违背的行为，不得在任期内从事任何与监管机构成员职责不相容的职业，而无论其是否取得报酬。监管机构应配备自己的工作人员，由监管机构或依据成员国立法设立的独立机构选聘，仅接受监管机构成员的指示。

理解与适用

本条规定了监管机构内部成员及工作人员的选任和其他限制性要求。需要注意的是，为了确保监管机构成员的独立性，GDPR 规定其不能从事与其职责不相容的兼职活动，并对其选任的程序提出了较高要求。

（122）各监管机构应当能够在其自身的成员国境内行使本条例赋予的职权和履行义务，特别包括控制者或处理者的经营场所在其国家境内的数据处理活动、政府机关或私营机构为公共利益而进行的个人数据处理活动、影响该国境内数据主体的处理活动和非设立在欧盟境内的控制者或处理者针对其境内居住的数据主体进行的处理活动。其中应当包括处理数据主体提出的申诉、就本条例适用开展的调查，以及提高公众对个人数据处理相关风险、规则、保护措施和权利的认识。

理解与适用

本条阐述了各欧盟成员国监管机构监管的职权范围，并规定其有义务提高公众对个人数据处理相关风险和规范的认识。

（123）以自然人个人数据的处理保护和促进个人数据在欧盟内部市场的自由流动为目的，监管机构应监控基于本条例中各条款的适用情况，并应促进本条例在整个欧盟的统一适用。为此，监管机构之间应相互合作，并与欧盟委员会合作，而各成员国之间无须再就该等互助或合作达成任何约定。

理解与适用

本条规定了监管机构有义务促进 GDPR 在整个欧盟的统一适用。为了便于适用的高效和便捷性，监管机构之间或其与欧盟委员会之间的合作已取得法律授权，而无须各成员国再通过缔结互助条约等方式另行确认。

（124）因控制者或处理者在欧盟境内经营场所开展的个人数据处理活动，且控制者或处理者在不止一个成员国有经营场所的，或者因控制者或处理者在欧盟境内的单一经营场所开展的活动进行的个人数据处理而对不止一个成员国境内的数据主体有重大影响或可能会产生重大影响的，则控制者或处理者主要经营场所的监管机构,或者单一经营场所的监管机构应作为主要监管机构。若控制者或处理者在其他监管机构所在的成员国境内设有经营场所,其他监管机构所在的成员国境内的数据主体受到重大影响的,或其他监管机构收到申诉的,则该主要监管机构应当在上述情况下与其他相关监管机构合作。当不在该成员国居住的数据主体提出申诉时,受理申诉的监管机构也应属于相关的监管机构。数据保护委员会履行其义务就本条例适用情况的任何问题发布指南,特别是确定相关处理行为是否对不止一个成员国境内的数据主体有重大影响时应当考虑的标准,以及构成相关且合理的反对因素。

理解与适用

本条规定了跨境数据流动涉及的主要监管机构的认定方式及其职权范围,即当控制者或处理者涉及跨境处理时,对于监管能力的认定问题取决于控制者或处理者的"主要经营场所"的位置。因此,在实践中,由于一个控制者可能在多地处理个人数据,其也就可能进而对应多个主要监管机构。

此外,GDPR 认为跨境处理在实践中主要存在两种情况:一是类似于跨国集团在多国设立的控制者和处理者处理数据;二是在单一国家建立的单独的控制者和处理者处理多个成员国数据主体的数据。显然,仅在一个成员国设立的实体组织仍可从事跨境数据处理活动。需要注意的是,GDPR 允许非主要监管机构对只涉及其领土或只对其领土内的个人产生重大影响的跨境数据处理活动的申诉采取行动。

(125)主要监管机构应有权行使本条例赋予的权利,并作出有关应对措施的约束性决定。主要监管机构应当在决策过程中协调其他相关监管机构的意见。若要作出全部或部分驳回数据主体申诉的决定,该决定应由收到该申诉的监管机构作出。

理解与适用

本条规定了主要监管机构有权在作出约束性决定前协调其他相关监管机构的意见,其有权对申诉成立的部分作出单独决定并采取行动;但针对全部或部分驳回数据主体申诉的决定,仍应由原受理申诉的监管机构作出。

(126)决定应由主要监管机构与相关监管机构达成一致,并应向控制者或处理者的主经营场所或单一经营场所作出,且对控制者和处理者具有约束力。控制者或处理者在收到主要监管机构对其主经营场所作出的关于欧盟境内处理活动的决定之后,应采取必要措施确保遵守本条例并执行该决定。

理解与适用

本条规定了主要监管机构是跨境数据处理活动中控制者和处理者的唯一对话者,其有权对控制者和处理者发出具有约束力的决定,控制者和处理者应采取必要措施确保该决定能够被执行。

(127)当控制者或处理者在多个欧盟成员国境内设立有经营场所,但具体处理的标的只与一个成员国的处理有关且涉及该单一成员国数据主体时,主要监管机构以外的各监管机构应当有权处理本地案件,如所处理的相关事项只涉及某一成员国员工雇佣环境下的相关数据处理的案件。在该等情况下,监管机构应及时向主要监管机构通报相关事项。主要监管机构知悉后应当决定是根据主要监管机构与其他相关监管机构之间的合作对案件进行处理("一站式机制"),还是由通报事项的监管机构在当地层面处理。在决定是否受理案件时,主要监管机构应考虑控制者或处理者是否在通报相关事项的监管机构所在的成员国设有经营场所,从而确保针对该控制者或处理者的决定能够有效实施。若主要监管机构决定受理案件的,通报相关事项的监管机构应有权提交一份草案,主要监管机构在该一站式机制内起草决定时应最大限度地考虑该监管机构所提交的草案。

理解与适用

本条规定了在处理标的和数据主体均只涉及单一成员国时,非主要监管机构也有权处理该本地案件,但在处理时应及时向主要监管机构通报相关事项,由其决定是否根据一站式机制进行处理,或同意由通报相关事项的监管机构在当地处理。若主要监管机构决定受理案件的,其应根据一站式机制在作出决定时最大限度考虑非主要监管机构的意见。

(128)政府机关或私营机构为公共利益进行的处理活动不适用主要监管机构和一站式机制规则,该情况下唯一有权行使本条例赋予职权的监管机构应为该政府机关或私营机构所在成员国的监管机构。

理解与适用

本条规定了政府机关或私营机构为公共利益处理的跨境数据活动并不适用一站式机制，主要监管机构也并非该类数据处理活动的监管单位。

(129)为确保本条例在全欧盟得到一致性适用与执行，各成员国监管机构应具有相同职权和权力，包括调查权、纠正权和处罚权、授权与咨询权，特别是在自然人申诉案件中，不得影响欧盟成员国法律规定的检察机关向司法机关通报违反本条例行为及提起司法诉讼的权力。上述监管机构还有权为处理活动设定临时或终局性的限制，包括下达数据处理禁令。成员国可制定本条例项下与个人数据保护相关的其他义务。监管机构权力的行使应符合欧盟及其成员国法律规定的适当的程序保护，并应公平且及时地行使其权力，特别是每一项措施均应适当、必要，并与本条例的目的相适应。考虑到各个案件不同的情况，监管机构应尊重可能受影响的各个自然人在被采取措施以前的陈述和申辩权，且应避免对其造成过多的不必要的花费和不便。监管机构进入特定场所的调查权应根据各成员国程序法的具体要求行使，如需要提前取得司法授权。监管机构所采取的每一法律约束性措施均应以书面形式作出，且应清晰无歧义，并应明确阐明和公布该措施的监管机构名称、日期、负责人或该负责人授权人员的签名，并说明采取措施的理由和有效救济的权利。该等要求不应排除成员国程序法所规定的其他额外要求。监管机构通过具有法律约束力的决定即代表作出该决定的监管机构所在的成员国可对该决定进行司法审查。

理解与适用

本条规定了监管机构的三项职权，即“调查权”、“纠正权和处罚权”和“授权与咨询权”，并明确了涉及申诉的处理流程和规范，即其采取的约束性措施不仅必须在遵守欧盟成员国立法的基础上保证透明度的要求，同时还需满足各类形式上的要件，包括通过书面的形式告知控制者和处理者相关信息内容等。需要注意的是，欧盟成员国有权对监管机构作出的具有约束力的措施进行司法审查。

(130)若收到申诉的监管机构并非主要监管机构，主要监管机构应按本条例的合作及一致性条款与该收到申诉的监管机构紧密合作。在此情况下主要监管机构在采取包括实施行政处罚等具有法律效力的措施时,应当最大限度地听取受理申诉的监管机构的意见,且受理申诉的监管机构应有权在其所述的欧盟成员国境内进行调查,并与主要监管机构联系。

理解与适用

本条规定了主要监管机构按照一致性决定采取措施,进而对跨境数据流动处理活动进行处置的情况下,应与受理申诉的监管机构保持联系,最大限度地听取其作出的相关意见。

(131)若控制者或处理者的处理活动由另一监管机构作为主要监管机构,但申诉的具体事项或可能存在的违法行为仅与控制者或处理者申诉提出地或违法行为被发现地所在的成员国处理活动相关,且该事项未对也不可能对其他成员国的数据主体产生重大实质性影响的,则受理申诉地或违法行为被发现地或以其他方式被告知可能发生违反本条例的情形所在地的监管机构应当力图通过友好方式与控制者达成和解;若无法达成和解,该监管机构应行使其全部职权。上述处理活动应当包括:监管机构所在成员国境内进行的具体处理活动;专门针对监管机构所在成员国境内的数据主体提供商品或服务而进行的处理;根据欧盟成员国法律规定的相关法律义务,需要进行评估的数据处理活动。

理解与适用

本条规定了当发生主要监管机构既不是受理申诉的监管机构,也不是违法行为被发现地的监管机构,且该违法行为不可能对其他第三国造成损害的情况时,受理申诉地或违法行为被发现地的监管机构应当极力促成与控制者的和解,如果和解不成的,将由主要监管机构对该违法行为依据 GDPR 的相关规定进行决策。

(132)监管机构所进行的旨在提高公众认知的活动应当包括针对控制者和处理者的特定措施,其中也应包括中小微企业以及自然人,特别是教育目的环境下的自然人。

理解与适用

本条规定了监管机构具有提高公众认知的法定义务。

(133)监管机构履行职责时应当互相协助,以确保本条例在内部市场适用和执行的一致性。请求互助的监管机构在对方监管机构收到该互助请求后1个月内未收到任何答复的,可实施临时措施。

理解与适用

本条规定了监管机构之间的互助义务,如果发出请求的监管机构在1个月内没有提供帮助,该监管机构可以触发紧急程序进而采取临时措施。

(134)各监管机构应在适当情况下参与与其他监管机构的联合行动,收到请求的监管机构有义务在特定期间内就该等请求作出回复。

理解与适用

本条规定了监管机构之间互相参与联合行动的相关义务。

(135)为确保本条例在整个欧盟的统一适用,应当建立监管机构间的一致性合作机制。特别是监管机构针对实质性影响多个成员国内相当数量数据主体的某种处理活动行为,在其拟采取具有法律效力的措施时,更应适用上述一致性合作机制。相关监管机构或欧盟委员会涉及上述问题时,也应适用该一致性机制。该一致性机制不影响欧盟委员会为行使其条约项下的权利而可能采取的任何措施。

理解与适用

本条规定了"一致性合作机制"的适用范围,明确了对多国数据主体造成实质性影响的情况下,适用"一致性合作机制"的价值和意义。

(136)在适用一致性机制时,若数据保护委员会多数成员作出决定,或者任何相关监管机构或欧盟委员会提出要求,数据保护委员会应当在确定的时间内出具意见。数据保护委员会还有权在监管机构发生争议时通过具有法律约束力的决议。为此,当监管机构之间意见存在冲突时,尤其是在主要监管机构与相关监管机构的合作机制框架内对某些事实清楚的案件实质问题的看法发生分歧时,如对是否违反本条例作出评判,数据保护委员会原则上应由 2/3 的多数成员通过具有法律约束力的决议。

理解与适用

欧盟数据保护委员会(EDPB)是《95 指令》设立的 WP29 的继承者,其也是一致性机制适用的核心。GDPR 规定了欧盟数据保护委员会(EDPB)的一系列任务清单,其在执行过程中需要进行独立行动。本条规定了欧盟数据保护委员会(EDPB)的职权范围,其主要职权之一就是协调监管机构之间的矛盾,在发生冲突时,通过法定程序对相应冲突作出具有法律约束力的决定。

(137)某些情况下为保护数据主体的权利和自由可能需要紧急采取行动,尤其是在数据主体行使某项权利的能力可能受到极大损害的严重危机的情形下,监管机构应当能够在其领土内采取合法的临时措施。该临时措施应规定特定期限,一般不超过 3 个月。

理解与适用

本条规定了在非常紧迫的情况下,由于可能没有足够的时间来寻求互助或启动一致性机制,监管机构可以立即采取临时措施,但该临时措施的有效期仅为 3 个月,并且必须由监管机构事先将其采取临时措施的合理理由通报给其他相关监管机构、欧盟数据保护委员会(EDPB)和欧盟委员会。当 3 个月期限届满时,临时措施即宣告失效,除非监管机构认为需要紧急采取最终措施,则其可以要求欧盟数据保护委员会(EDPB)提供紧急意见或作出具有约束力的紧急决定。

(138)当监管机构计划采取产生法律效力的措施时,该机制的适用是强制性的情况下,应作为措施合法的条件之一。在跨境的情况下,主要监管机构与相关监管机构之间应适用合作机制,并且相关监管机构之间可在双边或多边基础上提供互助或开展联合行动,而无须触发一致性机制的适用。

理解与适用

以监管机构之间的高效合作为目的，本条规定了监管机构之间可以根据实际情况进行互助或开展联合行动，而无须触发一致性机制的适用。

（139）为促进本条例适用的一致性，将设立欧盟数据保护委员会作为独立的欧盟机构，为实现其目标，数据保护委员会应具有法人资格。数据保护委员会应由其主席为代表，并将取代根据95/46/EC号指令建立的负责个人数据处理的个人保护工作小组。数据保护委员会应由各成员国监管机构的负责人以及欧洲数据保护监管机构或其各自派遣的代表组成。欧盟委员会应列席委员会活动，但其不具有表决权，欧洲数据保护监管机构应具有相应的表决权。数据保护委员会应致力于包括通过向欧盟委员会通报第三国或国际组织的保护水平的方式等，促进本条例在全欧盟的统一适用，并加强欧盟境内监管机构之间的合作。数据保护委员会应独立履行其职责。

理解与适用

本条规定了欧盟数据保护委员会（EDPB）的特殊使命、组成架构和法定职责。其作为WP29的继任组织，享有与WP29类似的独立职权。此外，为了充分保证其工作开展的完整性，GDPR规定其应由一名主席、各国监管机构的负责人和欧洲数据保护监管机构组成。需要注意的是，欧盟委员会也有权委派一名代表列席会议，以履行监督职责。

（140）欧洲数据保护监管机构应设立秘书处协助数据保护委员会的工作。参与执行本条例授予数据保护委员会的职务的欧洲数据保护监管机构的工作人员，应仅在数据保护委员会主席的指令下执行其任务，并向委员会主席汇报工作。

理解与适用

本条规定了欧盟数据保护委员会（EDPB）内部的管理模式，即所有成员均需根据主席下达的指令执行相应工作，并对主席全权负责。

（141）数据主体认为其在本条例项下的权利受到侵害或监管机构未对其申诉采取行动、申诉被部分或全部拒绝或驳回，或者监管机构为保护该数据主体权利而必须采取行动时不作为的，该数据主体有权向其经常居住地所在成员国的监管机构提出申诉，并有权根据《宪章》第47条取得有效的司法救济。在数据主体进行申诉后，监管机构应在特定案件的适当范围内进行调查，并接受司法审查的监督。监管机构应在合理期限内向数据主体告知申诉调查的进展及结果。若视情况需要进一步调查或与其他监管机构进行协调的，应向数据主体告知相关信息。各监管机构应采取措施使数据主体提交申诉更为便利，如以电子形式填写申诉申请表等，且不排除其他提交方式的使用。

理解与适用

本条规定了数据主体针对监管机构采取违法或不作为行为的申诉权。在数据主体提交申诉申请时，监管机构需要采取措施为其提供便利，并保证透明度原则的充分适用。

(142)数据主体认为其在本条例项下的权利受到侵害的，其有权委托依据某一成员国法律设立、具有公益性目的、在个人数据保护领域积极活动的非营利性机构、组织或团体向监管机构代为提出申诉、行使司法救济权，或者按成员国法律的规定代为行使取得赔偿的权利。成员国可规定，即使没有数据主体的委托，若该等机构、组织或团体有理由认为违反本条例进行的个人数据处理行为导致数据主体的权利受到侵害的，其仍有权在该成员国内提出申诉并要求有效的司法救济。但该等机构、组织或团体不得在未经数据主体委托的情况下代表数据主体提出索赔。

理解与适用

本条规定了公益诉讼的适用规则，即数据主体在发现其个人数据被侵害后，可以委托非营利性机构、组织或团体代为向监管机构或司法机关提出申诉或司法诉讼，以维护自身利益。上述相关机构在欧盟成员国法律规定的框架范围内也可以主动就对数据主体侵权行为代为提起申诉及司法诉讼，但未经数据主体同意，不得代为提出索赔。

(143)任何自然人或法人有权在《欧盟运行条约》(TFEU)第263条规定的情况下向欧盟法院提起撤销之诉，要求撤销欧盟数据保护委员会作出的决议。作为该等决议的接收者，相关监管机构若拟就该等决议提出质疑的，需根据

TFEU 第 263 条的规定,在收到通知后的两个月内提起诉讼。欧盟数据保护委员会作出的决议与某一控制者、处理者或申诉者直接相关的,该控制者、处理者或申诉者可根据 TFEU 第 263 条在欧盟数据保护委员会网站发布该决议后的两个月内提起诉讼,并要求撤销该等决议。在不影响 TFEU 第 263 条规定的该等权利的情况下,自然人或法人还可在有管辖权的国内法院就监管机构所作出的对其有法律效力的决议申请有效的司法救济,尤其是与监管机构行使调查、纠正和委托权,或申诉的驳回或不予受理相关的监管机构所作出的决议。但有效司法救济权不包括监管机构采取的不具有法律约束力的措施,如监管机构出具的意见或提供的建议。针对监管机构提起的法律程序应向该监管机构设立所在地的成员国法院提起,并根据成员国的程序法进行。该等法院应行使全部管辖权,包括审查与争议相关的所有事实和法律问题的管辖权。

监管机构不予受理或驳回申诉的,申诉人可在同一成员国的法院内提起诉讼。在司法救济和本条例使用相关背景下,成员国法院认为其作出判决需要取得该等决议的,可以请求欧盟法院对欧盟法律和本条例的解释作出初步判决,或者在 TFEU 第 267 条规定的情况下,成员国法院必须请求欧盟法院作出初步判决。此外,若在成员国法院对监管机构决定执行欧盟数据保护委员会决定的决议有所质疑,使得欧盟数据保护委员会决定的效力存疑的,该成员国法院若认为欧盟数据保护委员会决定无效的,无权直接宣布该决定无效,其必须根据 TFEU 第 267 条的规定,将该效力问题提交欧盟法院,由欧盟法院进行解释。但是,原本有机会起诉撤销该决定的自然人或法人,尤其是该决定直接针对的自然人和法人,未在 TFEU 第 263 条规定的期间内起诉的,成员国法院不得依据该自然人或法人提出的请求,将有关欧盟数据保护委员会决定的效力问题提交欧盟法院进行裁决。

理解与适用

本条规定了自然人、法人、控制者、处理者、监管机构和欧盟数据保护委员会(EDPB)等提起司法诉讼的相关规则和要求。

(144)若对监管机构作出的决议提起诉讼的受理法院有理由相信,在其他成员国有管辖权的法院就同一处理行为也提起了诉讼,如同一控制者或处理者针对同一事项的处理行为或同一案由的处理行为提起诉讼,则该法院应当与其他成员国的法院联系，以确认是否存在该相关诉讼。若相关诉讼在其他成员国的法院仍未作出判决，首先受理诉讼的法院以外的任何其他法院可以中止其诉讼程序，若该其他法院对相关诉讼有管辖权，且其法律允许合并审理，则该法院可应其中一方的申请拒绝行使管辖权。如果多个诉讼紧密相关，共同审理可以更快作出判决，且能够避免分开审理可能产生审判矛盾的，则该等诉讼视为关联诉讼。

理解与适用

本条基于"一事不再理"的原则，规定了相同主体、相同事项和案由的合并审理机制，要求在尚未作出法院判决前，其他法院需要按照规定对案件进行中止审理，以避免各地法院判决不一致进而引发矛盾的发生。

(145)对于针对控制者或处理者提起的诉讼，原告有权选择在控制者或处理者有经营场所的成员国法院或数据主体居住地成员国的法院提起诉讼，但控制者为成员国行使公职的政府机关除外。

理解与适用

本条规定了数据主体向控制者或处理者提起司法诉讼的管辖同时适用于原告所在地和被告所在地。需要注意的是，为了便于数据主体的投诉效率，也可以选择向数据主体的经常居住地、工作地或侵权行为地的监管机构投诉，这与向法院提起司法救济的管辖地略有区别。

(146)因处理行为违反本条例而导致对自然人产生任何损害的，控制者或处理者应当向其作出赔偿。控制者或处理者能够证明其对损害的发生没有责任的，可以免责。损害应根据欧盟法院的判例法，以充分反映本条例目标的形式进行广义解释。这不影响其对违反欧盟或成员国其他法律规定所造成的损害提出索赔的权利。违反本条例的处理行为包括违反本条例和成员国法律根据本条例的规定制定的授权性和执行性法案所进行的处理行为。数据主体应对其遭受的损失取得全部而有效的赔偿。同一诉讼程序内涉及多个控制者或处理者的，各个控制者或处理者都应对整个损害负责，但如果能够确保数据主体取得完整有效的赔偿，则涉及同一诉讼的各控制者或处理者可根据成员国法律按其就损害各自应承担的责任承担该损害。任何控制者或处理者支付了全部赔偿的,可对同一诉讼内涉及的其他控制者或处理者进行追偿。

理解与适用

本条重点论述了控制者和处理者对外承担的连带责任,以使数据主体的权益能够得到充分保障。

(147)当本条例就管辖权有特别规定时,尤其是有关于向控制者或处理者请求包括损害赔偿的司法救济的诉讼程序,则一般管辖权(如欧洲议会和欧盟理事会(EU)1215/2012 号条例①中规定的)不应影响该类特别规定的适用。

理解与适用

基于"特别法优于普通法"的原则,本条规定了 GDPR 在管辖权方面拥有的优先适用权。

(148)为加强本条例的执行,任何违反本条例的行为将面临包括行政罚款在内的处罚,以及/或者监管机构根据本条例采取的适当附加措施。违法行为轻微的,或将要实施的罚款可能会对自然人产生过度且不相称负担的,可采用训诫的方式以代替罚款,但同时还应适当考虑违法行为的性质、严重程度和持续时间、是否故意、是否存在为减轻损害采取的行动、责任程度或是否有既往违法行为、监管机构获知违法行为的方式、控制者或处理者是否遵守对其采取的措施、是否遵守行为准则以及是否有其他加重或减轻情节。实施包括行政罚款的处罚应根据欧盟法律和《宪章》的一般原则确定适当性保障措施,包括取得有效的司法保护和正当程序保护。

理解与适用

本条规定了行政处罚的判断标准和依据,并规定了在违法行为情节轻微以及对自然人控制者、处理者可能造成过度且不相称负担的情况下,可以通过训诫的方式来代替罚款。

(149)欧盟成员国应能够按照本条例的规定和限制就违反本条例的行为制

---

① 该条例即欧洲议会和欧盟理事会于 2012 年 12 月 12 日发布的《关于民商事案件管辖权和判决的承认与执行的第 1215/2012 号条例》,参见《欧盟官方公报》L 类第 351 号,2012 年 12 月 20 日,第 1 页。

定刑事处罚规则，该规则可允许没收违反本条例的全部利润。但因违反该国家规则而处以刑事或行政处罚的，不得违反欧盟法院对一事不再理原则所作的解释。

理解与适用

本条规定了欧盟成员国有权就违反 GDPR 的行为制定刑事处罚规则，欧盟成员国国内刑法和行政法不得与该规则相抵触，也不得与欧盟法院对“一事不再理”原则所作的解释相违背。

(150)为切实统一执行违反本条例可能面临的行政处罚，各监管机构应有权实施行政罚款。本条例应明确违法行为以及相关行政罚款的上限和标准，具体上限和标准应由相关监管机构在个案中考虑各种相关情形后根据具体情况确定，尤其应适当考虑违法行为的性质、严重程度和持续时间、违法行为的后果以及为确保履行本条款项下义务及预防或减轻违法行为的后果而采取的措施。对企业处以行政罚款的，该企业应为符合 TFEU 第 101 条和第 102 条定义的企业。对非企业的个人处以行政罚款的，监管机构在确定适当罚款金额时应考虑成员国的一般收入水平以及相关个人的经济状况，还应适用一致性机制促进各成员国行政罚款的同一性。成员国应确定政府机关是否适用行政罚款以及适用的范围。政府机关被处以行政罚款或给予警告的，不影响本条例规定的监管机构的其他职权或并处其他处罚。

理解与适用

本条规定了各监管机构实施行政罚款的上限、标准和考量因素。需要注意的是，为促进行政罚款适用的一致性，欧盟成员国可以决定是否将领土内设立的政府机关和机构作为罚款对象进行处罚，以及在何种程度上实施罚款，其亦可以选择将政府机关完全排除在罚款制度之外。

(151)丹麦和爱沙尼亚的法律体系不允许本条例规定的行政罚款。因此本条例项下的行政罚款在丹麦应由丹麦有管辖权的国内法院以刑事处罚的形式实施，在爱沙尼亚则由监管机构按轻罪程序实施，以使该两个欧盟成员国达到相当于监管机构行政罚款的效力。因此，具有管辖权的国内法院应考虑监管机构提出罚款的建议。无论何种情况所处的罚款应有效、适当且具有警示作用。

理解与适用

考虑到国情和制度问题，本条阐述了行政罚款制度在丹麦和爱沙尼亚两个国家的适用例外，并结合其国内法的规定引入了相应解决方案。此外，本条还明确了行政罚款的作出还应确保有效、公平且具有警示作用。

(152) 当本条例没有将行政处罚统一时，或者在发生如严重违反本条例等其他必要情形下，成员国应实施有效、与违法行为相称和具有惩戒性的制度。处罚的性质是刑事还是行政应根据成员国法律确定。

理解与适用

在 GDPR 没有形成统一处罚规则的情形下，本条赋予了欧盟各成员国基于有效、公平且以警示作用为目的的行政和刑事处罚制度所确立的一定的自治权。

(153) 欧盟成员国法律应将包括新闻、学术、艺术或文学表达等方面的言论自由与本条例规定的个人数据保护之间的关系进行平衡。依照《宪章》第 11 条的规定，完全为了新闻，或者为了学术、艺术或文学表达而对个人数据的处理行为，在有必要平衡个人数据保护与言论和信息自由权的情况下，应遵守本条例特定条款的例外或豁免规定。这尤其适用于视听、新闻、出版、图书领域处理个人数据的行为。因此，欧盟成员国应通过立法措施对平衡这些基本权利的必要豁免和例外情况作出规定。成员国应对一般原则、数据主体的权利、控制者和处理者、个人数据转移给第三国或国际组织、独立监管机构、合作和一致性以及具体的数据处理情况作出上述豁免和例外规定。成员国之间的豁免或例外规定不同的，应适用控制者须遵守的成员国法律。为了实现民主国家的言论自由，有必要将该等自由进行广义解释，如新闻。

理解与适用

本条规定了成员国应采取措施，在立法时考虑民主国家的言论自由和个人数据处理之间的平衡问题。

(154) 本条例在其适用时会兼顾官方已公开文件的原则，而允许公众查阅官方文件可视为符合公共利益。如果须遵守的欧盟或成员国法律要求进行披露的,则对于政府机关或公共机构掌握的文件中的个人数据,应当能够进行披露。该等法律应在公众查阅官方文件和再使用公共领域信息时平衡公众的权利与保护个人数据权利之间的关系,并因此可以对依照本条例享有的个人数据的保护权进行必要的调整。在该等情况下,所涉及的公共机构及团体应包括成员国法律规定所有可取得的公开文件所涉及的公共机构或团体。欧洲议会和欧盟理事会通过的2003/98/EC号指令①完整保留且不影响欧盟和成员国法律条款规定的关于个人数据处理的自然人保护水平,尤其不改变本条例中规定的权利和义务。该指令不适用于因为保护个人数据而被排除或限制访问的个人数据文件,以及对不符合法律规定的自然人个人数据的再利用而取得的部分文件。

理解与适用

本条规定了各欧盟成员国在基于公共利益处理个人数据立法时应当考虑两者之间的平衡问题。此外,对于欧洲议会和欧盟理事会通过的2003/98/EC号指令而言,其也应在不影响GDPR对数据主体保护水平的基础上进行有限适用。

(155)欧盟成员国法律或集体协议,包括"雇佣合同",可对聘用相关的员工个人数据的处理作出具体规定,尤其是基于员工同意可对雇佣关系中的个人数据进行处理的条件,包括招聘目的,履行劳动合同中的义务(包括履行法律规定或集体劳动合同约定的义务),工作的管理、规划和组织,工作场所的平等和多元,工作健康和安全,以及为了单独或集体行使和享有劳动相关权利、利益,为了终止劳动关系。

理解与适用

本条规定了欧盟成员国立法及集体协议可以对基于员工同意的数据处理的条件作出具体规定。

① 该指令即欧洲议会和欧盟理事会于2003年11月17日发布的《关于公共部门信息再利用的第2003/98/EC号指令》,参见《欧盟官方公报》L类第345号,2003年12月31日,第90页。

(156)为公共利益进行档案管理、为科学或历史研究或者统计处理个人数据的,应受到本条例为数据主体的权利和自由规定的适当保护措施的约束。该保护措施应确保具备遵循数据最小化原则所必要的技术和组织措施。为公共利益进行档案管理、科学或历史研究或统计而对个人数据进行再处理的,当数据控制者已对通过数据处理实现该类目的的可行性进行评估,且数据处理不可能或不再可能对数据主体进行识别,在有适当保护措施(如数据匿名化等)时,该再处理可以进行。对于为公共利益进行档案管理、为科学或历史研究或者统计进行个人数据处理,欧盟成员国应提供适当的保护措施。被授权的欧盟成员国根据具体的条件为数据主体采取适当保护措施后,对于为符合为公共利益进行档案管理、为科学或历史研究或者统计进行个人数据处理时的信息要求,以及纠正权、删除权、被遗忘权、限制处理权、数据可携权和反对权等可作出具体规范和例外规定。若对特定数据处理所追求的目的是适当的,且存在以追求必要性和相称性原则为目标实现个人数据处理数据最小化的技术和组织性措施,上述条件和保护措施可能需要数据主体通过具体的程序行使这些权利。为科学处理个人数据也应遵守临床试验等其他相关法律。

理解与适用

本条规定了为公共利益进行档案管理、为科学或历史研究或者统计处理个人数据的,欧盟成员国应提供适当的保护措施,确保数据最小化原则的适用。同时,成员国还可在该情形下,就数据主体权利适用规范进行限制性规定。

(157)通过与注册数据库信息相结合,研究人员可以取得有关心血管疾病、癌症和抑郁症等常见疾病的重要信息。在该注册信息的基础上,由于利用了更多的注册信息样本,因此研究人员能够取得更好的研究成果。在社会科学中,以注册数据库信息进行的研究能够取得多个社会条件之间的长期相关的重要知识,如不同生存条件下的失业和教育等问题。通过注册数据库信息取得的研究成果提供了可靠、优质的知识,能够为知识规划和实施政策提供基础支撑,提高许多人的生命质量以及社会服务的效率。为了便于科研,欧盟或成员国法律规定采取适当条款和保护措施后,可以为了科研处理个人数据。

理解与适用

本条阐述了注册数据库信息的重要性，并规定了在欧盟或成员国可以通过立法的形式规定在采取适当条款和保护措施后，可以为了科研处理个人数据。

（158）本条例也适用于以建档为目的进行的个人数据处理，但不适用于死者。持有公共利益记录的政府机关或者公共或私人机构，依照欧盟或成员国法律应有义务为一般公众利益取得、保存、评估、安排、描述、交流、促进、传播和提供具有长期价值的记录。本条例还授权成员国对以建档为目的的个人信息再处理作出规定，如为了提供有关前集权国家政权下的政治行为、种族灭绝、危害人类，特别是大屠杀或战争罪行的特定信息。

理解与适用

本条规定了以建档为目的对个人数据进行处理或再处理行为的规范性要求。

（159）本条例也适用于为科研进行的个人数据处理。本条例中，应对为科研进行的个人数据处理进行广义解释，其中包括科技发展和展示、基础领域研究、应用领域研究和私人资助方面的研究。此外，还应考虑 TFEU 第 179 条第 1 款规定的欧盟实现“欧洲研究区域”的目标。科研还包括在公共卫生领域以公共利益为目的所进行的研究。为了满足为科研进行的个人数据处理的特殊要求，特别是对于为科研公布或以其他方式披露个人数据的情况下应适用一定特殊条件。如果科研成果，特别是在公共卫生方面的科研成果，表明可以采取进一步符合数据主体利益的措施的，应结合这些措施适用本条例的一般规则。

理解与适用

本条提出了以科研为目的对个人数据进行处理行为的规范性要求，并将公共卫生领域的数据处理视为以公共利益为目的所进行的科研活动来进行管理。

（160）本条例适用于为历史研究进行的个人数据处理，也包括为历史研究和宗谱研究进行的处理,但本条例不适用于死者。

理解与适用

本条规定了包括宗谱研究的历史研究被视为以公共利益为目的所进行的合法处理活动,以此来进行管理。

(161)为了同意参与临床试验的科学研究活动,应适用欧洲议会和欧盟理事会通过的(EU)536/2014 号条例①的相关规定。

理解与适用

本条规定了数据主体同意参与临床试验的科研活动存在特别法的适用情形。

(162)本条例适用于为统计进行的个人数据处理。欧盟或成员国法律应在本条例限制范围内确定统计内容、访问控制、以统计为目的处理个人数据,保障数据主体权利和自由以及确保统计保密性的具体标准。统计目的是指进行统计调查或者制作统计结果所必要的个人数据的收集和处理。这些统计结果可再用于包括科研在内的其他目的。统计目的意味着以统计为目的进行处理所得的成果不是个人数据而是综合数据,而这一成果或综合数据不被用于支持任何特定自然人的措施或决定。

理解与适用

本条规定了以统计为目的进行处理活动的规范性要求,并明确了经统计后进行处理所得的成果并非个人数据,因此该类数据不受 GDPR 的调整。

(163)欧盟和国家统计机构为制作欧洲官方和国家官方统计数据而收集的保密信息应受到保护。欧洲统计数据应按照 TFEU 第 338 条第 2 款所确定的统计原则开发、制作和发布,而国家统计数据也应遵守成员国法律。欧洲议会和

① 该条例即欧洲议会和欧盟理事会于 2014 年 4 月 16 日发布的《关于人类使用药品的临床试验以及废除 2001/20/EC 指令的第 536/2014 号条例》,参见《欧盟官方公报》L 类第 158 号,2014 年 5 月 27 日,第 1 页。

欧盟理事会通过的(EC)223/2009 号条例[①]对欧洲统计数据的统计保密规范作出了进一步规定。

理解与适用

本条规定了除 GDPR 外,对于官方统计数据的保密义务受欧盟 223/2009 号条例的约束。

(164)为了防范违反专业性或其他同等保密义务的行为,有必要在平衡个人数据保护权与专业保密义务的情况下,各成员国可在本条例范围内,规定监管机构向控制者或处理者授权访问个人数据及进入其工作场所的权利依法制定具体的规定,但不应损害现有成员国根据欧盟法律要求制定专业保密规则的义务。

理解与适用

本条规定了欧盟成员国法律可以规定在监管机构授权的情况下,控制者和处理者可以在 GDPR 范围内获权进入工作场所对个人数据进行访问,但其在处理相关数据活动中仍须履行相应保密义务。

(165)本条例尊重且不损害 TFEU 第 17 条中所认可的成员国教会和宗教协会或团体在现有宪法中的地位。

理解与适用

本条规定了 GDPR 的适用不应影响成员国宗教协会在宪法中的地位。

(166)本条例的目的是保护自然人的基本权利和自由,特别是保护他们的个人数据和确保个人信息在欧盟境内自由流动的权利。为了实现这一目的,应将 TFEU 第 290 条规定的采取行动的权利授予欧盟委员会,特别是有权制定对

---

① 该条例即欧洲议会和欧盟理事会于 2009 年 3 月 11 日发布的《关于欧洲统计数据以及废除欧洲议会和欧盟理事会关于向欧洲共同体统计办公室进行受统计保密性约束的数据传输的第 1101/2008 号条例、欧盟理事会关于欧洲共同体统计的第 322/97 号条例、欧盟理事会关于欧洲原子能共同体设立欧洲共同体统计计划委员会的第 89/382/EEC 号决定的第 223/2009 号条例》,参见《欧盟官方公报》L 类第 87 号,2009 年 3 月 31 日,第 164 页。

有关认证机制的标准和要求、标准化图标呈现的信息及提供此等图标的程序性授权。特别重要的是,欧盟委员会在筹备工作中应进行适当的咨询,包括专家级层面的磋商和咨询。欧盟委员会在准备和拟定授权行为时,应确保同时、及时并以适当方式向欧洲议会和欧盟理事会传送相关文件。

理解与适用

本条规定了欧盟委员会在 GDPR 中的部分权利,包括有权制定认证机制的标准以及标准化图标的呈现和其程序性授权等内容。需要注意的是,欧盟委员会在筹备工作中应向有关部门进行适当咨询,并确保以适当方式对欧洲议会和欧盟理事会进行公开披露。

(167)为了确保本条例的统一实施,本条例可规定将实施的权利授予欧盟委员会,这些权利应按照(EU)182/2011 号条例行使。在该情况下,欧盟委员会应为小微企业和中型企业考虑特殊措施。

理解与适用

本条规定了 GDPR 将部分监管职责和权利统一授予了欧盟委员会,欧盟委员会在实施这些权利时,应充分考虑中小微企业的利益,所采取的措施也必须与现实相符。

(168)审查程序适用于下列情况:执行控制者与处理者之间的标准合同条款以及处理者之间的标准合同条款,行为准则、认证技术标准和机制;第三国、该第三国内的领土或特定区域,或者国际组织可提供的充分保护水平;标准保护条款;控制者、处理者和监管机构之间为有约束力的公司规则以电子方式交换信息的格式和程序;互助,以及监管机构之间和监管机构与欧盟数据保护委员会之间以电子方式交换信息的安排。

理解与适用

本条规定了 GDPR 授予欧盟委员会监管审查的范围,这些内容只有在经过欧盟委员会批准同意后,才能得以生效适用。

(169)当有证据表明第三国、第三国的领土或特定区域,或者国际组织没有保证充分水平的保护,情况紧急而迫切需要欧盟委员会采取实施行为的,欧盟委员会应立即采取相关实施行为。

理解与适用

本条规定了欧盟委员会有权对没有取得充分水平保护的国家的跨境数据流动行为采取紧急措施。

(170)本条例的目标是保证在整个欧盟境内实施同等水平的自然人保护及个人数据的自由流动。当成员国不能充分实现该目标,但出于规模或效果考虑,更宜在欧盟层面实现,则欧盟可根据《欧洲联盟条约》第 5 条中规定的辅助性原则采取措施。根据该条中规定的比例原则,本条例不应超出实现这一目标的必要范围。

理解与适用

本条规定了为了确保跨境数据流动环境下的同等保护,需要在考虑必要性的基础上遵循 GDPR 中关于数据处理的相关原则。

(171)本条例应取代 95/46/EC 号指令。在本条例实施之日已经进行的个人数据的处理应在两年内符合本条例的要求,并在两年后适用本条例。如果处理是根据 95/46/EC 号指令签发的同意进行的,并且同意的方式符合本条例的条件,数据主体不必再次表示同意,以允许控制者在本条例实施后继续该等处理行为。根据 95/46/EC 号指令通过的欧盟委员会决议和监管机构的授权在被修订、取代或废止之前继续有效。

理解与适用

本条明确了《95 指令》和 GDPR 之间的关系,并对其适用可能产生的冲突进行了规范。

(172)本条例已按照 45/2001/EC 号条例向欧洲数据保护监管机构征询意见,且该监管机构在 2012 年 3 月 7 日就本条例发表了意见①。

① 参见《欧盟官方公报》C 类第 192 号,2012 年 6 月 30 日,第 7 页。

理解与适用

本条阐述了在 GDPR 的立法过程中,其事先向欧洲数据保护监管机构进行了征询。因此,该立法程序符合《欧盟运行条约》的相关规定。

(173)本条例适用于涉及保护个人数据处理的相关基本权利和自由的全部事项,并且该事项没有受到与欧洲议会和欧盟理事会通过的 2002/58/EC 号指令[①]中相同目的特定义务的约束,包括控制者的义务和自然人的权利。为了明确本条例与 2002/58/EC 号指令的关系,应对该指令进行相应的修订。本条例通过后,即应对 2002/58/EC 号指令进行审查,以确保其与本条例保持一致。

理解与适用

本条明确了《隐私与电子通信指令》和 GDPR 之间的关系,并对其适用的冲突规范进行了规定。需要注意的是,GDPR 没有对电子通信领域的数据处理再增设其他义务,因此该指令的立法工作也仅需在原有的《隐私与电子通信指令》基础上进行修订和审查,以确保其与 GDPR 的适用相一致即可。

二、正文

第一章　一般条款
第二章　原则
第三章　数据主体的权利
第四章　控制者和处理者
第五章　向第三国或国际组织转移个人数据
第六章　独立监管机构
第七章　合作与一致性

① 该指令即欧洲议会和欧盟理事会于 2002 年 7 月 12 日发布的《关于电子通信领域个人数据处理与隐私保护的第 2002/58/EC 号指令(隐私与电子通信指令)》,参见《欧盟官方公报》L 类第 201 号,2002 年 7 月 31 日。

第八章　救济、责任与惩罚
第九章　有关特殊处理情形的规定
第十章　授权性法案与实施性法案
第十一章　最后条款

第一章　一般条款

第1条　主要事项与目标

1. 本条例规定了关于处理个人数据中对自然人进行保护的规则，以及个人数据自由流动的规则。

2. 本条例保护自然人的基本权利与自由，特别是自然人享有的个人数据保护的权利。

3. 不得以在个人数据处理方面对自然人的保护有关的理由限制或禁止个人数据在欧盟内的自由流动。

理解与适用

本条规定了GDPR的立法目的，其既要保证自然人的基本权利和自由，又要确保跨境个人数据的自由流动。因此，GDPR立法的重点工作就是在两者之间取得平衡。

第2条　适用范围

1. 本条例适用于全自动个人数据处理、半自动个人数据处理，以及构成或旨在构成数据画像的非自动化个人数据处理。

2. 本条例不适用于以下情形：

(a)发生在欧盟法律管辖范围之外的活动中所进行的个人数据处理；

(b)欧盟成员国为履行《欧盟基本条约》(TEU)第2章第5款所规定的活动而进行的个人数据处理；

(c)自然人在纯粹个人或家庭活动中所进行的个人数据处理；

(d)有关主管部门以预防、调查、侦查、起诉刑事犯罪、执行刑事处罚、防范及预防公共安全威胁为目的而进行的个人数据处理。

3. 欧盟机构、团体、办事处和代理机构所进行的个人数据处理，适用(EC)第45/2001号条例。根据本条例第98条，(EC)第45/2001号条例和其他适用于此类个人数据处理的欧盟法案应当进行调整和修订,以符合本条例的原则和规则。

4. 本条例不影响 2000/31/EC 号指令的适用,特别是 2000/31/EC 号指令第 12 至 15 条所规定的中介服务提供商的责任规则的适用。

理解与适用

本条规定了 GDPR 基于技术中立原则所涵盖的技术应用范围。同时,本条还对条款豁免情形和 GDPR 与《电子商务指令》之间的关系给出了适用性意见。

第 3 条　地域范围

1. 本条例适用于在欧盟内部设立的数据控制者或处理者对个人数据的处理,不论其实际数据处理行为是否在欧盟内进行。

2. 本条例适用于没有在欧盟内部设立的数据控制者或处理者对欧盟内的数据主体的个人数据进行的如下相关活动:

(a) 为欧盟内的数据主体提供商品或服务——不论此项商品或服务是否要求数据主体支付对价;或

(b) 对发生在欧盟境内的数据主体的活动进行监控。

3. 本条例适用于没有在欧盟内部设立,但基于国际公法应当适用欧盟成员国的法律的数据控制者的个人数据处理。

理解与适用

本条规定了三类 GDPR 管辖的适用情况。

第一类是以属地管辖为原则,即只要数据控制者和处理者设立在欧盟境内,则其处理的任何个人数据就应当受到 GDPR 的管辖。

第二类是以属人管辖为原则,即只要向欧盟境内的数据主体销售商品、提供服务或者监控欧盟境内个人数据处理活动的,就需要受到 GDPR 的管辖。

第三类是特殊情况,一般适用于国际公法层面,即旨在涵盖欧盟成员国的使领馆,或根据国际条约适用在飞机和船舶上的数据处理活动,但该情形对在商业环境中规范控制者和处理者的意义却并不大。

第4条　定义

就本条例而言：

(1)“个人数据”指的是已识别或可识别的与自然人(“数据主体”)相关的任何信息；一个可识别的自然人是指能够被直接或间接识别的个体，特别是通过诸如姓名、身份证号码、位置数据、在线身份识别信息或者自然人的一项或多项的身体、生理、遗传、心理、经济、文化或社会身份等要素而识别个体。

(2)“处理”是指任何一项或多项针对单一个人数据或系列个人数据所进行的活动行为，不论该活动行为是否采取收集、记录、组织、架构、存储、调整、修改、检索、咨询、使用、公开披露、传播或以其他方式对他人排列或组合、限制、删除或销毁等自动化方式。

(3)“限制处理”是指对存储的个人数据进行标记，以限制其在将来的处理行为。

(4)“数据画像”指的是为了评估自然人的某些特征而对其个人数据进行的任何自动化处理，特别是评估自然人的工作表现、经济状况、健康、个人偏好、兴趣爱好、信誉、行为习惯、位置或活动轨迹而进行的分析和预测。

(5)“假名化”指的是在不使用额外信息的情况下就不能识别数据主体个人数据的处理方式。此类额外信息应当单独保存，并且确保凭借已有技术与组织方式无法用此个人数据关联到某个已识别或可识别的自然人。

(6)“文件系统”指的是依据特定标准可访问的个人数据的结构化集合，不论该标准是去中心化的、分散的、功能性的还是基于地域化而设置的。

(7)“数据控制者”指的是能单独或联合决定个人数据处理目的与方式的自然人或法人、公共机构、规制机构或其他实体组织；如果此类处理的方式是由欧盟或成员国的法律决定的，那么对控制者的定义或确定控制者的标准应当由欧盟或成员国的法律来规定。

(8)“数据处理者”指的是能代表数据控制者而处理个人数据的自然人或法人、公共机构、规制机构或其他实体组织。

(9)“数据接收者”指的是接收数据的自然人、法人、公共机构、办事机构或其他组织，不论其是否为第三方。然而，公共机构基于欧盟或成员国法律的某项特定调查框架而接收个人数据，则不应当被视为接收者；公共机构对此类数据的处理，应当根据处理目的遵循可适用的数据保护规则。

(10)“第三方”指的是除数据主体、控制者、处理者、控制者或处理者直接授权其处理个人数据之外的自然人或法人、公共机构、办事机构或其他组织。

(11)数据主体的“同意”指的是数据主体通过声明或者明确行为对其自愿作出的任何自由的、具体的、知情的及明确的意思表示,数据主体以此表示其同意与其相关的个人数据被处理。

(12)“个人数据泄露”是指由于违反安全措施而导致个人数据在转移、储存或进行其他处理时所引发的被意外或非法损毁、丢失、更改或者未经同意被披露或访问。

(13)“基因数据”指的是和自然人先天或后天的遗传性特征相关的个人数据,这些数据可以提供自然人生理或健康的独有信息,尤其是通过对自然人生物样本进行分析而可以得出的独特信息。

(14)“生物特征数据”指的是基于特定技术处理自然人的相关身体、生理或行为特征而得出的个人数据,这种个人数据构成了识别该自然人的独特标识,如人脸图像或指纹识别数据。

(15)“健康相关数据”指的是那些和自然人的身体或精神健康相关的个人数据,包括能揭示其健康状况的医疗保健服务相关的数据。

(16)“主要经营场所”指的是:

(a)如果控制者在不止一个成员国内有多处经营场所,那么其在欧盟的管理中心所在地是主要经营场所,除非个人数据处理的目的与方式是由控制者的另一个机构决定的,并且这一机构有权实施此决定,在这种情况下,作出此类决定的机构应当被认为是主要经营场所。

(b)如果处理者在不止一个成员国内具有多处经营场所,那么其在欧盟的管理中心所在地是主要经营场所。如果处理者在欧盟没有管理中心,那么在处理者需要遵守本条例所规定的特定义务的前提下,其在欧盟的主要处理活动发生地应当被视为主要经营场所。

(17)“代表”指的是控制者或处理者根据第 27 条的规定,通过书面的形式指定代表控制者或处理者承担本条例所规定的相应责任的欧盟内的自然人或法人。

(18)“经济主体”指的是采用任意法律形式的从事经济活动的自然人或法人,包括经常从事经济活动的合伙企业或协会。

（19）“企业集团”指的是控股企业和被控股企业。

（20）“有约束力的公司规则”指的是在某成员国内设立的控制者或处理者，为了在企业集团或进行联合经济活动的经济主体内部将个人数据转移给一个或多个第三国的控制者或处理者，所应遵循的个人数据保护政策。

（21）“监管机构”指的是成员国根据第 51 条而设立的独立的公权力机构。

（22）“相关监管机构”指的是基于如下原因而和个人数据处理相关的监管机构：

（a）控制者或处理者是在监管机构所在的欧盟成员国的境内设立的；

（b）数据处理对居住在监管机构所在地欧盟成员国内的数据主体具有或可能具有实质性影响；或者

（c）该监管机构收到了投诉。

（23）“跨境处理”指的是：

（a）个人数据处理发生在一个控制者或处理者在多个成员国所设立的多个经营场所内；或者

（b）个人数据处理是在欧盟内的控制者或处理者的单一经营场所内进行的，但其对不止一国的数据主体具有或可能具有实质性影响。

（24）“相关且合理的异议”指的是决议草案是否有违反本条例的行为，或者数据控制者、处理者计划作出的行为是否符合本条例的预期行为的异议，且该异议清晰地表明了有关数据主体的基本权利和自由的决议草案所造成的风险的重要影响，以及在可适用的情况下，对于欧盟个人数据自由流动的影响。

（25）“信息社会服务”指的是欧洲议会和欧盟理事会的（EU）2015/1535 号指令第 1 条第 1 款（b）项所定义的服务。

（26）“国际组织”指的是依照国际公法或者根据两个或多个国家协议所设立的组织及其下属机构。

理解与适用

为避免歧义，本条对 GDPR 中的核心专业术语进行了定义，确保欧盟各成员国法律适用的准确性。

第二章 原 则

第5条 个人数据处理原则

1. 对于个人数据,应遵守下列规定:

(a)应当以合法、公平、透明的方式来进行处理("合法性、公平性和透明性")。

(b)以特定的、明确的和正当的目的收集,对个人数据的处理不应当违反上述目的。根据第89条第1款,因为公共利益、科学或历史研究或统计目的而进一步处理个人数据,不视为违反初始目的("目的限制")。

(c)适当、相关且以处理目的所必需为限进行处理("数据最小化")。

(d)准确、必要、及时更新;以个人数据处理的目的为限,必须采取合理措施确保不准确的个人数据被及时删除或更正("准确性")。

(e)对于能够识别数据主体的个人数据,其储存时间不得超过实现其处理目的所必需的时间;个人数据只有在符合本条例第89条第1款所规定的采取合理技术与组织措施的情况下,仅为了实现公共利益、科学或历史研究目的或统计目的所进行的处理才能被较长时间存储("限期储存")。

(f)处理过程中应确保个人数据的适当性安全,包括采取合理的技术手段、组织措施,避免数据未经授权即被处理或遭到非法处理,避免数据发生意外遗失、毁损或灭失("完整性与保密性")。

2. 控制者有义务遵守以上第1款,并且有义务对此提供证明("问责制")。

理解与适用

本条规定了GDPR针对数据处理的六大原则,即"合法、公平和透明度原则"、"目的限制原则"、"数据最小化原则"、"准确性原则"、"存储限制原则"和"完整性和保密性原则"。此外,GDPR创建了新的"问责制",加重了控制者和处理者在数据处理活动中的义务,确保数据主体的权益不受侵害。

第6条 处理的合法性

1. 只有满足至少如下一项条件时,处理才是合法的:

(a)数据主体同意基于一个或多个特定目的而进行的处理;

(b)处理数据对于合同主体履行合同是必要的,或者在签订合同前基于数据主体的请求而采取的必要措施;

(c)处理是控制者履行其法定义务所必要的;

(d)处理对于保护数据主体或另一个自然人的重要利益是必要的;

(e)处理是数据控制者为了公共利益或行使公权力而履行职责所必要的;

(f)处理对于控制者或第三方所追求的合法利益是必要的,除非这些权益显然优先于需要个人数据保护的数据主体利益或基本权利与自由,特别在数据主体是儿童的情况下。

前款(f)项不适用于公共机构在履行其职责时所进行的处理。

2. 成员国可以维持或制定更具体的条款,以适应本条例规则的适用。成员国为了确保合法与公平处理,可以制定更明确的规定,包括第 9 章所规定的其他特定的处理情形,以符合第 1 款(c)和(e)项的规定。

3. 第 1 款(c)和(e)项所规定的处理的依据如下:

(a)欧盟法;或者

(b)控制者应遵守的欧盟成员国法律。

处理的目的应当依据法律规定,而对于第 1 款(e)项所规定的处理,处理的目的应当是控制者为了公共利益或基于行使公权力而履行相应职责。该法律依据可以包含如下特定条款,以适应本条例规则的适用:规范控制者处理合法性的一般条件;被处理的数据类型;相关数据主体;个人数据可能被披露的实体组织和目的;目的限制;存储期限以及包括第 9 章所规定的其他特定的处理情形的处理活动和处理程序。欧盟或成员国的法律应当符合公共利益的目标,且应当与实现正当目的相称。

4. 若处理是出于收集个人数据以外的其他目的,如果该目的未经数据主体同意或并非基于在民主社会构成必要且适当的措施来保障本条例第 23 条第 1 款规定的目的的欧盟或成员国的法律,控制者应当为了查明为其他目的进行的处理是否与个人数据被收集时的目的相一致而考虑,特别是:

(a)个人数据收集时的目的与进一步处理的目的之间的所有联系;

(b)个人数据收集时的背景,特别是数据主体与控制者之间的关系;

(c)个人数据的性质,特别是是否对属于第 9 条规定的特定类别的个人数据进行处理,或者是否对属于第 10 条规定的与刑事定罪和犯罪相关的个人数据进行处理；

(d)进一步处理对数据主体可能造成的结果；

(e)是否具有加密与匿名化等适当的保障措施。

理解与适用

本条列举了数据处理的合法性依据，并对其认定和适用过程以及欧盟成员国立法的范围进行了规范。此外，该条还针对数据处理目的不一致情形下的法律适用给出了指导性意见。

第 7 条　同意的条件

1. 当处理是建立在同意基础上时，控制者应能证明数据主体已经同意对其个人数据进行处理。

2. 如果数据主体的同意是通过书面声明的形式作出的，且该声明还涉及其他事项，对同意的取得应当完全区别于其他事项，并以容易理解的形式，使用清晰和平白的语言呈现。任何违反本条例的声明都不具有约束力。

3. 数据主体应当有权随时撤回其同意。同意的撤回不应影响撤回前基于该同意作出的数据处理的合法性行为。在数据主体表达同意之前，数据主体应当被告知前述权利。撤回同意应当和作出同意一样简单。

4. 当评估同意是否是自由作出时，应当最大限度地考虑，包括但不限于：对合同的履行，包括服务的提供是否以基于不必要的同意个人数据处理为条件。

理解与适用

本条对数据主体作出及撤回同意的要求进行了明确。由此，基于数据主体同意作为处理数据依据的行为，控制者和处理者有义务提供证据予以证明。

第 8 条　信息社会服务中适用儿童同意的条件

1. 在第 6 条第 1 款(a)项适用的情形下，对于为儿童直接提供信息社会服务的请求，处理年满 16 周岁儿童的个人数据是合法的。当儿童不满 16 周岁，只有在经过儿童监护人同意或授权后处理个人数据才是合法的。

欧盟成员国的法律可以对上述年龄进行调整，但不得低于 13 周岁。

2. 控制者应当采取合理的努力，结合技术可行性，确保授权或同意是由儿童监护人所作出的。

3. 第 1 款不应影响成员国的一般合同法，如与儿童有关的合同成立要件与效力规则。

理解与适用

本条规定了为儿童提供信息社会服务的同意要求。同时，GDPR 还赋予欧盟成员国在 13～16 周岁的区间范围内结合自身的文化和国情差异进行立法的权利，进而对未成年人的起始认定年龄进行规范。

第 9 条　特殊类别的个人数据处理

1. 对于揭示种族或民族、政治观念、宗教或哲学信仰或工会成员的个人数据、基因数据、为了特定识别自然人的生物性识别数据，以及和自然人健康、性生活或性取向相关的数据，应被禁止处理。

2. 如果具有如下条件之一，第 1 款将不适用：

(a)数据主体明确同意基于一个或多个特定目的而处理其个人数据，但依照欧盟或成员国的法律规定，数据主体无权解除第 1 款中所规定的禁令的除外；

(b)处理对于控制者或数据主体在雇佣就业、社会安全与社会保险法领域履行义务和行使特定权利是必需的，且在欧盟或成员国法律授权范围内，或依据欧盟成员国对数据主体基本权利和利益提供适当保障的法律订立的集体协议授权范围内的；

(c)数据主体因为身体原因或法律原因而无法表达同意，但处理对于保护数据主体或另一自然人的重大利益是必需的；

(d)基金、协会或其他具有政治、哲学、宗教或工会目的的非营利性机构的正当性活动中所进行的处理，并且已经采取了适当的保护措施，或者处理目的仅仅和机构成员、之前成员相关或依机构宗旨与该机构的定期联系人相关，并且个人数据在未经数据主体同意前不得对机构外的人披露；

(e)处理数据主体已经明确公开的相关个人数据；

(f)处理是为了提起、行使、抗辩法律诉求，或者法院在其所有的司法活动中行使司法权所进行的必要处理；

(g)处理是重大公共利益所必要的，设立在欧盟或成员国的法律基准之上、对实现目标是相称的，尊重数据保护权的核心要素，并且为数据主体的基本权利和利益提供适当和具体保障措施；

(h)处理是预防性医学或临床医学所必要的，或者对于评估员工的工作能力、医疗诊断、提供社会医疗保健或构建保健服务体系，应当依据欧盟或成员国的法律规定，或依据与医疗保健专业人士订立的合同，并遵守第3款要求的条件和保障措施；

(i)处理在公共卫生领域是公共利益所必要的，如在抵御严重的跨境健康威胁，确保卫生保健、药品或者医疗器械高标准的质量和安全，依据欧盟或成员国的法律规定通过适当且具体的保障措施，特别是专业的保密措施，以保障数据主体的权利和自由；

(j)处理对于实现公共利益、科学或历史研究目的或统计目的是必要的，依照本条例第89条第1款基于欧盟或成员国法律，适当追求该目标，采取与其期望目的所相称的处理，提供适当且具体的保障措施，尊重数据保护权的核心要素，以保障数据主体的基本权利与利益。

3. 根据欧盟或成员国的有权机构所制定的法律或规则而具有职业保密责任的专业人员或其他人员进行数据处理时，为了第2款(h)项所规定的目的，可以处理第1款所规定的个人数据。

4. 对于基因数据、生物识别数据或健康相关数据的处理，欧盟成员国可以维持或者作出新的规定，包括进行限定。

理解与适用

特殊类别个人数据的处理一般应当被予以禁止，只有在符合法定的情况下才能够进行一定限度上的处理和使用。此外，本条还赋予了欧盟成员国通过立法的形式对该类数据的处理进行限定的权利。

第10条　与刑事定罪和犯罪有关的个人数据处理

与刑事定罪和犯罪有关的个人数据处理，以及基于第6条第1款规定的与安全措施相关的个人数据，只有在如下情形才能被允许：当个人数据处理为公权力所控制，或者当欧盟或成员国的法律授权进行处理，并且采取了适当的措施保障数据主体的权利与自由。任何刑事定罪的综合登记只能由官方机构进行。

理解与适用

本条规定了有关刑事定罪和犯罪相关的个人数据只有在法定或公权力控制之下,并采取措施保障数据主体的权利和自由的情形下才能够被予以处理。

第 11 条　不需要识别的处理

1. 如果控制者处理个人数据的目的不需要或不再需要控制者对数据主体进行识别,则该控制者就不再具有为了遵守本条例而维持、取得或处理额外信息以识别数据主体的责任。

2. 对于第 1 款所规定的情形,如果控制者能够证明其并无识别数据主体的职责,控制者在可能的情况下应当告知数据主体。在该情形下,不适用本条例第 15 至 20 条的规定。数据主体为行使其前述条款规定的权利,提供额外信息从而能对其身份进行识别的除外。

理解与适用

本条明确了控制者不需要识别数据主体的情况,包括在此基础上可豁免其确保数据主体行使本条例第 15 至 20 条权利的例外。

第三章　数据主体的权利

第一部分　透明度和方式

第 12 条　数据主体行使权利的信息透明度、沟通和方式

1. 控制者应当以一种简洁、透明、易懂和容易取得的形式,以清晰和平白的语言来提供本条例第 13 条和第 14 条有关个人信息处理相关规定的全部信息,以及第 15 至 22 条以及第 34 条所规定的任何内容,特别是针对儿童的所有信息。信息应当以书面形式或其他形式提供,包括通过电子方式提供。若数据主体的身份可通过其他方式得到验证,那么控制者可依数据主体的申请以口头方式提供。

2. 控制者应当对数据主体行使第 15 至 22 条的权利而提供协助。根据第 11 条第 2 款所规定的情形,控制者不应拒绝数据主体基于第 15 至 22 条的规定行使相应权利,除非控制者无法对数据主体进行识别。

3. 控制者应当根据第 15 至 22 条的规定在数据主体提出请求后提供相应信息,不应无故拖延,且在任何情形下不得超过提出请求后的一个月。在必要的情形下,考虑到请求的复杂性和多样性,该期限可以再延长两个月。控制者应当在收到请求的一个月内将此类延长情况以及延长原因告知数据主体。数据主体以电子形式作出请求的,信息的提供也应当尽可能以电子形式提供,数据主体对提供方式另有要求的除外。

4. 如果控制者没有采取相应的行动对数据主体的请求作出回应,则控制者应当及时告知未能在收到请求后的一个月内采取行动的具体原因,同时告知数据主体可向监管机构提出申诉以及寻求司法救济。

5. 第 13 条和第 14 条所规定的信息以及第 15 至 22 条和第 34 条所规定的任何沟通和采取的行动都应当是免费的。当数据主体的请求明显不具备正当理由或超过必要限度,特别是当请求是重复性的时候,控制者可以:

(a)结合提供信息、沟通或采取行动的管理成本,收取一定的合理费用;或者

(b)拒绝对请求作出行动。

控制者有责任证明数据主体的请求明显是毫无根据的或过度的。

6. 在不影响第 11 条的前提下,控制者可以对第 15 至 21 条中提出请求的自然人的身份有合理怀疑,有权要求数据主体提供必要的额外信息以确认数据主体的身份。

7. 根据第 13 条和第 14 条提供给数据主体的信息可以结合标准化图标一起提供,以便于数据主体通过可视化、简洁、清晰易懂的方式对预期处理的数据进行全盘理解。当图标以电子方式呈现,其应当是机器可读的。

8. 欧盟委员会有权根据第 92 条的规定,通过授权性法案对图标所呈现的信息以及提供标准化图标的程序进行确定。

理解与适用

当数据主体行使第 15 至 22 条的相关权利时,本条明确了控制者应当遵循的透明度要求,包括但不限于在收到请求后的响应条件及时间、沟通方式等。此外,针对数据主体的不合理或过度请求,控制者可以视情况选择收取必要且合理的费用或直接拒绝。

第二部分　个人数据的信息和访问

第13条　收集数据主体个人数据时应当提供的信息

1. 控制者在收集和数据主体相关的个人数据时，应当为数据主体提供如下信息：

（a）控制者的身份与详细联系方式，以及控制者代表的身份与详细联系方式（如适用）；

（b）数据保护官的详细联系方式（如适用）；

（c）处理个人数据的目的和法律依据；

（d）当处理是基于本条例第6条第1款（f）项时，控制者或第三方所追求的合法利益；

（e）个人数据的接收者或者接收者的类型（如适用）；

（f）控制者计划将数据转移到第三国或国际组织，以及欧盟委员会作出或未作出充分性决定的事实，或在本条例第46条、第47条或第49条第1款（b）项所规定的转移情形中，所采取的保护个人信息的合理且适当的保障措施以及取得该副本或该副本可供取得的方式（如适用）。

2. 除了第1款所规定的信息，控制者应当在取得个人数据时为数据主体提供确保合理与透明处理所必要的进一步信息：

（a）个人数据被储存的期限，以及确定此期限的标准；

（b）数据主体可以要求控制者提供对个人数据的访问、更正、删除或者限制、反对相关处理的权利以及数据可携权；

（c）当处理是根据第6条第1款或第9条第2款（a）项而进行的，数据主体有随时撤回同意的权利，但这种权利不会影响撤回之前基于同意而进行处理的合法性；

（d）向监管机构提出申诉的权利；

（e）提供个人数据是基于法定或合同约定，或作为订立合同的必要条件，以及数据主体是否有义务提供个人数据，包括没有提供此类数据会造成的可能后果；

（f）存在本条例第22条第1款和第4款所规定的自动化的决策，包括数据画像以及相关逻辑的有效信息，包括此类处理对于数据主体产生的意义和预期后果。

3. 若控制者进一步处理个人信息的目的与收集个人信息的目的不一致,则其应当在进一步处理之前向数据主体提供该其他目的信息,以及提供第 2 款所规定的相关进一步信息。

4. 在数据主体已经拥有信息的情况下,第 1 款、第 2 款、第 3 款均不应当被予以适用。

理解与适用

本条规定了控制者从数据主体处收集信息时,应当向数据主体提供的信息类别。需要注意的是,本条第 1 款和第 2 款在法律适用上应同时予以适用,两者并无适用先后顺序的差异。此外,倘若发生进一步处理目的与原始处理目的不一致的情形,控制者也有义务根据本条的规定提供与新目的相关的信息。只有在数据主体已掌握和拥有相关信息的情况下,控制者提供信息的上述义务才会被予以豁免。

第 14 条　并非从数据主体取得个人数据时的信息提供

1. 当个人数据并非从数据主体处取得时,控制者应当向数据主体提供如下信息:

(a)控制者的身份与详细联系方式,以及控制者代表的身份与详细联系方式(如适用);

(b)数据保护官的详细联系方式(如适用);

(c)处理个人数据的目的及法律依据;

(d)相关个人数据的类别;

(e)个人数据的接收者或者接收者的类型(如适用);

(f)控制者计划将数据转移到第三国或国际组织,以及欧盟委员会作出或未作出充分性决定的事实,或在本条例第 46 条、第 47 条或第 49 条第 1 款(b)项所规定的转移情形中,所采取的保护个人信息的合理且适当的保障措施以及取得该副本或该副本可供取得的方式(如适用)。

2. 除了第 1 款所规定的信息,控制者应当在取得个人数据时为数据主体提供确保合理与透明处理所必要的进一步信息:

(a)个人数据被储存的期限,以及确定此期限的标准;

(b)当处理是基于本条例第 6 条第 1 款(f)项时,控制者或第三方所追求的合法利益;

(c)数据主体可以要求控制者提供对个人数据的访问、更正、删除或者限制、反对相关处理的权利以及数据可携权;

(d)当处理是根据第 6 条第 1 款或第 9 条第 2 款(a)项而进行的,数据主体有随时撤回同意的权利,但这种权利不会影响撤回之前基于同意而进行处理的合法性;

(e)向监管机构提出申诉的权利;

(f)个人数据的来源,以及是否通过公开途径取得(如适用);

(g)存在本条例第 22 条第 1 款和第 4 款所规定的自动化的决策,包括数据画像以及相关逻辑的有效信息,包括此类处理对于数据主体产生的意义和预期后果。

3. 控制者应当提供第 1 款和第 2 款所规定的信息:

(a)应当在取得个人数据后的合理期限内提供,个人数据处理的特殊情形下,应当不超过一个月;

(b)如果个人数据是被用来和数据主体进行沟通的,最晚应当在首次沟通时提供;

(c)如果个人数据将被计划披露给另一个接收者,那么最晚应当在首次披露时提供。

4. 若控制者进一步处理个人信息的目的与收集个人信息的目的不一致,则其应当在进一步处理之前向数据主体提供该其他目的信息,以及提供第 2 款所规定的相关进一步信息。

5. 第 1 至 4 款在以下情形下均不适用:

(a)数据主体已经取得该类信息。

(b)此类信息的提供是不可能的,或需要付出不相称的工作量的。特别是在如下情形中尤其不适用:为了实现公共利益、科学或历史研究目的或统计目的,为了保障数据主体的权利和自由,并采取了本条例第 89 条第 1 款所规定的适当技术与组织措施;或者本条第 1 款所规定的义务会使处理目的无法实现或受到严重损害。在此类情形中,控制者应当采取适当的措施保护数据主体的权利和自由与合法利益,包括向公众公开相关信息。

(c)控制者应当根据欧盟或成员国法律关于取得或披露个人信息的规定，采取适当的措施保护数据主体的合法利益。

(d)必须遵守包括保密法在内的欧盟或成员国法律所规定的专业保密制度，对个人数据进行保密。

理解与适用

本条规定了控制者从非数据主体处收集信息时，应当向数据主体提供的信息类别。其中，本条第1款和第2款在法律适用上应同时予以适用，两者并无适用先后顺序上的差异。此外，本条第3款对信息提供的时间进行了细化。本条第4款还规定了只有在数据主体已掌握和拥有相关信息，或提供的信息将使控制者付出不相称的工作量的情况下，控制者提供信息的上述义务才会被予以豁免。

第15条　数据主体的访问权

1.数据主体应当有权从控制者那里得知其个人数据是否正在被处理，如果正在被处理的话，其应当有权访问个人数据和获知如下信息：

(a)处理的目的；

(b)个人数据的类别；

(c)个人数据已经被或将被披露给接收者或接收者的类型，特别是第三国或国际组织的接收者；

(d)在可能的情形下，个人数据被储存的期限，以及确定此期限的标准；

(e)数据主体可以要求控制者提供对个人数据的更正、删除或者限制、反对相关个人数据进行处理的权利；

(f)向监管机构提出申诉的权利；

(g)当个人数据从非数据主体处取得的，关于来源的任何信息；

(h)存在本条例第22条第1款和第4款所规定的自动化的决策，包括数据画像以及相关逻辑的有效信息，包括此类处理对于数据主体产生的意义和预期后果。

2.当个人数据被转移到第三国或国际组织，数据主体有权被告知和数据转移相关的符合第46条的适当保障措施。

3.控制者应当提供正在处理的个人数据副本。对于任何数据主体所要求的额外副本,控制者可以根据管理成本收取合理费用。数据主体以电子方式提出请求的,信息应当以电子形式提供,但数据主体另有要求的除外。

4. 取得第 3 款中所规定的备份的权利不应当对他人的权利与自由产生不利影响。

理解与适用

本条规定了数据主体所享有的"访问权"的行使要件。需要注意的是,回应有关儿童信息的儿童访问请求权之前,必须评估儿童的成熟程度,如果控制者相信孩子能够理解他们的权利,则其就应该直接作出回应。然而,在某些情况下,允许父母代表儿童行使权利显然将更符合未成年人的最大利益。

第三部分 更正与删除

第 16 条 更正权

数据主体应当有权要求控制者及时更正不准确的个人数据。在考虑处理目的的前提下,数据主体应当有权完善不完整的个人数据,包括通过提供补充声明的方式来加以完善。

理解与适用

本条规定了数据主体所享有的"更正权"的行使要件。需要注意的是,只有在非常有限的法定情形下,才能拒绝数据主体的更正请求。

第 17 条 删除权("被遗忘权")

1. 数据主体有权要求控制者及时删除其个人数据,当具有如下情形之一时,控制者有义务及时删除数据主体的个人数据:

(a)就实现其被收集或处理的相关目的而言,个人数据已非必要;

(b)处理是根据第 6 条第 1 款(a)项,或者第 9 条第 2 款(a)项而进行时,数据主体撤回同意且没有处理的其他法律根据的;

(c)数据主体根据第 21 条第 1 款的规定反对处理,且没有显著的正当理由或者数据主体反对根据第 21 条第 2 款进行处理的;

(d)个人数据被非法处理的;

(e)为了遵守欧盟或成员国法律为控制者所设定的法定义务,个人数据必须被删除的;

(f)个人数据是依据第 8 条第 1 款所规定的为提供信息社会服务而收集的。

2. 如果控制者已经公开个人数据,并且根据第 1 款的规定有义务删除个人数据的,则控制者应当考虑现有技术与实施成本,采取包括技术措施在内的合理步骤,告知正在处理个人数据的控制者们,数据主体已经要求这些控制者删除那些个人数据相关的任何链接、副本或复制件。

3. 第 1 款和第 2 款不适用于以下必要处理:

(a)为了行使言论自由和信息自由权而处理;

(b)根据控制者所应遵守的欧盟或成员国规定的处理法定义务,或为执行符合公共利益的任务,或在行使控制者被授予的公权力而处理;

(c)根据第 9 条第 2 款(h)项和(i)项以及第 9 条第 3 款的规定,为了实现公共卫生领域的公共利益而处理;

(d)符合第 89 条第 1 款规定的公共利益目的、科学或历史研究目的或统计目的而进行的处理,但第 1 款规定的义务可能会使该处理目的无法实现或者受到严重影响的;或者

(e)为了提起、行使或抗辩法律诉求而处理。

理解与适用

本条规定了数据主体所享有的“被遗忘权”的行使要件。根据 GDPR 的规定,数据主体可以在任何时间,以任何方式要求删除其个人数据。

第 18 条　限制处理权

1. 当出现如下情形之一时,数据主体有权限制控制者的处理行为:

(a)数据主体对个人数据的准确性提出异议,控制者需要在一定的期限内核实个人数据的准确性;

(b)处理是非法的,并且数据主体反对删除个人数据,要求对使用其个人数据进行限制;

(c)控制者不再需要个人数据以实现其处理的目的,但数据主体为了提起、行使或抗辩法律诉求而需要该个人数据;

(d)数据主体根据第21条第1款的规定而反对处理,因需要核实控制者的合法利益是否优先于数据主体的合法利益。

2. 依据第1款的规定处理受限时,除储存之外,该个人数据只有在取得数据主体的同意,或者为了提起、行使或抗辩法律诉求,或者为了保护另一个自然人或法人的权利,或者为了欧盟或成员国的重要公共利益的情况下才会被处理。

3. 控制者应在处理限制被解除前根据第1款的规定通知数据主体。

理解与适用

本条规定了数据主体所享有的"限制处理权"的行使要件。需要注意的是,该限制处理权的行使往往是暂时性的,控制者应确保彻底对该基本事实进行记录,以保证自己在将来能够抵御任何来自数据主体或监管机构的违规指控。

第19条　关于更正或删除或限制处理的通知义务

控制者应当在根据第16条、第17条第1款、第18条的规定对个人数据进行限制、删除或限制处理时,应当向各个数据接收者进行披露通知,但通知是不可能的,或者需要付出不相称的工作量的除外。如果数据主体提出要求,控制者应当将此类数据接收者告知数据主体。

理解与适用

本条规定了控制者在确保数据主体正常行使"更正权""删除权""限制处理权"之外,还需对数据主体履行相应的通知义务。

第20条　数据可携权

1. 当存在如下情形时,数据主体有权取得其提供给控制者的相关个人数据,且其取得个人数据应当是结构化的、通用的和机器可读的,数据主体有权不受控制者限制地将该等数据提供给其他控制者:

(a)处理是依据第6条第1款(a)项或第9条第2款(a)项所规定的同意,或者依据第6条第1款所规定的以履行合同为目的;

(b)处理是以自动化方式进行的。

2. 在行使第1款所规定的可携权时,在技术可行的情况下,数据主体有权将个人数据直接从一个控制者转移给另一个控制者。

3. 行使第 1 款所规定的权利,不能影响第 17 条的规定。该权利的行使不适用于控制者为了公共利益,或者为了行使其被授权的公权力任务而进行的必要处理。

4. 第 1 款所规定的权利不能对他人的权利或自由产生不利影响。

理解与适用

本条规定了数据主体所享有的"可携权"的行使要件。这是 GDPR 创设的一种新的权利,旨在确保数据主体具备将其个人数据复制或转移至一个新环境的能力。在"可携权"的行使过程中,控制者应始终考虑该行为是否会对第三方的权利和自由产生重大不利影响。若存在,则控制者有义务对其进行说明,以对其拒绝该权利行使的合法性进行解释。

第四部分　反对权和自动化决策

第 21 条　反对权

1. 数据主体有权基于特定情况,随时对根据第 6 条第 1 款(e)项或(f)项而进行的关乎数据主体的数据处理,包括根据这些条款而进行的数据画像提出反对。在此情形下,控制者应立即停止该部分个人数据的处理行为,除非控制者能够证明其正当理由显著优先于数据主体的利益、权利和自由,或者是为了提起、行使或抗辩法律诉求而进行处理。

2. 以直接营销为目的处理个人数据,数据主体有权随时提出反对,包括反对和此类直接营销相关的数据画像。

3. 若数据主体反对为了直接营销而处理,则该个人数据将不得再为此目的而处理。

4. 最迟不超过与该数据主体第一次沟通时,应当向数据主体清晰告知第 1 款和第 2 款规定的权利,且该告知应与其他信息区分开来。

5. 在使用信息社会服务的背景下,尽管存在 2002/58/EC 号指令的规定,数据主体仍可通过自动化的方式使用技术规范行使其反对权。

6. 根据第 89 条第 1 款规定的以科学、历史研究或统计为目的的处理,数据主体有权基于其特定情形反对个人数据的处理,除非该处理对于实现公共利益的任务是必要的。

理解与适用

本条规定了数据主体所享有的“反对权”的行使要件。同时，本条还侧重解释和分析了反对权在自动化决策背景下与直接营销场景中的数据处理活动的适用条件及例外。

第22条　自动化决策，包括数据画像

1. 数据主体有权对基于包括数据画像的完全自动化处理活动，进而对数据主体作出具有法律影响或类似重大影响的决策提出反对。

2. 第1款不适用于以下情况：

(a)为订立或履行数据主体与控制者之间的合同所必需；

(b)当决策是由控制者所应遵守的欧盟或成员国的法律所授权的，并且已经制定了适当的措施保证数据主体的权利、自由与合法利益；或者

(c)决策是在数据主体明确同意的基础上作出的。

3. 在第2款所规定的(a)项和(c)项中，数据控制者应当采取适当措施保障数据主体的权利、自由、合法利益，至少应保障数据主体获得基于控制者进行人工干涉而表达观点和对决策提出反对的权利。

4. 第2款所规定的决策的基础不适用于第9条第1款所规定的特殊类别的个人数据，除非符合第9条第2款(a)项或(g)项的规定，并且已经采取了保护数据主体权利、自由与合法利益的措施。

理解与适用

本条赋予了数据主体对自动化决策提出反对的权利，还对自动化决策处理数据的适用范围及其例外进行了规定。总体而言，只有当自动化决策的权利完全基于自动处理，并对数据主体可能产生法律效力或重大影响时，才允许适用不受自动化决策影响的权利。

第五部分　限　　制

第23条　限制

1. 控制者或处理者所遵守的欧盟或成员国法律可以通过立法手段限制第

12 至 22 条、第 34 条以及第 5 条所规定的权利和义务范围，只要该限制符合第 12 至 22 条所规定的权利和义务，且该限制应当尊重基本权利与自由的核心要素，并应采取民主社会中所必要和相称的措施，以维护：

（a）国家安全；

（b）国防；

（c）公共安全；

（d）预防、调查、侦查、起诉刑事犯罪或执行刑事处罚，包括防范和预防对公共安全的威胁；

（e）欧盟或成员国的一般公共利益的其他重要目标，特别是欧盟或成员国的重要经济或财政利益，包括货币、预算、税收事项、公共卫生和社会保障；

（f）司法独立和司法程序的保护；

（g）违反职业道德规范的预防、调查、侦查和起诉行为；

（h）和行使（a）（b）（c）（d）（e）（g）项中所规定的对公权力进行监督、检查或监管职能，即使是偶然的；

（i）数据主体或他人的权利和自由的保护；

（j）民事请求权的行使。

2. 需要注意的是，第 1 款所规定的任何立法措施，应至少包含如下特定条款：

（a）处理的目的或处理的类型；

（b）个人数据的类别；

（c）限制的范围；

（d）防止滥用或非法访问或转移的保障措施；

（e）控制者的具体标准或类型；

（f）存储期限和适用的保障措施，考虑到性质、范围和处理的目的或分类；

（g）数据主体的权利和自由的风险；以及

（h）数据主体被告知限制的权利，但告知可能影响限制目的的除外。

理解与适用

本条内容多与执法、公共利益和国家安全等例外情况有关，其规定了在符合本条规定的基础上，欧盟或成员国法律可以通过立法形式对数据主体相关权利的行使进行限制。

第四章　控制者和处理者

第一部分　基本责任

第 24 条　控制者的责任

1. 在考虑了处理的性质、范围、背景与目的，以及处理对自然人权利与自由所带来的不同程度的风险后，控制者应当采取适当的技术与组织措施，保证处理符合本条例规定的，并且这些措施应在必要时进行审查和更新。

2. 在与处理活动相适应方面，第 1 款所规定的措施，应当包括控制者所采用的适当的数据保护政策。

3. 遵守第 40 条所规定的经批准的行为准则和第 42 条所规定的经批准的认证机制，这可以作为控制者遵守其义务的证明要素。

理解与适用

本条规定了控制者的相关责任，其不仅有义务根据现实情况对数据处理的技术措施进行调整，还应当及时制定数据保护政策，以确保能够遵守 GDPR 的相关规定。

第 25 条　设计和默认的数据保护

1. 在考虑了现有技术、实施成本、处理的性质、处理的范围、处理的背景与目的，以及处理给自然人权利与自由带来的风险可能性与严重性之后，控制者应当在决定处理方式时和进行处理时，采取适当的技术与组织措施和保障措施，以便符合本条例的要求，并保护数据主体的权利。例如，控制者可以采取匿名化和数据最小化原则来实现数据保护。

2. 控制者应当采取适当的技术与组织措施，以确保在默认情况下只处理特定目的所必要的个人数据。该义务适用于所收集的个人数据的数量、处理限度，储存期限以及可访问性。需要注意的是，此类措施必须确保在默认情况下，个人数据不经人为干预不能被不特定数量的自然人所访问。

3. 第 42 条规定的经批准的认证机制，可以被用来证明符合本条第 1 款和第 2 款所规定的合规要求。

理解与适用

GDPR 规定了控制者有义务将保护措施集成到所有数据的处理活动中。因此,系统的隐私设计适用于项目或产品的所有阶段,而不仅仅是新系统的开发和执行阶段。此外,本条还要求控制者应实施适当的技术和组织措施,以确保在默认情况下,通过“匿名化”和“数据最小化原则”等手段对特定处理目的所需的必要个人数据进行处理,以更好地控制数据处理的范围。

第 26 条 联合控制者

1. 当两个或两个以上控制者共同决定处理的目的与方式时,这些控制者为联合控制者。联合控制者应当以明确的方式确定各自在本条例中的责任,尤其当其涉及数据主体行使个人权利,以及控制者根据他们的合约安排基于第 13 条和第 14 条的规定履行提供信息的义务,除非欧盟或成员国的法律已经对联合控制者规定了各自相应的责任。联合控制者可通过合约为数据主体指定一个联络人。

2. 第 1 款所规定的合约安排应适当地反映相对于数据主体的联合控制者各自角色及相互关系。数据主体应当被告知该安排的实质内容。

3. 不论是否涉及第 1 款所规定的合约安排,数据主体都可以向任一控制者主张其本条例所赋予的权利。

理解与适用

本条规定了联合控制者的概念,并明确了无论联合控制者之间的内部关系如何,其均有义务对数据主体承担相应的连带责任,并确保数据主体各项权利的顺利行使。

第 27 条 未在欧盟设立的控制者或处理者的代表

1. 在第 3 条第 2 款适用的情形下,控制者或处理者应当以书面形式在欧盟指定一名代表。

2. 本条第 1 款义务不适用于:

(a)除了第 9 条第 1 款所规定的特殊类别数据的大规模处理,或者第 10 条所规定的和刑事定罪或犯罪相关的个人数据处理之外的偶尔性处理,以及考虑到处理的性质、背景、范围和目的,不太可能给自然人的权利与自由带来风险的

处理；或者

（b）公共机构或团体。

3. 基于为数据主体提供相关商品或服务，或者监控数据主体的行为而处理数据，数据主体所在的欧盟成员国应当设立代表。

4. 代表应当被控制者或处理者授权，以及进一步被监管机构和数据主体授权处理数据活动的所有问题，以确保本条例得以遵守。

5. 控制者或处理者指定代表，不应影响对控制者或处理者本身提起的法律诉讼。

理解与适用

本条规定了当受到 GDPR 监管的控制者或处理者没有设立在欧盟境内时，其必须以书面形式在欧盟境内指定一个代表，除非数据处理活动是偶然的。需要注意的是，针对公共机构的处理、大规模处理特殊类别数据的处理或有关犯罪定罪和犯罪的任何数据处理行为都必须指定代表，该代表的指定不应影响控制者或处理者根据 GDPR 的规定所承担的任何责任和义务。

第 28 条　处理者

1. 若处理是代表控制者进行的，则控制者只能选用提供充分保证的处理者，以采取适当技术与组织措施，确保处理行为符合本条例的要求，以对数据主体的权利进行保护。

2. 如果没有获得控制者的特别或一般书面授权，处理者不能雇用另一个处理者。在一般书面授权的情形下，处理者应当通知控制者任何增加或取代其他处理者的变动，以便使控制者有机会反对此类变动。

3. 处理者的处理应当受到欧盟或成员国法项下签订合同或其他法律文件的约束，这类合同或法律应当约定或规定处理者相对于控制者的责任、主旨、处理期限、处理性质与目的、个人数据的类别、数据主体的类型以及控制者的权利和义务。此类合同或法律特别应当对处理者作出如下约定或规定：

（a）仅根据控制者的书面指示处理个人数据，包括将个人数据转移到第三国或国际组织亦是如此，除非欧盟或成员国法律对处理者有其他规定，在这种情形下，处理者应当在处理之前将相关法律要求告知控制者，但法律规定出于重要公共利益禁止提供的除外；

(b)确保被授权处理个人数据的人已承诺保密或履行了法定保密义务；

(c)采取第 32 条所要求的所有措施；

(d)遵守第 2 款和第 4 款规定的雇佣其他处理者的条件；

(e)结合处理的性质，在可能的情形下，通过适当的技术与组织手段帮助控制者履行其责任，以使控制者在数据主体行使本条例第三章所规定的权利请求时作出回应；

(f)结合处理的性质和处理者可获取的信息，协助控制者履行第 32 至 36 条所规定的义务；

(g)基于控制者的选择，在提供和处理相关的服务结束后，将个人数据删除或返还给控制者，并且删除已有备份，但欧盟或成员国的法律要求储存个人数据的除外；

(h)向控制者提供所有能够证明其已经遵守本条款规定义务的必要信息，并允许和配合由控制者或其委任的审计师进行的审计，包括检查。

根据第 3 款(h)项，如果处理者认为书面指示违反了本条例或者其他欧盟或成员国的数据保护条款，其应当立即告知控制者。

4. 当处理者代表控制者为了进行特定的处理活动而雇用另一处理者，第 3 款所规定的控制者和处理者之间的合同或其他法律条款所规定的数据保护义务应当通过合同或者欧盟或成员国的法律条款而同样约束于另一处理者，特别是采取充分的保障措施、适当的技术与组织手段以符合本条例的要求。该另一处理者未能完成其数据保护义务时，原处理者应向控制者承担全部责任。

5. 处理者遵守第 40 条所规定的经批准的行为准则，或者遵守第 42 条所规定的经批准的认证机制，可以作为处理者已经采取了本条第 1 款和第 4 款所规定的充分保障的证明要素。

6. 在不影响控制者和处理者之间合同效力的前提下，第 3 款和第 4 款所规定的合同或法律条款可以全部或部分基于本条第 7 款和第 8 款所规定的标准合同条款，包括成为第 42 条和第 43 条规定的赋予控制者或处理者的认证机制的一部分。

7. 欧盟委员会可以对本条第 3 款和第 4 款所规定的事项，根据第 93 条第 2 款所规定的审查程序制定标准合同条款。

8. 监管机构可以对本条第 3 款和第 4 款所规定的事项制定标准合同条款，并符合第 63 条所规定的一致性机制。

9. 第 3 款和第 4 款所规定的合同或其他法律文件应当采取书面的形式，包括电子形式。

10. 在不影响第 82 条、第 83 条、第 84 条的情形下，如果某个处理者因为确定处理目的与方式而违反了本条例，该处理者应当在此次处理中被视为控制者。

理解与适用

本条以处理者为视角，规定了其与控制者之间的关系及其自身所应履行的法定义务，即将数据处理的安全原则覆盖至数据处理的全流程，从控制者开始至处理者，包括转包方都应进行全方位监管，以对数据主体的权利进行全面保护。需要注意的是，处理者有义务证明其处理行为的合规性，并对控制者承担相应责任。

第 29 条 在控制者或处理者授权下进行的处理

除非得到控制者的指示，处理者以及控制者或处理者授权访问个人数据的任何人不得处理该数据，欧盟或成员国法律另有规定的除外。

理解与适用

本条规定了只有控制者本身或者在其授权下才可以进行数据处理，但法律另有规定的除外。

第 30 条 处理活动的记录

1. 任何控制者或控制者的代表（如适用），都应对其所负责的处理活动进行记录。这种记录应当包含所有如下信息：

(a)控制者以及联合控制者（如适用）、控制者的代表、数据保护官的姓名、详细联系方式；

(b)处理的目的；

(c)对数据主体的类型以及个人数据的类别的描述；

(d)个人数据已经被披露或将被披露给的接收者的类别，包括第三国或国际组织的接收者；

(e)将个人数据转移到第三国或国际组织的记录，包括识别此第三国或国

际组织身份的记录,以及在第 49 条第 1 款(b)项所规定的转移情形中,对适当保障措施的记录(如适用);

(f)删除不同数据类别的预计时间(如可能);

(g)对第 32 条第 1 款所规定的技术性与组织性安全措施的基本描述(如可能)。

2. 任何处理者及处理者的代表(如适用)对于以控制者名义进行的数据处理活动都应当进行记录,包含:

(a)一个或多个处理者以及处理行为所代表的控制者(如适用),控制者或处理者的代表,以及数据保护官的姓名和联系方式;

(b)代表控制者进行的数据处理活动的类型;

(c)将个人数据转移到第三国或国际组织的记录,包括识别此第三国或国际组织的记录,以及在第 49 条第 1 款(b)项所规定转移的情形中,对适当保障措施的记录(如适用);

(d)对第 32 条第 1 款所规定的技术性和组织性安全措施的基本描述(如可能)。

3. 第 1 款和第 2 款所规定的记录应当采用书面的形式,包括电子形式。

4. 基于监管机构的要求,控制者或处理者以及——在有的情况下——控制者或处理者的代表,应当提供可取得的记录。

5. 第 1 款和第 2 款所规定的义务不适用于员工少于 250 人的企业或组织,除非其进行的处理不是偶尔性的,而且可能会给数据主体的权利与自由带来风险,或者其处理包含了第 9 条第 1 款规定的特殊类别的数据或第 10 条规定的与刑事定罪和犯罪相关的个人数据。

理解与适用

本条规定了控制者和处理者在处理数据活动过程中有义务进行书面记录。实践中,只有在员工人数少于 250 人的情况下,才会基于企业规模和成本等因素来对记录义务进行豁免,以在数据主体权利保护和正常商业活动之间进行平衡。需要注意的是,无论是处理的偶然性、高风险处理,还是对特殊类别数据的处理,抑或是刑事定罪和犯罪相关数据的处理,只要符合任何以上情况的,都必须进行记录,而不论企业员工人数是否少于 250 人。

第 31 条　和监管机构的合作

经监管机构要求，控制者、处理者以及他们的代表（如适用），应当配合监管机构执行其职务。

理解与适用

本条规定了控制者和处理者配合监管机构履行职务的法定职责。

第二部分　个人数据的安全

第 32 条　处理的安全

1. 在考虑了现有技术、实施成本、处理的性质、处理的范围、处理的背景与目的，以及处理给自然人权利与自由带来的风险可能性与严重性之后，控制者和处理者应当采取包括但不限于如下的适当技术与组织措施，以便保证应对风险的适当安全水平：

(a) 个人数据的匿名化和加密；

(b) 保持处理系统与服务的保密性、完整性、可用性以及可恢复性的能力；

(c) 在发生物理或技术性事件的情况下，及时恢复个人数据的可用性与访问能力；

(d) 对技术性及组织性措施的有效性定期进行测试、访问、评估，以确保处理过程的安全性。

2. 安全账户等级应当特别考虑处理所带来的风险，特别是在个人数据转移、储存或处理过程中的意外或非法破坏、丢失、篡改、未经授权的披露或访问。

3. 遵守第 40 条所规定的经批准的行为准则，或者遵守第 42 条所规定的经批准的认证机制，可以用来作为已经遵守了第 1 款要求的证明要素。

4. 控制者和处理者应当采取措施，确保在其授权下访问个人数据的自然人未经控制者指令不得擅自处理该个人数据，除非欧盟或成员国法律要求处理。

理解与适用

本条规定了处理过程的安全性问题,即处理者需要对处理过程中产生的风险采取包括匿名化和数据加密等适当的技术和组织安全措施,以确保系统和服务的持续保密性、完整性、可用性和可恢复性。此外,处理者还应进行有效的备份,并对处理过程中的安全措施进行定期审查。

第33条　向监管机构报告个人数据的泄露

1.在个人数据泄露的情形中,控制者应无不当延迟且不晚于发现后的72小时内(若可行)依据第55条的规定向监管机构进行报告,除非个人数据泄露对于自然人的权利与自由不太可能会带来风险。对于不能在72小时以内告知监管机构的情形,应当在报告时对延误原因进行说明。

2.处理者在发现个人数据泄露后,应当及时通知控制者。

3.第1款所规定的报告应当至少包括:

(a)对泄露个人数据性质的描述,包括相关数据主体和个人数据的类型和大致数量(如可能);

(b)数据保护官的姓名与详细联系方式,或者可以取得更多信息的其他联系方式;

(c)个人数据泄露可能导致的后果;

(d)控制者应对个人数据泄露已经采用或计划采用的措施,包括减少负面影响的措施(如适当)。

4.在不可能同时提供信息的情形下,可以无不当延迟地分阶段提供信息。

5.控制者应当记录所有对个人数据的泄露,包括泄露个人数据相关的事实、影响与采取的补救措施。该记录应该使监管机构得以验证控制者是否遵守本条例的有关规定。

理解与适用

本条规定了控制者在发现泄露事件后及时向监管机构进行报告的义务。此外,当处理者发现个人数据泄露后,其也有义务及时通知控制者。从实际角度出发,在不可能同时提供信息的情形下,可以无不当延迟地分阶段提供信息。

第 34 条　将个人数据泄露告知数据主体

1. 当个人数据泄露很可能给自然人的权利与自由带来高风险时，控制者应当及时向数据主体告知个人数据泄露。

2. 本条第 1 款所规定的向数据主体告知义务，应当通过清晰和平白的语言描述个人数据泄露的性质，并且应当至少包括第 33 条第 3 款(b)项、(c)项和(d)项所提供的信息与措施。

3. 在如下情形中无须向数据主体履行本条第 1 款的告知义务：

(a)控制者已经采取适当的技术与组织措施，且该措施已经应用于那些被个人数据泄露所影响的个人数据，特别是使未经授权访问的个人无法识别个人数据的措施，如数据加密。

(b)控制者已经采取后续措施，确保第 1 款所规定的给数据主体的权利与自由带来的高风险情形不会出现。

(c)告知将需要付出不相称的工作量。在此情况下，应存在公告机制或类似措施来承担控制者的告知义务，并且这种措施应当至少具有类似效果。

4. 如果控制者并未将个人数据泄露告知数据主体，监管机构在考量个人数据泄露所可能带来的高风险可能性后，可以要求控制者进行告知，或者决定是否符合第 3 款所规定的情形。

理解与适用

本条与第 33 条存在明确区别之处在于，第 33 条不存在严重性阈值的限制，而本条存在。因此，只要控制者采取措施，确保数据泄露不会给数据主体带来损害，或者告知可能付出不相称的工作量等，控制者可以不对数据主体履行告知义务，但监管机构仍有权对不当决定进行纠正。

第三部分　数据保护影响评估与事先咨询

第 35 条　数据保护影响评估

1. 当某种类型的处理涉及新技术，在考虑了处理的性质、范围、背景与目的后，发现很可能会给自然人的权利与自由带来高风险时，控制者应当在处理之前评估处理行为给个人数据保护带来的影响。每次评估都可以针对带来类似高风险的一系列处理行为。

2. 如果控制者已经任命数据保护官，当其进行数据保护影响评估时，控制者应当向数据保护官进行咨询。

3. 如下情形特别需要开展第 1 款所规定的数据保护影响评估：

(a)对自然人相关的个人因素进行系统性与全面性的评估，该评估以自动化处理——包括数据画像——为基础，并且其决策对自然人产生法律后果或类似重大影响；

(b)大规模处理第 9 条第 1 款所规定的特殊类别的数据，或者和第 10 条规定的定罪和犯罪相关的个人数据；或者

(c)公共区域大规模的系统性监控。

4. 监管机构应当建立并公开符合第 1 款所要求的数据保护影响评估的处理活动类型的清单。监管机构应当向第 68 条所提到的欧盟数据保护委员会提交该清单。

5. 监管机构也可以建立并公开不需要进行数据保护影响评估的处理活动类型的清单。监管机构也应当将此类清单告知欧盟数据保护委员会。

6. 在采用第 4 款与第 5 款所规定的清单之前，若清单涉及的处理行为涉及为数据主体提供商品或服务，或者监控数据主体在多个欧盟成员国的行为，或者可能实质性地影响欧盟内部个人数据的自由流动，有权监管机构应当首先适用第 63 条所规定的一致性机制。

7. 评估应当至少包括：

(a)对计划的处理活动和目的进行系统性描述，包括对控制者所追求的合法利益(如适用)；

(b)对处理行为和目的之间必要性与适当性进行评估；

(c)对第 1 款所规定的给数据主体的权利与自由带来的风险的评估；

(d)基于数据主体和其他相关个人的权利与合法利益，采取的计划性风险应对措施，包括保护个人数据和证明遵守本条例的保障措施、安全措施和机制。

8. 在评估相关控制者或处理者的处理活动的影响时，特别是评估数据保护影响时，应当充分考虑其对第 40 条所规定的经批准的行为准则的遵守情况。

9. 在适当情况下，如果控制者不影响商业利益、公共利益保护或处理活动的安全性，则其应当就计划进行的处理向数据主体或者代表寻求意见。

10. 当基于第 6 条第 1 款(c)项或(e)项而进行的处理符合欧盟或成员国为

控制者制定涉及数据处理活动的规定,并且该法规定了具体及系列操作,且采用该法律的依据情况下,数据保护影响评估已经作为总体影响评估的一部分得以执行时,则第 1 至 7 款不应当被适用,除非成员国认为有必要在处理活动前进行此类评估。

11. 必要时,控制者应至少在处理操作所导致的风险发生改变时进行审核,以确定数据处理是否根据数据保护影响评估结果进行。

理解与适用

本条规定了数据保护影响评估的适用条件和要求,明确了在数据保护影响评估机制下,控制者、数据保护官、监管机构的各项责任,并对评估的核心内容进行限定。

第 36 条　事先咨询

1. 第 35 条所规定的数据保护影响评估表明,如果控制者未采取减少风险的措施导致高风险的,则控制者应当在处理前咨询监管机构。

2. 当监管机构认为,第 1 款所规定的预期处理将违反本条例的规定,特别是当控制者无法识别或减小风险,监管机构应当在收到咨询请求的 8 周内向控制者以及处理者(如适用)提供书面建议,并且可以行使第 58 条所规定的权利。考虑到预期处理的复杂程度,该期限可以延长 6 周。监管机构应当在收到咨询请求的 1 个月内向控制者以及处理者(如适用)告知延期以及延期的原因。监管机构取得了其所需要的咨询所要求的信息前,可以中止计算相应期限。

3. 依据第 1 款向监管机构咨询时,控制者应当向监管机构提供如下信息:

(a)涉及处理的控制者、联合控制者和处理者的相应责任,特别是当处理发生在企业集团内部时;

(b)预期处理的目的与方式;

(c)依据本条例保障数据主体权利与自由所采取的方法与措施;

(d)数据保护官的详细联系方式(如适用);

(e)第 35 条所规定的数据保护影响评估;以及

(f)监管机构要求的所有其他信息。

4. 欧盟成员国应当在起草相关立法草案以准备由国会通过时,或者根据此类立法措施制定处理相关的规制措施时,应当咨询监管机构。

5. 虽然有第 1 款的规定，但在和控制者履行实现公共利益任务相关的处理中，包括和社会保障与公共卫生相关的处理中，成员国法律可以要求控制者在执行相关的任务时咨询监管机构并提前取得监管机构的授权。

理解与适用

本条规定了在数据保护影响评估后，若发现存在高风险的数据处理活动，控制者有义务向监管机构提供法定的必要信息以进行事先咨询。此外，欧盟成员国法律也可以基于公共利益的处理活动进行立法，并对控制者附加新的法定义务。

第四部分　数据保护官

第 37 条　数据保护官的任命

1. 在如下任一情形中，控制者和处理者应当任命一名数据保护官：

(a) 处理是公权力机关或机构进行活动的，但法院行使职权时除外；

(b) 控制者或处理者的核心处理活动，由于处理性质、范围和/或目的，需要定期大规模性地对数据主体进行系统性的监控组成；或者

(c) 控制者或处理者的核心处理活动包含了第 9 条规定的对特殊类别数据的大规模处理和第 10 条规定的对定罪和犯罪相关的个人数据的处理。

2. 企业集团可以仅任命一名企业间都易于联系的数据保护官。

3. 当控制者或处理者是一个公权力机关或机构，基于它们的组织结构和规模，多个机构或实体组织可以共同任命一名数据保护官。

4. 除了第 1 款所规定的情形，在欧盟或成员国法律要求的情形下，控制者或处理者、协会或代表控制者和处理者的其他实体组织可以任命数据保护官。数据保护官有权代表此类协会，或代表控制者或处理者的其他实体组织进行活动。

5. 数据保护官的任命必须基于其专业素质，特别是具有数据保护法律与实践的专业知识，以及完成第 39 条所规定的职务的能力。

6. 数据保护官可以是控制者或处理者或基于服务合同而完成任务的员工。

7. 控制者或处理者应当发布数据保护官的详细联系方式，并向监管机构进行报告。

理解与适用

本条明确了数据保护官的作用和意义，规定了处理者需要任命数据保护官，就其核心活动包括定期和系统地大规模监控个人数据的处理，以及涉及处理敏感数据或大规模刑事定罪数据等情形进行监控。在任命数据保护官的情况下，控制者或处理者必须公布其详细联系方式，并同时将该信息通报给监管机构。

第 38 条　数据保护官的职位

1. 控制者和处理者应当确保，数据保护官能够适当和及时地介入所有与个人数据保护相关的事项。

2. 在数据保护官履行第 39 条所规定的任务时，控制者和处理者应当通过提供执行任务与访问个人数据和处理操作的必要资源以及专业知识对数据保护官所执行的任务予以支持。

3. 控制者和处理者应当确保个人数据保护官不会受到任何关于履行职务的指示。个人数据保护官不能因为完成其任务而被控制者或处理者解雇，其可以直接向控制者或处理者的最高管理层进行报告。

4. 数据主体可以就所有和处理其个人数据以及和行使本条例所赋予的权利相关的事项与数据保护官取得联系。

5. 数据保护官在履行其职务时，应当遵守欧盟或成员国法律规定的保密义务。

6. 数据保护官可以履行其他职务或责任。控制者或处理者应确保任何此类职务和责任不会导致利益冲突。

理解与适用

本条详细阐述了数据保护官的履职内容，在涉及保护个人数据的相关问题时，控制者或处理者均必须为数据保护官提供必要的履职条件，以确保他们能够基于独立行动并作出判断。此外，在数据保护官确有其他任务时，应当保证这些任务之间不会导致利益冲突。

第 39 条　数据保护官的任务

1. 数据保护官应当至少具有如下任务：

(a)依据本条例和欧盟成员国法律的规定,向控制者或处理者以及进行数据处理的员工就其义务发出通知并提出建议;

(b)监督本条例,其他欧盟或成员国的数据保护规定,控制者或处理者制定的包括责任分配、提高认识、对参与处理行为的人员培训以及相关审计的涉及个人数据保护的政策的遵守情况;

(c)在需要时提出对于数据保护影响评估的建议,并根据本条例第35条的规定监督其执行;

(d)和监管机构进行合作;

(e)在有关数据处理的事项中作为与监管机构的联络点,包括本条例第36条规定的事先咨询和任何有关其他事先的咨询(如适当)。

2. 数据保护官在履行其职务时,应当考量处理的性质、范围、背景与目的,合理地考虑处理活动所涉风险。

理解与适用

本条规定了数据保护官的具体职务,并要求其在履行相应职务时应当合理考量处理活动的相关风险。

第五部分 行为准则与认证

第40条 行为准则

1. 在考虑不同处理部门的具体特点以及中小微企业的具体需求后,成员国、监管机构以及欧盟数据保护委员会与欧盟委员会鼓励行为准则的起草以使本条例得到正确适用。

2. 代表不同种类的控制者和处理者的协会和其他机构可以为了使本条例得到具体适用,起草、修订、扩展上述行为准则,如:

(a)公平透明的处理;

(b)在具体情形下,控制者追求的合法利益;

(c)个人数据的收集;

(d)个人数据的匿名化处理;

(e)向公众与其他数据主体提供的信息;

(f)数据主体权利的行使;

(g)向儿童提供的信息,对儿童的保护和获得儿童监护人同意的方式;

(h)第 24 条和第 25 条所规定的措施与程序,以及为了保障第 32 条所规定的处理安全所采取的措施;

(i)向监管机构以及数据主体进行个人数据泄露的通知;

(j)向第三国或者国际组织进行的个人数据转移;或者

(k)在不影响第 77 条和第 79 条所规定的数据主体权利的情况下,控制者和数据主体间关于处理的纠纷的庭外程序以及其他争议解决程序。

3. 行为准则依据本条第 5 款的规定被批准,以及依据本条第 9 款的规定产生普遍约束力后,除对受本条例管辖的控制者或处理者适用外,也可适用于本条例第 3 条规定的不受管辖的控制者或处理者,以确保本条例第 46 条第 2 款(e)项规定将个人数据转移至第三国或国际组织时提供适当的安全措施。该类控制者和处理者应当通过合同和其他具有法律约束力的方式,发出有约束力和执行力的承诺,保证与数据主体权利有关的适当安全措施的适用。

4. 在不影响第 55 条或第 56 条所规定的有权监管机构的职务与权利的前提下,本条第 2 款所规定的行为准则应当包括第 41 条第 1 款所规定的机构能对承诺遵守该行为准则的控制者或处理者进行强制性监测的机制。

5. 本条第 2 款所规定的计划起草、修改或扩充行为准则的协会或其他组织,应当将准则草案、修正案或扩充案提交给符合第 55 条的有权监管机构。监管机构应当提出表明草案、修正案或扩充案是否符合本条例规定的意见书,如果监管机构认定已经采取了足够和适当的安全措施,其应当对草案、修正案或扩充案予以批准。

6. 当准则草案、修正案或扩充案根据第 5 款的规定获得批准,并且行为准则不涉及多个欧盟成员国的处理活动时,监管机构应当进行登记并公布。

7. 当行为准则的草案涉及多个欧盟成员国处理活动时,第 55 条所规定的有权监管机构应当在批准准则草案、修正案或扩充案之前,依据第 63 条规定的程序提交给欧盟数据保护委员会。欧盟数据保护委员会应当提供表明准则草案、修正案或扩充案是否遵守了本条例,或者在第 3 款所规定的情形中是否提供了适当安全措施的意见。

8. 当第 7 款所规定的意见确认准则草案、修正案或扩充案遵守了本条例,或者在第 3 款所规定的情形中提供了适当的安全措施,欧盟数据保护委员会应当向欧盟委员会提交其意见。

9. 欧盟委员会应当通过实施性法案的方式，根据第 8 款所提交的经批准的行为准则、修正案或扩充案是否在欧盟具有普遍约束力。该类法案的通过应当符合第 93 条第 2 款所规定的审查程序。

10. 欧盟委员会应确保依据第 9 款的规定具有普遍约束力的经批准的行为准则得到适当公示。

11. 欧盟数据保护委员会应当对所有经批准的行为准则、修正案和扩充案进行核对和登记，并且采用适当方式向公众公开。

理解与适用

行为准则是 GDPR 的新规则，本条规定了行为准则适用的具体要求和条件。GDPR 鼓励控制者类别的协会和其他机构制定行为准则，对特定的控制者施加额外的、更具体的透明度义务。此外，欧盟数据保护委员会（EDPB）负责发布行为准则和监管机构的相关指南，旨在帮助澄清在国家和欧洲层面提交、批准和发布准则的程序和规则。

第 41 条　对经批准行为准则的监控

1. 在不影响第 57 条和第 58 条所规定的有权监管机构的职务与权力的前提下，对根据第 40 条制定的行为准则的合规性监管可以由经有权监管机构认证且对行为准则所涉事项具有适当性水平专业知识的机构实施。

2. 在如下情况下，对第 1 款所规定的经认证的有权监管行为准则遵守情况的机构：

(a) 已经证明在行为准则所规定事项方面具有独立性与专业性，并达到有权监管机构的要求；

(b) 已经确立相关程序，使其得以评估控制者和处理者适用行为准则的资格，监控其对行为准则条款的遵守，以及对行为准则的运行情况进行阶段性审查；

(c) 已经建立处理申诉的程序和组织体系，以处理违反行为准则的行为，或者对控制者或处理者已经实施或正在实施行为准则方式的申诉，并向数据主体和公众公开该类程序和组织；

(d) 已经表明符合有权监管机构的要求，证明其任务和职责的履行不存在利益冲突。

3. 有权监管机构应当按照第 63 条所规定的一致性机制，将认证第 42 条第 1 款中所规定的标准草案提交给欧盟数据保护委员会。

4. 在不影响有权监管机构的任务和权力及本条例第八章规定的情况下，本条第 1 款所述的机构，根据适当的保障措施，当控制者或处理者违反行为准则的规定，应当采取适当的行动，包括暂时认定控制者或处理者未遵守行为准则或者从行为准则排除相关控制者或处理者，并且应当将此类行动以及行动的理由告知有权监管机构。

5. 如果第 1 款所规定的实体组织资格不符合或不再符合认证的条件，或者其行为违反了本条例的规定，有权监管机构应当撤销对其的认证。

6. 本条不适用于公权力机构和公共机构所进行的处理。

理解与适用

本条提出了对经批准的行为准则的监督规定。GDPR 一方面对控制者和处理者的代表机构（如行业协会）在数据保护合规方面提出申请以制定行为准则进行鼓励，另一方面还制定了相关监控制度以保证行为准则履行的合规性，并确保跨境数据流动的安全性和保密性。

第 42 条 认证

1. 欧盟成员国、监管机构、欧盟数据保护委员会和欧盟委员会应当鼓励在欧盟层面建立数据保护认证机制、数据保护印章和标识，以证明控制者和处理者的处理活动符合本条例。此外，还应当考虑中小微企业的特殊需求。

2. 本条第 5 款的数据保护认证机制、印章或标识，除对受本条例管辖的控制者或处理者适用外，还适用于本条例第 3 条规定的不受本条例约束的控制者或处理者在设立符合第 46 条第 2 款（f）项所规定的将个人数据转移到第三国或国际组织的情形，以证明采取了适当的安全措施。此类控制者或处理者应当通过合同或其他具有法律约束力的措施制定有约束力和可执行的承诺。确保适用包括数据主体权利相关的该类适当安全措施，

3. 认证应当是自愿的，并且可以通过公开的程序而取得。

4. 根据本条而进行的认证，不能减轻控制者或处理者遵守本条例的责任，而且也不应对第 55 条或第 56 条所规定的有权监管机构的职务和权力产生

影响。

5. 符合本条的认证应当为第 43 条所规定的认证机构,依据本条例第 58 条第 3 款规定的有权监管机构批准的标准,或由欧盟数据保护委员会依据第 63 条规定的标准签发。欧盟数据保护委员会所批准的欧盟数据保护印章可以作为通用性的认证。

6. 向认证机构提交其处理活动的控制者或处理者,应当将进行认证程序所必需的所有信息与访问权提交给第 43 条所规定的认证机构以及有权监管机构(如适用)。

7. 颁发给控制者或处理者的认证的有效期最长为 3 年,在相关条件满足的情况下,同等情形可以展期。第 43 条所规定的认证实体组织或有权监管机构在认证条件不满足或不再满足时应当撤回认证。

8. 欧盟数据保护委员会应当对所有已登记的认证机制、数据保护印章和标识进行审查,而且应当以适当的方式向公众公开。

理解与适用

认证机制是 GDPR 的新规定,本条规定了认证机制的签发标准和条件,明确了其适用意义和价值。

第 43 条　认证机构

1. 在不影响第 57 条和第 58 条所规定的有权监管机构的职务与权力的前提下,对数据保护具有适当专业知识的认证机构应当在通知监管机构以使其在必要时得以依据本条例第 68 条第 2 款(h)项的规定行使其权力后,签发认证或对认证展期。欧盟成员国应当确保这些认证机构被以下一个或两个机构认可:

(a)第 55 条或第 56 条所规定的有权监管机构;

(b)按照欧洲议会和欧盟理事会通过的(EC) No. 765/2008 指令、EN – ISO/IEC 17065/2012 号规定,以及依据第 55 条或第 56 条的有权监管机构所规定的额外请求设立的国家认证机构。

2. 只有满足如下情形时,第 1 款所规定的认证机构才能根据第 1 款的规定得到认证:

(a)根据有权监管机构的要求,证明其符合认证所规定事项方面的独立性与专业性;

(b)承诺遵从第 42 条第 5 款所规定的标准,并且经过第 55 条所规定的有权监管机构或第 63 条所规定的欧盟数据保护委员会的批准;

(c)制定数据保护认证、印章和标识的发行、定期审查和撤销的程序;

(d)建立处理申诉的程序和组织体系,以处理对违反认证行为或者控制者和处理者已实施或正在实施认证的方式的申诉,并向数据主体和公众公开该类程序和组织体系;

(e)证明其职务和职责不会导致利益冲突,并达到有权监管机构的要求。

3. 第 1 款和第 2 款所规定的认证机构的授权,应基于第 55 条或第 56 条所规定的有权监管机构所批准的标准,或者第 63 条所规定的欧盟数据保护委员会所批准的标准。在第 1 款(b)项所规定的情形下,应当对根据欧洲议会和欧盟理事会(EC)No. 765/2008 指令的规定,以及描述认证机构方法与程序的技术性规则进行补充。

4. 在不影响控制者或处理者遵守本条例规定的前提下,第 1 款所规定的认证机构应当负责对签发或撤销认证进行适当评估。颁发给控制者或处理者的认证的有效期最长是 5 年,在相同情形下如果认证机构满足本条例的要求,可以展期。

5. 第 1 款所规定的认证机构应当向有权监管机构报告签发或撤销认证的理由。

6. 监管机构应当将本条第 3 款以及第 42 条第 5 款所规定的标准以易于访问的方式向公众公开。监管机构还应当将那些要求和标准传达给欧盟数据保护委员会。欧盟数据保护委员会应当对所有登记的认证机制与数据保护印章进行审查,并且采取适当的方式向公众公开。

7. 在不影响本条例第八章的情况下,当不满足或不再满足认证的条件,或者当认证机构所采取的行为违反了本条例,有权监管机构或国家认证机构应当依据本条第 1 款的规定撤销对认证机构的认证。

8. 为了细化第 42 条第 1 款所规定的数据保护认证机制应考虑的要求,欧盟委员会有权制定符合第 92 条的授权法案。

9. 欧盟委员会可以制定实施性法案,为认证机制与数据保护印章、标识制定技术性标准,以便促进及承认此类认证机制、印章与标识。此类实施性法案的制定应当符合第 94 条第 2 款所规定的审查程序。

理解与适用

本条规定了认证机构的职权及工作规则。实务中，有权监管机构和认证机构均必须确保其行使职权的独立性和专业性，并尽可能避免利益冲突的发生。因此，它们必须制定有效处理投诉的程序和合规性机制，以应对任何可能存在的侵权行为，并具备签发、审查和撤销印章和标识的权力。

第五章　向第三国或国际组织转移个人数据

第 44 条　转移的基本原则

对于任何正在处理或将其转移到第三国或国际组织后计划处理的个人数据，包括将个人数据从第三国或国际组织转移到另一第三国或另一国际组织，控制者和处理者只有满足本条例的其他条款，以及符合本章规定的条件才能进行转移。本章的所有条款都应当被适用，以保证本条例对于自然人的保护程度不会被削弱。

理解与适用

本条规定了处理者必须遵守 GDPR 中有关个人数据跨境流转的条件。

第 45 条　基于充分性决定的转移

1. 当欧盟委员会决定相关第三国或第三国中的特定区域或一个或多个特殊行业或国际组织具有充足水平的保护时，可以将个人数据转移到第三国或国际组织。此类转移不需要任何特别授权。

2. 当评估保护水平的充分性时，欧盟委员会应当特别考虑如下因素：

(a)法治，对人权与基本自由的尊重，包括关于公共安全、国防、国家安全、刑法和公共机构访问个人数据的相关基本与部门法，以及此类立法的实施、数据保护规则、职业规则和安全措施，包括将个人数据转移到另一第三国或国际组织所需要遵守的第三国或国际组织的规则、判例法以及有效且可执行的数据主体权利和个人数据被转移的数据主体可获得的有效行政及司法救济；

(b)第三国或国际组织存在一个或多个有效运作的独立监管机构，以确保

数据保护规则的遵守,包括充分的执行权,以协助及建议数据主体行使其权利,并与欧盟成员国的监管机构合作;

(c)第三国或国际组织已经达成的国际承诺,或者基于具有法律约束力的条约或法律文件,以及因参加多边或地区性的体系而导致的义务,特别是和个人数据的保护相关。

3. 在评估了保护水平的充分性之后,欧盟委员会可以通过制定实施性法案,决定本条第 2 款所指的第三国、第三国境内或一个或多个特殊行业或者一个国际组织是否具有充分性的保护。实施性法案应当提供每 4 年一次的定期审查机制,并考量该第三国或国际组织的所有相关发展情况。实施性法案应详细说明其适用领域和行业,并且在适用时,确定本条第 2 款(b)项所规定的一个或多个监管机构。该实施性法案应当由第 93 条第 2 款所规定的审查程序通过。

4. 欧盟委员会应当持续性地监控第三国或国际组织可能会影响根据本条第 3 款和 95/46/EC 号指令第 25 条第 6 款规定通过的决定的运行发展情况。

5. 当现有信息显示,第三国或第三国境内的一个或多个特殊行业或者国际组织不再提供本条第 2 款所规定的充分性保护,欧盟委员会应当在经过第 3 款所规定的审查后,通过制定不具有溯及力的实施性法案,废止、修改或中止本条第 3 款所规定的决定。此类实施性法案的制定应当遵守第 93 条第 2 款所规定的审查程序。

在正当的紧急情况下,欧盟委员会应当立即根据第 93 条第 3 款规定的程序制定可适用的实施性法案。

6. 欧盟委员会应当与第三国或国际组织进行磋商,以弥补依据第 5 款决定导致的情形。

7. 符合本条第 5 款的决定不会影响到第 46 至 49 条所规定的将个人数据转移到第三国、第三国境内或一个或多个行业,或者相关国际组织。

8. 欧盟委员会应当在《欧盟官方公报》及其网站上公布其确定已经具备充分性保护或不再具有充分性保护的第三国、第三国境内特殊行业和国际组织的名单。

9. 欧盟委员会基于 95/46/EC 号指令第 25 条第 6 款作出的决定,在被欧盟委员会根据本条第 3 款或第 5 款而修改、取代或废止前仍应具有效力。

理解与适用

本条规定了欧盟委员会有权对相关具有充分性保护的第三国、第三国境内或一个或多个特殊行业，或者国际组织作出决定并进行公示。在此基础上，GDPR 允许个人数据自由流转到第三国或国际组织，而且此类流转不再需要特别授权。此外，本条还对认定充分性保护的参考因素及其审查机制作出了明确规定。

第 46 条　受到适当安全保护的转移

1. 在没有根据第 45 条第 3 款作出决定时，控制者或处理者只有提供适当的保障措施，以及为数据主体提供可执行的权利与有效的法律救济措施，才能将个人数据转移到第三国或一个国际组织。

2. 第 1 款所规定的适当安全保护措施无须监管机关进行特别授权，即可以以如下方式提供：

(a) 公共机构或实体组织之间签订的具有法律约束力和可执行力的文件；

(b) 符合第 47 条的有约束力的公司规则；

(c) 欧盟委员会根据第 93 条第 2 款规定的审查程序制定的标准数据保护条款；

(d) 监管机构根据第 93 条第 2 款规定的审查程序制定并且为欧盟委员会所批准的标准数据保护条款；

(e) 根据第 40 条规定的经批准的行为准则，以及第三国的控制者或处理者为了采取适当的安全措施而作出的具有约束力和执行力的承诺，包括数据主体的权利；或者

(f) 根据第 42 条规定的经批准的认证机制，以及第三国的控制者或处理者为了采取适当的安全措施而作出的具有约束力和执行力的承诺，包括数据主体的权利。

3. 第 1 款所规定的适当安全措施在有权监管机构授权的情形下可以通过如下方式进行规定：

(a) 控制者或处理者与控制者、处理者或者第三国或国际组织的个人数据接收者之间的合同条款；或者

(b) 公共机构或公共实体组织之间在行政性安排中所插入的条款，包括可

执行的与有效的数据主体权利。

4. 在本条第 3 款所规定的情形中，监管机构应当适用第 63 条所规定的一致性机制。

5. 欧盟成员国或监管机构根据 95/46/EC 号指令第 26 条第 2 款作出的授权，在被监管机构修改、取代或废止之前应当持续有效。欧盟委员会根据 95/46/EC 号指令第 26 条第 4 款作出的决定，在欧盟委员会按照本条第 2 款作出必要性的修改、取代或废止决定前应当持续有效。

理解与适用

本条规定了跨境数据只有在控制者或处理者提供安全措施保障且符合第 2 款的基础上才能够进行自由流动而无须监管机构进行特别授权。需要注意的是，具体的安全措施类别和要求可以通过 GDPR 所规定的一致性机制来予以确定。

第 47 条　有约束力的公司规则

1. 有权监管机构应当根据第 63 条所规定的一致性机制批准满足以下条件的有约束力的公司规则：

(a) 具有法律约束力且适用于以及可执行于与企业集团有关的各个成员或参与了联合经济活动的企业集团，包括其员工；

(b) 明确赋予数据主体在处理个人数据方面可执行的权利；以及

(c) 满足第 2 款所规定的要求。

2. 第 1 款所规定的有约束力的规则应当至少明确：

(a) 进行联合经济活动的企业集团或共同从事经济活动的企业团体，及其各个成员的架构和详细联系方式。

(b) 数据转移或一系列的数据转移，包括个人数据的类别、处理种类及其目的、受影响的数据主体的类型，以及涉及的对第三国或多个第三国的识别。

(c) 内外部规则的法律约束力。

(d) 对一般数据保护原则的适用，特别是目的限制、数据最小化、有限的储存期限、数据质量、设计和默认数据保护、处理的法律依据、对特殊类别个人数据的处理；保障数据安全的措施；将数据转移到不受有约束力的公司规则所约束的实体组织连续转移的要求。

(e)数据主体涉及处理的权利以及行使这些权利的方式,包括有权不被仅依靠自动化处理而对数据主体作出符合第 22 条的数据画像的决定,有权按照第 79 条向有权监管机构和成员国有管辖权的法院申诉,以及有权在违反有约束力的公司规则的情形下取得救济和赔偿(如适用)。

(f)在欧盟成员国境内没有设立机构的控制者或处理者愿意承担相关成员违反有约束力的公司规则的责任;控制者或处理者应仅在证明该成员对于导致损害的事件不负责任时才能被全部或部分免除。

(g)关于有约束力的公司规则信息,特别是第 13 条和第 14 条之外关于本款所规定的(d)项、(e)项和(f)项的信息,如何提供给数据主体。

(h)根据第 37 条所任命的所有数据保护官、企业集团或进行联合经济活动的一系列经济主体内部负责对遵守有约束力的公司规则、培训和处置申诉的所有人或实体组织进行监控的职务。

(i)申诉程序。

(j)企业集团或进行联合经济活动的一系列经济主体,为了核实对有约束力的公司规则的遵守而在内部所设立的机制。此类机制应当包括数据保护审查以及能够确保采取纠正措施以保护数据主体权利的方法。此类核查结果应当向(h)项所规定的个人或实体组织、企业集团或进行联合经济活动的一系列经济主体进行告知,并在有权监管机构的要求下提供其核查结果。

(k)报告和记录变更规则的机制,并向监管机构报告该类机制。

(l)为了保证企业集团或进行联合经济活动的一系列经济主体的合规性而和监管机构设立的合作机制,特别是向监管机构提供(j)项所规定机制的核查结果。

(m)对企业集团或进行联合经济活动的一系列经济主体生效的第三国法律要求,可能会对有约束力的公司规则所提供的保证产生实质性的负面影响,并向监管机构报告该类机制。

(n)对定期或长期访问个人数据的员工进行适当的数据保护培训。

3. 欧盟委员会可以明确控制者、处理者和监管机构之间关于有约束力的公司规则而进行信息交换的具体形式和程序。此类实施性法案的制定应当遵守第 93 条第 2 款所规定的审查程序。

理解与适用

本条规定了有约束力的公司规则(BCRs)的构成及适用要求,其也被称为全球数据保护的“黄金标准”。此外,BCRs 需要确保所有集团内成员必须遵守与单一约束力和可执行规则相同的高水平保护。公司在向监管机构申请时必须展示隐私合规的框架作为其获准适用的前提条件。需要注意的是,在其适用过程中,监管机构还有义务持续监控其合规要素,以确保其符合 GDPR 的合规性要求。

第 48 条　未经欧盟法授权的转移或披露

第三国法院的任何裁判或第三国行政机关的决定,若要求控制者或处理者对个人数据进行转移或披露,仅当该裁判或决定基于提出请求的第三国与欧盟或欧盟成员国之间订立的如法律互助协议等国际条约,且不会对本章规定的其他转移形式产生消极影响,该类裁判和决定才可以被承认或执行。

理解与适用

本条明确了第三国法院的裁判和行政机关的决定在符合本条规定的前提条件下,可以作为未经欧盟法授权进行数据转移和披露的法定依据。

第 49 条　特殊情形下的例外

1. 如果没有依据第 45 条第 3 款作出的充分性保护认定或根据第 46 条制定的包括有约束力的公司规则的适当安全措施,只有满足如下情形之一才能将个人数据转移到第三国或国际组织:

(a)数据主体被明确告知数据的转移缺乏充分性保护或适当的安全措施,但其仍明确同意转移的;

(b)转移对于履行数据主体与控制者之间的合同,或者履行数据主体先合同义务是必要的;

(c)转移对于控制者和另一自然人或法人之间签订或履行合同,并实现数据主体的利益是必要的;

(d)转移对于实现公共利益是必要的;

(e)转移对于确立、行使或辩护法律性主张是必要的;

(f)当数据主体基于身体或法律原因无法表达同意,为了保护数据主体或其他人的重要利益是必要的；

(g)转移是根据欧盟或成员国法律的规定，为了向公众提供信息且向一般公众或任何可以证明其具有正当利益的人开放查阅的登记簿，但仅限于欧盟或成员国法律规定的查阅的特定咨询条件下进行转移。当转移无法基于第45条或第46条，包括基于有约束力的公司规则的条款的规定而进行，且无法适用(a)项到(g)项的例外条件，将数据转移到第三国或国际组织，只有在如下情况下才可以进行：转移是非重复性的；有限数量的数据主体；对于实现控制者合法利益是必要的；不会侵害数据主体的利益或权利与自由；控制者已经对数据转移的情形进行评估，且这种评估对个人数据保护采取了适当的安全措施。除提供第13条和第14条所规定的信息之外，控制者应当将转移和追求的优先合法利益告知数据主体。

2. 符合第1款(g)项的转移不应当包括登记册里的全部个人数据或全部类型的个人数据。当登记册是为了给具有合法利益的人提供查阅时，只有在他们提出请求，或者其是接收者的情形下才能进行转移。

3. 当公共机构在行使其公共权力时，第1款的(a)项、(b)项、(c)项以及第1款的第二小段不适用。

4. 第1款(d)项规定的公共利益应当被欧盟或成员国为控制者所制定的法律所确认。

5. 在缺乏充分性保护的认定情况下，欧盟或成员国的法律可以基于重要公共利益而明确对转移到第三国或国际组织的特殊类别的个人数据作出限制。欧盟成员国应当向欧盟委员会履行通知义务。

6. 控制者或处理者应当在第30条所规定的档案中记录本条第1款第二小段所规定的评估以及适当的安全措施。

理解与适用

本条规定了基于控制者优先合法利益进行数据转移的，必须对可能发生的所有情况进行评估，并采取适当的保障措施来保护转移的数据的安全，处理者在此过程中必须全程记录评估结果。需要注意的是，本条中的例外同意在商业活动中并不一定是一个非常现实的选择，由于许多监管机构对法律规定的适用进行了狭义解释，因此欧盟各成员国对于有效同意的要求也是比较严格和复杂的。

第 50 条　个人数据保护的国际合作

对于第三国或国际组织，欧盟委员会和监管机构应当采取合适的措施：

(a)发展国际合作机制，以便促进个人数据保护立法的有效执行；

(b)在采取适当安全措施保障个人数据保护和其他基本权利与自由的情况下，通过告知、申诉转介、调查协助和信息互换为个人数据保护立法的执行提供国际互助；

(c)吸引利益相关方参与和促进个人数据保护立法执行的国际合作的讨论和活动；

(d)促进个人数据保护立法与实践的交流和记录，包括与第三国的管辖权冲突。

理解与适用

本条规定了 GDPR 在告知、申诉转介、调查协助和信息互换等执法领域及管辖权方面促进国际合作的目标。

第六章　独立监管机构

第一部分　独立地位

第 51 条　监管机构

1. 为了保护自然人在个人数据处理过程中的基本权利与自由，以及促进欧盟内个人数据的自由流动，各个欧盟成员国应当设立一个或多个独立的公共机构，负责监控本条例的适用。

2. 各个监管机构应促进本条例在欧盟适用的一致性。因此，监管机构应当按照第七章的规定互相协作并和欧盟委员会合作。

3. 当一个成员国设立了一个以上监管机构时，该欧盟成员国应当在欧盟数据保护委员会指定一个监管机构作为代表，并建立一套机制以确保其他机构遵守第 63 条规定的一致性机制的相关规则。

4. 各个欧盟成员国应当于 2018 年 5 月 25 日前将其根据本章所制定的法律条款以及可能影响法律的修正案告知欧盟委员会。

理解与适用

本条规定了欧盟成员国都必须设立自己的监管机构进而对数据处理活动进行监管。同时，本条还明确了监管机构存在的作用和意义。

第 52 条　独立性

1. 各个监管机构应完全独立依据本条例的规定行使其职务和权力。

2. 各个监管机构依据本条例的规定行使其职务和权力时，应当不受直接或间接的外部影响，也不应寻求或听从任何人的指示。

3. 监管机构的成员不得从事违反其监管职责的活动，任职期间不得担任任何与其监管工作不兼容的有偿或无偿的职务。

4. 各个欧盟成员国应确保监管机构具有为了有效执行职务和行使权力所需的必要人力、技术与财政支持，房产或基础设施，包括在欧盟数据保护委员会中互助和协作。

5. 各个欧盟成员国都应当确保监管机构具有选择和雇用其工作人员的权力，且该工作人员应仅受相关监管机构成员的约束。

6. 各个欧盟成员国都必须确保，在不影响其独立性，且具有单独和公开年度预算的前提下，各个监管机构所受到的财政控制可以作为国家或欧盟整体预算的约束。

理解与适用

本条规定了监管机构在行使其职权时的独立性要求，并对其财务规范以及成员和工作人员的雇佣要求进行了严格限制，以尽可能排除可能存在的利益冲突。

第 53 条　监管机构成员的基本要求

1. 欧盟成员国应当规定以透明化的程序任命其监管机构的各个成员：

——国家议会；

——政府机关；

——国家元首；或者

——欧盟成员国法律任命的独立机构。

2. 各个监管机构成员都应具备履行职责和行使权力所应有的资质、经验与技巧，特别是在个人数据保护领域。

3. 监管机构成员根据欧盟成员国的相关法律规定，在其任期届满、辞职或强制退休时，终止其职责。

4. 只有在发生严重不当行为，或者不再符合履行其职责的必需条件时，成员才能被解雇。

理解与适用

本条规定了欧盟成员国监管机构成员的任命要求，并明确了其有权通过立法的形式对成员的解雇及终止职责的条件进行严格限定。

第 54 条　监管机构的设立规则

1. 各个欧盟成员国都应当通过法律规定下列事项：

(a)各个监管机构的设立；

(b)被任命为各个监管机构成员所必需的资质与任职条件；

(c)任命各个监管机构成员的规则和程序；

(d)各个监管机构成员不应少于 4 年的任期，但在 2016 年 5 月 24 日后的第一次任命除外，如果有必要通过交错的任命程序来保护监管机构的独立性，部分成员的任期可能更短；

(e)各个监管机构的成员是否可以连任，包括其可以连任的任期数；

(f)各个监管机构的成员和工作人员在不同情形下的义务，包括其任期内或任期后的职务不兼容行为、兼职和收入的禁止条款，以及停职的规则。

2. 各个监管机构的成员和工作人员都应当遵守欧盟或成员国的法律，在任期内或任期后都具有保守职业秘密的职责。在任期内，该专业保密义务应特别适用于自然人报告的违反本条例的情况。

理解与适用

本条规定了欧盟成员国设立监管机构的统一规则和程序，同时还对监管机构内部的成员和工作人员的任期和竞业禁止提出了限制性要求。

第二部分 职权、任务和权力

第55条 职权

1. 各个监管机构都有权在其所属的欧盟成员国境内根据本条例履行分配给其的任务,行使赋予其的权力。

2. 当公共机构或私人实体组织基于第6条第1款(c)项或(e)项而进行数据处理时,欧盟成员国的相关监管机构应当有权监管。在此情形下,第56条不应被适用。

3. 对于法院在其司法活动中进行的数据处理活动,监管机构无权监管。

理解与适用

本条规定了监管机构行使其职权的范围。

第56条 主要监管机构的职权

1. 在不影响第55条的前提下,控制者或处理者的主要或唯一经营场所所在地的监管机构可以作为主要监管机构,针对控制者或处理者根据第60条程序进行的跨境数据处理活动采取行动。

2. 作为第1款规定的例外,如果事项仅涉及欧盟成员国内的一个机构,或者只在一个欧盟成员国内对数据主体产生实质性影响,各个监管机构应有权对向其进行的申诉或违反本条例的行为进行处置。

3. 在第2款所规定的情形下,监管机构应当将该事项及时通知主要监管机构。主要监管机构应当考虑控制者或处理者是否在通知其的监管机构所在成员国设有机构,并在被通知后的3周内决定其是否要根据第60条所规定的程序处理该事项。

4. 当主要监管机构决定处理此情形时,第60条所规定的程序应当适用。向主要监管机构发出通知的监管机构可以向主要监管机构提交一份决定草案。主要监管机构起草第60条第3款所规定的决定时,其应当最大限度地对提交的决定草案予以考虑。

5. 当主要监管机构决定不处理该案件时,向主要监管机构发出通知的监管机构应当根据第61条和第62条的规定进行处理。

6. 在控制者或处理者进行跨境数据处理时，主要监管机构应当是该控制者或处理者的唯一对话者。

理解与适用

本条规定了主要监管机构行使其职权的范围。

第 57 条　任务

1. 在不影响本条例规定的其他任务的前提下，各个监管机构应在其领土管辖范围内：

（a）监控和执行对本条例的实施；

（b）提高公众对和处理相关的风险、规则、安全保障和权利的理解和意识，针对儿童的处理活动应特别关注；

（c）根据欧盟成员国的法律，在与处理相关的自然人的权利与自由方面，向国家议会、政府以及其他机构和实体组织提出建议；

（d）提高控制者与处理者对本条例所规定责任的意识；

（e）基于请求，为任何数据主体提供行使本条例所规定的权力的信息，以及和其他欧盟成员国的监管机构进行合作，以实现这一目的（如适当）；

（f）处理数据主体或实体组织或协会根据第 80 条所提出的申诉，并采用适当的手段调查申诉的主要事项，在合理期限内向申诉者告知调查进展和结论，特别是在需要进一步调查或与监管机构协调时；

（g）通过和其他监管机构合作，包括分享信息和提供互助，以确保本条例适用与执行的一致性；

（h）为本条例的适用进行调查，包括基于另一监管机构或其他公共机构提供的信息而进行的调查；

（i）监控特别是信息通信技术和商业实践的发展，只要其对个人数据保护有所影响；

（j）采用第 28 条第 8 款和第 46 条第 2 款（d）项规定的标准合同条款；

（k）建立并维护依据第 35 条第 4 款规定的个人数据保护影响评估要求的清单；

（l）对第 36 条第 2 款规定的处理活动给出建议；

(m)鼓励起草符合第40条第1款要求的行为准则,根据第40条第5款的规定发表意见,并对提供充分性安全措施的行为准则予以批准;

(n)鼓励设立数据保护认证机制以及符合第42条第1款的数据保护印章与标识,并批准符合第42条第5款的认证标准;

(o)对根据第42条第7款而颁发的认证进行定期核查(如适用);

(p)对符合第41条规定的行为准则的监管机构,以及符合第43条规定的认证机构的认证标准进行起草及发布;

(q)对符合第41条规定的行为准则的监管机构,以及符合第43条规定的认证机构进行认证;

(r)对第46条第3款规定的合同条款和规定进行授权;

(s)对第47条规定的有约束力的公司规则进行批准;

(t)为欧盟数据保护委员会的活动提供协助;

(u)对违反本条例的情形以及根据第58条第2款而采取的措施进行内部记录;并且

(v)完成和个人数据保护相关的其他任务。

2. 各个监管机构都应当为本条第1款(f)项规定的申诉提交提供便利,如在不排除其他通信方式的前提下,提供可以通过电子方式填写申诉申请表等方式。

3. 各个监管机构的执行任务不应当对数据主体和数据保护官(如适用)收取费用。

4. 当请求是明显没有理由或过度的,特别是在请求是重复性的情况下,监管机构可以基于管理花费而收取一定的合理费用,或拒绝对请求作出行动。监管机构有责任证明,请求是明显没有理由或过度的。

理解与适用

本条通过列举的形式规定了监管机构的诸多义务,并明确了其在特殊情况下收取费用的条件。

第58条　权力

1. 各个监管机构都具有所有如下调查权力:

(a)要求控制者和处理者,以及控制者或处理者的代表(如适用)提供履行其任务所需要的所有信息；

(b)以数据保护审查的方式进行调查；

(c)对根据第 42 条第 7 款所颁布的认证进行审查；

(d)将可能违反本条例的行为告知控制者或处理者；

(e)从控制者或处理者那里取得行使其任务所需的所有信息和访问个人数据的权利；

(f)按照欧盟与成员国程序法，取得对控制者和处理者的所有办公场所，包括数据处理设施和工具的访问权。

2. 各个监管机构应享有如下纠正权：

(a)当其预期处理活动可能会违反本条例的规定时，向控制者或处理者发出警告；

(b)当其预期处理活动可能会违反本条例的规定时，向控制者或处理者进行惩戒；

(c)要求控制者或处理者尊重数据主体行使符合本条例所规定的权力请求；

(d)要求控制者或处理者的处理活动应当在特定的期限内以特定的方式完成(如适当)，以符合本条例的规定；

(e)要求控制者将个人数据泄露的情况告知数据主体；

(f)对处理施加暂时性或确定性的限制，包括禁令；

(g)要求对个人数据进行更正或删除，或根据第 16 条、第 17 条和第 18 条而对处理进行限制，以及根据第 17 条第 2 款和第 19 条的规定将上述行为告知个人数据向其披露的接收者；

(h)撤回认证，或命令认证机构撤回根据第 42 条和第 43 条而颁发的认证，或者当认证的要求不满足或不再满足时，命令认证机构不得再签发认证；

(i)根据个案情况在采取本条所规定的措施之外，依据第 83 条的规定处以行政处罚或者单处罚款；

(j)要求暂停将数据转移给第三国或国际组织的接收者。

3. 各个监管机构都有所有如下授权和建议的权力：

(a)根据第 36 条所规定的事先咨询条款向控制者提出建议；

(b)对国家议会、欧盟成员国政府发表意见，或者根据欧盟成员国法律为其他机构、实体组织与公众主动或依请求提供和个人数据保护相关的保护；

(c)如果欧盟成员国法律要求此类事先咨询，根据第36条第5款而授权处理；

(d)依据第40条第5款的规定提出意见以及批准行为准则草案；

(e)依据第43条而授权认证机构；

(f)依据第42条第5款签发认证和批准认证标准；

(g)依据第28条第8款以及第46条第2款(d)项的规定通过数据保护标准条款；

(h)授权第46条第3款(a)项规定的合同条款；

(i)授权第46条第3款(b)项规定的行政性安排；

(j)批准符合第47条规定的有约束力的公司规则。

4. 监管机构根据本条而行使的权力应当确保具有适当的安全措施，包括根据欧盟宪章及欧盟成员国法律中规定的有效司法救济和正当程序。

5. 各个欧盟成员国应当通过法律规定，其监管机构为了执行本条例的条款，有权将违反本条例的情形诉诸司法机关，在合适的情形下可以提起或参与法律诉讼。

6. 各个欧盟成员国可以在其法律中规定，其监管机构具有第1款、第2款和第3款所规定的其他权力。该权力的行使不应当影响第七章规定的有效运行。

理解与适用

本条规定了监管机构可行使的四种法定权力，即调查权、纠正权、授权和咨询权。

第59条　活动报告

各个监管机构应当就其活动编写年度报告，包括根据第58条第2款通报的违法类型以及采取措施类型的清单。该报告应当转移给国家议会、政府以及欧盟成员国法律所指定的其他机构，且应向公众、欧盟委员会和欧盟数据保护委员会公开。

理解与适用

本条明确了监管机构编写年度报告的义务，并详细规定了年度报告应向社会公众、欧盟委员会和欧盟数据保护委员会等公开的具体内容。

第七章　合作与一致性

第一部分　合　　作

第 60 条　主要监管机构和其他相关监管机构的合作

1. 主要监管机构应当根据本条和其他相关监管机构进行合作，以努力达成共识。主要监管机构和相关监管机构应当相互交换相关信息。

2. 主要监管机构可以随时要求其他相关监管机构提供第 61 条规定的互助合作，而且可以根据第 62 条而进行联合行动，特别适用于为了进行调查，或者为了涉及设立在另一欧盟成员国的控制者或处理者措施的施行。

3. 主要监管机构应当及时将事项相关信息告知其他相关监管机构，充分听取其他相关监管机构的意见，并及时向其他相关监管机构提交决定草案。

4. 当其他任何相关监管机构收到第 3 款中所规定的咨询，并在 4 周内对决定草案提出相关与合理的反对意见时，主要监管机构如果不同意此异议，或认为其意见是不相关或不合理的，应将此事项提交给第 63 条所规定的一致性机制。

5. 如果主要监管机构同意该相关与合理的反对意见，应当将修订后的决定草案提交给其他监管机构。修订后的决定草案应当遵守第 4 款所规定的程序，并且在两周内作出。

6. 如果其他相关监管机构在第 4 款和第 5 款所规定的期间内，都没有对主要监管机构所提交的决定草案提出异议，应当推定主要监管机构和相关监管机构对于决定草案达成一致意见并受其约束。

7. 主要监管机构应当作出决定，并将包括相关事实和理由总结的决定情况告知控制者或处理者的主要或唯一经营场所，以及视情形通知其他相关监管机构和欧盟数据保护委员会。接收申诉的监管机构应当将决定告知申诉者。

8. 申诉被撤销或被驳回不受第 7 款所规定的限制，接收申诉的监管机构应当采用决定并将其告知申诉者，由此也告知了控制者。

9. 当主要监管机构和相关监管机构同意撤销或驳回申诉的一部分，对申诉的其他部分采取行动，对于此类其他部分的事项，应当采取单独的决定。主要监管机构应当采用和控制者行动相关的那部分决定，将其通告给控制者或处理者在成员国境内的主要或唯一经营场所，由此也告知了申诉者。另外，申诉者的监管机构应对驳回或不予受理的相关申诉作出决定，并将其告知申诉者，由此也告知了控制者或处理者。

10. 当收到主要监管机构根据第 7 款和第 9 款作出的决定后，控制者或处理者应当采取必要措施，保证其在欧盟所有的相关处理活动都符合决定。控制者或处理者应当向主要监管机构告知为遵守决定而采取的措施，并通知其他相关监管机构。

11. 在特殊情形下，相关监管机构有充分理由证明需要采取紧急行动以保护数据主体利益的，应适用第 66 条有关紧急程序的规定。

12. 主要监管机构和其他相关监管机构应当通过电子方式，使用标准化的格式为彼此提供本条所需的信息。

理解与适用

本条规定了主要监管机构和其他监管机构之间的合作要求。

由于主要监管机构的权限规则仅适用于跨境处理，因此就跨境数据处理而言，跨国控制者和处理者应由其主要机构所在的监管机构，即主要监管机构进行监督。尽管每个监管机构都可以处理与其领土内机构有关的投诉，但受理的投诉应只涉及或主要涉及其领土内的个人，且仍需通知主要监管机构，并遵守本条的相关规定。

第 61 条　互相协助

1. 监管机构应当相互提供信息和互相协助，一致性地执行和适用本条例，并应以有效信息进行相互合作。互助应特别包括信息请求和监管措施，如请求进行事前授权与咨询、检查与调查。

2. 对于监管机构的请求，各个监管机构都应当采取适当措施及时回应，而且应至迟在收到请求后的 1 个月内作出回复。此类措施尤其包括转移和调查相关的信息。

3. 协助请求应当包括所有必要信息，包括请求的目的与原因。被交换的信息只能被用于实现请求的目的。

4. 除非存在如下情形,被请求的监管机构不应当拒绝请求:

(a)其无权对被请求的主体事项或执行措施进行处理;或者

(b)会违反本条例或者欧盟或成员国为被请求监管机构所制定的法律。

5. 被请求的监管机构应视情形将结果和采取措施的进展情况通知发出请求的监管机构。收到请求的监管机构拒绝请求的,应当提供第 4 款所规定的理由。

6. 被请求的监管机构应当以电子形式,使用标准化格式向其他监管机构提供信息。

7. 所有被请求的监管机构根据请求而进行的互助都不应当收取费用。对于特殊情形下因为提供互助而产生的特定花费,监管机构可以就补偿规则达成一致。

8. 当监管机构在收到另一监管机构的请求后 1 个月内仍不提供第 5 款所规定信息的,作出请求的监管机构可以根据第 55 条第 1 款在其欧盟成员国境内采取临时措施。在这种情形下,可以推定为符合第 66 条第 1 款的紧急情况,欧盟数据保护委员会应根据第 66 条第 2 款作出紧急且具有约束力的决定。

9. 欧盟数据保护委员会可以通过制定实施性法案而细化本条规定的互助的形式与程序,以及在监管机构之间、监管机构和欧盟委员会之间以电子方式进行的信息交换安排,特别是本条第 6 款所规定的标准化格式。此类实施性法案的制定应当遵守第 93 条第 2 款规定的审查程序。

理解与适用

本条明确了一般情况下监管机构之间的无偿互助义务,以及没有履行互助义务后另一方的救济途径。

第 62 条　监管机构的联合行动

1. 监管机构应在适当时开展联合行动,包括在涉及其他成员国监管机构的成员或工作人员参与的情形下进行联合调查和联合执行措施。

2. 当控制者或处理者在多个欧盟成员国设立机构,或者当一个以上的欧盟成员国的大量数据主体可能会受处理活动的实质性影响时,这些成员国的监管机构都有权参与联合行动。拥有职权的监管机构可以按照第 56 条第 1 款或第

4 款的规定,邀请各个欧盟成员国的监管机构参与联合行动,并对参与请求及时作出回应。

3. 监管机构可以按照欧盟成员国的法律,以及监管机构的授权,将调查权等权力授权给参与联合行动的监管机构的成员或工作人员,或者在主要监管机构所在的欧盟成员国的法律范围内,允许监管机构的成员或工作人员根据欧盟成员国法律行使调查权。该调查权只有在主要监管机构的成员或工作人员的指导和见证之下才能行使。监管机构的成员或工作人员应当遵守主要监管机构所在的欧盟成员国的法律。

4. 当根据第 1 款的规定,监管机构在另一欧盟成员国内进行行动的,主要监管机构所在的欧盟成员国应当按照行为地所属的欧盟成员国的法律,对该行动承担责任,包括赔偿。

5. 对于成员国境内所造成的损害,如果其可以适用其成员国的损害赔偿,成员国应当进行赔偿。临时调派的监管机构的某成员国的员工对另一成员国境内的人造成伤害,在另一成员国对个人进行补偿后,某成员国应当对另一成员国进行补偿。

6. 除第 5 款所规定的情形外,在不影响对第三人行使权利的情况下,若出现第 1 款规定的情形,各欧盟成员国不得就第 4 款规定的损害,向相关成员国提出损害赔偿的要求。

7. 计划开展联合行动但监管机构拒绝遵守本条第 2 款第二句所规定的义务,其他监管机构可以根据第 55 条在监管机构所在的欧盟成员国境内采取临时措施。在该情形下,可以推定为符合第 66 条第 1 款的紧急情况,欧盟数据保护委员会应根据第 66 条第 2 款提出意见或作出紧急且具有约束力的决定。

理解与适用

本条规定了监管机构互相之间在联合调查和采取措施方面的联合行动义务。

第二部分　一　致　性

第 63 条　一致性机制

为了促进本条例在欧盟的一致适用,监管机构应当相互合作,以及在相关的情形下通过本部分规定的一致性机制，并与欧盟委员会进行合作。

理解与适用

GDPR 规定一致性机制的目的是排除国家间法律及其适用的直接冲突，进而使得监管机构能够作出较为统一的决定，以确保数据主体相关权益不会因为法律适用的不统一而遭受二次伤害。

第 64 条　欧盟数据保护委员会的意见

1. 当有权监管机构计划采取如下任何一项措施，欧盟数据保护委员会应当发表意见。因此，在如下情形下，有权监管机构应当将决定草案告知欧盟数据保护委员会：

(a)依据第 35 条第 4 款所规定的数据保护影响评估的处理活动清单的适用；

(b)涉及第 40 条第 7 款所规定的行为准则草案、修正案或扩充案是否符合本条例；

(c)拟批准符合第 41 条第 3 款所规定的机构的认证标准，以及符合第 43 条第 3 款所规定的认证机构的认证标准；

(d)拟确定第 46 条第 2 款(d)项和第 28 条第 8 款规定的标准数据保护条款；

(e)拟授权第 46 条第 3 款(a)项规定的合同条款；或者

(f)拟批准第 47 条所指的有约束力的公司规则。

2. 任何监管机构、欧盟数据保护委员会主席或欧盟委员会都可以对一个以上欧盟成员国具有普适性或产生影响的事项进行审查，并获取相关意见，特别是当有权监管机构不遵守第 61 条所规定的互助义务或第 62 条所规定的联合行动时。

3. 对于第 1 款和第 2 款所规定的情形，欧盟数据保护委员会此前如果没有对类似事项发表过意见，应当对向其提交的事项发表意见。该意见应当在 8 周内根据欧盟数据保护委员会成员的简单多数来决定。考虑到事项的复杂性，该期限可以再延长 6 周。第 1 款所规定的决定草案按照第 5 款的规定通知欧盟数据保护委员会的成员，如果在欧盟数据保护委员会主席所表明的合理期限内不提出异议，则应当视为同意该决定草案。

4. 监管机构和欧盟委员会应当及时以电子化手段，使用标准化格式向欧盟数据保护委员会通知任何相关信息，包括事实陈述、决定草案、采取此类必要措施的理由，以及其他相关机构的观点。

5. 欧盟数据保护委员会主席应当及时以电子手段：

(a)通过标准化格式将任何已经获知的相关信息告知欧盟数据保护委员会和欧盟委员会的成员，欧盟数据保护委员会的秘书处应当提供相关信息的翻译(如必要)；并且

(b)将意见告知第 1 款和第 2 款所规定的监管机构和欧盟委员会，并公开相关意见。

6. 在第 3 款所规定的期间内，有权监管机构不得采用第 1 款所规定的决定草案。

7. 第 1 款中所规定的监管机构应当尽可能地考虑欧盟数据保护委员会的意见，并应在收到意见的两周内以电子方式告知欧盟数据保护委员会主席，其是否会维持或修订其决定草案，以及修订后的决定草案(若有)。

8. 当相关监管机构在本条第 7 款所规定的期限内通知欧盟数据保护委员会主席，其将不遵守欧盟数据保护委员会提出的全部意见或部分意见，并提供相关理由的，应适用第 65 条第 1 款。

理解与适用

本条规定了欧盟数据保护委员会(EDPB)就部分事项所具有的发表意见的职权，同时对该意见发布的形式和通知义务也都进行了明确。

第 65 条　欧盟数据保护委员会的争议解决

1. 为了确保在个案中对本条例的正确且一致的适用，欧盟数据保护委员会应当在如下情形中作出有约束力的决定：

(a)在第 60 条第 4 款所规定的情形下，相关监管机构对主要监管机构的决定草案提出了相关且合理的异议，或者主要监管机构以不相关或不合理为由驳回了该异议，该具有约束力的决定应当涉及相关且合理异议所涉及的全部事项，特别是对其是否违反本条例的情况；

(b)对于主要经营场所所在的主要监管机构有争议时；

(c)在第 64 条第 1 款所规定的情形下，有权监管机构没有向欧盟数据保护

委员会请求意见,或者并不遵守欧盟数据保护委员会按照第 64 条发布的意见。在此情形下,任何相关监管机构或欧盟委员会都可以将此事项告知欧盟数据保护委员会。

2. 第 1 款所规定的决定,应当由 2/3 多数的欧盟数据保护委员会成员在待决事项提起的 1 个月内作出。考虑到事项的复杂性,该期限可以再延长 1 个月。第 1 款所作出的决定应当告知主要监管机构和所有相关监管机构,并且应当是合理且具有约束力的。

3. 当欧盟数据保护委员会无法在第 2 款所规定的期限内作出决定,其应当以欧盟数据保护委员会成员简单多数的方式在第 2 款所规定的第二个月的期满后的两周内作出决定。欧盟数据保护委员会成员意见有分歧的,决定将由主席的投票作出。

4. 相关监管机构不得在第 2 款和第 3 款所规定的期限内,对依据第 1 款向欧盟数据保护委员会提交的事项作出决定。

5. 欧盟数据保护委员会主席应当及时将第 1 款所规定的决定告知相关监管机构,其也应当告知欧盟委员会。在监管机构告知第 6 款所规定的最终决定后,还应当在欧盟数据保护委员会的网站上及时公布。

6. 主要监管机构或者受理申诉的监管机构应当在本条第 1 款所规定的决定性的基础上及时作出最终决定,并应在欧盟数据保护委员会告知其决定后的 1 个月内作出。主要监管机构或受理申诉的监管机构应当向欧盟数据保护委员会报告其将最终决定告知控制者或处理者以及数据主体的时间。相关监管机构的最终决定应当根据第 60 条第 7 款、第 8 款、第 9 款的规定作出。最终决定应当参照本条第 1 款所规定的决定,并应当具体说明本条第 1 款所规定的决定将会根据本条第 5 款的规定在欧盟数据保护委员会的网站上公布。最终决定应当附上本条第 1 款所规定的决定。

理解与适用

本条规定了欧盟数据保护委员会(EDPB)的争议解决职能,其有权就包括主要监管机构的认定以及监管机构未能遵循 EDPB 根据 GDPR 第 64 条作出的意见所产生的争议等问题发布具有约束力的决定。此外,本条还对决定作出的程序性要求进行了规范。

第66条 紧急程序

1. 在特殊情况下,当相关监管机构认为有必要对保护数据主体的权利与自由采取紧急行动,其可以通过第63条、第64条和第65条所规定的一致性机制或第60条所规定的程序,立即采取将在其境内产生法律效力的临时措施,该措施的有效期不超过3个月。该监管机构应当及时将采取的措施及原因告知其他相关监管机构、欧盟数据保护委员会与欧盟委员会。

2. 监管机构根据第1款的规定采取措施,且需要紧急通过最终措施的,其可以请求欧盟数据保护委员会出具紧急意见或具有约束力的决定,并说明提出该意见或决定的原因。

3. 为了保护数据主体的权利与自由,如果有权监管机构没有在紧急情况下采取适当措施,任何监管机构都有权向欧盟数据保护委员会提出紧急意见或具有约束力的决定,说明提出意见或作出决定的原因,包括需要采取紧急行动的理由。

4. 本条第2款和第3款所规定的紧急意见或具有约束力的决定应在两周内由欧盟数据保护委员会成员的简单多数作出,不受本条例第64条第3款和第65条第2款规定的限制。

理解与适用

本条规定了紧急程序的适用规则及条件,赋予了相关监管机构在特殊情况下采取临时性措施的权力。

第67条 信息交换

对于监管机构之间、监管机构与欧盟数据保护委员会之间以电子方式进行的信息交换的安排,特别是对于第64条所规定的标准化格式,欧盟委员会可以进一步制定具有普适性的实施性法案。

这些实施性法案应当根据第93条第2款所规定的审查程序制定。

理解与适用

本条规定了欧盟委员会有权对监管机构间信息交换安排中所涉及的标准化格式等问题根据相关规定制定普适性的实施性法案。

第三部分　欧盟数据保护委员会

第 68 条　欧盟数据保护委员会

1. 欧盟数据保护委员会作为欧盟的机构被设立，具有法人资格。

2. 欧盟数据保护委员会由主席代表。

3. 欧盟数据保护委员会应当由各个欧盟成员国监管机构、欧盟数据保护监管组织的首长，或者他们的代表组成。

4. 当一个欧盟成员国境内不止一个监管机构负责本条例条款的适用监督，应当依照欧盟成员国的法律任命一个联合代表。

5. 欧盟委员会应有权参与欧盟数据保护委员会的活动与会议，但无表决权。欧盟委员会应当任命一名代表。欧盟数据保护委员会的主席应当将其活动通知欧盟委员会。

6. 对于第 65 条所规定的情形，只有当决议涉及适用于和本条例规定相对应的欧盟机构、实体组织、办事处、办事机构的原则和规则时，欧盟数据保护监管组织才具有表决权。

理解与适用

本条明确了欧盟数据保护委员会的法人资格，同时对其成员组成及代表任命等问题进行了规定。

第 69 条　独立性

1. 欧盟数据保护委员会应当保持独立性，根据第 70 条和第 71 条的规定履行任务、行使权力。

2. 在不影响第 70 条第 1 款(b)项和第 70 条第 2 款所规定的向欧盟委员会提出请求的前提下，欧盟数据保护委员会在履行其任务或行使其权力时，不应寻求或接受任何人的指示。

理解与适用

本条强调了欧盟数据保护委员会行使职权和履行任务时需要保持一定的独立性。

第70条　欧盟数据保护委员会的职务

1. 欧盟数据保护委员会应当确保本条例的一致适用。因此,欧盟数据保护委员应当主动或根据欧盟委员会的要求采取如下行动:

(a)在不影响国家监管机构的职务的前提下,确保在第64条和第65条所规定的情形中能够正确适用本条例;

(b)就包括对本条例的修订建议在内的欧盟数据保护相关的所有事项,向欧盟委员会提供建议;

(c)就控制者、处理者和监管机构之间对有约束力的公司规则进行的信息交换格式与程序向欧盟委员会提供建议;

(d)就第17条第2款所规定的公开的公共通信服务中删除个人数据的链接、副本或复制品的程序提供指导方针、建议和最佳方案;

(e)主动或根据其成员的请求,或根据欧盟委员会的请求审查涉及本条例适用的任何问题,并发布指导方针、建议和最佳方案;

(f)为进一步细化第22条第2款所规定的基于数据画像的决策标准和条件,发布符合本款(e)项的指导方针、建议和最佳方案;

(g)在个人数据泄露以及本条例第33条第1款、第2款所规定的不当延误的情况下,建立控制者或处理者对于个人数据泄露特定情况的通知机制,发布符合本款(e)项的指导方针、建议和最佳方案;

(h)个人数据泄露可能会给第34条第1款所规定的自然人的权利与自由带来高风险的,发布符合本款(e)项的指导方针、建议和最佳方案;

(i)为进一步规范控制者和处理者所遵守的有约束力的公司规则,确保符合第47条所规定的为保障数据主体的个人数据而进行的数据传输,进而采取必要措施的要求和标准,发布符合本款(e)项的指导方针、建议和最佳方案;

(j)为了进一步细化第49条第1款所规定的个人数据传输所需要的标准和要求,发布符合本款(e)项的指导方针、建议和最佳方案;

(k)为监管机构起草涉及第58条第1款、第2款、第3款所规定的适用措施和确定第83条所规定的行政罚款金额的指导方针;

(l)对本款(e)项和(f)项所规定的指导方针、建议和最佳方案的适用进行审查;

(m)根据第54条第2款的规定建立自然人违反本条例的一般报告程序,

发布符合本款(e)项的指导方针、建议和最佳方案；

(n)鼓励根据第40条和第42条的规定制定行为准则、数据保护认证机制、数据保护印章和标识；

(o)依据第43条进行认证机构的认定和定期审查，对符合第43条第6款规定的认证机构和第42条第7款经认证的设立在第三国的控制者或处理者进行定期的公开登记；

(p)根据第42条规定的认证机构而细化第43条第3款规定的具体要求；

(q)向欧盟委员会发表关于第43条第8款所规定的认证要求的意见；

(r)向欧盟委员会发表关于第12条第7款所规定的图标的意见；

(s)对第三国或国际组织的保护程度进行评估，包括评估第三国、第三国境内区域或该第三国的一个或多个特殊行业，或国际组织不再能够提供足够程度的保护，因此，欧盟委员会应当向欧盟数据保护委员会提供所有必要的证明文件，包括和第三国政府间就第三国、境内区域或该第三国的一个或多个特殊行业或国际组织进行通信；

(t)根据第64条第1款规定的一致性机制而作出的关于监管机构的决定草案发表意见，根据第64条第2款提交的事项发表意见，以及针对第65条，包括第66条规定的具有约束力的决定发表意见；

(u)促进监管机构之间的合作和有效的双边或多边信息交流，以及最佳方案；

(v)创建共同培训项目，促进监管机构之间以及监管机构与第三国监管机构或国际组织之间的人员交流(如适用)；

(w)促进与全球数据保护监管机构交流有关数据保护立法与实践的知识和文件；

(x)发表根据第40条第9款在欧盟层面起草的行为准则的意见；以及

(y)对于监管机构和法院根据一致性机制所处置的事项作出的决定，维护公众可以访问的电子登记册。

2. 当欧盟委员会请求欧盟数据保护委员会发表意见，欧盟委员会可以在考虑事项的紧急程度后设定一个期限。

3. 欧盟数据保护委员会应当将其意见、指导方针、建议以及最佳方案转送欧盟委员会和第93条所规定的委员会，并应将其公开。

4. 欧盟数据保护委员会应当在适当时咨询利害关系人，并在合理期限内给其发表意见的机会。在不影响第 76 条的前提下，欧盟数据保护委员会应当将咨询程序的结果公之于众。

理解与适用

本条罗列了欧盟数据保护委员会（EDPB）的一长串任务，这些任务使 EDPB 能够参与数据保护的所有领域，如发布一般意见和指导方针，调查法规的有效运作，并通过向欧盟委员会提供意见进而协助欧盟立法的发展。EDPB 将作为法律和实践发展的中心，鼓励和促进数据保护专业人士能够胜任 EDPB 的工作。

第 71 条　报告

1. 欧盟数据保护委员会应当起草欧盟内部、第三国以及国际组织在数据处理活动中涉及自然人保护的年度报告。该报告应当公开，并且应当提交给欧洲议会、欧盟理事会和欧盟委员会。

2. 年度报告应当包括第 70 条第 1 款(1)项所规定的对指导方针、建议和最佳方案的实际适用，以及对第 65 条所规定的具有约束力的决议进行审查。

理解与适用

本条规定了欧盟委员会定期起草年度报告的义务，年度报告应当总结建议和指导方针的适用情况，并对作出的决议进行审查。

第 72 条　程序

1. 欧盟数据保护委员会应以其成员的简单多数作出决定，本条例另有规定的除外。

2. 欧盟数据保护委员会应当以其成员的 2/3 多数制定其自身的程序规则，并组建运作机制。

理解与适用

本条规定了欧盟数据保护委员会（EDPB）决定作出的机制和程序性要求。

第 73 条　主席

1. 欧盟数据保护委员会应当通过简单多数的方式从其成员中选举一位主席、两位副主席。

2. 主席以及副主席职位的任期应当是 5 年,可以连任一届。

理解与适用

本条对欧盟数据保护委员会(EDPB)主席的任职资格及选举的程序性要求进行了规定。

第 74 条　主席的任务

1. 主席具有如下任务:

(a)召集欧盟数据保护委员会的会议,准备会议议程;

(b)将欧盟数据保护委员会根据第 65 条作出的决定告知主要监管机构和相关监管机构;

(c)保证欧盟数据保护委员会职务的及时履行,特别是和第 63 条规定的一致性机制相关的事项。

2. 欧盟数据保护委员会应当在其议事规则中对主席与副主席的任务进行分工。

理解与适用

本条规定了欧盟数据保护委员会(EDPB)主席的工作任务,并明确提出了主席和副主席应当进行分工的要求。

第 75 条　秘书处

1. 欧盟数据保护委员会应当设有秘书处,并应由欧盟数据保护监管组织来任命。

2. 秘书处应当严格按照欧盟数据保护委员会主席的指示履行其职责。

3. 欧盟数据保护监管组织的工作人员,如果涉及履行本条例赋予欧盟数据保护委员会的职务,应当与涉及履行本条例赋予欧盟数据保护监管组织的职务的工作人员所遵守的报告程序予以区分。

4. 在适当的情况下,欧盟数据保护委员会和欧盟数据保护监管组织应当制定与发布执行本条规定的谅解备忘录,确定双方的合作条款,并适用于在涉及履行本条例赋予欧盟数据保护委员会的职务时,欧盟数据保护监管组织的工作人员。

5. 秘书处应当向欧盟数据保护委员会提供分析、管理与后勤保障。

6. 秘书处应当对如下事项负责:

(a)欧盟数据保护委员会的日常事务;

(b)欧盟数据保护委员会成员、主席与欧盟委员会之间的交流;

(c)与其他机构及公众的交流;

(d)使用电子手段进行内外部交流;

(e)对相关信息的翻译;

(f)对欧盟数据保护委员会会议的准备与跟进;

(g)准备、起草与发布对监管机构之间分歧的意见与决定,以及欧盟数据保护委员会通过的其他文本。

理解与适用

本条规定了欧盟数据保护委员会(EDPB)秘书处的法定职责,并对欧盟数据保护委员会(EDPB)和欧盟数据保护监管组织之间的合作以及工作人员的任职程序进行了规范。

第 76 条　保密性

1. 若欧盟数据保护委员会认为必要,可根据程序规则对其讨论活动进行保密。

2. 向欧盟数据保护委员会成员、专家与第三方代表提交文件的访问权限,应当遵守欧洲议会和欧盟理事会 1049/2001 号条例的规定①。

理解与适用

本条规定了欧盟数据保护委员会(EDPB)针对必要讨论活动的保密义务。

① 参见欧洲议会和欧盟理事会于 2001 年 5 月 30 日发布的《关于公开访问欧洲议会、欧盟理事会和欧盟委员会文件的第 1049/2001 号条例》,载《欧盟官方公报》L 类第 145 号,2001 年 5 月 31 日,第 43 页。

第八章 救济、责任与处罚

第 77 条 向监管机构提出申诉的权利

1. 在不影响任何其他行政或非司法救济的前提下，每个数据主体认为处理其个人数据违反本条例的，都有向监管机构提出申诉的权利，特别是向其经常居住地、工作地或侵权行为发生地的成员国的监管机构申诉。

2. 受理申诉的监管机构应当告知申诉人申诉的进展和结果，包括符合第 78 条所规定的提起司法救济的可能性。

理解与适用

本条规定了数据主体具有向其经常居住地、工作地、侵权行为发生地所在的成员国的监管机构提出申诉的权利，并同时对该申诉的进展和结果享有知情权。

第 78 条 对监管机构的有效司法救济权

1. 在不影响其他任何行政或非司法救济的前提下，任何自然人或法人都有权对监管机构所作出的与之相关的具有法律约束力的决定获得有效的司法救济。

2. 在不影响其他任何行政或非司法救济的前提下，如果根据第 55 条和第 56 条所规定的有权监管机构未处理申诉，或者在 3 个月内没有向数据主体告知第 77 条所规定的申诉的进展或结果，任何自然人或法人都有权获得有效的司法救济。

3. 对监管机构提起的司法诉讼应当在设立监管机构的欧盟成员国的法院提出。

4. 针对监管机构决定提起司法诉讼，而该意见或决定是欧盟数据保护委员会根据一致性机制作出的，则监管机构应当将其意见或决定提交给法院。

理解与适用

本条赋予了数据主体对监管机构作出的意见或决定不服或者认为其采取的监管措施不符合法律规定时有权行使的司法救济权。

第 79 条　针对控制者或处理者的有效司法救济权

1. 在不影响其他任何行政或非司法救济的前提下，包括在不影响第 77 条所规定的向监管机构提出申诉的前提下，任何数据主体认为，由于违反本条例而处理其个人数据，进而导致其权利被侵害的，有获得司法救济的权利。

2. 针对控制者或处理者提起的司法诉讼应在其设立的欧盟成员国法院提出。此外，该类司法诉讼可以在数据主体经常居住地所在的欧盟成员国的法院提出，除非控制者或处理者是欧盟成员国行使其公共权力的公共机构。

理解与适用

本条规定了当控制者或处理者违规处理数据导致数据主体权益受损时，数据主体所具有的向控制者和处理者所在的欧盟成员国的监管机构或法院提出申诉或司法诉讼的权利。

第 80 条　数据主体的代表

1. 数据主体有权委托按照欧盟成员国法律设立的，以实现公共利益为目标的，且在保护数据主体的权利与自由方面表现活跃的非营利性机构、实体组织或协会代表其向监管机构提出申诉，包括行使第 77 条、第 78 条、第 79 条所规定的权利，以及在欧盟成员国法律规定的情形下，代表其行使第 82 条所规定的获得赔偿的权利。

2. 欧盟成员国可以规定，本条第 1 款所规定的任何机构、组织或协会在数据主体授权之外，如果认为本条例所规定的数据主体的权利因数据处理而受到侵害，则有权向第 77 条所规定的欧盟成员国的有权监管机构提起申诉，行使第 78 条和第 79 条所规定的权利。

理解与适用

本条规定了数据主体的“集体诉讼权”，即数据主体具有选择非营利性的社会组织或团体作为其代表，以保护数据主体为目标，代为其提出申诉及司法救济的权利。在实践中，同一个非营利性机构可以代表多个数据主体参与相关活动。欧盟成员国也可以赋予该组织独立于任何个人授权的权利。

第 81 条 司法诉讼的中止

1. 当一个欧盟成员国的有管辖权的法院获知,另一欧盟成员国的法院已对涉及相同控制者或处理者处理的同一诉讼标的进行审理的,该法院应当通知另一欧盟成员国的法院以确认该诉讼的存在。

2. 当另一欧盟成员国法院已对涉及相同控制者或处理者处理的同一诉讼标的进行审理的,除最先受理案件的法院外,其他任何有管辖权的法院都可中止该诉讼程序。

3. 在这些诉讼等待初审的情形下,如果最先受理案件的法院对系争诉讼具有管辖权且法律允许合并审理,除最先受理案件的法院外,其他法院都可依任何一方当事人的申请而拒绝行使管辖权。

理解与适用

本条规定了司法诉讼的中止以及其适用程序。

第 82 条 获得赔偿的权利与责任

1. 任何因为违反本条例而受到物质或非物质损害的人都有权从控制者或处理者处就其损害获得相应赔偿。

2. 任何涉及处理的控制者都应当对因违反本条例的处理而受到的损害承担责任。对于处理者,当其没有遵守本条例明确规定的处理者义务时,或当其违反控制者的合法指示时,其应当对处理所造成的损害承担责任。

3. 控制者或处理者如果证明自己对造成的损害不负任何责任,那么其第 2 款所规定的责任可以被免除。

4. 当一个以上的控制者或处理者,或者控制者与处理者同时涉及同一数据处理,且依据第 2 款和第 3 款的规定应对处理所引起的所有损失承担责任的,各个控制者或处理者都应当对损害承担全部责任,以确保数据主体得到有效赔偿。

5. 当控制者或处理者根据第 4 款的规定对全部损失进行了赔偿,则该控制者或处理者可以按照第 2 款的规定,要求另一控制者或处理者就其造成的那部分损失进行追偿。

6. 根据第 79 条第 2 款的规定,行使赔偿请求权应当在欧盟成员国认可的有管辖权的法院提出。

理解与适用

本条明确了控制者和处理者在数据处理过程中对外需要承担的连带责任,而对于其内部的责任分配问题,可以在对外承担责任之后再进行划分和追偿。

第83条　处以行政罚款的一般条件

1. 各个监管机构应确保,其根据本条第4款、第5款、第6款的规定对违反本条例的行为进行行政罚款,应是有效的、相称的和劝诫性的。

2. 根据各个案件的情形,行政处罚应当在第58条第2款(a)项至(h)项以及(j)项所规定的措施基础上进行追加或取代。当在个案中决定是否进行行政处罚,以及在确定行政处罚的金额时,应当充分考虑以下事项:

(a)违法行为的性质、严重程度和持续时间,同时还应考虑相关处理活动的目的、受影响数据主体的数量及其受损害的程度;

(b)违法行为是基于故意还是过失;

(c)控制者或处理者为了减少数据主体损失而采取的任何行动;

(d)控制者或处理者的责任承担,并考量其采取的符合第25条和第32条的技术与组织措施;

(e)控制者或处理者之前的所有相关违法行为;

(f)为了补救和减轻违法行为所造成的可能负面影响而与监管机构配合的程度;

(g)为违法行为所影响的个人数据类别;

(h)监管机构得知违法行为的方式,特别是控制者或处理者是否对违法行为进行了报告及其报告程度;

(i)如果在此前对同一事项已经对控制者或处理者发布第58条第2款所规定的措施,则该措施的遵守情况;

(j)遵守符合第40条的经批准的行为准则或符合第42条的经批准的认证机制;以及

(k)任何可以加重或减轻因素,如因为违法行为而直接或间接获得的经济收益或避免的损失。

3. 如果控制者或处理者出于故意或过失,因相同或相关的处理活动而违反本条例的规定,行政罚款的总额不应当超过最严重违法行为所确定的额度。

4. 违反如下条款,应当按第 2 款的规定施加最高 1000 万欧元的行政罚款,如果是企业的话,最高可处相当于其上一年全球总营业额 2% 的金额的罚款,以金额较高者为准:

(a)第 8 条、第 11 条、第 25 至 39 条、第 42 条和第 43 条所规定的控制者和处理者的责任;

(b)第 42 条和第 43 条所规定的认证机构的责任;

(c)第 41 条第 4 款所规定的监管机构的责任。

5. 违反如下条款,应当按第 2 款的规定施加最高 2000 万欧元的行政罚款,如果是企业的话,最高可处相当于其上一年全球总营业额 4% 的金额的罚款,以金额较高者为准:

(a)处理的基本原则,包括第 5 条、第 6 条、第 7 条和第 9 条所规定的同意的条件;

(b)第 12 至 22 条所规定的数据主体的权利;

(c)第 44 至 49 条所规定的向第三国或国际组织的接收者进行的个人数据传输;

(d)第九章所规定的符合欧盟成员国法律的责任;

(e)监管机构根据第 58 条第 2 款对处理所发布的命令或者临时或最终限制,或对数据流动暂停的命令,或第 58 条第 1 款的规定未能向监管机构提供数据访问路径。

6. 违反第 58 条第 2 款所规定的监管机构发布的命令,应当按第 2 款的规定施加最高 2000 万欧元的行政罚款,如果主体为企业,可以施加最高上一年全球总营业额 4% 的罚款,以金额较高者为准。

7. 在不影响符合第 58 条第 2 款的监管机构纠正权的前提下,各个欧盟成员国可以就在境内设立的公共机构和实体组织进行的行政处罚及其程度制定规则。

8. 监管机构行使本条所规定的权力,应当采取符合欧盟和成员国法律所规定的适当的程序,包括有效的司法救济和正当程序。

9. 若欧盟成员国的法律体系并未规定行政处罚,本条可以通过有权监管机构提出行政处罚,然后由国内有管辖权的法院实施的方式适用,同时应保证法律救济是有效的,且与监管机构所施加的行政处罚具有同等法律效力。在任何情况下所施加的罚款必须是有效的、相称的和劝诫性的。各成员国应于2018年5月25日前将根据本款所制定的法律条款通知欧盟委员会,并及时向其通知任何影响该类规定的所有后续的法律或修正案。

理解与适用

本条规定了行政罚款的上限及其处罚条件。需要注意的是,GDPR项下的所有行政罚款都必须是有效、相称且具有劝诫性的。在实践中,严重违反GDPR的行为都可能会受到多重回应。由于行政罚款的总额不能超过最严重的违法行为所确定的上限金额,这就意味着对于每一起违法行为都需要分配一个特定的处罚数额,以确保作出处罚金额的合法性。

第84条　处罚

1. 欧盟成员国应当制定可适用于违反本条例的其他处罚规则,特别是针对不受第83条规定约束的行政处罚行为,欧盟成员国应当制定必要措施保证这些处罚规则得到执行。此类惩罚应当是有效的、相称的和劝诫性的。

2. 各个欧盟成员国应当在2018年5月25日前将依据第1款所制定的法律通知欧盟委员会,且应当及时告知影响条款的后续法律修正案。

理解与适用

本条赋予了欧盟成员国以有效性、相称性和劝诫性为原则,制定相应处罚规则的权力。此外,其还有义务将该立法情况向欧盟委员会进行通报。

第九章　有关特殊处理情形的规定

第85条　处理、言论与信息自由

1. 欧盟成员国应当通过制定法律来协调符合本条例的个人数据保护与言论和信息自由的权利,包括为了新闻、学术、艺术或文学表达而进行的处理。

2. 对于出于新闻、学术、艺术或文学表达目的而进行的处理,如果有必要协调符合本条例的个人数据保护与言论和信息自由的权利,欧盟成员国应当对第二章(原则)、第三章(数据主体的权利)、第四章(控制者和处理者)、第五章(向第三国或国际组织转移个人数据)、第六章(独立监管机构)、第七章(合作与一致性)和第九章(有关特殊处理情形的规定)的规定进行豁免或例外。

3. 各个欧盟成员国都应当将根据第 2 款所制定的法律条款告知欧盟委员会,且应当及时将所有后续的立法修正案或对其有影响的修订及时告知欧盟委员会。

理解与适用

本条规定了欧盟成员国在新闻、学术、艺术或文学表达领域,以保护个人数据和言论自由为目的,具有通过立法的形式制定相关规则的权力。同时,其还有义务将该法律规定和修正案向欧盟委员会进行通报。

第 86 条　官方文件的处理及公开访问

为了协调公众对官方文件的访问权与本条例所规定的个人数据保护权利之间的关系,公共机构或实体组织可以根据欧盟成员国为其制定的法律,对公共机构或公共实体组织或为了实现公共利益而履行任务的私人实体组织所拥有的官方文件中的个人数据进行披露。

理解与适用

为了在官方文件的访问权和数据主体的相关权利之间取得平衡,本条规定了欧盟成员国有权通过立法的形式,要求相关公共机构和组织主动披露在执行公务或为公共利益处理数据后,在官方文件中保留的个人数据。

第 87 条　对国家公民个人身份证号的处理

欧盟成员国可以对处理国家公民个人身份证号或其他通用识别码进行处理的特定条件进行规定。在该情形下,国家公民个人身份证号或其他通用识别码只有在对本条例所规定的数据主体的权利与自由采取适当安全措施时才能使用。

理解与适用

本条规定了只有在法律规定并采取适当安全措施的前提条件下,才能对国家公民个人身份证号进行处理。

第 88 条　雇佣背景下的数据处理

1. 欧盟成员国可以通过法律或集体协议的形式制定更为具体的规则，以保证在雇佣背景下处理员工个人数据，对其权利与自由进行保护。这在如下情形中尤其适用：为了招聘、履行雇佣合同，包括法律或集体协议规定或约定的义务；管理、计划与组织工作；工作场所的平等与多样性；工作中的健康与安全，对员工与客户财产的保护；个人或集体为了行使和享受雇佣相关的权利与利益；为了终止雇佣关系。

2. 上述规则应当包括为保障数据主体人格尊严、合法利益与基本权利的适当与具体的措施。这在涉及如下事项时尤其适用：处理的透明度；在企业集团经营活动中企业内的个人数据传输；工作场所的监控。

3. 各个欧盟成员国应当在 2018 年 5 月 25 日前将其依据第 1 款所制定的法律条款报告给欧盟委员会，且应当及时告知影响条款的后续立法修正案。

理解与适用

本条规定了欧盟成员国有权通过立法或集体协议的形式规定或约定雇佣背景下的数据处理规则，进而保障员工的合法权益，并有义务及时向欧盟委员会进行通报。

第 89 条　为了实现公共利益、科学或历史研究或统计目的进行的处理保障和例外

1. 为了公共利益、科学或历史研究或统计而处理，应当采取符合本条例的适当保障措施，保护数据主体的权利与自由。这些保障措施应当确保已经采取技术与组织性的措施，以保证数据最小化原则的遵守。这些措施可包括能实现上述目的的匿名化。通过进一步处理可以实现该目的，且进一步处理将导致不可能或不再可能对数据主体进行识别时，该类目的应以该方式呈现。

2. 为了科学或历史研究或统计处理个人数据的，在该权利可能使得特殊处理目的无法实现或受到严重损害，且为实现上述目的所必需的情况下，欧盟或成员国法律可以根据本条第 1 款所规定的条件与保障措施对第 15 条、第 16 条、第 18 条、第 21 条所规定的权利进行豁免。

3. 为了公共利益处理个人数据的，在该权利可能使得特殊处理目的无法实现或受到严重损害，且为实现上述目的所必需的情况下，欧盟或成员国的法律

可以根据本条第 1 款所规定的条件与保障措施对第 15 条、第 16 条、第 18 条、第 19 条、第 20 条和第 21 条所规定的权利进行豁免。

4. 第 2 款和第 3 款所规定的处理同时是为实现其他目的而进行的,该例外将只适用于为了实现第 2 款和第 3 款中所规定的目的的处理。

理解与适用

本条规定了基于实现公共利益、科学或历史研究或统计目的进行的处理的活动需要采取符合本条例的适当保障措施,以保护数据主体的权利与自由。此外,在为了行使 GDPR 中关于数据主体的权利而不可避免地影响和阻碍本条特殊目的处理的情形下,欧盟或成员国可以通过立法的形式对数据主体权利的行使进行豁免和排除。

第 90 条　保密义务

1. 对于根据欧盟或相关成员国法律或国家有权机构制定的规则应遵守专业保密义务或同等其他保密义务的控制者或处理者而言,在对于协调个人数据保护的权利与义务有必要且相称时,各成员国可通过具体规则对第 58 条第 1 款(e)项和(f)项所规定的监管机构的权力进行规定。该规则仅适用于在保密义务范围内进行活动而获取的个人数据。

2. 各成员国应当于 2018 年 5 月 25 日前将根据第 1 款所制定的条款告知欧盟委员会,且应当及时向其报告影响条款的后续立法修正案。

理解与适用

本条规定并完善了控制者和处理者在特殊场景下履行数据处理活动的保密义务,欧盟成员国的相关立法也应及时向欧盟委员会进行通报。

第 91 条　教会和宗教协会的现行数据保护规则

1. 欧盟成员国境内教会、宗教协会或社团在本条例生效时已经适用了与个人数据处理的自然人保护相关的综合性规则,若其符合本条例的规定,则可继续适用。

2. 依据第 1 款适用综合性规则的教会和宗教协会,应受独立监管机构的监管,该独立监管机构可以是特设机构,但其应符合本条例第六章规定的条件。

理解与适用

考虑到特殊场景的需求，本条规定了当教会和宗教协会适用的综合性规则与 GDPR 相一致时，该规则仍可继续适用。但教会和宗教协会的数据处理活动也应当由特设机构进行监督，该机构需要符合本条例第六章的规定和要求。

第十章　授权性法案与实施性法案

第 92 条　授权的实施

1. 根据本条的规定，将通过授权性法案的权力授予欧盟委员会。

2. 本条例第 12 条第 8 款和第 43 条第 8 款所规定的授权应自 2016 年 5 月 24 日起无限期地授予欧盟委员会。

3. 本条例第 12 条第 8 款和第 43 条第 8 款所规定的授权可以随时被欧洲议会或欧盟理事会撤销。撤销决定应当终止决定中所指定的权力。该决定自在《欧盟官方公报》公布的次日或决定所指定的日期生效，且不应影响任何已经生效的授权法案的效力。

4. 欧盟委员会通过授权性法案后，应同时告知欧洲议会和欧盟理事会。

5. 根据第 12 条第 8 款和第 43 条第 8 款的规定而通过的授权性法案，只有在欧洲议会或欧盟理事会收到通知后 3 个月内未表达反对，或在该期限届满前，欧洲议会或欧盟理事会告知欧盟委员会其不会反对时才能生效。欧洲议会或欧盟理事会可以提议将该期间再延长 3 个月。

理解与适用

本条规定了欧盟委员会有权就图标及其标准化程序、认证机制、数据保护印章和标识技术等内容通过授权性法案予以规范。此外，本条还进一步明确了该类授权性法案的生效条件及其撤销要求。

第 93 条　欧盟委员会的程序

1. 欧盟委员会应有一个委员会对其进行协助。该委员会应当是 182/2011 号条例所规定的委员会。

2. 当援引本条时，应同时适用 182/2011 号条例第 5 条的规定。

3. 当援引本条时，应同时适用 182/2011 号条例第 5 条和第 8 条的规定。

理解与适用

本条规定了欧盟委员会的工作程序。

第十一章 最后条款

第 94 条 95/46/EC 号指令的废止

1. 95/46/EC 号指令于 2018 年 5 月 25 日被废止。

2. 当援引被废止指令时，应当被解释援引本条例。对于援引工作小组在 95/46/EC 号指令第 29 条所规定的处理个人数据中个人保护，应被解释为本条例所规定的欧盟数据保护委员会。

理解与适用

为避免法律的适用和解释出现冲突，本条明确了 GDPR 与 95/46/EC 号指令的关系，并对该指令的适用问题进行了规范。

第 95 条 与 2002/58/EC 号指令的关系

对于 2002/58/EC 号指令已经施加的特殊责任的事项，本条例不应在欧盟的公共通信网络中对自然人或法人再施加额外义务。

理解与适用

基于"特别法优于普通法"的原则，本条规定了在"公共通信网络"这一特殊领域，应优先适用 2002/58/EC 号指令，GDPR 不得再对自然人或法人增设新的责任和义务。

第 96 条 和之前达成的协议的关系

欧盟成员国在 2016 年 5 月 24 日前达成的涉及向第三国或国际组织转移个人数据，且符合该日期前所适用的国际协议，在其被修改、取代或撤销之前，应当持续有效。

理解与适用

本条规定了 GDPR 的生效并不会影响欧盟成员国已经达成的跨境数据流转相关国际协议的效力。

第 97 条　欧盟委员会的报告

1. 2020 年 5 月 25 日前以及之后的每 4 年,欧盟委员会应当向欧洲议会和欧盟理事会提交对本条例的评估与审查报告,并进行公示。

2. 在第 1 款所规定的评估与审查报告中,欧盟委员会应当特别检查如下事项的适用与运作:

(a)第五章规定的将个人数据转移到第三国或国际组织,特别是按照本条例第 45 条第 3 款以及根据 95/46/EC 号指令第 25 条第 6 款而作出的决定;

(b)第七章规定的合作与一致性。

3. 欧盟委员会可以要求欧盟成员国和监管机构提供以第 1 款为目的的相关信息。

4. 在进行第 1 款和第 2 款规定的评估与审查时,欧盟委员会应当考虑欧洲议会、欧盟理事会以及其他相关机构的立场与观点。

5. 欧盟委员会应当在必要时提交适当的建议以修改本条例,特别是考虑到信息科技的发展以及信息社会的进步状态。

理解与适用

本条规定了欧盟委员会向欧洲议会和欧盟理事会提出评估与审查报告的义务,并对该评估和审查的范围和要求进行了细化。

第 98 条　对其他欧盟数据保护法案的审查

欧盟委员会应当在适当时对其他关于个人数据保护的欧盟法案提交修改动议,以便保证在数据处理活动中对自然人进行统一和一致性的保护。该修改动议应当关注欧盟机构、实体组织、办事处和办事机构在数据处理活动中对于自然人保护和该类数据自由流动的相关规则。

理解与适用

本条规定了欧盟委员会对其他欧盟数据保护法案的审查义务，即该法案如果与 GDPR 不符或者存在适用不一致的情形，则欧盟委员会有权对其提出修改动议，以确保对数据主体的保护及数据跨境流动相关规则的完善和落实。

第 99 条　生效与适用

1. 本条例应在《欧盟官方公报》发布后的 20 日起生效。

2. 本条例自 2018 年 5 月 25 日起正式实施。

理解与适用

本条明确了 GDPR 的生效和正式实施的时间。

本条例应均具有法律约束力，并直接适用于所有欧盟成员国。

本条例于 2016 年 4 月 27 日在布鲁塞尔完稿。